Development as Freedom

当 代 世 界 学 术 名 著

以自由看待发展

阿马蒂亚·森（Amartya Sen）／著
任 赜 于 真／译
刘民权 刘 柳／校

中国人民大学出版社
· 北京 ·

“当代世界学术名著”
出版说明

中华民族历来有海纳百川的宽阔胸怀，她在创造灿烂文明的同时，不断吸纳整个人类文明的精华，滋养、壮大和发展自己。当前，全球化使得人类文明之间的相互交流和影响进一步加强，互动效应更为明显。以世界眼光和开放的视野，引介世界各国的优秀哲学社会科学的前沿成果，服务于我国的社会主义现代化建设，服务于我国的科教兴国战略，是新中国出版工作的优良传统，也是中国当代出版工作者的重要使命。

中国人民大学出版社历来注重对国外哲学社会科学成果的译介工作，所出版的“经济科学译丛”、“工商管理经典译丛”等系列译丛受到社会广泛欢迎。这些译丛侧重于西方经典性教材；同时，我们又推出了这套“当代世界学术名著”系列，旨在迻译国外当代学术名著。所谓“当代”，一般指近几十年发表的著作；所谓“名著”，是指这些著作在该领域产生巨大影响并被各类文献反复引用，成为研究者的必读著作。我们希望经过不断的筛选和积累，使这套丛书成为当代的“汉译世界学术名著丛书”，成为读书人的精神殿堂。

由于本套丛书所选著作距今时日较短，未经历史的充分淘洗，加之判断标准见仁见智，以及选择视野的局限，这项工作肯定难以尽如人意。我们期待着海内外学界积极参与推荐，并对我们的工作提出宝贵的意见和建议。我们深信，经过学界同仁和出版者的共同努力，这套丛书必将日臻完善。

中国人民大学出版社

译者序言

发展就是扩展自由

阿马蒂亚·森（Amartya Sen）于 1998 年获得诺贝尔经济学奖，次年 9 月出版了《以自由看待发展》（Development as Freedom）。书的主题是发展——更准确地说，是一种特定的发展观，即：自由是发展的首要目的，自由也是促进发展的不可缺少的重要手段。森在“序言”中说，他写作此书的目的，是对“发展”问题提出一个以“自由”来概括的新视角，供在公共领域进行公开讨论和批评检视。在这个关于“自由”的理论框架下，这部著作对他长期学术生涯中多方面的研究工作，做了综合的表述。

森的前辈诺贝尔经济学奖获得者阿罗高度评价这本书的学术分析:“在这本书中，森精致、简明而范围广泛地阐述了这样一个概念——经济发展就其本性而言是自由的增长。他运用历史事例、经验证据以及有力而严格的分析，显示了广义而恰当地构想的发展对自由完全不怀敌意，相反，正是由自由的扩展所组成。”联合国秘书长安南的赞扬则指出了森的工作的实践意义:“全世界贫穷的、被剥夺的人们在经济学家中找不到任何人比森更加言理明晰地、富有远见地捍卫他们的利益。通过阐明我们的生活质量应该不是根据我们的财富而是根据我们的自由来衡量，他的著作已经对发展的理论和实践产生了革命性的影响。联合国在自己的发展工作中极大地获益于森教授观点的明智和健全。”

阿马蒂亚·森1933年生于印度，现在仍然保持印度国籍。他1953年在印度完成大学学业后赴剑桥大学就读，1959年取得博士学位，在1957—1963年期间，是以罗宾森夫人（Mrs. Joan Robinson）为首的经济学剑桥学派的重要成员。森曾执教于伦敦经济学院、牛津大学等著名学府，1987—1998年在哈佛大学担任经济学和哲学教授。获诺贝尔奖时，他刚刚从哈佛大学退休，转回母校剑桥，任三一学院（Trinity College）院长。

森的学术工作涉及经济学的广泛领域，而以福利经济学（分析评价经济体运作成果的规范性经济学分支）的工作获诺贝尔经济学奖。瑞典皇家科学院在授奖公告中列举了他在这一领域的研究成果，长达26页。其范围涉及社会选择的公理化理论、福利和贫困测度指数的定义、对饥荒的经验研究等等。其研究的问题包括：社会中每个成员对各种各样事物状态所赋价值（用数值表示），能否以一定方式汇总（aggregate）成为全社会的价值评价，这种汇总方式既是公平的又有健全的理论依据？多数票决定是否是行得通的决策规则？如何测度收入不平等？如何比较不同社会的福利分配状态？怎样能最好地判定贫困在下降？导致饿死人的饥荒的原因是什么？

瑞典皇家科学院的公告说，通过提供对这些问题的答案，“森在经济科学的中心领域做出了一系列可贵的贡献，开拓了供后来好几代研究者进行研究的新领域。”公告特别提到“他结合经济学和哲学的工具，在重大经济学问题讨论中重建了伦理层面（restored an ethical dimension）”。能开拓新领域供好几代研究者进行研究的经济学大师不多，而“重建经济学的伦理层面”则是森不同于其他一些学术造诣也很深的经济学家的一个突出特点，因此另一位诺贝尔经济学奖获得者索罗（Solow）把森称做是“经济学的良心”。

“自由”的概念与森的理论框架

森在此书“导论”第一段开宗明义提出全书的出发点：“本书论证，发展可以看做是扩展人们享有的真实自由的一个过程。聚焦于人类自由的发展观与更狭隘的发展观形成了鲜明的对照。狭隘的发展观包括发展就是国民生产总值（GNP）增长、或个人收入提高、或工业化、或技术进步、或社会现代化等等的观点。”森把发展的目标看做是等同于判定社会上所有人的福利状态的价值标准。财富、收入、技术进步、社会现代化等等固然可以是人们追求的目标，但它们最终只属于工具性的范畴，是为人的发展、人的福利服务的。森认为，以人为中心，最高的价值标准就是自由。

贯穿全书的中心概念“自由”是在“实质的”（substantive）意义上定义的，即享受人们有理由珍视的那种生活的可行能力。更具体地说，“实质自由包括免受困苦——诸如饥饿、营养不良、可避免的疾病、过早死亡之类——基本的可行能力，以及能够识字算数、享受政治参与等等的自由。”（第2章）它包括法治意义的自由，但不限于权利——自由是人们能够过自己愿意过的那种生活的“可行能力”（capability）。因此，自由还包括各种“政治权益”（entitlements），比如说，失业者有资格得到救济，收入在最低标准线之下者有资格得到补助，每一个孩子都有资格上学受教育。

这样的自由概念可以追溯到亚里士多德关于生活质量和亚当·斯密关于生活必需品的论述，森在此基础上考察构成人的有价值的生活的“功能性活动”（functionings）。举例来说，这些活动可以包括吃、穿、住、行、读书、看电视、社会参与（投票选举、在公共媒体发表言论观点、上教堂做礼拜）等等。把这些活动列成一个清单，一个人的“可行能力”，就是对于此人是可行的、列入清单的所有活动的各种组合。在这个意义上，能力就是一种自由：能过有价值的生活的实质自由。这样的自由观既意味着个人享有的“机会”，又涉及个人选择的“过程”。假定每个人都在可行的各种“活动”组合中，按自己的标准选择最优组合，那么一个人能够实现的能力就可以通过他的实际选择而表现出来。在理论讨论中，可以假定我们有一个足够全面的清单来表现人的能力。在实践中，哪些活动应该列入这个清单，是一个社会选择的问题，需要通过适当的过程来解决。从实际出发，这个清单可以首先包括最基本的功能性活动，再逐步扩展到有统计资料的更多项目。联合国自1990年以来每年发表的《人类发展报告》，就包含了森帮助设计的、评价各国发展状态的、从高度概括的到更加详细的若干清单。

在森的理论框架中，“自由”在发展中首先具有建构性（constitutive）作用：自由是人们的价值标准与发展目标中自身固有的组成部分，它自身就是价值，因而不需要通过与别的有价值的事物的联系来表现其价值，也不需要通过对别的有价值的事物起促进作用而显示其重要性。同时，自由也发挥手段性作用，森在书中特别分析了促进发展的五种最重要的工具性自由：政治自由、经济条件、社会机会、透明性担保以及防护性保障。

阐发这种以可行能力为基础的自由概念涉及经济学的规范研究、实证研究与哲理的分析。森先用三章篇幅（从导论到第2章）讨论了实质自由概念的各个侧面，然后在第3章中对实质自由的理论框架做了全面的介绍。此书主题的第一命题，“自由是发展的首要目的”，是一个规范性命题，主要是在这一部分讨论的。多年来，森在福利经济学领域作过许多重要的、开创性的基础研究，他对价值标准的哲理性规范分析，犀利而深刻。其方法的新颖之处，是从信息基础的角度来比较各种价值标准，论证他的自由观是信息基础更广、包容性更强的价值标准。对于关心全面价值标准的人，这一部分的讨论极具启发性。森在规范分析中不遗余力地强调自由的建构性角色，例如，就政治权利而言，政治参与本身是发展的目标之一部分，缺此无以谈发展。在经济领域，自由交换物品、劳务，就像人们在交谈中自由交换词句一样，都是人的最基本权利。因此，市场与人的基本自由相联，只从效率出发高度赞扬市场机制是不全面的。就后果考虑，市场导致效率是肯定市场的重要论据，但市场机制的运作也存在各种问题，市场失灵又构成了否定市场的重要论据。森认为，市场的重要，首先是因为自由交换是优先于后果考量的权利，而不是因为市场导致或不导致效率（即特定的后果）。

然后，森用书中大部分篇幅（第4章到第10章）进一步分析、论证此书主题的第二命题，“自由是促进发展的不可缺少的重要手段”。这是一个实证性命题，可以用经验事实来证伪。森曾经对发展中国家的各种问题作过广泛的研究，因而他可以用发展的各个方面和发展过程各个阶段的经验事实，来进一步阐发、支持他的规范分析。他用大量证据说明，自由如何促进发展，而缺乏自由、压制自由如何阻碍发展，涉及的领域包括贫困、市场与政府的作用、民主、饥荒、妇女、人口和粮食、文化传统等等。

森用最后的两章讨论了关系到他的理论的应用的社会问题。第 11 章讨论他特别关心的一个课题，即社会选择和社会价值的形成。在结束全书的第 12 章中，森提出其核心诉求：让个人自由成为社会的承诺。

自由作为价值标准及其信息基础

人们总是追求各种各样的目标或价值。提升到理论概念，这些价值标准有分析资源配置的经济学所集中注意的效率（其重要标准是“帕累托最优”，在此状态下，任何一个人的效用或福利不可能在不减少另外某个人的效用或福利的情况下提高），有政治哲学、法哲学、伦理学和其他社会人文学科所讨论的公平、正义、民主、法治、平等，等等。这些价值各自反映人的生活、社会状况的某一个或某些侧面，它们可以互相促进，也可能相互冲突——例如效率与以收入分配来衡量的平等就有冲突。自由作为价值标准的理论，试图提出一个综合的、全面的价值标准（体系），据以判定人的生活以及社会状况是否合乎理想，或者是否在向理想方向改善。

森在第 3 章分析对比了三种主要的现代价值观——功利主义、自由至上主义和以罗尔斯正义理论为代表的公平主义。森认为，“每种派别的长处和局限，在很大程度上，可以通过考察其信息基础的范围和限制来理解”。他强调扩大信息基础的重要性，并由此进而提出他的建议——以实质自由作为综合价值标准。

功利主义的价值标准是：所有人的最大效用或福利。这一理论肇始于边沁，他把效用或福利定义为“幸福”或“痛苦”这样的心理状态。这立即导致信息基础的一系列问题：如何测度一个人的心理状态的（绝对）水平，如何进行人际比较，如何总计所有人的效用而得到全社会的总效用水平。现代经济学把效用水平从个人心理的主观性测度转到通过消费者选择而客观地表现出来。如果观察到一个人在备选事物 x 和 y 中选中 x 而放弃 y，这就表明按这个人的偏好，x 的效用高于 y（但不能表明高多少）。这种排序的效用函数构成现代经济学的一块基石，也被用在竞争市场均衡的符合帕累托最优的证明中。注意总效用最大的状态也就是帕累托最优状态（否则总可以增加某一个人的效用而不减少任何其他人的效用，从而增加总效用）。

森认为，功利主义的价值标准的优点在于，它着眼于社会机制的后果，而且后果是指人的福利（而不是，比如说，货币收入）。其不足之处则包括：(1) 忽略分配——假如两个状态具有相等的总福利水平，甲状态下某一人占了99%，其余所有人分享1%，乙状态下所有人平等分享总福利，如何评价甲、乙的优劣？(2) 忽略权利、自由以及其他因素——权利、自由只是间接地、按其对福利的影响程度进入福利测度，特别地，如何处理“幸福的奴隶”与“不幸福的自由人”？这一评价标准的信息基础不够广，排除了应该考虑的因素。

自由至上主义的价值标准是：由法治权利保证的、受最少限制的个人自由。这种法治意义的自由包括政治自由（表现在言论集会结社等自由权利），经济自由（表现在所有权不可侵犯、交易自由、对契约关系的法律保护等），以及许多其他自由权。数百年来，自由权利的价值观反对专制、促进法治、保护人权，现在已经成为世界普适价值标准的基本组成部分。

森认为，这一价值观作为评价标准，信息基础仍嫌不足。它的要求是程序性的，而程序先于后果，而且不考虑后果。森坚信人们的价值观中必定包含后果方面的考量，特别地，功利主义的价值标准就是单纯以后果衡量的。因而他主张既要考虑法治的权利，也要考虑人们可以实际达到的享受，例如经济上不致饿死的保障、社会上扫除文盲的普遍措施。森是研究饥荒的专家，他观察到饿死人的大饥荒可以在人们的自由权（包括财产权）不受侵犯的情况下发生。假如两个状态具有相同的法治自由，甲状态下发生饿死人的大饥荒，乙状态下所有人都能吃饱肚子，如何评价？

以罗尔斯正义理论为代表的公平主义价值标准是：立足于公平的一套优先于任何其他考虑的自由权。罗尔斯的正义理论被森和很多其他论者认为是当代最重要的道德哲学理论，该理论从公平出发，通过极其严密的逻辑分析，导出罗尔斯称做“自由权优先”的一项要求：存在一组自由权利，不管任何其他考虑，必须保证这一组自由权利的实现。当代著名自由至上主义理论家诺齐克（Nozick）曾提出更强的“自由权优先”的要求，具有优先性的自由权利的目录更长，优先性的程度更绝对。因此森对自由权优先这一价值标准的评论，也适用于诺奇克这样的自由至上主义。

森仍然着眼于信息基础，他不赞成某些价值要素“绝对地”优先于另外一些价值要素：不应该事先排除影响全面价值评价的要素。上述关于饥荒的例子表明，法治自由的实现，对更广义、更综合的价值标准的实现，不是充分条件。另一方面，各种后果依赖性理论，也就是关心现实中达到的福利状况的理论，都阐明了要考虑法治自由权利以外的其他要素，这是达成全面价值评价的必要条件。

森提出的建议是比较包容的：扩大信息基础，以构成实质自由的功能性活动为评价标准；对各种价值要素共同考虑，区别对待。共同考虑的意思是，不把某种、某些价值要素（事先）排除在外。区别对待的意思是，给予特定的价值要素以特定的权重。为了避免误解，森特别说明，他认为法治自由权利优先于某些其他价值要素（例如收入）。其理由不是基于价值判断（每个人都可以基于自己的偏好，认为自由或收入更重要），而是在于自由和收入的一种经济学性质。自由权（例如普选权）是一种“公共物品”，其重要性不能根据个人评价自己的福利状态时对普选权所赋予的权数来确定，因为普选权的建立与废除涉及所有公民。收入则基本上是“私有物品”，一个人的收入增加或被剥夺，其影响可以在很大程度上局限于个人（及其家庭）。因此，“根据这种非对称的重要性，对自由权和基本政治权利的保障应该具有程序性优先”。注意这种“优先”是在共同考虑的基础上由分析产生的区别对待，不是事先排除其他考虑的“绝对优先”。森反复强调，在社会评价中对各个价值要素所赋予的权数，要通过公共讨论和民主的社会选择过程来确定。

在第3章结束关于价值标准的讨论时，森这样总结他的理论框架：“本章的建设性部分进一步考察了直接以人们的实质自由为焦点的含义，并确定了一种一般性的方法，即集中注意人们去做他们有理由珍视的事情的可行能力，以及去享受他们有理由珍视的生活的自由。我和其他一些人曾经在别的地方也讨论过这一方法，其优点和局限性是相当清楚的。看起来，这一分析方法不仅能够直接关注自由的重要性，它也能够充分注意作为其他方法基础的、并使之具有实际意义的那些动机。特别是，以自由为基础的视角能够顾及功利主义对人类福利的兴趣，自由至上主义对选择过程和行动自由的关切，以及罗尔斯理论对个人自由权、对实质自由所需的资源的集中注意，等等。在这个意义上，可行能力方法具有的广度和敏感度使它有宽阔的适用范围，能够对一系列重要因素给予评价性关注，其中某些因素在别的方法中以这样或那样的方式被忽略了。能达到这样广阔的适用范围的原因是，按照这个方法，人们的自由能够以公开明晰的方式根据人们有理由珍视并追求的成果和程序来评价。”

自由作为发展的重要手段

自由的意义，还在于它的手段性作用。森具体分析了五种工具性自由，它们分别帮助人们按自己的意愿过有价值的生活，又相互联系、相互促进，共同做贡献。下面结合书中一些重要的例证来讨论这些工具性自由。

第一，政治自由：森最广为人知的研究结果也许是关于饥荒的一个规律（见第1、第2、第7章），它表明政治自由与防止饥荒的关系。这个规律是：权威主义统治者，他们自己是绝不会受到饥荒（或其他类似的经济灾难）的影响的，通常缺少激励因素来采取及时的防范措施。与此相对照，民主政府需要赢得选举并面对公共批评，从而有强烈的激励因素来采取措施，防止饥荒或其他类似的灾难。

就发展与政治自由的关系而言，森尖锐批评为“权威主义”辩护的“亚洲价值观”，在书中检视了“亚洲价值观”以下三方面的论证（第6章）。第一方面的论证是“李光耀命题”：民主、自由妨碍经济发展。森认为，依据一个很小的、特选的样本（如中国台湾、韩国、新加坡等），不能支持这样的一般结论。亚洲有专制而停滞的国家如缅甸，非洲有民主而发展速度位于世界上最高水平的国家如博茨瓦纳。很多研究结果表明，自由、民主，如同对国际市场开放、注重教育（中国台湾、韩国、新加坡突出的共同经验）一样，是促进发展的。第二方面的论证是“如果让穷人在政治自由和满足基本经济需要之间做出选择，他们总会选择后者”。森反驳说，首先，经验研究表明，把经济发展与民主对立起来是错的；其次，专制统治从来不允许人民有自由选择民主的机会；再次，当人民真的有机会选择时，他们坚持民主。一个实例是，印度在20世纪70年代中期举行大选，核心问题是英迪拉·甘地实行“紧急状态”。印度选民（世界上最穷的一批选民），坚决拒绝了剥夺基本自由和民权的“紧急状态”。第三方面的论证是亚洲的传统文化伦理重视服从而不是自由，强调忠诚（于君主、国家、政府）而不是个人权利。森在第10章讨论文化问题时问道，亚洲是一个广大的地区，居住着地球上60%的人口，有各种各样的民族、文化、宗教，如何概括出一个“亚洲价值观”来？他列举儒家、印度、伊斯兰典籍说明，这些文化中都包含自由、宽容、平等的因素（当然也包含相反的因素）。

第二，经济条件：这是指个人享有的将其经济资源运用于消费、生产或交换的机会。人们拥有各种经济资源如劳力、知识、土地、工具，市场机制提供各种经济资源自由组合的最好机会。但是发展中国家的市场机制多半发育不全。因此，发展的过程，基本上是自由市场取代传统社会（或其他形式）对人、对资源、对经济活动的束缚、限制、干预。发展经济学从效率、财富增长出发，在这一领域研究很多，成果也广为人知。森的独特之处，是再次强调自由是发展的核心。以人身束缚为例，森认为，发展过程中最大的挑战之一就是取消在很多传统农业社会中存在的对劳动者的束缚和强制（第2章）。印度最落后的比哈尔邦有一种土地所有制，农民被束缚在土地上从事强制性劳动，地主用暴力手段阻止农民离开土地、转往他处就业。这是迄今仍在进行的斗争。森强调，对劳动自由的理解，不能只着眼于市场效率，人的自由才是更重要的角度。他引用芝加哥大学教授福格尔（Robert Fogel，也是诺贝尔经济学奖获得者）著名的关于美国南方奴隶制的经济史著作来说明这一点（第1章）。福格尔论证说，美国南方使用黑奴的庄园经济是有效率的，而且黑奴所得的实物报酬高于（至少不低于）自由农工的收入，其寿命期望值几乎等同于法国和荷兰等发达国家，远高于美国和欧洲自由的城市工业工人。但是，黑奴还是逃跑。而且，在奴隶制废止之后，庄园主试图用高薪（超过黑奴所得的实物报酬百分之百）引诱自由了的黑人按奴隶庄园的方式去做同样的工作，这种努力完全失败了。人身自由、就业自由、工作中的自由的重要性，在此得到鲜明的体现。自由有超越效率、经济利益的意义，发展就是自由的扩展。

市场与自由之间存在一种更基础性的关系。众所周知，关于市场效率有一个著名的阿罗-德布罗定理：完全竞争的市场机制在达到全面均衡时实现了“帕累托最优”。森在第5章对此结果进一步发问：“所追求的效率是否应该按个人自由而不是效用来衡量？在这里这是一个特别合理的问题，因为本书所做的研究所用的信息基础一直是个人自由（而不是效用）。”答案是森早先已经证明的一项研究成果：“按照对实质个人自由的某种合理的特征性概括，阿罗-德布罗的效率结果的重要部分可以很容易地从效用的‘空间’转换到个人自由的空间，不仅就选择商品组合的自由而言，而且就从事各种功能性活动的可行能力而言也是如此。”森采用了与证明原来的阿罗-德布罗结果所需要的相似的假定，证明了：“竞争市场均衡可保证，在保持所有其他人的自由不变时，没有一个人的自由可以有任何增加。”

这个结果大为拓宽了我们对市场机制的最优性的理解——市场机制所达

到的"帕累托最优"可以用实质自由来衡量。目前，在很多发展中国家，反对、批判乃至否定市场机制的思潮和社会势力仍然广为存在。其立论基础，包括规范性的（例如，市场机制只追求效率，否定其他价值）和实证性的（例如，实际的市场运作充满权钱交易、垄断、寻租以及导致收入不平等的扩大等等）。森的上述定理可以纠正"市场机制只追求效率"的偏颇，森的下述分析也有助于认识从发育不全的市场的运行结果出发而批判市场机制的谬误及其部分根源（均见第5章）：

> 实际情况是，存在于今天的发展中国家——或者甚至昨天的被称为是社会主义的国家——的严重损害经济运作的许多限制，也广义地属于这种"前资本主义"类型。……实践中产生的问题通常是由于其他原因——而并不是因为市场的存在本身——而导致，这些问题包括：对运用市场交易准备不足，毫无约束的信息藏匿和缺乏法规管制，使得强势者能够利用非对称的优势来牟利。

森揭示了在发展中国家反对市场的势力常常是在非市场体制下享受特殊利益的人们，而他们常常以"激进"的面目出现来反对市场。"毫不奇怪，那些享受保护的资产阶级常常从遥远的过去翻出一般性的反市场论述，掸去上面的灰尘，竭尽全力鼓励和支持那种激进主义和现代性的错觉。""昨天的'激进派'，诸如亚当·斯密（他的思想激发了法国革命中的许多活动家），或李嘉图（他反对马尔萨斯对无所事事的地主的生产性贡献所作的辩护），或马克思（他把竞争性资本主义看做是造成世界上进步变化的一个主要力量），对于前资本主义思想的领导人物的一般性反市场论述，几乎都没有任何同情。""某些鼓吹今天的激进政治观点的人，常常陷入陈旧的经济学立场，那是曾经被斯密、李嘉图和马克思如此明确无误地否定过的，这真是思想史上的一大讽刺。"

森强调要以公共行动来创造条件，使市场得以良好地发挥作用："市场机制在一定条件下取得了巨大的成功，这些条件就是，所提供的机会可以被合理地分享。为了使这种情况得以发生，需要有适当的公共政策（涉及学校教育、医疗保健、土地改革等等），来提供基本教育、普及初级医疗设施、使对于某些经济活动（例如农业）至关重要的资源（例如土地）可资利用。甚至在极其强烈地需要经济改革来允许市场有更大的空间时，这些非市场设施仍然要求细致的坚决的公共行动。"如果实际的市场运作远离理想状态、甚至远离正常状态（如同大多数发展中国家的现状所示），就必须找出其根源，“对这些情况的处理，不是压制市场，而是让市场更好地运作，具有更高的公平性，而且得到适当的补充。市场的整体成就深深地依赖于政治和社会安排”。

第三，社会机会：指的是在教育、保健等方面的社会安排，它们影响个人享受更好生活的实质自由。其手段性作用，熟知的正面例子是亚洲“四小龙”的高速发展得益于教育的普及。反过来说，“不识字对一个人参与那些要求按规格生产或对质量进行严格管理的经济活动（如全球化贸易所日益要求的那样）来说，是一个绝大的障碍。类似地，不会读报，或者不能与其他参加政治活动的人书面联系，对于政治参与也是一种限制。”（第2章）森在对比中国和印度的发展经验时认为，20世纪80年代以来中国的经济增长速度高于印度，除了印度进行改革较迟（印度曾实行很多中央计划、政府干预的政策）及其他因素以外，印度总体而言在教育、保健等方面的落后是关键原因。而中国在改革以后（特别是在农村）教育反而受到一定的负面影响，将不利长期发展。

第四，透明性担保：这是指人们在社会交往中需要的信用，它取决于交往过程的公开性、对信息发布及信息准确性的保证。从事交易的双方总是预期对方在谈判时提供有关交易的全面而准确的信息，而且在达成协议后信守承诺。没有这种信用，市场机制无法运作。守法的老百姓总是预期政府提供的信息是全面而准确的，有关的法令政策（如政府所声称的）是符合公共利益的、公平的，有关的官员是在奉公行事。没有这种信用，社会无法维持正常秩序。在这个意义上，透明性担保成为个人的实质自由的重要部分，也构成为发展做出贡献的手段性自由的重要部分。

透明性担保与健全的市场机制紧密相连，这涉及到市场的基础设施的建设和行为规范的确立。森对亚洲金融危机的分析提供了一个很好的例证（第7章）。亚洲金融危机突出地显示了受影响的国家的体制不健全。“金融危机在东亚和东南亚的某些国家的形成，与商业运作缺少透明性，特别是在核查金融和商业的安排上缺乏公众参与紧密相关。”“国际货币基金（IMF）试图施加于拖欠贷款的经济体的那些基本的金融改革规定，在很大程度上与缺乏公开性、缺乏信息披露，以及作为这些经济某些部门特征的那种不讲是非原则的业务关系网有关。这些特征与一种不透明的商业安排紧密相连。”“在亚洲危机的发生中，透明性自由的作用——或者毋宁说缺少透明性自由的后果——是很难被怀疑的。”

森强调（第11章），自由市场机制，或者说资本主义制度，经常被理解为一种建立在纯粹个人私利之上的安排，事实上，资本主义经济的有效运作取决于一个强有力的价值规范体系。要有坚实的法治基础来支持交易涉及的各种权利，要有普遍遵守的行为准则来保证协议的履行。苏联及东欧国家转轨过程中的困难，缺乏这样的法治基础和行为准则是特别重要的原因。

透明性担保也与政治民主紧密相连。森认为，亚洲金融危机的前导性因素是“缺少一个有效的民主论坛。可以由民主过程所提供的、向那些特选的家庭和集团的控制地位进行挑战的机会，本来是可以导致非常不同的结果的。”“风险的形式与不当的投资本来是可以被置于更严密的监视之下的，如果民主的批评家当时能够，比如说在印度尼西亚和韩国，提出这样的要求的话。当然这些国家都没有那种会允许这样的要求从政府以外提出来的民主制度。不受挑战的治理权力，轻而易举地转化为对无责任核实、无透明性状况的不加质询的认可，而政府和金融头目之间的家族联系经常进一步强化这种局面。政府的非民主性质，对经济危机的产生起了重大作用。”

第五，防护性保障：这是为那些遭受天灾人祸或其他突发性困难（例如失业）的人、收入在贫困线以下的人，以及年老、残疾的人，提供扶持的社会安全网。在发达国家，这种防护性保障在社会福利的名义下已经基本上建立起来了。在发展中国家，建立防护性保障应是一项基本建设。对于那些需要帮助的人，防护性保障或者为其提供生活必需品（灾民、赤贫的人），或者改善其生活条件（残疾人），因此构成其实质自由的一部分。

防护性保障不仅是所谓“福利国家”的问题，同时也是民主制度的问题。重要的是，要有制度性渠道把民众（特别是弱势群体）的痛苦反映出来，要有政治性激励机制促使政府去关怀、解决民众的痛苦。仍然以亚洲金融危机为例，森指出，“一旦金融危机导致了普遍的经济衰退，民主的保护性力量——如在民主国家防止饥荒中所起的作用那样——就被强烈地怀念了。新近被剥夺的人得不到所需要的倾听他们说话的机会。当经济在过去几十年间每年增长了5%或10%，国民生产总值下降比如说甚至10%，或许看起来并不算多。但是，如果经济紧缩的负担不是由大家分担，而是被允许全部压在失业者或者新近成为在经济上多余的人的身上——他们是最没有承受能力的——这种下降会毁灭很多人的生活，并使上百万的人落入悲惨境地。当经济不断上升时，印度尼西亚的经济脆弱的人们可能并不在意民主，可是当一场非共同分担的危机形成时，民主的空白使他们的声音被压抑并毫

无效果。在最需要民主的保障性功能时，人们最强烈地感到对它的需要。”（第7章）

价值和理性在扩展自由和实现发展上的作用

社会选择和社会价值形成是森非常关心的问题，他用第11章“社会选择与个人行为”来分析这个领域的重要问题。其出发点是“运用理性来鉴别并促进更好的、更可接受的社会”，森指出，“为此，我们需要有恰当的评价框架；我们也需要有机构和制度来为促进我们的目标和对价值判断的承诺而工作；此外，我们还需要有行为规范和理性思考来使我们得以实现我们努力争取的目标。”显然，这是一种积极自由主义的路线。森分析了对这种路线的三种怀疑和批评。

第一种是公共选择难题，它来自阿罗在1951年证明的“不可能定理”：假定社会中每一成员能够做出理性选择，社会选择要么是由民主程序（多数票决定规则）达到但不满足理性条件，要么是满足理性条件但由独裁者做出。阿罗的公理化证明严密优美，其结论既严谨又令人困惑，这个定理立即引发大量研究而形成一门“社会选择”的学科。

很多研究者试图放松阿罗证明中的一些条件，来达成某种“可能性定理”。森的方法是扩大信息基础。森的基点是：阿罗定理中采用的民主机制是多数票决定，其信息基础只包括个人的偏好排序，不涉及某个人比另一个人更穷，收入转移中谁受益（与谁受损），受益或受损多少，以及任何其他信息（比如每个人是如何挣得各自那一特定份额的）。因此，“以多数原则为突出代表的这样一组规则的信息基础，是极端有限的，显然不适合对福利经济学问题做出知情的判断。这主要不是因为它导致不一致性（如阿罗定理推广证明的），而是因为我们实在不能根据这么一点信息来做出社会判断”。实际上，森曾经证明，在掌握更多信息的条件下，由民主程序达到的社会偏好可以满足理性条件。

第二种是这样的一种论证：它怀疑我们获得我们有意识地争取的成果的能力，并争辩说“并非有意追求的后果”支配了实际的历史。亚当·斯密关于“看不见的手”的论述，哈耶克的通过自发的进化而达到“人类合作的延展秩序”的理论，是“强调了并非有意造成的后果的重要性”的突出例子。

森认为："这丝毫无损作为本书基础的理性主义视角。这种视角所需要的，并非是一种根本就不该有无意造成的后果的一般性要求；它所需要的只是：试图运用理性去造成社会变化，在适当的情况下，应该能够帮助我们得到更好的结果。"（第 11 章）森用包括来自中国的实例说明，重要的不是某些后果是无意造成的，而是因果分析可以使无意造成的后果被合理地预期到。就亚当·斯密著名的"看不见的手"的例子，森指出，"肉商会预期以牛肉换钱不仅对自己有利，对顾客（买牛肉的人）也有利，所以可以指望这种关系对双方都带来好处，从而是可以维持下去的。同样，酿酒商、面包商和顾客也会指望这些经济关系维持下去。一个无意造成的后果并非一定是不可预期的，而许多事情依赖于这个事实。实际上，交易各方对这样的市场关系继续下去的信心，特别依赖于做出这种预期或隐含的假定"。

如果说哈耶克用这个例子阐发的是，自发自利的行动可以通过自愿交换达到"人类合作的延展秩序"，强调的是这种结果的"并非有意追求"的一面，森则强调对这种并非有意追求所达到的"结果"的理性认识（预期），进而主张把这种认识运用到改进社会的努力中去。哈耶克坚决反对的是"致命的自负"，即自以为掌握了"全能理性"而对社会进行全面控制。森的实质自由理论与对社会进行全面控制是完全不相容的（森从来反对计划经济）。由此森认为，如果"理解无意造成的后果思想的正确方法"的基础是"对于重要的、然而是无意造成的后果的预期"，"那么这个思想与理性主义改革就完全不是敌对的。事实上，正好相反。经济和社会的理性思考可以注意那些并非有意造成、但由于体制性安排而引起的后果，而且特定的体制安排可以因为注意到各种可能产生的、无意造成的后果而获得更准确的评价"。如果注意到另一位著名自由主义者、哈耶克的好友和争论对手卡尔·波普尔（Karl Popper）一方面以《开放社会及其敌人》痛批极权主义思想基础，另一方面又以《科学发现的逻辑》一书奠定理性批判主义的基础，赞同凯恩斯经济干预政策，主张"分项社会工程"（piecemeal social engineering，或译"零星社会工程"），就可以更好地理解积极自由主义者按照理性改进社会的思路。

第三种是"对于人类价值观和行为规范的可能的作用范围的怀疑。我们的行为模式是否真的能够超越那种狭隘定义的自利？如果不能，那么就有这样的论证：尽管市场机制还可以运作（因为它被认为只需要激发人们的自利动机而无需任何其他东西），但是任何要求具有更多'社会的'、'道德的'、

‘承诺性’因素的社会安排就都是不可能的了。按这种观点，依靠理性来争取社会变化，不可能超越市场机制的运作的结果（即使市场机制导致无效率、不平等或者贫困）。从这个视角来看，想得到更多东西，简直是毫无指望的乌托邦。”

森认为“这样的怀疑主义非常缺乏依据”。他指出，“自利当然是一个极端重要的动机，而且许多经济和社会工作由于对这个基本动机的重视不足而受挫。但是我们每日每时都看到，人们的一些行动反映了明显具有社会成分的价值观，那些价值观使我们远远超出纯粹自私行为的狭隘局限。社会规范的出现，可以由交往式理性思考和进化性行为模式选择来解释”。森在书中举例：同样是民主社会，公共决策所体现的价值判断、社会规范可以而且确实有不同。欧洲国家与美国相比，有更多的社会福利，近年来有高得多的失业率和通货膨胀率。美国公众对高失业率、高通货膨胀率、高财政赤字和巨额国债的反感，远比欧洲公众强烈，对社会福利的兴趣，远比欧洲公众低下。森强调，“运用带有社会责任感的理性思考以及关于正义的思想，与个人自由的中心地位紧密相关。这并不是断言，人们总是唤起他们的正义意识，或者运用他们带有社会责任感的理性思考的能力，来决定如何行使他们的自由。但是正义意识是那些能够、而且常常确实激发人们的动机因素之一。社会价值观对确保多种形式的社会组织的成功，可以发挥——而且一直发挥——重要作用，这些社会组织包括市场机制、民主政治、基本公民权利和政治权利、基本公共物品的提供，以及公共行动和抗议的机构与制度”。

就实践而言，森的观点是，公共选择的基础，一是自由，一是民主。这就是说，每一社会成员必须拥有自由来表达自己的价值偏好，一个社会要通过公开讨论和公众参与包括民主选举来形成被采纳的社会价值及公共决策。森强调社会选择是一个过程，社会成员可以在此过程中学习，从而理解、体认与自己不同的价值观念，调整自己对某些价值要素所赋的权重，乃至有可能地改变自己的价值观念。社会价值标准在此过程中形成、改变、发展、提升。

森在论及发展过程中社会面临的许多重大的价值问题时，再三强调必须在自由和民主的基础上做出社会选择。例如，发展可能导致传统文化、宗教、风俗习惯的改变，这与使用新机器取代旧机器有所不同，“人们不会为废弃的生产方法和淘汰的技术而落泪”。“然而，在文化事务方面，消失的传统却可能令人百般怀念。放弃古老的生活方式会导致极度的痛苦和深深的失落感。”对于发展中国家普遍面临的这种问题，森认为：“应该由那个社会来决定它是否要采取行动、采取什么行动来保存旧的生活方式，或许甚至为此付出相当大的经济代价。生活方式是可以保存下来的，如果一个社会决定就是要那样做的话，问题在于要在为了这种保存而付出的代价，与这个社会对所保存对象和生活方式所赋予的价值，二者之间保持平衡。当然，对这种成本—收益分析并没有现成的公式，但是，为了对这样的选择做出理性评价，最重要的是，人们要能够参加对这个问题的公共讨论。我们又一次回到关于可行能力的视角：社会上不同群体的人们（而不仅仅是有社会特权的人们）都应该能够积极地参与制定应该保存什么、放弃什么的决策。并不存在强制性的理由，一定要保存——即使代价极大——正在消逝中的生活方式的每一个方面，但确实存在真正的需要——为了社会正义——让人民能够参加这样的社会决策，如果他们选择要参与这种决策。这就给出了进一步的理由，要重视下述基本的可行能力要素：阅读和写作（通过基本教育），得到充分的信息和通报（通过自由传播媒体），拥有现实的机会自由地参与机会（通过选举、公决以及公民权利的普遍实施）。从最广义的意义讲，人权也涉及这种实践。”（第 10 章）

森认为，价值概念、社会规范对发达国家的市场机制同样可以发挥积极作用。“在当代世界，资本主义所面临的那些重大挑战，包括不平等问题（特别是在前所未有的丰裕世界中都存在着那种摧残人的贫困），以及‘公共物品’问题（即人们共同享受的物品，例如环境）。对这些问题的解决办法几乎肯定会需要超越资本主义市场经济的机构和制度。但是，在许多方面，资本主义市场经济的作用范围本身，也可以通过适当地培育起对上述问题敏感的伦理观念来加以扩展。市场机制与多种多样价值观的相容性，是一个很重要的问题，我们必须正视它，并同时探求拓展体制性安排以超越纯粹的市场机制的局限性。”（第 11 章）

自由的境界

阿马蒂亚·森是个多才多艺的人。他曾在《纽约书评》（New York Book Review）杂志上撰文，评论泰戈尔的诗歌绘画，颇获好评。森与泰戈尔还有一点特殊的联系：他的名字是泰戈尔给起的。森的外祖父是泰戈尔的秘书，森出生时，就请泰戈尔为女儿的新生儿起名字。泰戈尔挑了Amartya，意为"另一个世界的"（other-worldly），并说"这是一个大好的名字。我可以看出这孩子将长成一个杰出的人。"当森在1998年获诺贝尔经济学奖时，印度报纸津津乐道这一段佳话——印度的第六位诺贝尔奖获得者阿马蒂亚·森的名字出自印度的、也是亚洲的第一位诺贝尔奖获得者泰戈尔。"阿马蒂亚"（"另一个世界"）蕴涵着智力的或想像的未来世界。泰戈尔的《吉檀迦利》中有一首诗，描述了一个彼岸世界，其意境酷似森在此书中的追求。让我们分享这样的意境[①]：

在那里，心是无畏的，头也抬得高昂；
在那里，知识是自由的；
在那里，世界还没有被狭小的家园的墙隔成片断；
在那里，话是从真理的深处说出；
在那里，不懈的努力向着"完美"伸臂；
在那里，理智的清泉还没有沉没在积雪的荒漠之中；
在那里，心灵是受你的指引，接近那不断放宽的思想与行为——
进入那自由的天国，我的父啊，让我的国家觉醒起来吧！

——泰戈尔《吉檀迦利》诗35

任赜　于真

---

① 引自冰心译：《泰戈尔诗选》，长沙，湖南人民出版社，1982。

中文版序言

我很高兴我的著作《以自由看待发展》的中文版即将发行。这本书提出的发展观并没有把经济发展和其他领域的进步分割开来。远在实行经济改革之前，中国就一直是在当代世界——特别是通过教育扩展、医疗保健体制转变和土地改革上的重大进步——促进社会变革的一个先行者。经济发展与社会进步之间的互补性在中国最近的历史中得到了很好的说明。

当中国在1979年开始进行大规模经济改革的时候，这个国家已经拥有受过良好教育的人口以及发展良好的医疗保健体系，而且不存在土地拥有量的不平等（这种不平等常见于发展中世界，而且在中国土地改革以前也存在）。由于在教育、医疗保健和土地改革方面的进步，中国经济在改革之初就具有实力，而中国经济在其发展过程中能区别性地运用市场，也恰恰得益于此。

众所周知，中国在改革后取得了令人瞩目的经济进步。社会进步与经济发展之间的互补性，本书的主题之一，在中国的经验中得到了很好的说明。

此外还存在着其他一些互补性。和世界上其他国家一样，中国必须正视这些互补性。这些互补性包括文化和经济、政治参与和经济进步，以及技术进步及其社会运用之间的相互作用。本书论证，发展是一个相互依赖的过程，而且经济的成功不可能与社会、政治和文化的成就相分离。每一个国家，每一个社会，都不得不处理它自己的问题，而世界将怀着极大的兴趣注视全方位的发展过程如何在中国展开。

中国不仅是一个现代的成功者，而且是一个杰出的文明古国。既然现代经济发展与技术紧密相连，中国长期在世界上技术领先的历史必定具有核心的意义。试考察并非当下这个新千年，而是**上个**千年开始时，即公元1000年左右时的“高技术”。当时世界上的“高技术”包括造纸和印刷术、风筝和指南针、独轮车和风车、弩弓和火药、计时器和铁索悬挂桥。在1000年前的世界，上述每一项高技术在中国都已充分发展并广泛使用，但在世界其他大部分地方，包括亚洲其他地区和欧洲，却实际上不被知晓。中国在“高技术世界”的那样一种支配地位在历史上从来没有被任何其他国家在任何时期实现过。确实，很难设想任何其他国家将会再次实现那种世界上独一无二的支配地位，因为技术扩散在现在是如此迅速。

然而，中国在过去的伟大技术成就，并不应该成为其忽略欧洲和西方自文艺复兴和工业革命以来所发生的大规模技术进步的理由。确实，中国能够——而且必须——学习其他国家，特别是欧洲、美国和日本所取得的成就。但是对历史的理解使现代中国有理由认为，当中国牢牢抓住尖端技术的主动权并开创其未来的时候，今天的高技术会植入极其丰饶的土地。

本书的主旨是讨论社会经济发展中的相互依赖性。我应该让读者在我所尽力提出的分析的基础上得出自己的结论，而不用试图在此总结其主要命题。中国必须在建设其未来的同时不背弃其过去。中国9世纪的诗人和文学批评家司空图对于新旧整合的普遍问题在他的经典文论《诗品》中说得很好：“结合故旧，产生新颖。”[①]当然，司空图谈的是文学创作，不是社会和

---

① Ssu-k'ung T'u, The twenty-Four Categories of Poetry。英语译文取自 Stephen Owen, Readings in Chinese Literary Thought (Cambridge, MA: Harvard University Press, 1992), p. 309。——原作者注

《诗品》中原文为“与古为新”。此处按英译文（“You join with the old and produce the new”）转译回中文，以反映森所要表达的思想。——译者注

经济发展。但是同样的整合性原则——在1000多年前就已提出的——也适用于经济和社会发展。

本书试图分析许多不同类型的相互依赖性，我希望读者会发现本书提出的分析是令人感兴趣的。不管已取得了多大成就，每个国家都必须展望未来，并准备应对即将到来的新挑战。我们都可以从司空图的明智教导“结合故旧，产生新颖”中多得教益。我感到特别荣幸，有机会用这个非常伟大的国家的语言提供我关于发展的一些浅见。我也借这个机会向所有中国读者致以问候和最美好的祝愿。

阿马蒂亚·森

序　言

我们生活在一个前所未有的丰裕世界中，在一二百年前这是很难想像的。在经济范围之外也有很多令人瞩目的变化发生。20世纪把民主和参与式的治理确定为政治组织的最好模式。人权和政治自由的观念现在在很大程度上已成为流行语言的一部分。平均而言，人们的寿命远远超过以往任何时期。此外，地球上的不同地区比以前任何时候都更加紧密地联系在一起。不仅在贸易、商业和通讯的领域是如此，在相互影响的观念和理想的领域也是如此。

但是，我们生活的世界仍然存在大规模的剥夺、贫困和压迫。不仅有老问题，还有很多新问题，包括长期的贫困与得不到满足的基本需要，饥荒和大范围饥馑的发生，对起码的政治自由和基本的自由权的侵犯，对妇女的利益和主体地位的严重忽略，对我们环境及经济与社会生活的维系力不断加深的威胁。许多这样的剥夺，都可以以这样或那样的形式，在富国和穷国观察到。

克服这些难题是发展的中心目标。本书论证，我们必须认识到各种形式的自由对于解除这些苦难所能发挥的作用。的确，个人的主体地位，最终说来，对消除这些剥夺具有中心意义。另一方面，我们每个人所拥有的主体的自由，不可避免地被我们可能得到的社会的、政治的和经济的机会所规定和限制。个人的主体地位与社会的安排之间有很强的互补性。重要的是同时承认个人自由的中心地位和影响个人自由的程度和范围的社会因素的力量。为了解决我们面临的问题，我们必须把个人自由视为一种社会的承诺。这是本书试图探讨和考察的基本思想。

按照这一思想，扩展自由被看成既是发展的首要目的，又是发展的主要手段。消除使人们几乎不能有选择、而且几乎没有机会来发挥其理性主体的作用的各种类型的不自由，构成了发展。本书将论证：排除严重的不自由对发展是有**建构性**意义的。然而，为了充分理解发展与自由之间的联系，我们必须超越上述的基本认识（虽然它是极其重要的）。在承认人类自由一般作为发展的首要目标这种自由本身固有的重要性的同时，还必须承认自由的工具性作用，即特定类型的自由能促进其他自由的发展。自由之间的联系是经验性的和因果性的，而不是建构性的或组成性的。例如，有很强的证据表明，经济自由和政治自由是相互增强，而不是（就像有时候被看做的那样）相互对立的。类似地，教育和医疗保健这样的社会机会——它们可能会要求采取公共行动——补充了经济和政治参与的个人机会，同时也有助于培育我们自己的能动性来排除我们各自面临的剥夺。如果这一思想的出发点是指明自由是发展的主要目的，那么其政策分析的作用在于建立起各种经验关联，使得自由的观点能够作为发展过程的指导性视角，并富有逻辑连贯性和说服力。

本书概括地指出了对经济、社会和政治活动，包括各种机构与制度以及许多相互影响的主体进行综合分析的需要。它特别集中注意某些关键的工具性自由，包括**经济机会**、**政治自由**、**社会条件**、**透明性保证**以及**防护性保障**所发挥的作用，以及这些工具性自由之间的相互联系。本书将考察涉及许多机构（政府、市场、法制系统、政党、传播媒体、公共利益集团、公共讨论论坛，以及其他机构）的社会安排，对增强和保障个人的实质自由所能做出的贡献。个人被看做是参与变化的能动的主体，而不是分配给他们的利益的被动的接受者。

本书基于1996年秋我作为总裁特邀研究员（Presidential Fellow）在世界银行所做的五次讲座而成。在1997年11月还有一次后续的关于这一思想总的方法及其应用的报告。我感谢这个机会以及由此带来的挑战，令我高兴的是这项工作是由于总裁沃尔芬森(James Wolfensohn)的邀请而成为可能的，我对他的远见、技巧和仁慈心怀非常钦佩。我曾经很幸运地作为普林斯顿高等研究院的董事(Trustee)与他有过密切的工作关系，近来，我也一直怀着极大的兴趣目睹沃尔芬森在世界银行的领导岗位上发挥的建设性作用。

世界银行并非一直是我特别喜欢的组织。做好事的权力几乎永远与做相反的事的可能性相伴随。而且作为一个专业的经济学家，过去我在若干场合曾经表示想不通是否世界银行就不能比它实际上做得更好。这些保留意见和批评是公开发表的，所以我无需"忏悔"对它曾心怀疑虑。所有这些使得我有机会在世界银行发表自己对于发展以及制定公共政策的观点特别受欢迎。

然而，这本书并非主要是为了在世界银行或其他国际组织工作的人写的，也不是仅仅为国家政府中制定政策或计划的人而写的。相反，这是关于发展及其实际理由的一般性著作，其目的特别旨在引起公共讨论。我把这六次报告分作12章，既为了表述的明晰，也为了使这一书面形式更容易为非专业的读者理解。实际上，我已努力使书中的讨论尽可能不带技术性，而只在尾注中引用了较正规的文献——这是为了方便那些倾向于那个方向的读者。对于在我讲座(在1996年)以后发生的最近的经济情况，我也做了一些评论，例如亚洲金融危机(它确认了我在这些报告中所表达的对最糟糕情况的担心)。

公共讨论作为社会变化和经济进步的工具的重要性是我们一贯强调的(本书中的论述将明确表明这一点)，与此相一致，本书也主要是为了公开的研讨和批判的审视而写的。在我的一生中，我一直避免为"权威机构"(authorities) 提供咨询。实际上，我也从来没有为任何政府提供咨询，而是喜欢把我的建议和批评——不管其价值有多大——公之于众。既然我有幸一直生活在三个传播媒体基本上不受阻碍的民主社会(印度、英国和美国)，我毫无理由抱怨缺少公开发表言论的机会。如果我的阐述能引起兴趣并导致对这些至关重要的问题的更多公共讨论，我将有理由感到得到了很好的回报。

作者

致　谢

在我从事与德亚顿（Angus Deaton）合作的一项研究工作时，得到了麦克阿瑟基金会（John D. and Catherine T. MacArthur Foundation）的资助，本书汲取了其研究成果。那项研究继续了我早先为设在赫尔辛基、当时由贾亚瓦德纳（Lal Jayawardena）主持的世界发展经济学研究院（World Institute of Development Economics Research）所做的工作。它也与我为联合国发展计划署（United Nations Development Programme）《人类发展报告》所担任的顾问工作有密切联系。这项工作是在来自巴基斯坦的哈克（Mahbub ul Haq）的卓越领导下开展的。（哈克是我大学时期的亲密朋友，他在 1998 年突然去世，我至今还没有从那一打击中完全恢复过来）。

直到1998年初我一直在哈佛大学教学，多年来哈佛大学对我的研究工作提供了极好的支持。我还从下述单位得到后勤方面的支持：哈佛国际发展研究所（the Harvard Institute of International Development），哈佛人口与发展研究中心（the Harvard Center for Population and Development Studies），剑桥大学国王学院历史与经济学中心（the Center for History and Economics at King's College，Cambridge University）。

我一直非常幸运地拥有优秀的合作者。多年来我有极好的机会与津·德热兹（Jean Drèze）合作，并共同出版了好几本书，它们影响了现在这本著作（与津的合作令人愉快，因为他做了大部分工作而确保你得到大部分声誉）。我也非常高兴有机会在与本书密切关联的领域与阿南德（Sudhir Anand）合作。我还与德亚顿（Angus Deaton）、德塞（Meghnad Desai）、福斯特（James Foster）、奥斯马尼（Siddiq Osmani）有过富有成效的合作关系。我与努斯鲍姆（Martha Nussbaum）在1987—1989年间的合作对于可行能力与生活质量概念的研究非常重要，这些概念被广泛地运用在本书中。

在为《人类发展报告》提供帮助时，除了哈克以外，我与富库达-帕尔（Sakiko Fukuda-Parr）、贾汉（Selim Jahan）、德塞（Meghnad Desai）、斯特瑞顿（Paul Streeten），以及后来与乔利（Richard Jolly）——他继任了哈克的职务——的交往也极有成果。我还从以下其他合作者、建议者和批评者那里得到了帮助：阿特金森（Tony Atkinson）（我经常引用他的思想），以及巴苏（Kaushik Basu）、巴尔加瓦（Alok Bhargava）、布卢姆（David Bloom）、凯斯（Anne Case）、L. 陈（Lincoln Chen）、M. 陈（Martha Chen）、费希尔（Stanley Fischer）、格朗（Caren Grown）、古翰（S.Guhan）、克拉森（Stephan Klasen）、库玛（A.K.Shiva Kumar）、诺齐克（Robert Nozik）、帕克森（Christina Paxson）、波拉克（Ben Polak）、萨克斯（Jeffrey Sachs）、斯坎龙（Tim（Thomas）Scanlon）、斯蒂格利茨（Joe Stiglitz）、苏阻莫拉（Kotaro Suzumura）、尤（Jong-il You）。从阿南德（Sudhir Anand）、巴格契（Amiya Bagchi）、巴德翰（Pranab Bardhan）、达斯古普塔（Ashim Dasgupta）、德亚顿（Angus Deaton）、迪莫克（Peter Dimock）、德热兹（Jean Dreze）、富斯特（James Foster）、奥斯马尼（Siddip Osmani）、罗贝恩斯（Ingrid Robeyns）和西蒙斯（Adele Simmons）那里，我得到了对于本书基本思想和各个阶段的手稿所做的很有帮助的评论。

我还长期得益于研究助手亚伯拉罕（Arun Abraham）的非常高效率的

工作，近来又得到研究助手罗贝恩斯（Ingrid Robeyns）和穆阔帕迪亚（Tanni Mukhopadhyay）的帮助。斯维德罗夫斯基（Marie Svedrofsky）在后勤安排上发挥了最有益的协调作用。

“序言”中已经提到，这些讲座是应世界银行总裁沃尔芬森的邀请而做的，我从与他的多次讨论中得到很多教益。在世界银行的这些讲座分别由沃尔芬森、科丘维瑟（Caio Kochweser）、萨拉杰丁（Ismail Serageldin）、马达沃（Callisto Madavo）和桑德斯多姆（Sven Sandstroms）主持，他们每个人都对我试图阐述的问题作了主要的评论。此外，讲座之后的讨论中提出的问题和评论对我启发很大。我还得益于有机会与世界银行工作人员的交流，那是侯塞因（Tarig Hussain）以无可比拟的效率安排的，侯塞因一般负责安排这些讲座。

最后，我的妻子伊玛·罗斯希尔德（Emma Rothschild）不得不在不同时间阅读不同阶段的不相关联的论述，而她的建议总是极其宝贵的。她自己对亚当·斯密的研究一直是我思想的一个很好来源，因为此书从亚当·斯密的分析中吸取了很多东西。即使在认识伊玛之前，我与亚当·斯密就有了密切关系（那些熟悉我的早期著作的人知道这一点）。在她的影响下，这一联系变得更紧密了。这对本书是重要的。

作者

目　录

导　论

以自由看待发展

本书论证，发展可以看做是扩展人们享有的真实自由的一个过程。聚焦于人类自由的发展观与更狭隘的发展观形成了鲜明的对照。狭隘的发展观包括发展就是国民生产总值（GNP）增长、或个人收入提高、或工业化、或技术进步、或社会现代化等等的观点。当然，国民生产总值或个人收入的增长，作为扩展社会成员享有的自由的**手段**，可以是非常重要的。但是自由同时还依赖于其他决定因素，诸如社会的和经济的安排（例如教育和保健设施），以及政治的和公民的权利（例如参与公共讨论和检视的自由）。类似地，工业化、技术进步、社会现代化，都可以对扩展人类自由做出重大贡献。但自由还取决于其他因素的影响。如果发展所要促进的就是自由，那么就有很强的理由来集中注意这一主导性目的，而不是某些特定的手段，或者某些特别选中的工具。从扩展实质性自由的角度来看待发展，就会把注意力集中到那些目标——正是它们才使发展变得重要——而不仅仅是某些在发展过程中发挥显著作用的手段。

发展要求消除那些限制人们自由的主要因素，即：贫困以及暴政，经济机会的缺乏以及系统化的社会剥夺，忽视公共设施以及压迫性政权的不宽容和过度干预。尽管就总体而言，当代世界达到了前所未有的丰裕，但它还远远没有为为数众多——也许甚至是大多数——的人们提供初步的自由。有时候，实质自由的缺乏直接与经济贫困相联系，后者剥夺了人们免受饥饿、获得足够营养、得到对可治疾病的治疗、拥有适当的衣服和住所、享用清洁用水和卫生设备等自由。在其他情况下，不自由紧密地联系到缺乏公共设施和社会关怀，诸如防疫计划、对医疗保健或教育设施的组织安排、有效的维持地区和平与秩序的机构。此外，对自由的侵犯直接来源于权威主义政权对政治的和公民的权利的剥夺，以及对参与社区的社会、政治和经济生活的自由的限制。

实效性和相互关联性

由于两个不同的原因，自由在发展过程中居于中心地位：

1. **评价性原因**：对进步的评判必须以人们拥有的自由是否得到增进为首要标准；

2. **实效性原因**：发展的实现全面地取决于人们的自由的主体地位。

我已经提到第一个动机：即应该集中注意自由的评价性原因。对于上述第二个、即实效性原因，我们必须考察有关的经验性关联，特别是在不同种类的自由之间相互促进的关联。正是由于这些相互关联（我们将在本书中比较详细地讨论它们），自由、自立的主体才成为发展的主要动力。自由主体不仅自身是发展的一个“建构性”部分，它还为增强其他类型的自由主体做出贡献。本书将详细考察的那些经验关联，把上述“以自由看待发展”思想的两个方面联系了起来。

个人自由与社会发展成就之间的关系远远超出建构性联系——虽然那是很重要的。人们可以成功地实现什么受到经济机会、政治自由、社会权力、促进良好健康的条件、基本教育以及对开创性行为的鼓励和培养等等因素的影响。提供这些机会的制度性安排，又取决于人们对其自由的实施，即人们是否运用其自由来参与社会选择、参与促进这些机会发展的公共决策。这样的相互关联本书也将加以考察。

一些例证：政治自由与生活质量

可以用几个简单的例子来说明把自由看作是发展的首要目的所造成的区别。尽管这一视角的完整范围只有通过远为深入的分析才能表现出来（在以下的章节中我将试图这样做），"以自由看待发展"这个思想的激进性质用一些浅显的例子就可以解释清楚。

首先，按照以国民生产总值增长或工业化来定义"发展"的狭隘观念，经常会涉及以下问题：某些政治的或社会的自由，例如政治参与和表达异见的自由，或者接受基本教育的机会，是不是"对发展有利"的？根据以自由看待发展这一更为基本的观点，以这样的方式提出这个问题，往往缺乏一种重要的认识，那就是，这些实质性自由（即，政治参与的自由，或者接受基本教育或医疗保健的机会）是发展的**组成部分**。它们与发展的关联，并不需要通过它们对国民生产总值增长或对工业化进程促进的间接贡献而建立起来。实际上，这些自由和权利对经济进步**也**做出了很大的贡献；这种关联将在本书中受到密切关注。然而，尽管这种因果关系确实是显著的，但是由这种因果联系所证明的自由和权利的作用，只是这些自由在发展中所起的直接的建构性作用之外的额外的贡献。

第二个例子是，人均收入（即使经过价格差别的校正），与人们享受更长寿命更好生活的自由之间的差异。例如，按照人均国民生产总值衡量，加蓬、南非、纳米比亚或巴西的人们可能比斯里兰卡、中国或印度的克拉拉邦的人们要富裕得多，但后者拥有比前者高得多的寿命期望值。

再举一个不同类型的例子，人们经常提到，非洲裔美国人比美国白人相对贫困，但比发展中国家的人们要富裕得多。然而，重要的是应该看到，非洲裔美国人成长到成熟年龄的机率**绝对地**低于许多发展中国家的人们，例如中国、斯里兰卡，或者印度某些地区的人们（这些国家和地区的医疗保健和教育制度以及社群关系各不相同）。如果有关发展的分析对于富裕国家也有适用性（本书将论证它确实是这样），那么在富国内部存在这种群体之间的差异，是我们所需要理解的发展和欠发展状态的一个重要层面。

交易、市场与经济不自由

第三个例子是关于市场在发展过程中的作用。市场机制对高速经济增长和全面经济进步做出贡献的能力，已经在当代发展文献中得到广泛的——而且是正确的——承认。但是仅仅在衍生的意义上理解市场机制的地位是一种错误。如亚当·斯密所说，交换和交易的自由，其自身就是人们有理由珍视的基本自由的一部分。

一般性地反对市场，就像一般性地反对人们之间交谈一样荒唐（虽然某些交谈显然是愚蠢的，而且会给别人甚至是谈话者自己带来麻烦）。交换词句、物品或礼物的自由，并不需要按照其有利的、但间接的效果来加以辩护，它们是社会中的人们生活和相互交往方式的一部分（除非被政府法规或法令禁止）。市场机制对经济增长的贡献当然是重要的，但它位于承认自由交换——词句、物品、礼物——的直接意义之后。

经验表明，否定参与劳动市场的自由，是把人们保持在受束缚、被拘禁状态的一种方式。反对受束缚劳工的不自由状态的斗争，在今天的许多发展中国家是重要的，其理由与使美国内战名垂史册的一些理由相同。进入劳动市场的自由，其自身就是对发展的显著贡献，而无关乎市场机制能否促进经济增长和工业化。事实上，马克思（一般来说他并不是资本主义的赞美者）对资本主义的赞扬，以及对美国内战是“现代史上的惟一重大事件”①的概括，直接与劳动契约自由的重要性相联系，而与奴隶制和被强制排除于劳动市场之外的情况相对立。下文将讨论，今天在许多发展中国家对发展的严峻挑战，就包括使劳动者从公开或隐蔽的禁止进入劳动市场的束缚中解放出

---

① 此处译文取自《资本论》，《马克思恩格斯全集》，中文版，第23卷，285页，北京，人民出版社，1972。——译者注

来。类似地，禁止进入产品市场常常是许多小农和贫穷的生产者由于传统性安排和限制而遭受的一种剥夺。参与经济交换的自由，在社会生活中发挥一种基本的作用。

指出这一经常被忽视的事实，并不意味着否定根据市场机制的所有作用和效果——包括它在带来经济增长以及在不少情况下甚至带来经济平等方面的作用——来对市场机制作一全面评价的重要性。另一方面，我们必须研究在那些仍与市场所提供的好处无缘的社群中继续存在的剥夺，以及人们对于与市场文化相关的生活方式和价值标准所可能做出的一般评价，包括批判。当以自由看待发展时，不同方面的论证都必须加以适当的考察和评价。很难想像任何成果显著的发展过程可以在并不广泛深入地运用市场的条件下发生，但是这并不排除社会扶助、公共法规、治国方略在它们能够改善——而不是损害——人们生活的时候的作用。与经常用来不管是捍卫还是批判市场机制的思路相比，本书采用的思路提供了更广阔、更包容的视角来看待市场机制。

最后一个例子取自于我对自己的童年时代一件事的一个回忆。当时我应该是十岁左右。一天下午，我正在达卡（Dhaka）市——即现在孟加拉国的首都——家中的院子里玩，有一个人从大门走进来，他痛苦地叫喊着，身上血流如注；他背上被人刺了一刀。那些天当地一直处于骚乱中（印度教徒和穆斯林教徒互相残杀），那是发生在印度独立和印度—巴基斯坦分治之前的动乱。那个被刺伤的人叫卡德尔·米亚，是个穆斯林，打短工为生。为了一点点钱，他到我们附近一家人家打工，结果在这个大半是印度教徒的社区，被街上的暴徒刺了一刀。我给他水喝、哭喊家中大人来帮助，稍后我父亲急忙把他送到医院去。在这个过程中，卡德尔·米亚告诉我们，他的妻子叫他不要在这骚乱的时候到有敌意的地区去。但他不得不出来找工做，挣一点钱，因为他家里没有任何东西吃。结果，他的经济不自由带来的惩罚是死亡，那是后来在医院发生的。

这个经历对我来说是惨痛的。它使我后来反思狭隘的身份认同——包括那些完全基于社区和人群之上的认同——的沉重负担（在本书中我将有机会来讨论这个问题）。但更直接地，它指出以下事实：由于极端贫困而造成的经济不自由，会使一个人在其他形式的自由受到侵犯时成为一个弱小的牺牲品。如果卡德尔·米亚家不那么穷，他并不非要在那可怕的时候到有敌意的地区去找工作来挣一点收入。经济不自由可以助长社会不自由，正如社会或政治不自由也会助长经济不自由一样。

组织与价值观念

还有很多例子可以用来说明，通过把发展看做是扩展那些相互联系着的实质自由的一个综合过程，能使我们的观念起决定性的变化。本书阐述并检视这一观点，并运用这一观点把经济、社会和政治的考量结合起来，综合研究发展的过程。这种多维视野使我们能够同时评价许多不同的机构和制度，包括市场和与市场有关的组织、政府和地方当局、政党和其他民间机构、教育体制的安排，以及参加公开对话和辩论的机会（包括新闻媒体与其他传播媒介的作用），在发展过程中的重要作用。

这样的观点也使我们能够领会社会价值观和流行的道德伦理的作用，它们可以影响人们享有的、并有理由珍视的自由。共享的规范可以影响一些社会特征，例如性别平等、儿童保育的状况、家庭规模和生育模式、对待环境的方式，以及许多其他社会安排及其后果。流行的价值观念和伦理也会影响是否会盛行腐败，以及信用在经济、社会、政治关系中的作用。对自由的行使以价值观念为媒介，而价值观念又受公共舆论和社会交往的影响，后者自身又受到参与性自由的影响。上述每一种联系都需要仔细检视。

经济交易的自由通常是经济增长的强大动力，这一事实已经得到广泛承认，尽管仍存在强烈的反对意见。重要的是，不仅要给予市场应得的评价，而且要认识其他经济的、社会的、政治的自由在提升、丰富人们能够享有的生活方面所起的作用。这适用于那种甚至具有高度争议性的问题，例如所谓的人口问题。对于自由在缓解过高的生育率上的作用的不同观点，已经存在很长时期了。伟大的 18 世纪法国理性主义者孔多塞（Condorcet）曾经预见生育率将随着“理性的进步”而下降，所以更多的安全保障、更高的教育水平，以及更多的反思性决策的自由，将限制人口的增长。与他同时代的马尔萨斯却持有迥然不同的观点。事实上，马尔萨斯争辩说，“没有任何理由假设，除了获取足够的生活必需品的困难以外的任何东西，能防止如此众多的人们早早结婚，或阻止他们建立尽可能大的家庭”。这两种不同的论点——依赖于理性自由或经济压力——的优劣比较，将在本书后面进行分析（我将证明，证据显然是更有利于孔多塞的）。尤为重要的是，应该认识到这个争论，只是在赞同自由与否定自由的发展观之间已经持续了好几个世纪的论战的一个例子。这一论战仍然以许多不同的形式在进行。

组织机构与工具性自由

在下文的实证研究中，将特别考察从“工具性”视角看待的五种不同形式的自由。它们是：（1）**政治自由**；（2）**经济条件**；（3）**社会机会**；（4）**透明性保证**；（5）**防护性保障**。这些不同类型的权利和机会各自促进一个人的一般性可行能力。它们也可以相互补充。增进人的可行能力和实质自由的公共政策一般可以通过促进这些不同的、但相互关联的工具性自由而发挥作用。在下面的章节中，将对每一种不同类型的自由——以及涉及到的组织机构——进行研究，并讨论其相互关联。我们也将有机会来研究它们在促进人的全面自由、从而享受他们有理由珍视的生活上，所各自发挥的作用。按照“以自由看待发展”的观点，这些工具性自由相互联系在一起，而且与扩展一般性人类自由这一目标联系在一起。

有关发展的分析必须一方面关注使这些工具性自由得以成为重要的目的和目标；另一方面，还必须注意把这些不同类型的自由结合**在一起**并使之更好地发挥共同作用的经验联系。事实上，这些联系对更完整地理解自由的工具性作用至关重要。

结　语

自由不仅是发展的首要目的，也是发展的主要手段。在从基本原则上确认了自由的评价性重要意义之后，我们还必须理解把不同类型的自由相互联系到一起的令人瞩目的经验关联。政治自由（以言论民主和自由选举的形式）有助于促进经济保障。社会机会（以教育和医疗保健设施的形式）有利于经济参与。经济条件（以参与贸易和生产的机会的形式）可以帮助人们创造个人财富以及用于社会设施的公共资源。不同类型的自由可以相互增强。

这些经验关联进一步明确了价值判断上的优先主次。参照中世纪关于“客体（patient）”和“主体（agent）”概念上的区别，对经济学和发展过程的这样一种以自由为中心的理解，是面向主体的观点。如果有适当的社会机会，个人可以有效地决定自己的命运并且互相帮助。他们不应被首先看成是精心设计的发展计划的利益的被动接受者。实际上，的确有很充分的理由来确认自由、自主的主体的积极作用——甚至理解他们的具有建设性的急切心理。

第 1 章　自由的视角

一对夫妻在一起讨论多挣一些钱的事情并不罕见，但是大约公元前 8 世纪关于这个话题的一场对话却有特别的意义。这场对话记录在梵文经典《奥义书》中，一个名叫玛翠伊的妇女和她的丈夫亚纳瓦克亚很快就从讨论致富的方法和手段开始进入到一个更大的题目：**财富在多大程度上能帮助他们得到他们所想要的**？玛翠伊很想知道，如果"整个世界的财富"都属于她一个人，她能否通过财富实现长生不老。"不可能！"亚纳瓦克亚回答，"你的生活会像别的富人的生活一样。但是别指望通过财富实现长生不老。"玛翠伊评论道，"那么，我要那些不能让我长生不老的财富干什么？"[1]

玛翠伊的诘问在印度宗教哲学中一遍又一遍地被引用，以说明人类困境的本质与物质世界的局限性。我对彼岸世界的事物抱有太多的怀疑，因而不会受玛翠伊关于此岸世界烦恼的影响。但这场对话所包含的另一层面的内容却对理解经济学和发展的性质有直接的意义。这就是收入与成就之间、商品与可行能力之间、我们拥有的经济财富与按我们自己的意愿享受生活的能力之间的关系。虽然丰裕和成就之间存在联系，这种联系也许是、也许并不是很强的，它也可能完全取决于其他条件。问题不在于玛翠伊——愿她的灵魂幸福——正好特别关注的长生不老，而在于享受长寿（而不是在壮年就过早地死亡），以及在活着的时候享受好日子（而不是过一种痛苦的、不自由的生活）的可行能力——那是几乎我们每个人都珍视而且向往的。两种视角之间的差异（即排他性地专注于经济财富，与更多维地聚焦于我们所能够享有的生活之间的差异），是如何理解发展的一个主要议题。亚里士多德在《伦理学》开头写道（他在 3 000 英里以外回应玛翠伊和亚纳瓦克亚的对话）："财富显然不是我们追求的东西；因为它只是有用，而且是因为其他事物而有用。"[2]

如果我们有理由追求更多财富，那么我们必须问：这些理由究竟是什么？它们如何起作用？它们取决于哪些条件？我们有了更多财富可以"做"什么？实际上，我们总是有极好的理由，想要更多的收入或财富。这并不是因为收入和财富就其自身而言是值得向往的，而是因为，一般地，它们是极好的通用手段，使我们能获取更多的自由去享受我们有理由珍视的生活。

财富的有用性在于它允许我们做不少事情——它帮助我们实现不少实质自由。但是这种关系既不是排他的（因为还有财富之外的因素对我们的生活发挥显著影响），也不是单一的（因为财富对我们生活的影响随其他因素而改变）。理解这种关系的有限度的、随境况而变的性质，与承认财富在决定我们生活条件和生活质量上的关键作用，二者同等重要。对发展的恰当定义，必须远远超越财富的积累和国民生产总值以及其他与收入有关的变量的增长。这并非忽视经济增长的重要性，而是我们必须超越它。

为了更充分理解发展过程，需要对发展的目的和手段进行考察和审视；把基本目标定为仅仅是收入或财富最大化显然不恰当，因为如亚里士多德所说，财富"只是有用，而且是因为其他事物而有用"。同样道理，经济增长本身不能理所当然地被看做就是目标。发展必须更加关注使我们生活得更充实和拥有更多的自由。扩展我们有理由珍视的那些自由，不仅能使我们的生活更加丰富和不受局限，而且能使我们成为更加社会化的人、实施我们自己的选择、与我们生活在其中的世界交往并影响它。本书第 3 章将对这一一般性思路作更具体的说明和审视，并把它和其他一些思路放在一起（它们相互竞争以得到我们的注意和采纳）进行评价性比较。[3]

1.1　不自由的形式

全世界许许多多的人在经受各种各样的不自由。饥荒在某些地区持续发生，剥夺了成千上万人的基本生存自由。即使在那些不再不时地遭受饥荒的国家，营养不足也可能影响大量孱弱的人们的身体。同时，还有很多人不能享有医疗保健和卫生设施或者清洁的饮水，一生在本可以避免的疾病中挣扎，常常过早地夭折。富裕国家中总是有很多处境艰难的人们，他们缺乏在医疗保健、获得实用的教育、得到有收益的就业、或获得经济和社会保障等方面的基本机会。甚至在非常富裕的国家中，有相当大群体的人的寿命并不比那些相比要贫困得多的所谓第三世界国家的人寿命长。此外，男女之间的不平等在摧残——有时候是过早地终止了——成千上万的妇女的生活，或者以不同方式严重限制着妇女享受的实质自由。

再谈其他形式的对自由的剥夺，在世界不同国家有许多人被系统地剥夺了政治自由和基本公民权利。不时可以听到有人断言剥夺这些权利有助于刺激经济增长，而且对快速经济发展是“好”的。有些人甚至进而提倡那种更严厉的政治体制——否定基本的公民权利和政治权利——因为据说那样能促进经济发展。这一命题（与新加坡前总理李光耀有某些联系，因而常常被称作“李光耀命题”），有时由某些非常粗糙的实证证据加以支持。事实上，更全面的国际比较从来没有证明这一命题，也几乎找不到证据表明权威主义政治确实有利于经济的增长。实际上，大量的实证证据表明，经济增长更多地与友善的经济环境而不是严厉的政治体制相容。这个问题将在第 6 章考察。

再进一步，经济发展还具有其他的层面，其中包括经济保障。极其常见的是，缺乏经济保障与缺乏民主权利和法权自由相联系。实际上，民主和政治权利的运作甚至能够有助于防止饥荒或其他经济灾难。权威主义统治者，他们自己是绝不会受到饥荒（或其他类似的经济灾难）的影响的，因而他们通常缺少采取及时的防范措施的动力。与此相反，民主政府需要赢得选举并面对公共批评，从而有强烈的激励因素来采取措施，防止饥荒或其他类似的灾难。毫不奇怪，饥荒在世界历史上从来没有发生在有效运行的民主体制中，不管是经济富裕的国家（如当代的西欧或北美），还是相对贫穷的国家（如独立后的印度、博茨瓦纳或津巴布韦）。饥荒通常发生在外来统治者治理的殖民地（如在英属印度和由异族英格兰统治者掌管下的爱尔兰），或者一党制国家（如在20世纪30年代的乌克兰和20世纪70年代的柬埔寨），或者军事独裁制国家如在埃塞俄比亚、索马里，和近年来的萨赫勒（Sahel，毛里塔尼亚到乍得之间的半沙漠地区）一些国家。实际上，在本书即将付印时，两个看来在世界"饥荒联赛"中居领先地位的是北朝鲜和苏丹——都是独裁统治的突出例子。防止饥荒的例子非常明确有力地表明了民主多元制度在激励方面的优越性，事实上，它的优越性远远超出这个范围。

但是——最根本的是——政治自由和公民自由本身就具有直接的重要性，而不需要通过它们在经济方面的作用来间接地证明。即使有时在不享有政治自由和公民权利时人们仍然能享有充分的经济保障，但是他们还是被剥夺了他们生活中的重要的自由，即被剥夺了参与作出有关公共事务的关键决策的机会。这些剥夺限制了人们的社会和政治生活，因而可看作是压迫性的，即使它们并未导致其他有害影响（例如经济灾难）。既然政治和公民自由是人类自由的组成部分，对它们的剥夺本身就是有害的。在考察人类权利在发展中的作用时，我们必须同时注意公民权利和政治自由的建构性和工具性作用。这些问题将在第6章考察。

1.2 过程与机会

根据以上讨论，很清楚，这里所采用的自由观涉及到确保行动和决策自由的**过程**，以及人们在给定的个人与社会境况下所享有的**机会**。不自由可以通过不恰当的过程（诸如侵犯选举权或者其他的政治或公民权利）而产生，也可以通过缺乏适当的使人们能够达到他们所希望起码达到的最低状况的机会（包括缺乏诸如能避免过早死亡、染上可预防的疾病或被迫挨饿那样的基本机会）而产生。

自由的**过程层面和机会层面**之间，存在着非常明显的对照。可以在若干不同的层面上来考虑这种对照。我曾经在别处讨论过自由的过程层面和机会层面各自的作用和要求(及其相互联系)。[4]虽然这里不便深入探究与这种区别有关的复杂和精细的议题，但重要的是，要从足够宽广的角度来看待自由。要避免把注意力仅仅局限于适当的过程上(即所谓自由至上主义者有时所做的,一点也不关注某些处境不利的人们是否遭受实质自由的系统剥夺),或适当的机会上(即所谓的后果主义者有时所做的,毫不关心能带来机会的过程的特点或人们所拥有的选择的自由)。过程和机会各具重要性,二者都关系到以自由来看待发展。

1.3　自由的两种作用

本书对发展的分析以个人自由为基本要素,因此对扩展人们的"可行能力"以享受他们所珍视——而且有理由珍视——的生活特别关注。这些可行能力可以通过公共政策而扩大,但是另一方面,公众有效地参与公共政策的制定也可以影响公共政策的方向。这种**双向的**关系在本书的分析中居于中心地位。

在发展的概念中,个人自由之所以极其重要有两个不同的原因,分别与**评价性和实效性**有关。[5]首先,根据这里采用的规范性分析,实质性个人自由至关重要。根据这一观点,一个社会成功与否,主要应根据该社会成员所享有的实质性自由来评价。这一评价性立场不同于传统的规范性分析,后者注重的是其他变量,例如效用、或程序性自由、或实际收入。

拥有更大的自由去做一个人所珍视的事,(1)对那个人的全面自由本身就具有重要意义;(2)对促进那个人获得有价值的成果的机会也是重要的。[6]上述两项都关系到评价这个社会的成员的自由,因而对判断这个社会的发展有决定性意义。选择这一规范性焦点的理由(特别是按照个人自由及其社会相关因素来看待正义)将在第 3 章做更充分的考察。

把实质自由看得如此极端重要的第二个理由是,自由不仅是评价成功或失败的基础,它还是个人首创性和社会有效性的主要决定因素。更多的自由可以增强人们自助的能力,以及他们影响这个世界的能力,而这些对发展过程是极为重要的。这里所关心的与我们(冒着过度简化的危险)或可称作的个人"主体(agency)地位"有关。

需要对"agency"这一词的用法做一点澄清。在经济学和博弈论文献中,"agent"这个词有时用来指一个代表其他人——也许在一个"委托人(principal)"指导下——行事的人,此人的成就要根据其他人(委托人)的目标来判断。这里我没有在这种意义上用这个词,我用的这个词的含义更古老也更庄重,即采取行动并带来变化的人,此人的成就可以按此人自己的价值观念和目标来评价，不管我们是否还按照其他外部的准则来判断那些成就。本书所特别关切的是，个人作为公众的一员，以及作为经济、社会和政治行动（包括从参加市场活动到直接或间接地参与个人的或集体的政治或其他领域的多种多样的活动）的参与者的主体地位。

这一观点涉及到许许多多公共政策问题，包括对政策主管者很有吸引力的应用微调瞄准对象（例如像对某些被认为是有惰性的人群提供扶助）这样的策略性问题，以及像试图使政府的运行脱离民主监督和反对（以及避免公众行使他们的政治和公民权利）这样一些更为根本的问题。[7]

1.4 评价体系：收入与可行能力

在评价性层面上，我们这里采用的方法所集中注意的事实基础使它有别于更传统的实用伦理分析和经济政策分析，例如，从“经济”角度集中注意**收入和财富**的首要地位（而不是关于人类生活与实质自由的特征），像“功利主义”那样聚焦于**心理满足**（而不是创造性的追求不息与建设性的不满足），像“自由至上主义”那样全神贯注于自由权的**程序**（以及有意忽视这些程序所导致的后果），等等。采用另一种不同的事实基础——即聚焦于人们有理由享受的实质自由——的最重要的理由，将在第3章考察。

这并不是否定个人可行能力的被剥夺通常与收入低下有密切的关系。这种关系是双向的：(1) 低收入可以既是饥饿和营养不足，也是文盲和健康不良的一个主要原因；(2) 反之，更好的教育与健康有助于获取更高收入。必须充分掌握这些关系。但是还存在其他因素，它们也影响个人所享受的基本的可行能力和实际的自由，而且也有很好的理由去研究这些相互关联的性质和范围。实际上，恰恰由于收入剥夺与可行能力剥夺具有相当程度的相关性，所以，避免被误导以至于认为考察前者就会以某种方式足够说明后者就显得尤其重要。二者的联系并非那么紧密，而且从政策的角度看，二者背离的情况，常常比二者有限地相合的情况重要得多。如果我们把注意力从排他性地集中考虑收入贫困，转到考虑更包容的可行能力的剥夺，我们就能按照一种不同的信息基础来更好地理解人类生活的贫困和自由（作为政策分析的参照点，这种信息基础将使用那些常被单纯的收入视角所遗弃的统计资料）。收入、财富和其他影响因素在一起时是重要的，但其作用必须被整合到更广阔、更全面的成功与剥夺的图景中去。

1.5　贫困与不平等

第 4 章将考察上述信息基础对于分析贫困和不平等的含义。有很好的理由把贫困看做是对基本的可行能力的剥夺,而不仅仅是收入低下。对基本可行能力的剥夺可以表现为过早死亡、严重的营养不良(特别是儿童营养不足)、长期流行疾病、大量的文盲以及其他一些失败。例如,“失踪的妇女”这一可怕的现象①(在某些社会中,特别是南亚、西亚、北非和中国等地,由于妇女在一定年龄组异乎寻常的高死亡率所导致),就必须参照人口的、医学的和社会的信息,而不是根据收入低下来进行分析。对于性别不平等,收入有时简直不能说明什么问题。[8]

视角的转移对于提供一种不同的——而且更直接切题的——贫困观是重要的，不仅对**发展中**国家是这样，对较**富裕**的社会也是这样。在欧洲存在的大量失业（在许多主要欧洲国家高达 10%到 12%），造成了在收入分配统计中没有充分反映出来的剥夺。这些剥夺常常被轻视，理由是欧洲的社会保障体系（包括失业保险）通常对失业造成的收入损失提供补偿。但是失业造成的收入减少并不是仅仅由政府提供的转移支付就能够弥补（转移支付造成高额财政成本，自身也可以是一种非常严重的负担）；失业还会对失业者的个人自由、主动性和技能产生范围广泛的副作用。这些多方面的副作用包括：失业助长对某些群体的“社会排斥”，导致人们丧失自立心和自信心，损害人们的心理和生理健康。确实，当代欧洲试图转向一种更加“自助型”的社会风气，但是没有伴以实行适当的政策来减少过高的、不可忍受的失业水平——这使自助极其困难，人们对此不可避免地产生一种强烈的不和谐感。

1.6　收入与死亡率

即使就寿命与收入的联系而言（对此玛翠伊是期望过高了），一个触目

① 作者指的是世界上很多地方妇女过高的死亡率和人为的低生存率这一现象,本书的 4.6 节有详细论述。——译者注

的事实是，在非常富裕的国家中，某些特定群体的受剥夺程度可以与所谓的第三世界的水平相比。例如，在美国的非洲裔美国人作为一个群体，相比于生活在远为贫困的经济体——例如中国和印度的克拉拉邦（或者斯里兰卡、牙买加、哥斯达黎加）——的人们，并不具有更高的机会——实际上是具有更低的机会——活到高龄。[9]

如图 1—1 和图 1—2 所示。尽管非洲裔美国人的人均收入比美国白人低很多，非洲裔美国人就收入而言比中国或印度克拉拉邦的人们要富裕好多倍(即使按生活费用调整之后)。在这种情况下，比较非洲裔美国人和贫穷得多的中国人或克拉拉邦人的生存率，就有特别的意义。与中国人或印度人相比，非洲裔美国人的生存率在低年龄组（特别是婴儿死亡率）常常更低一些，但是随着年龄的增长，情况就变了。

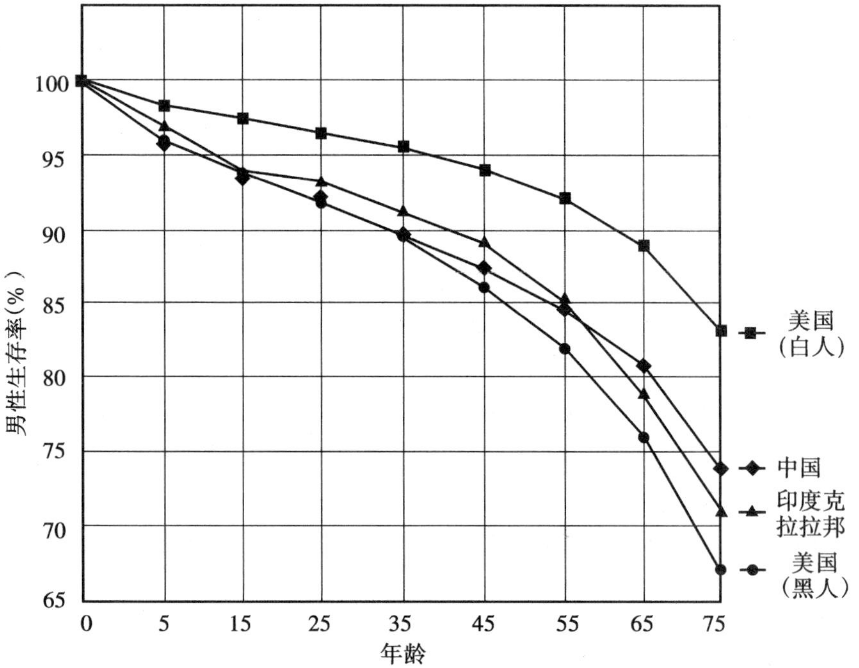

图 1—1　分地区男性生存率差异

资料来源：United States，1991—1993：U.S. Department of Health and Human Services，*Health United States 1995*（Hyattsville，Md.：National Center for Health Statistics，1996）；Kelala，1991：Government of India，*Sample Registration System*：*Fertility and Mortality Indicators 1991*（New Delhi：Office of the Registrar General，1991）；China，1992：World Health Organization，*World Health Statistics Annual 1994*（Geneva：World Health Organization，1994）.

事实上，这些资料显示，就生存下来进入高龄组而言，男性中国人或印度人比男性非洲裔美国人明显活得更长。甚至女性非洲裔美国人在高龄组的生存率，也只与贫穷得多的中国人差不多，而且明显地低于更加贫穷的印度克拉拉邦人。因此非洲裔美国人不仅就人均收入而言，与白人相比遭受到**相对**剥夺，而且就生存下来进入高龄而言，与低收入的印度克拉拉邦人（男女两性）和中国人（男性）相比遭受到**绝对**剥夺。造成这些差别（即在人均收入与在生存下来进入高龄的能力上的差别）的原因包括社会安排和社群关系，诸如医疗服务覆盖面、公共保健、学校教育、法律和社会秩序、暴力的泛滥程度等等。[10]

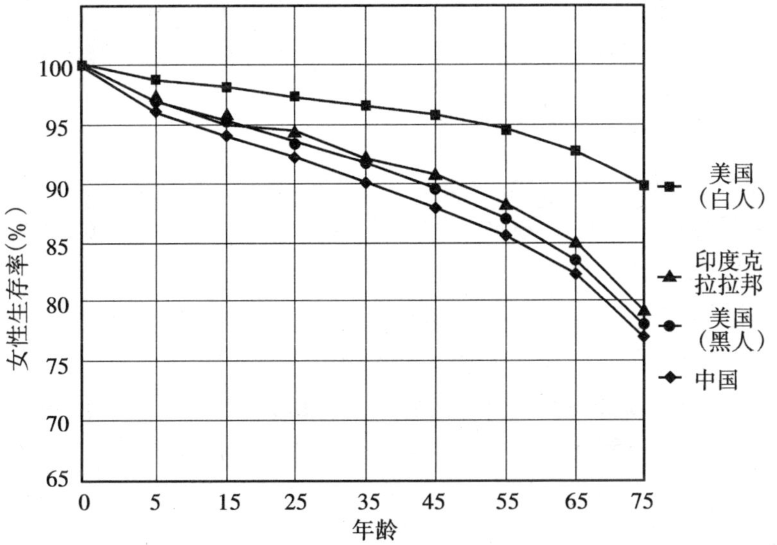

图 1—2　分地区女性生存率差异

资料来源：United States，1991—1993：U.S. Department of Health and Human Services，*Health United States 1995*（Hyattsville，MD.：National Center for Health Statistics，1996）；Kelala，1991：Government of India，*Sample Registration System*：*Fertility and Mortality Indicators 1991*（New Delhi：Office of the Registrar General，1991）；China，1992：World Health Organization，*World Health Statistics Annual 1994*（Geneva：World Health Organization，1994）.

值得指出的是，在美国的非洲裔美国人作为一个整体包含很大的内部差异。事实上，如果我们考察特定的美国城市（例如纽约、旧金山、圣路易斯或华盛顿特区）中男性黑人人口，我们看到他们就生存率而言在较低的年龄组就被中国人和克拉拉邦人所超过了。[11]他们也被许多发展中国家的人口所超过；例如，孟加拉国的男性，与繁荣的纽约市的哈莱姆区的男性非洲裔美国人相比，其寿命达到 40 岁以上的可能性更大[12]，尽管美国的非洲裔美国人比对照组的发展中国家人们富裕好多倍。

1.7　自由、可行能力与生活质量

在上面，我集中讨论了一种非常基本的自由，即生存下来而不至于过早死亡的能力。很显然，这是一种重要的自由，但是还有很多其他的自由，也是重要的。事实上，与我们的论题有关的自由的范围是很广的。自由的广泛的覆盖面有时被看成是开创一种可"操作"的、以自由为中心的关于发展的道路的障碍。我认为这种悲观是没有道理的，但我把对此的讨论推迟到第3章，在那里各种关于评值的基本思想将放在一起考察。

然而，应该注意到，以自由为中心的视角与人们对"生活质量"的普遍关切具有根本的相似性，"生活质量"观也是集中注意人类生活变化的情况(也许甚至包括人们所享有的选择)，而不仅仅是人们所拥有的收入或资源。[13]聚焦于生活质量和实质性自由，而不仅仅是收入或财富，可能看起来像是离开了建立已久的经济学传统，而且在一定意义上也确实是这样（特别是与当代经济学中可以看到的某些态度更严峻的以收入为中心的分析相比)。但事实上，这种视角更宽广的思想与经济学专业创立之初就已包含的许多分析思路是一致的。它与亚里士多德的联系是显而易见的——如努斯鲍姆（Martha Nussbaum）已经讨论过的，亚里士多德集中注意人的"健旺"和"能力"，这显然与生活质量和实质自由有关。[14]它也和亚当·斯密对"必需品"和生活条件的分析有很强的联系。[15]

确实，经济学在很大程度上是起源于对人们拥有的享受良好生活的机会进行判断、对其影响因素进行分析的需要。除了亚里士多德对这一思想的经典应用之外，类似的概念曾大量地用于关于国民账户和经济繁荣的早期著作。这方面的分析由威廉·配第（William Petty）在17世纪开创，再由金(Gregory King)、魁奈（Francois Quesnay)、拉瓦锡（Antoine-Laurent Lavoisier)、拉格朗日（Joseph-Louis Lagrange）和其他人所继承。尽管由这些经济分析的大师们所设计的国民账户奠定了现代收入概念的基础，他们的注意力从来没有只局限于这一概念。他们也认识到把收入作为工具看待，以及收入的作用随环境而变的重要性。[16]

例如，威廉·配第是估计国民收入的两种方法——"收入法"和"支出法”——的首创者（现代的估算方法直接源于他的尝试），但他也明确表达了对“公共安全”和“每个人特定的幸福”的关切。威廉·配第明确说明其研究目标是为了估算人们的生活条件。他在很大程度上把科学研究与 17 世纪的政治结合了起来（“证明……国王的臣民并非生活在多么糟糕的条件下，像心怀不满的人们所说的那样”）。商品的消费对人们的各种活动的影响，也受到了其他人的注意。例如，拉格朗日，一位伟大的数学家，对于把商品量转换为与功能有关的特征量特别有创造性：小麦和其他粮食转换为营养当量，所有各种肉类（按其营养含量）转换为牛肉的等价单位，所有各种饮料转换为葡萄酒单位(不要忘记,拉格朗日是个法国人)。[17]在我们集中注意商品所产生的功能而不是商品本身时,我们继承了经济学专业某些古老的遗产。

1.8　市场和自由

市场机制的作用是我们需要重申某些古老遗产的另一个论题。市场机制与自由的关系，以及由此产生的与经济发展的关系，提出了至少两个相当不同的问题，需要清楚地加以区分。首先，通过任意制定限制而否定人们从事交易的机会，本身就可以是不自由的一个源泉。在这种情况下，人们被禁止去做可以认为——在没有强有力的理由表明并非如此的情况下——是在他们权利范围之内的事情。这一点并不依赖市场机制的效率，或者对有无市场机制会产生的后果的详尽分析，它只是表明了无阻碍地进行交换和交易的自由的重要性。

必须把肯定市场机制的这一观点与现在非常流行的第二种观点区分开来,那就是:市场通常增加收入和财富以及人们拥有的经济机会。任意地限制市场机制,通过丧失市场所产生的后果性效应,可导致自由的减少。当不允许人们得到市场所提供并支持的经济机会和有利的后果时,其结果就是一种剥夺。

必须把以上两种肯定市场机制的观点——都与实质性自由的视角有关——区分开来。在当代经济学文献中，后者基于市场机制的有效运作及其有利的后果，几乎吸引了全部注意力。[18]这一观点，一般来说，当然是很有说服力的。有许许多经验事实说明，市场体系可以成为经济快速增长和生活标准提高的发动机。限制市场机会的政策可以造成限制实质自由扩展的后果，而这种扩展本来是可以通过市场体系、主要是通过由它产生的全面经济繁荣而获得的。但这也并不否定市场有时候会产生副作用（如亚当·斯密所指出的，特别是论及控制金融市场的需要时）。[19]对于在什么情况下需要管制，已有认真的论证。但是，总的来说，在今天市场体系的正面作用比仅仅几十年前得到了更为广泛的承认。

然而，运用市场机制的这种理由，与认为人们本来就拥有权利去进行交易和交换的观点是完全不同的。即使这种权利不被认为是不可侵犯的——这与它们的后果完全无关——仍然可以有理由认为，否定人们互相之间经济交往的权利会产生某种社会损失。如果一种交易的后果对其他的人真的是非常糟糕，以至于可推翻允许人们随其所愿地进行交易的初始假定并对人们的交易权利进行合理的限制，哪怕在这种情况下，施加这种限制仍然会导致某种直接的损失（即使这个直接损失低于由交易对**其他人**产生的间接损失）。

经济学专业一直趋于偏离对自由的关注，转而聚焦于效用、收入和财富。虽然很难指责经济学作为一个专业没有足够地赞扬市场机制，但视角的缩小确实导致了对市场机制全面作用理解的欠缺。问题不在于赞扬的数量，而在于赞扬的理由。

举例来说，经济学中熟知的观点是：竞争市场能够达到中央集权体制不可能达到的那种效率，原因在于对信息的经济利用（每个参与市场的人无需知道太多的东西）和动力的相容性（每个人的精明行动能够恰好与其他人的行动融合）。现在来考察与通常所作的假定相反的情况，即在一个完全集中控制的体制中，所有有关生产和配置的决策都由一个独裁者作出，假定能导致相同的经济成果。这是否就是完全一样好的成果呢？

不难看出，在这种情况下缺少了某种东西，那就是人们按其意愿采取行动来决定在哪儿工作、生产什么、消费什么等等的自由。即使在这两种情况下（分别是自由选择和服从独裁者的命令），一个人按同样的方式、生产同样的商品、最后得到同样的收入而且购买同样的物品，这个人还是会有很好的理由偏好自由选择，而不是服从命令。这里存在一个区别，即“最终成果”（那就是，只看最后的结果，不看如何达到那里的过程，包括对自由的行使），和“综合成果”（注意导致最终成果的过程）的区别——我在别处曾试图更充分地分析这一区别的中心意义。[20]市场体系的优点绝非仅仅在于它以更高效率产生最终成果的能力。

赞同市场的经济学把视角从自由转到效用是付出了一定代价才取得的：对自由的中心价值本身的忽视。希克斯（John Hicks），20 世纪中居领导地位的经济学家之一，虽然他自己更偏向于效用视角而不是自由视角，但在讨论这一论题时令人赞叹地、明晰地指出了问题所在：

> 古典经济学家（亚当·斯密或李嘉图）的那些自由或不干预原则，并不首先是经济学原则；它们是被认为适用于远为广阔的领域的原则在经济学的应用。经济自由造就经济效率的论点只提供了次要的佐证。……我疑惑的是，我们是否有理由忘记，就像我们大多数人已完全忘记的那样，这一观点的反面。[21]

联系到有关发展的文献通常把产生更高收入、更多消费品和其他最终成果放在优先位置的状况，在经济发展领域中讨论这一论点似乎有点古僻深奥。但是它绝非如此。在许多经济类型中，发展过程的最大成果之一便是用自由的劳动契约和不受限制的人身迁移制度，来取代人身依附性劳工和强制性劳工体制，这尤其体现在部分以传统农业社会为主的地区。以自由为基础的视角会马上注意到这个问题，而这是仅仅聚焦于最终成果的评价系统所不可能做到的。

这个问题可以用这是围绕在废奴之前美国南部奴隶劳工体制性质的论战来说明。福格尔（Robert Fogel）和恩格曼（Stanley Engerman）在这一领域所做的经典性研究（Time on the Cross: The Economics of American Negro Slavery）中，有一项令人瞩目的发现，即奴隶拥有相对较高的“货币收入”（关于这本著作的某些问题的争论并没有严重损害这个发现）。奴隶以实物计量的消费高于——肯定不低于——自由农业工人的收入。奴隶的寿命期望值相对来说也不是特别低——“几乎等同于法国和荷兰那样的发达国家”的寿命期望值，而且“远远高于美国和欧洲自由的城市工业工人”的寿命期望值。[22]但是，黑奴还是逃跑，而且有极充分的理由相信，这种奴隶制度并没有很好地顾及奴隶的利益。事实上，在奴隶制废止之后，庄园主试图召回奴隶，使他们继续按奴隶的方式工作（特别是按作业组在工头带领、监督下劳动），但获取更高的工资，却未能成功。

> 奴隶获得自由之后，很多庄园主试图在付工资的基础上重组他们的作业组。尽管事实上向这些自由人提供的工资超过他们当奴隶时所得的百分之百，但是这种努力总是失败。庄园主发现，只要他们被剥夺了使用暴力的权利，就算给予额外工资也不可能维持那种作业组制度。[23]

就业的自由以及工作中的自由的重要性，是理解这里所涉及的评值的关键。[24]

事实上，马克思反对前资本主义劳动关系的不自由和对资本主义的肯定性评论与这个问题完全相关，它还导致马克思把美国内战概括为“现代史上的惟一重大事件”。[25]的确，以市场为基础的自由对分析人身依附性劳动（在许多国家是常见的）以及由它转变到自由的契约劳动是有中心意义的。马克思学派的分析常与以自由而非效用为重的自由至上主义的分析相接近，这就是例子之一。

例如，拉马钱德兰（V.K，Ramachandran）在关于印度从人身依附性劳动到工资劳动的转变的一项重要研究中，为说明这一问题，以印度南部农村发生的事为例提供了一个很好的佐证：

> 马克思区分了（以艾欧斯特（Jon Elster）所使用的术语来表达）资本主义下工人的**形式自由**（formal freedom）与前资本主义制度下工人的**真实不自由**（real unfreedom）：“工人改换雇主的自由使他有了在更早的生产方式中不曾有过的自由。”对农业中雇佣劳动的发展的研究从另一个视角来看也是重要的。一个社会中工人的自由延伸到出卖他们的劳动力是他们的自由的扩展，而那是一个社会的状态是否良好的一个重要测度。[26]

奴役劳动和人身依附结合起来，在许多前资本主义农业中产生了一种特别牢固的不自由形式。[27]从以自由看待发展的观点出发，能使我们有一个直接的路径来看待这个问题，它不再依赖于其他前提，如证明劳动市场也提高了农业生产力——虽然这本身也是一个严肃的问题，但它与契约和就业的自由是很不相同的问题。

围绕童工这个令人难受的问题的一些论战也关系到自由选择的问题。最恶劣的违反童工劳工标准的情况，通常来自一些底层家庭，这些家庭的儿童往往沦为实际上的奴隶，被迫从事剥削性雇佣劳动（而不是享受自由和可能去上学）。[28]这一直接的自由问题是童工这个痛苦问题的不可分割的一部分。

1.9 价值标准和赋值过程

我现在来谈评价。既然自由是多种多样的，在判断个人成就和社会进步时就需要确定不同种类自由的相对权数，因而就有条件进行公开明晰的赋值。当然，所有的学派（包括功利主义、自由至上主义和其他学派。这些将在第 3 章讨论）都涉及赋值，尽管赋值常常是隐含地作出。有些人喜欢运用一个机械的指数，因而无需公开明晰地说明采用了什么样的价值标准以及为什么采用它们。这些人总是抱怨以自由为基础的思路要求赋值以公开明晰的方式做出。这样的抱怨常常可以听到。我要说明的是，公开明晰是评值工作的一个重要优点，特别是为了使评价工作向公共检视和批评开放。实际上，提倡政治自由的最强有力的理由之一，正好在于它使公民能够讨论和辩论——而且参与筛选——在选择优先事务时所用的那些价值标准（这些将在第 6 章至第 11 章讨论）。

个人自由就其实质而言是一种社会产品，这里存在一种双向的关系：(1) 通过社会安排来扩展个人自由；(2) 运用个人自由来不仅改善单个个人的生活，而且使社会安排更为恰当和富有成效。同样，个人对正义和正当概念的掌握，影响他们对所拥有的多种自由的应用，而这些概念也取决于社会联系——特别是在相互交往中形成公共的感知以及对所面临的问题及其解决办法合作达成理解。分析、判断公共政策时对这种多重联系必须敏感。

1.10　传统、文化与民主

在那些一直影响发展理论的说服力及其解释范围的基础性问题中，民众参与问题也处于中心地位。例如，有些人争论说，我们所看到的这种经济发展，实际上可能对一个国家有害，因为它可能使传统和文化遗产消亡。[29] 这样的反对意见经常被迅速否定，理由是富裕而幸福比贫困而传统更好。这也许是一个有说服力的口号，但它绝不是对所讨论的批判意见的恰当的回应。它也没有反映出对发展怀疑论者提出的关键性的价值判断问题进行严肃思考的态度。

实际上，更严肃的问题，关系到权威与合法性的来源。如果事实表明，在为了其他理由而可能需要的经济和社会变化中，某些传统的部分不可能保留下来，这时就不可避免地存在一个怎样取舍的价值判断问题。这是那些涉及其中的人们必须面对并评估的选择。这个选择既不是已有定论的（如某些发展的辩护者似乎暗示的那样），也不是由传统的精英“卫道士”所决定的（如某些发展的悲观论者似乎假定的那样）。如果为了逃脱令人痛苦的贫困和短促的寿命（许多传统社会几千年来一直陷在其中），一种传统的生活方式必须牺牲，那么正是那些被直接涉及到的人民，他们必须拥有机会来决定应该选择什么。真正的冲突是在以下两方面之间：

（1）必须允许人民自由地决定哪些传统是他们愿意服从的或不愿意服从的价值观点；

（2）坚持必须服从已建立的传统(不管是什么样的传统)观念，或者，人民必须服从那些维护(真实的或想像的)传统宗教的或世俗的当局的决定。

前一原则的力量来自人类自由的重要性，一旦这一原则被接受，它就对以传统的名义可以做什么、不可以做什么有强烈的影响。“以自由看待发展”这一思想所强调的是这一原则。

确实，按照自由导向的视角，所有的人都可参与决定保留哪些传统的自由权利不能被全国的或地方的“卫道士”所剥夺，不管他是阿亚图拉（或其他宗教当局），政治统治者（或政府中的独裁者），还是文化“专家”（国内的或国外的）。在对传统的维护与现代性的优点之间的任何真实的冲突，都需要通过参与来解决，而不能由政治统治者、或宗教当局、或历史遗产的人类学崇拜者单方面做出决定来拒绝现代性。这个问题不仅不是已有定论的，而且相反，必须对全社会的人们广为开放，让他们来讨论并共同做决定。以传统价值观念（诸如宗教原教旨主义、或政治惯例、或所谓的亚洲价值观）为理由，试图排除参与式自由，恰恰是回避了合法性问题，或者是否定了由受影响的人民来参与决定什么是他们想要的和什么是他们有理由接受的需要。

这种对参与性基本原则的承认，具有广泛的适用性和强大的影响力。引用传统并不能为广泛地压制新闻自由，或者压制一个公民与他人交流的权利提供理由。把孔子说成是非常倡导权威主义的这种古怪而歪曲了的解释，即使被认为在历史上是正确的(在第 10 章将对这种诠释提出批评)，仍然不能为任何人通过新闻检查和政治限制来实施权威主义提供恰当的理由，因为在今天坚持公元前 6 世纪表述的观点的合理性必须由活在今天的人们来决定。

此外，既然参与要求有知识和基本的教育技能，否定任何群体——例如，女孩子——受教育的机会就直接违反了参与自由的基本条件。虽然对这种权利常常有争论（近来最严重地侵犯此类权利的案例之一发生在由塔利班统治的阿富汗），在以自由导向的视角下，这种基本要求不可能被忽视。“以自由看待发展”这个思想不仅对发展的最终目标，而且对必须遵从的过程和程序，都有极其深远的影响。

1.11　结语

以人们享有的实质自由来看待发展，对于我们理解发展过程以及选择促进发展的方式和手段，都具有极其深远的意义。在评价性层面上，这意味着需要从消除使社会成员痛苦的各种不自由的角度，来判断有关发展的要求。发展的过程，按这一观点，与战胜这些不自由的历史，并无实质区别。虽然这一历史过程决不是与经济增长以及物质与人力资本的积累无关的，但它在内容和范围上都大大超出了那些变量。

在评价发展时聚焦于自由，并不意味着存在一个惟一的而且精确的关于发展的“标准”，并且按此标准总是可以对各种不同的发展经验进行比较和排序。给定自由的不同组成部分的异质性，以及有必要注意到不同个人对不同自由的需要，对怎样排序总会有截然相反的观点。以自由看待发展思想的目的，并不是要对所有的状态——或者所有可能的情况——进行比较得到“全局排序”，而是要引起对发展过程的那些重要方面的注意，其中的每一个方面都值得注意。即使在给予这样的注意之后，毫无疑问，还是会有不同的可能的全局排序，但对满足我们的目标来说，这并不是一件令人难堪的事。

真正会造成损害的是，由于对所涉及的人们的自由缺乏兴趣，因而忽视具有中心地位的有关因素，这在发展文献中是常见的。需要有一个足够宽广的发展观，从而使评价性检视聚焦于真正有实质意义的事物，特别是避免忽略极其重要的议题。如果在考察有关的变量后，不同的人们会自动就如何将各种各样的状态排序完全达成一致，那当然会是件很好的事情，但以自由看待发展的观点不需要这种一致性。事实上，对这些问题的争论(它们会导致重要的政治辩论)，可以是作为发展的一个特征的民主参与过程的一部分。本书后面还会来考察作为发展过程的一个组成部分的“参与”这个重大问题。

【本章注释】

[1] *Brihadaranyaka Upanishad* 2.4，2～3.

[2] Aristotle，*The Nicomachean Ethics*，translated by D.Ross（Oxford：Oxford University Press，revised edition，1980)，book 1，section 5，p.7.

[3] 我在以前发表的文章中，讨论过以自由为中心的社会评价观点的各个不同方面；可参见“Equality of What?” in *Tanner Lectures on Human Values*，volume Ⅰ，edited by S.McMurrin（Cambridge：Cambridge University Press，1980)；*Choice Welfare and*

Measurement (Oxford: Black well; Cambridge, Mass.: MIT Press, 1982; republished, Cambridge, Mass: Harvard University Press, 1997); *Resources, Values and Development* (Cambridge, Mass.: Harvard University Press, 1984); "Well-Being, Agency and Freedom: The Dewey Lectures 1984", *Journal of Philosophy* 82 (April 1985); *Inequality Reexamined* (Oxford: Clarendon Press; Cambridge, Mass.: Harvard University Press, 1992). 还可参见 Martha Nussbaum and Amartya Sen, eds., *The Quality of Life* (Oxford: Clarendon Press, 1993).

[4] 见我的肯尼思·阿罗 (Kenneth Arrow) 演讲，该文收在即将出版的 *Freedom, Rationality and Social Choice: Arrow Lectures and Other Essays* (Oxford: Clarendon Press)。该文还分析了对自由作评估的若干技术问题。

[5] 在我的"Rights and Agency", *Philosophy and Public Affairs* Ⅱ(1982)中对评估性和运作性的理由作了更充分的探讨，该文还收在 *Consequentialism and Its Critics*, edited by Samuel Scheffler; "Well-Being, Agency and Freedom", *On Ethics and Economics* (Oxford: Blackwell, 1987)。

[6] 它的内容分别对应于 (1) 自由的过程，(2) 自由的机会，我在肯尼思·阿罗演讲中对此作了分析，该文已收入前面引用过的 *Freedom, Rationality and social Choice*。

[7] 我在世界银行 1992 年发展经济学年度会议上所作的主题发言"The Political Economy of Targeting"中讨论了"选定对象"问题，该文发表于 *Public Spending and the Poor: Theory and Evidence*, edited by Dominique van de Walle and Kimberly Nead (Baltimore: Johns Hopkins University Press, 1995)。作为发展一部分的政治自由问题可见于我的"Freedoms and Needs", *New Republic*, January 10 and 17, 1994。

[8] 我在"Missing Women", *British Medical Journal* 304 (1992) 中讨论过这一问题。

[9] 这类比较和其他同类的比较，可见于我的"The Economics of Life and Death", *Scientific American* 266 (April 1993), 以及"Demography and Welfare Economics," *Empirica* 22 (1995)。

[10] 参见我的"The Economics of Liff and Death", 以及那里列出的医学文献。还可参见 Jean Drèze and Amartya Sen, *Hunger and Public Action* (Oxford: Clarendon Press, 1989)。关于这个一般性的问题，可参见 M.F.Perutz, "Long Live the Queen's Subjects", *Philosophical Transactions of the Royal Society of London* 352 (1997)。

[11] 这可以根据用来计算寿命期望值的基础数据 (1990 年资料) 得出，见 C. J. L. Murray, C. M. Michaud, M. T. McKenna and J. S. Marks, *U.S. Patterns of Mortality by County and Race*: 1965—1994 (Cambridge, Mass.: Harvard Center for Population and Development Studies, 1998)。特别参见表 6d。

[12] 参见 Colin McCord and Harold P.Freeman, "Excess Mortality in Harlem," *New*

England Journal of Medicine 322（January 18，1990）；还可参见 M. W. Owen，S. M. Teutsch，D. F. Williamson and J. S. Marks，“The Effects of Known Risk Factors on the Excess Mortality of Black Adults in the United States，” *Journal of the American Medical Association* 263，no.6（February 9，1990）。

［13］参见 Nussbaum and Sen，eds.，*The Quality of Life*（1993）。

［14］参见 Martha Nussbaum，“Nature，Function and Capability：Aristotle on Political Distribution，” *Oxford Studies in Ancient Philosophy*（1988；supplementary volume）；还可参见 Nussbaum and Sen，eds.，*The Quality of Life*（1993）。

［15］参见 Adam Smith，*An Inquiry into the Nature and Causes of the Wealth of Nations*（1776），republished，edited by R. H. Campbell and A. S. Skinner（Oxford：Clarendon Press，1976），volume 2，book 5，chapter 2（section on “Taxes upon Consumable Commodities”），pp.469～471。

［16］关于这些问题的讨论，见我的 Tanner Lectures at Cambridge in 1985，published in *The Standard of Living*，edited by Geoffrey Hawthorn（Cambridge：Cambridge University Press，1987）。

［17］因此，拉格朗日在18世纪晚期就提出了当代被称作“消费的新观点”的可能是最初的分析（Kevin J. Lancaster，“A New Approach to Consumer Theory”，*Journal of Political Economy* 74［1996］，and W. M. Gorman，“A Possible Procedure for Analysing Quality Differentials in the Egg Market，” *Review of Economic Studies* 47［1980］）。对这些问题以及其他有关问题的讨论，见我的 *The Standard of Living*［1987］。

［18］一个突出的例外是 Robert Nozick，*Anarchy，State and Utopia*（New York：Basic Books，1974）。

［19］这主要指的是亚当·斯密赞成对“高利贷”施加法规限制，以及需要控制由于过度放任的投机性投资——斯密称之为“挥霍浪费者或投机者”——所造成的混乱。见 Smith，*Wealth of Nations*，volume Ⅰ，book 2，chapter 4，paragraphs 14～15，in the edition of Campbell and Skinner（1976），pp.356～357. 斯密不是在中性的意义上使用“projector”一词，意指“实行一个计划的人”，而是在负面意义使用它，显然这种用法从1616年起是常见的（根据 *The Shorter Oxford English Dictionary*），其意思是“泡沫公司的鼓吹者；投机者；骗子”。Giorgio Basevi 使我注意到斯密的批评与 Jonathan Swift 对“projectors”的毫无好感的描述的相似性，见 *Gulliver's Travels*，它发表于1726年，比《国富论》早半个世纪。

［20］关于在各种不同情况下“综合成果”与“最终成果”之间区别的重要性的讨论，见我的“Maximization and the Act of Choice，” *Econometrica* 65（July 1997）。对于在市场机制及其替代机制的特定状况下，这个区别的意义，见“Markets and Freedoms，” *Oxford Economic Papers* 45（1993），及“Markets and the Freedom to Choose，” in *The Ethical*

Foundations of the Market Economy, edited by Horst Siebert (Tübingen: J.C.B.Mohr, 1994)。也可参见本书第4章。

[21] J. R. Hicks, *Wealth and Welfare* (Oxford: Basil Blackwell, 1981), p.138.

[22] Robert W. Fogel and Stanley L. Engerman, *Time on the Cross: The Economics of American Negro Slavery* (Boston: Little, Brown, 1974), pp.125～126.

[23] Fogel and Engerman, *Time on the Cross* (1974), pp.237～238.

[24] 关于这一重要问题的不同层面的考察，可参见Fernando Henrique Cardoso, *Capitalismo e Escravidão no Brasil Meridionel: O negro na sociadade escravocrata do Rio Grande do Sul* (Rio de Janeiro: Paz e Terra, 1977); Robin Blackburn, *The Overthrow of Colonial Slavery*, 1776～1848 (London and New York: Verso, 1988); Tom Brass and Marcel van der Linden, eds., *Free and Unfree Labour* (Berne: European Academic Publishers, 1997); Stanley L. Engerman, ed., *Terms of Labor: Slavery, Serfdom and Free Labor* (Stanford, Calif.: Stanford University Press, 1998)。

[25] Karl Marx, *Capital*, volume 1 (London: Sonnenschein, 1887), chapter 10, section 3, p.240. 还可参见他的 *Grundrisse* (Harmondsworth: Penguin Books, 1973)。

[26] V. K. Ramachandran, *Wage Labour and Unfreedom in Agriculture: An Indian Case Study* (Oxford: Clarendon Press, 1990), pp.1～2.

[27] 关于人身依附性劳动和不自由的这一层面（以及其他层面）的一个重要的经验研究，见 Sudipto Mundle, *Backwardness and Bondage: Agrarian Relations in a South Bihar District* (New Delhi: Indian Institute of Public Administration, 1979)。

[28] 对此参见 *Decent Work: The Report of the Director-General of the ILO* (Geneva: ILO, 1999)。这是国际劳工组织（ILO）新任总干事的计划中的特殊重点之一。

[29] 这个观点在 Stephen M.Marglin and Frederique Appfel Marglin, eds., *Dominating Knowledge* (Oxford: Clarendon Press, 1993) 中有强有力的阐述。关于有关的人类学见解，还可参见 Veena Das, *Critical Events: An Anthropological Perspective on Contemporary India* (Delhi: Oxford University Press, 1995)。

第 2 章　发展的目标和手段

让我首先区分两种在专业经济分析、公共讨论和论战中都可以见到的关于发展的一般性观点。[1]一种观点把发展看成是一个“严酷”的过程，其中充满了“血汗和眼泪”——在这样的世界里，明智的做法需要严厉。特别地，它要求有意识地忽略被认为是出于“没有头脑”（虽然他们的批评者经常是因为太顾及礼貌而避免这样称呼他们）的各种关切。根据那些论者各自的侧重来看，需要力图抗拒的诱惑可包括：建立社会安全网以保护极端贫穷的人，为一般民众提供社会服务，处理民众实际困难时背离规章条例，“过早地”提倡政治权利、公民权利以及民主这样的“奢侈品”。在持这种严厉态度的人看来，这些东西可以在发展带来充足的成果后，再加以考虑。

此时此地，需要的是“严厉与规矩”。共同持有这一发展观的不同理论之间的区别，在于它们所指出的特别需要避免软弱的领域有所不同：从财政宽松到政治宽容，从大量社会支出到充足的贫困救济。

与这种严厉态度相比，另一种发展观把发展看做基本上是一个“友善”的过程。根据持这种态度的学派的不同，发展过程的友善性可以表现在以下方面：互利的交换（亚当·斯密曾经雄辩地阐述过这一点）、建立社会安全网、给予政治自由权、推广社会发展——或者是它们的组合以及其他扶助活动。

2.1 自由的建构性和工具性作用

本书的思想与后者要远比与前者一致得多。[2]其主旨是把发展看做是扩大人们享受的真实自由的一种过程。按照这一思想，扩展自由是发展的（1）**首要目的**和（2）**主要手段**。它们可以分别称做自由在发展中所起的“建构性作用”和“工具性作用”。建构性作用是关于实质自由对提升人们生活质量的重要性。实质自由包括免受困苦——诸如饥饿、营养不良、可避免的疾病、过早死亡之类——基本的可行能力，以及能够识字算数、享受政治参与等等的自由。就建构性而言，发展旨在扩展上面提到的以及其他的基本自由。按此观点，发展的过程就是扩展人类自由的过程。对发展的评价必须依据这一点。

让我再举在导论中已简略讨论过的例子（所涉及的是发展文献中经常提到的一个问题），来说明对自由的建构性作用的认识会如何改变对发展的分析。按照对发展的狭隘观点（比如说，发展就是国民生产总值增长或工业化），经常会提出这样的问题：政治参与、持有异见的自由，是否“有助于发展”？按照以自由看待发展的基本观点来看，问题的这种提法本身就包含错误，因为它不理解政治参与、持有异见属发展自身的**建构性**要素。即使是一个很富裕的人，如果她被禁止自由地发表言论，或不得参与公共辩论与决策，也是被**剥夺**了她有理由珍视的东西。发展过程，按照扩展人类自由来评价，必须包括解除对这个人的这种剥夺。即使她对行使言论或参与的自由缺乏直接的兴趣，如不让她有行使这种自由的机会，仍然是一种剥夺。从扩展人类自由的角度来看待发展，无可回避地必须正视这种剥夺。为了恰当地理解发展，并不一定要把剥夺基本政治自由、公民权利与发展之间的关联，通过这些自由和权利对发展的其他特徵(诸如对国民生产总值增长或促进工业化)的间接贡献建立起来。而是因为这些自由是丰富发展过程必不可少的组成部分。

这一基本观点不同于“工具论”观点，即认为这些自由和权利**也**可以对经济发展过程做出富有实效的贡献。这种工具性关联确实是重要的（而且将特别在第 5、第 6 两章讨论），但是政治自由作为发展**手段**所起的工具性作用的重要性，丝毫不降低它在评价性方面作为发展目的的重要性。

必须把人类自由作为发展的至高目的的**自身固有的**重要性，与各种形式的自由在促进人类自由上的**工具性**实效性区分开来。由于上一章已重点讨论了自由固有的重要性，下面我将重点考察自由作为手段——而不是目的——的实效性。自由的工具性作用，是关于各种权利、机会和权益(entitlements）是如何为扩展人类一般自由，从而为经济发展做出贡献的。这并不单是因为发展本身可被看做是扩大人类一般自由的过程，所以扩展每一种自由必定对发展做出贡献。工具性联系比这样的建构性联系丰富得多。自由作为工具的实效性来自以下事实，即各种类型的自由相互关联，而且一种自由可以大大促进另一种自由。自由的两种作用就这样通过经验关联结合了起来，把一种自由与另一种自由联系了起来。

2.2　工具性自由

在本书提供经验研究时，我将有机会讨论一些工具性自由，它们直接或间接地帮助人们按自己合意的方式来生活。这些工具多种多样。然而，为方便起见，可把工具性自由归纳为五种值得特别强调的不同类型的自由。这绝非一个完整的清单，但它或许有助于我们集中讨论那些在现在看来是特别值得注意的政策事项。

我将特别地考察以下五种类型的工具性自由：(1) **政治自由**；(2) **经济条件**；(3) **社会机会**；(4) **透明性保证**；(5) **防护性保障**。这些工具性自由能帮助人们更自由地生活并提高他们在这方面的整体能力，同时它们也相互补充。固然，关于发展的分析，一方面必须注意到使这些工具性自由具有重要性的目的和目标，另一方面也要注意那些经验联系，是它们把不同的工具性自由结合成**一体**，并加强了它们共同的重要性。实际上，这些联系对充分理解自由的工具性作用有中心意义。关于自由不仅是发展的首要目标，而且是它的主要手段的主张，尤其与这些联系有关。

让我对这些工具性自由逐一略作评述。**政治自由**，广义而言（包括通常所称的公民权利），指的是人们拥有的确定应该由什么人执政而且按什么原则来执政的机会，也包括监督并批评当局、拥有政治表达与出版言论不受审查的自由、能够选择不同政党的自由等等的可能性。这些自由包括人们在民主政体下所拥有的最广义的政治权益（entitlement），包括诸如政治对话，保持异见和批评当局的机会，以及投票权和参与挑选立法人员和行政人员的权利。

经济条件指的是个人分别享有的为了消费、生产、交换的目的而运用其经济资源的机会。一个人所具有的经济权益，将取决于所拥有的或可资运用的资源，以及交换条件，诸如相对价格和市场运作。就经济发展过程增加一个国家的收入和财富而言，它们会反映到人们经济权益的相应提升上。显而易见，以国民收入和国民财富为一方，个人（或家庭）的经济权益为另一方，在这两方的关系中，除了总量以外，分配的问题也是重要的。新增收入如何分配，将会明显产生影响。

是否有或者能否得到金融资源，对于各经济主体实际上能获得的权益，有关键性的影响。这对所有企业来说都一样，无论它是有成千上万的人在其中工作的大企业，还是靠小额贷款运营的小企业。例如，一场信贷紧缩，会严重影响那些依赖于信贷的人的经济权益。

社会机会指的是在社会教育、医疗保健及其他方面所实行的安排，它们影响个人赖以享受更好的生活的实质自由。这些条件，不仅对个人生活（例如，享受更健康的生活、避免可防治的疾病和过早死亡），而且对更有效地参与经济和政治活动，都是重要的。例如，不识字对一个人参与那些要求按规格生产或对质量进行严格管理的经济活动（如全球化贸易所日益要求的那样）来说，是一个绝大的障碍。类似地，不会读报，或者不能与其他参加政治活动的人书面联系，对于政治参与也是一种限制。

现在来谈第四个范畴。在社会交往中，人们按照一定的假定，即其他人提供的是什么、自己预期得到的是什么，来处理相互之间的事务。就此而言，社会是在对信用的一定假设的基础上运行的。**透明性保证**所涉及的，是满足人们对公开性的需要：在保证信息公开和明晰的条件下自由地交易。当这种信用被严重破坏时，很多人——交往的双方以及其他人——的生活可能因为缺乏公开性而受到损害。透明性保证（包括知情权）因此构成工具性自由的一个重要范畴。

这种保证对防止腐败、财务渎职和私下交易所起的工具性作用是一目了然的。

最后，无论一个经济体系运行得多么好，总会有一些人由于物质条件起了对他们的生活不利的变化，而处于受损害的边缘或实际上落入贫苦的境地。需要有**防护性保障**来提供社会安全网，以防止受到影响的人遭受深重痛苦、或甚至在某些情况下挨饿以至死亡。防护性保障的领域包括固定的制度性安排，例如失业救济和法定的贫困者收入补助，以及临时应需而定的安排，例如饥荒救济或者为贫困者提供可增加他们收入的紧急公共就业项目。

2.3　相互联系及互补性

上述那些工具性自由能直接扩展人们的可行能力；它们也能互相补充，并进而相互强化。在考虑发展政策时，掌握这些关联尤为重要。

人们参与经济交易的权益通常是经济增长的强大动力这一事实，已被广为接受。但是许多其他的关联还没有得到足够的认识，它们在经济政策分析中应该被充分地加以把握。还有，经济增长不仅有助于私人收入增加，而且能使国家有财力承担社会保险和开展积极的公共干预。因此经济增长的贡献不仅应按私人收入的增加来评判，还应按由经济增长带来的社会服务（在很多情况下，包括社会保障网）的扩展，来进行评判。[3]

类似地，通过公共教育、医疗保健等服务以及自由而富有活力的新闻媒体的发展来创造社会机会，既有利于经济发展，又有利于大幅度降低死亡率。降低死亡率有利于降低出生率，进而加强基础教育——特别是妇女的识字和学校教育——对生育率的影响。

通过社会机会，特别是基础教育，来促进经济增长，最早的例子显然是日本。人们有时会忘掉日本甚至在 19 世纪中期明治维新时，识字率就比欧洲高，当时日本的工业化尚未开始，而欧洲的工业化已经进行几十年了。日本的经济发展显然得益于人力资源的开发，后者为人们提供了各种社会机会。在东亚其他国家和地区发生的所谓东亚奇迹，在很大程度上，基于类似的因果联系。[4]

本书的观点反对——而且在很大程度上否定——在很多政策圈子里占主导地位的信念，即认为“人的发展”（经常用来指教育、医疗保健和人类生活其他条件的扩展过程）仅仅是只有富国才付得起的某种“奢侈品”。也许始自日本的不少东亚经济体的成功最重要的影响，是彻底否定了这种隐含的偏见。

这些经济体相对来说较早地实行了大规模的教育普及，随后是医疗保健设施的大规模扩展，而且很多经济体是在摆脱普遍贫困的束缚**之前**就这样做了。他们播下了种子，后来得到了收获。实际上，正如伊希(Hiromitsu Ishi)所指出的，优先开发人力资源在始自明治时代(1868—1911 年)的日本早期经济发展史中表现得尤为明显，之后日本变得富裕繁荣，其力度倒并未随之而加强。[5]

2.4 不同层面的中国和印度对比

个人自由在发展过程中的中心地位，使得考察其决定性因素变得格外重要。必须充分注意有助于决定个人自由的性质和作用范围的社会因素，包括政府的行动。社会安排对确保并扩展个人自由可以具有决定性意义。一方面，对于自由权利、宽容、交换和交易的可能性的社会保障，影响个人自由；另一方面，对于在人类可行能力的形成和使用上极端重要的那些条件（诸如基本医疗保健或基础教育）的实质性公共资助，也影响个人自由。需要同时注意个人自由的这两类决定因素。

印度和中国的比较，对说明以上观点有重要意义。中印两国政府都已经进行了一段时间的努力（中国自 1979 年起，印度自 1991 年起），走向更开放的、参与国际的、市场导向的经济。尽管印度的努力近来有所成效，但是像中国那样瞩目的成绩还没有在印度出现。解释这一差异的一个重要因素在于以下事实：从社会准备的角度看，中国比印度超前很多；中国更好地利用了市场经济。[6]尽管改革前的中国对市场是持非常怀疑的态度的，但对基本教育和普及医疗保健并不怀疑。当中国在 1979 年转向市场化的时候，人们特别是年轻人的识字水平已经相当高，全国很多地区有良好的学校设施。在这方面，中国大陆与韩国或中国台湾的基本教育情况相差不太远。在这两个地方，受过教育的人口也在抓住市场机制提供的经济机会上起了重要作用。与此对比，当印度在 1991 年转向市场化的时候，有一半成年人口不识字，而且至今这一情况没有多少改善。

中国的健康条件，由于改革前当局对医疗保健像对教育一样作了社会投入，也比印度好得多。说来奇怪，尽管这种投入的初衷并不是协助市场导向型经济增长，但它却创造了在这个国家转向市场化之后可以投入动态运用的社会机会。印度社会的落后，表现在精英主义地过分注重高等教育而严重忽视中小学教育，以及严重忽视基本医疗保健，使得它在取得共享型经济发展方面缺乏准备。中印对比当然包括很多其他方面（包括两国政治制度的不同，以及印度在诸如识字和医疗保健等社会机会方面存在的更大的差别性），这些问题将在后面讨论。但是，在取得广泛的市场导向型发展方面，中印两国在社会准备水平上的巨大差别，其重要性还是有必要在初始的分析就提到。

然而也必须注意，印度公民享受的民主自由更充分一些，考察一下在发生社会危机和未曾预见的灾难时经济政策的灵活性和公共行动的敏感程度，缺少民主所造成的损害就特别清楚。最鲜明的对照也许在于：中国曾经有过“大跃进”失败后的严重饥荒，而印度在 1947 年独立之后从未有过一次饥荒。在诸事顺利时，民主的保障性力量可能不被人们记起，但危险也许就近在咫尺（如某些东亚和东南亚经济体最近的经历所确证的那样）。这一点也将在下文的章节中更加充分地讨论。

各种工具性自由之间存在着多种多样的不同的相互关联。它们各自的作用以及对其他自由的具体影响是发展过程的重要方面。在以下几章中将会有机会讨论若干种这样的关联及其作用范围。然而，为了说明这些相互关联如何起作用，让我现在就简略地讨论影响寿命和出生时寿命期望值的各种因素——人们对长寿的重视几乎是普遍的。

2.5　增长引发的社会安排

社会安排对生存自由的作用可以非常大，而且这种作用会受到截然不同的工具性关联的影响。曾经有人提出过这样的观点，生存自由不是一个可以与经济增长（以提高人均收入水平为标志）区分开来的单独问题，因为人均收入与寿命之间有密切的关系。确实有人争辩过，担忧收入水平与生存机会之间的不协调是一个错误，因为——一般说来——已经观测到二者之间有相当密切的统计关联。就跨国家而单独考察二者之间的统计联系而言，这确实是对的，但是这个统计关联需要进一步审视，否则不能作为令人信服的证据，来否认社会安排（超出以收入为基础的丰裕之外）的作用。

对这个问题，引证阿南德(Sudhir Anand)和拉瓦利昂(Martin Ravallion)最近发表的一些统计分析是很有意思的。[7]在跨国比较的基础上，他们的确发现寿命期望值与人均国民生产总值有显著的正相关，但是这一相关关系主要是通过国民生产总值对以下两个因素的影响而表现出来:(1)穷人的收入;(2)公共支出中特别用于医疗保健的那部分。事实上,一旦把这两个变量包括到统计分析中,再把人均国民生产总值作为另外一个因果性影响要素加进去,就几乎增加不了**额外**的解释能力。事实上,当贫穷和用于医疗保健的公共支出作为单独列出的两个解释性变量来用的时候,人均国民生产总值与寿命期望值的联系(在阿南德和拉瓦利昂的分析中)看上去完全消失了。

需要着重强调,上述结果,如果也得到其他经验研究的验证,并不说明寿命期望值没有因为人均国民生产总值的增长而延长,而是表明,这种联系主要是**通过**用于医疗保健的公共支出的增加,以及**通过**成功地消除贫困,而表现出来。问题的关键是:经济增长的影响,在很大程度上取决于经济增长的**成果**是如何使用的。这也有助于解释为什么某些经济体,例如韩国和中国台湾,能够通过经济增长如此迅速地提高寿命期望值。

近年来,部分地由于所谓“亚洲金融危机”的性质和严重性,东亚经济体的成就成为批评和考察——以及某些批判——的对象。这一危机确实是严重的,它指出早先被错误地认为是完全成功的经济体的某些失败之处。我将有机会来讨论亚洲金融危机所涉及的特殊问题和特定的失败之处(尤其是在第6、第7两章)。但是,看不到东亚和东南亚那些经济体在数十年间取得的伟大成就是错误的,正是这些成就改变了那里的人民的生活和寿命。这些国家目前面临的问题(已经潜在地积存了很长时间),需要加以注意(包括对政治自由和公开参与,以及防护性保障的全面的注意),但它们不应该导致我们忽略这些国家在它们干得非常好的那些领域所取得的成就。

由于一系列历史原因,诸如注重基本教育和基本医疗保健、较早地完成了有效的土地改革,广泛的经济参与在许多东亚和东南亚经济体,比在其他一些国家,例如巴西、印度或巴基斯坦,更容易地实现了。后面谈到的这些国家,社会机会的创造非常缓慢,而且这种缓慢成为发展的障碍。[8]扩展社会机会促进了高就业的经济发展,而且创造了降低死亡率和提高寿命期望值的有利环境。与此形成尖锐对比的是其他某些高速增长的国家,例如巴西,它有几乎同样高的人均国民生产总值增长率,但同时有严重的社会不平等、失业和忽视公共医疗保健的长期历史记录。在这种高速增长的国家中人均寿命的提高缓慢得多。

这里有两种有趣而且相互关联的对比:

1. 高速增长经济体中:

(1) 非常成功地实现了提高人均寿命和生活质量的经济体(例如韩国和

中国台湾）；

（2）没有在这些领域取得类似成功的经济体（例如巴西）。

2. 非常成功地实现了提高人均寿命和生活质量的经济体中：

（1）非常成功地实现了高速经济增长的经济体（例如韩国和中国台湾）；

（2）没有实现高速经济增长的经济体（例如斯里兰卡，改革前的中国，印度的克拉拉邦）。

我已经对第一组对比(例如韩国和巴西)作了评论，但第二组对比也值得作政策评论。在我们的著作《饥荒与公共行动》(Hunger and Public Actions)中，德热兹(Jean Dreze)和我区分了两种迅速降低死亡率的成功类型，分别称做“增长引发”(growth-mediated)和“扶持导致”(support-led)的过程。[9]前一过程**通过**高速经济增长来发挥作用，其成功取决于基础宽广的并且经济上广泛的(着重强调就业与此有很大关系)增长过程，也取决于利用增长带来的经济繁荣去扩展有关的社会服务，包括医疗保健、教育和社会保障。与增长引发机制相比，扶持导致的过程不依赖于高速经济增长，而通过精心策划的医疗保健、教育等社会扶助计划项目及其他有关的社会安排起作用。这一过程可见于斯里兰卡、改革前的中国、哥斯达黎加或克拉拉邦等经济体的经验，它们都迅速降低了死亡率，改进了生活条件，但没有多少经济增长。

2.6　公共服务、低收入和相对成本

扶持导致的过程并不等待人均实际收入水平的大幅度提高，其机制是把优先重点放在提供降低死亡率和改进生活质量的社会服务上（特别是医疗保健和基本教育）。图 2—1 提供了这种关系的一些例了。图中显示六个国家（中国、斯里兰卡、纳米比亚、巴西、南非和加蓬）及印度的一个有 3000 万人口的大邦克拉拉邦的人均国民生产总值和出生时寿命期望值。[10]尽管收入水平非常低，克拉拉邦、中国、斯里兰卡的人们的寿命期望值，远远高于富裕得多的巴西、南非、纳米比亚（更不用提加蓬了）那些国家。以克拉拉邦、中国、斯里兰卡为一组，巴西、南非、纳米比亚、加蓬为另一组，来进行比较，甚至这种差异的方向都是负的。既然寿命期望值的变动与在发展中居中心地位的一系列社会机会(包括防疫政策、医疗保健、教育设施等等)相关，以收入为中心的观点必须大加补充，才能充分理解发展过程。[11]以上对比具有

相当大的政策意义，也指明了扶持导致这一过程的重要性。[12]

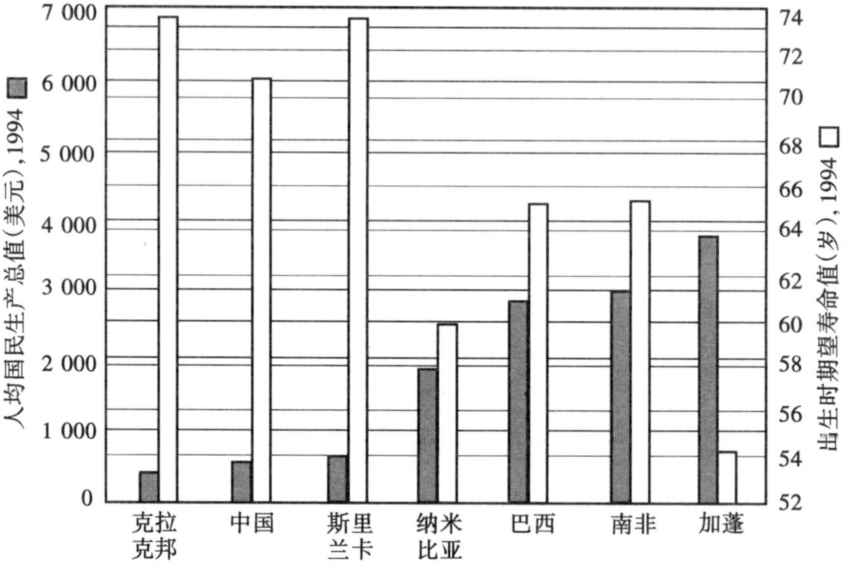

图 2—1　人均国民生产总值与出生时寿命期望值

资料来源：Country data, 1994, World Bank, *World Development Report 1996*; Kerala data, Life Expectancy 1989—1993, Sample Registration System cited in Government of India (1997), Department of Education, *Women in India: A Statistical Profile*; Domestic Product per Capita, 1992—1993, Government of India (1997), Ministry of Finance, *Economic Survey 1996—1997*.

论及穷国在财政上承担起采取扶持导致的过程可能性时，很多人会表示惊讶和怀疑，因为扩展公共服务，包括医疗保健和教育，确实需要资源。事实上，这种对资源的需要经常被用来论证应该**推迟**重要的社会投资，直到一个国家已经富裕起来再考虑。穷国到哪里去找到资源来“支持”这些服务呢(这个著名的诘问就是这样发问的)？这确实是一个好问题，但它也有一个好答案，答案在相当程度上在于相对成本。扶持导致这一过程的可行性依赖于以下事实，即有关的社会服务（诸如保健和教育）是**劳动密集型**程度极高的，因此在贫穷——低工资——经济中是相对便宜的。一个贫穷的经济可能只**拥有**较少的钱用于医疗保健和教育，但与富国相比，它也只**需要**较少的钱就能提供富国要花多得多的钱才能提供的服务。相对价格和成本是决定一个国家能负担什么的重要参数。在给定一定的社会投入的情况下，特别重要的是要注意与医疗保健和教育等社会服务有关的相对成本的变化。[13]

显然，比起扶持导致的过程，增长引发的过程具有优越性，最终来说，它可以提供更多好处，因为——**除了**夭折或疾病流行或文盲**以外**——还有更多的贫困问题是非常直接地与低收入相联的（例如缺乏适当的衣着和住所）。很显然，最好是**同时**享有高收入和长寿命（以及其他通用的生活质量指标），而不是只有后者。这一点值得强调，因为过分地注重寿命期望值和其他类似的生活质量指标的统计是有些危险的。

例如，印度的克拉拉邦尽管人均收入水平很低，但实现了令人瞩目的高寿命期望值、低生育率、高识字率等等这一事实，的确是值得庆祝和学习的。但是以下问题仍然有待回答：为什么克拉拉邦未能利用它在人的发展方面的成功来使收入水平也得到提高，从而使其成功更完整呢？它很难像一些人试图宣扬的那样，成为一个“样板”。从政策观点看，这要求对克拉拉邦有关激励因素和投资的经济政策（或一般的“经济条件”）进行批判性检视，尽管它在提高寿命期望值和生活质量上取得了非同寻常的成功。[14]在这个意义上，扶持导致的成功还是比不上增长引发的成功，在后一种情况下经济繁荣和改善生活质量趋于同步前进。

另一方面，扶持导致的过程作为一条发展道路所取得的成功，确实指明了一个国家不必等到(通过可能是相当长期的经济增长)富裕起来之后，才开始争取基本教育和医疗保健的迅速扩展。通过适当的社会服务项目，尽管收入低，生活质量还是可以迅速提高的。再说，教育和医疗保健的发展也能够促进经济增长率的提高这一事实，也增强了在贫穷经济中应该大力发展这些社会安排，而**不必**等到**先**“富裕起来”的观点的说服力。[15]扶持导致的过程是在提高生活质量上迅速成功的处方，这具有很重要的政策意义，但是，也存在极好的理由，去进一步争取更广泛的成就，包括经济增长和提高生活质量的通常指标。

2.7　20 世纪英国死亡率的降低

在这一领域，重新考察发达的工业化经济中死亡率降低和寿命期望值提高的时序模式，也是有教益的。福格尔（Robert Fogel）、普雷斯顿（Samuel Preston）以及其他人详细分析了过去几个世纪，在欧洲和美国，公共提供的医疗保健和营养，以及一般性的社会安排，对降低死亡率的作用。[16]单独考察本世纪中寿命期望值提高的时序模式，也是特别有意义的。不要忘记，19 世纪与 20 世纪之交，甚至在英国——当时最领先的资本主义市场经济——出生时寿命期望值也比今天低收入国家的平均寿命期望值还低。然而，在这一世纪中人的寿命在英国确实得到了迅速提高，部分地得益于社会计划所采取的战略。这一增长的时序模式也是饶有趣味的。

英国对营养、医疗保健等等扶持计划的扩展在几十年间并非按同样快的速度进行。本世纪中有两段时期扶持导向政策扩展得特别迅速，它们分别发生在两次世界大战的战争期间。在每次战争期间都出现了更大程度的对生存手段的共享，包括对医疗保健和紧缺的食品的共享（通过配给制和营养补助）。在第一次世界大战期间，对于“共享”的社会态度以及旨在实现共享的公共政策都出现了引人瞩目的发展。温特（Jay Winter）曾对此做过很好的分析。[17]同样，在第二次世界大战期间，英国实施了前所未有的扶持性和共享式的社会安排，这与英国在围困中的分享心理有关，它使激进的分配食品和医疗保健的公共安排成为可接受和行之有效的。[18]甚至“全国医疗健康服务”也是在这个战争年代诞生的。

这是否导致了健康和寿命的实际变化？在英国实行扶持导向的政策期间，是否出现了相应的死亡率更迅速的下降？事实上，详细的营养研究证实，答案是肯定的：第二次世界大战期间，尽管英国的人均食品供给量显著下降，营养不足的情况却同时大为**下降**，严重营养不足的情况几乎完全消失。[19]死亡率也迅速下降（当然，战争伤亡除外）。在第一次世界大战期间也发生了类似的情况。[20]

确实，根据十年一次的人口普查资料所作的比较显示，增长速度最快、增量非常大的寿命期望值延长恰恰发生在这两个“战争期的十年”（图 2—2 显示 20 世纪前 60 年中每十年寿命期望值的增长）。[21]在其他的十年期中寿命期望值的增长比较缓慢（1～4 年），在这两个战争期的十年，寿命期望值的增量却跃升到近 7 年。

我们必须要问，寿命期望值在两个战争期间的远为迅速的增长是否可以另有解释，例如在此期间经济高速增长。答案看来是否定的。事实上，寿命期望值高速增长的期间恰好是人均 GDP 增长**缓慢**的期间，如图 2—3 所示。当然可以提出假说，GDP 增长对寿命期望有滞后十年的作用，这与图 2—3 本身并不矛盾，但经不起其他检验，包括对可能的因果过程的分析。对英国寿命期望值迅速增长远为可信的解释，在于战争期间社会分享程度的变化，以及对社会服务（包括营养补助和医疗保健）的公共支持的急剧提高。对两个战争期间国民健康和其他生活条件，及其与社会态度和公共安排的联系的众多研究，为上述对比提供了说明。[22]

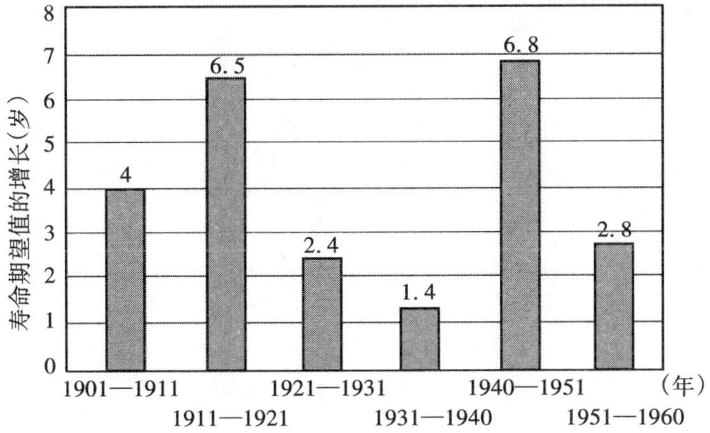

图 2—2　英格兰与威尔士寿命期望值的增长（1901～1960 年）

资料来源：S. Preston, N. Keyfitz, and R. Schoen, *Causes of Death*: *Life Tables for National Population* (New York: Seminar Press, 1972).

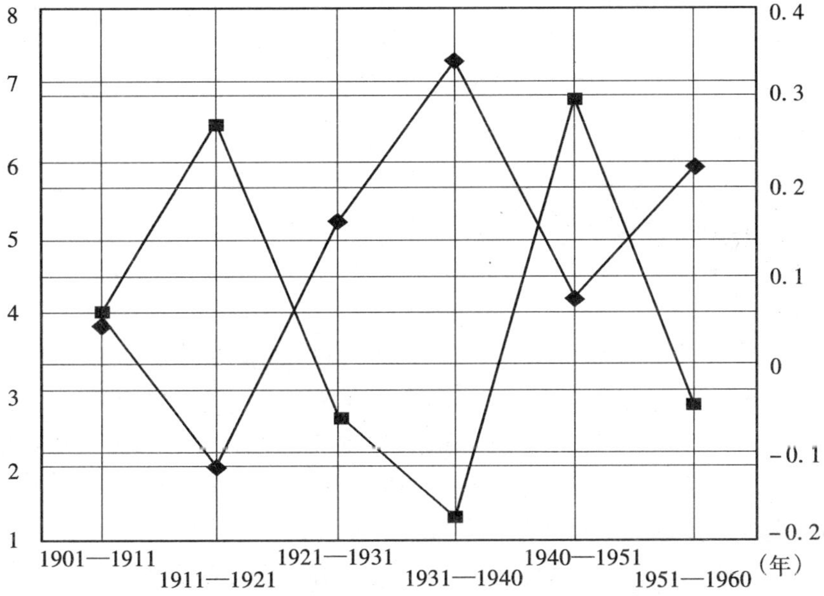

图 2—3　联合王国的 GDP 增长与英格兰与威尔士出生时寿命期望值的增长（1901～1960 年）

■英格兰与威尔士寿命期望值每十年增长（岁）——对应左边纵坐标

◆1901—1960 年间联合王国人均 GDP 每十年增长（%）——对应右边纵坐标

资料来源：A. Madison, *Phases of Capitalist Development* (New York: Oxford University Press, 1982); S. Preston et al., *Causes of Death*: (New York: Seminar Press, 1972).

2.8 民主与政治激励因素

对各种关联的解释可由大量其他联系作出。让我再简短地讨论另一个联系，即政治自由和公民权利与避免经济灾难的自由之间的联系。这一联系的最初步的证据可以来自以下事实——我在第一章，以及间接地在本章对比中国和印度时，都已讨论这个事实——饥荒不在一个民主国家中发生。事实上，从来没有任何重大饥荒曾经在一个民主国家中发生，不管它是多么贫困。这是因为如果政府致力于防止饥荒的话，饥荒是极其容易防止的，而在有选举和自由媒体的多党制民主中的政府有强烈的政治激励因素去防止饥荒。这表明，政治自由，以民主制度的形式出现，有助于保障经济的自由（特别是免于极度饥饿的自由）和生存的自由（免于饥饿致死）。

民主提供的保障，当一个国家足够幸运地没有面临严重灾难时，当万事顺利时，不大会被想起。但是，由于经济或其他境况的变化，或者由于未纠正的政策错误，丧失这种保障的危险可能就隐藏在看起来是升平的情况后。下文中（第6章和第7章）讨论这一联系时，对最近的“亚洲金融危机”的政治因素将会有更充分的说明。

2.9 结语

本章的分析阐述了扩展人类自由既是发展的首要目的，又是它的主要手段这一基本思想。发展的目的与对发展所涉及的人们所享受的实际自由的价值评价有关。除其他因素外，个人的可行能力严重依赖于经济的、社会的、政治的安排。在制定适当的制度性安排时，必须超越个人全面自由的基础性意义，去考虑不同类型自由的工具性作用。

自由的工具性作用包括若干种不同的但相互关联的组成部分，诸如经济条件、政治自由、社会机会、透明性保证和防护性保障。这些工具性权利、机会、权益具有很强的相互关联，这些关联可以是正的或者负的。发展的过程受这些相互关联的强烈影响。与这些多重相互关联的自由相适应，需要建立并支持多重的机构，包括民主体制、法律机制、市场结构、教育和医疗保健设施、传播媒体及其他信息交流机构，等等。这些机构的形式可以是私人创建或公共安排，或者是更加混合型的结构，例如非政府组织及合作制机构。

发展的目标和手段要求把自由的视角放在舞台的中心。按这种视角，必须把人们看做是要主动参与——在他们有机会时——他们自身前途的塑造的，而不只是被动接受某些精心设计的发展计划的成果。国家和社会在加强和保障人们的可行能力方面具有广泛重要的作用。这是一种支持性的作用，而不是提供制成品的作用。以自由为中心的关于发展的目的和手段的观点值得引起我们重视。

【本章注释】

[1] 我曾在先前的一篇论文中讨论过这一对比，"Development Thinking at the Beginning of the 21st Century," in *Economic and Social Development into the XXI Century*, edited by Louis Emmerij (Washington, D.C.: Inter-American Development Bank, distributed by Johns Hopkins University Press, 1997). 还可参见我的"Economic Policy and Equity: An Overview," in *Economic Policy and Equity*, edited by Vito Tanzi, Ke-young Chu and Sanjeev Gupta (Washington, D. C.: International Monetary Fund, 1999)。

[2] 本章是我在1999年3月1日至2日东京召开的世界银行全球金融和发展研讨会上的主题发言的基础。

[3] 参见 Jean Drèze and Amartya Sen, *Hunger and Public Action* (Oxford: Clarendon Press, 1989)。

[4] 参见 World Bank, *The East Asian Miracle: Economic Growth and Public Policy* (Oxford: Oxford University Press, 1993). 还可参见 Vito Tanzi et al., *Economic Policy and Equity* (1999)。

[5] 见 Hiromitsu Ishi, "Trends in the Allocation of Public Expenditure in Light of Human Resource Development—Overview in Japan," mimeographed, Asian Development Bank, Manila, 1995。还可见 Carol Gluck, *Japan's Modern Myths: Ideology in the Late Meiji Period* (Princeton: Princeton University Press, 1985)。

[6] 参见 Jean Drèze and Amartya Sen, *India: Economic Development and Social Opportunity* (Delhi: Oxford University Press, 1995), and the Probe Team, *Public Report on Basic Education in India* (Delhi: Oxford University Press, 1999)。

[7] Sudhir Anand and Martin Ravallion, "Human Development in Poor Countries: On the Role of Private Incomes and Public Services," *Journal of Economics Perspectives* 7 (1993).

[8] 关于这个问题，可参见我与 Jean Drèze 合著的 *India: Economic Development and Social Opportunity* (1995)。

[9] Drèze and Sen, *Hunger and Public Action* (1989); see particularly chapter 10.

[10] 虽然克拉拉只是一个邦而不是一个国家，它的人口接近 3 000 万，比世界上大多数国家（包括比如说加拿大）都多。

[11] 参见我的“From Income Inequality to Economic Inequality,” Distinguished Guest Lecture to the Southern Economic Association, published in *Southern Economic Journal* 64 (October 1997), and “Mortality as an Indicator of Economic Success and Failure,” first Innocenti Lecture to UNICEF (Florence: UNICEF, 1995), also published in *Economic Journal* 108 (January 1998)。

[12] 参见 Richard A. Easterlin, “How Beneficent Is the Market? A Look at the Modern History of Mortality,” mimeographed, University of Southern California, 1997。

[13] 对这一问题的讨论，可见于 Drèze and Sen, *Hunger and Public Action* (1989)。

[14] 我将在晚些时候回到这个问题上来；还可参见 Drèze and Sen, *India: Economic Development and Social Opportunity* (1995)。

[15] 我和 Jean Drèze 合著的 *India: Economic Development and Social Opportunity* (1995) 对于需要以社会基础设施（诸如公共保健和基本教育）的迅速扩展来补充并支持善待市场的经济增长政策，就印度经济的情况，做了比较详细的讨论。

[16] 见 Robert W. Fogel, “Nutrition and the Decline in Mortality since 1700: Some Additional Preliminary Findings,” working paper 1802, National Bureau of Economic Research, 1986; Samuel H. Preston, “Changing Relations between Mortality and Level of Economic Development,” *Population Studies* 29 (1975), and “American Longevity: Past, Present and Future,” Policy Brief no.7, Maxwell School of Citizenship and Public Affairs, Syracuse University, 1996。还可参见 Lincoln C. Chen, Arthur Kleinman and Norma C. Ware, eds., *Advancing Health in Developing Countries* (New York: Auburn House, 1992); Richard G. Wilkinson, *Unhealthy Societies: The Afflictions of Inequality* (New York: Routledge, 1996); Richard A. Easterlin, “How Beneficent Is the Market?” (1997)。

[17] 见 J. M. Winter, *The Great War and the British People* (London: Macmillan, 1986)。

[18] 见 R. M. Titmuss, *History of the Second World War: Problems of Social Policy* (London: HMSO, 1950)。

[19] 参见 R. J. Hammond, *History of the Second World War: Food* (London: HMSO, 1951)。还可参见 Titmuss, *History of the Second World War: Problems of Social Policy* (1950)。

[20] 见 Winter, *Great War and the British People* (1986)。

[21] 数据是英格兰和威尔士的，因为联合王国的总体数字无法找到。但是，既然英格兰和威尔士构成了联合王国占支配地位的主要部分，这种覆盖面的欠缺并不造成严重问题。

[22] 参见先前引述过的 R. J. Hammond，R. M. Titmuss 和 J. M. Winter 的著作，和其他一些他们参考的著作，还可参见 Drèze 和 Sen 在 *Hunger and Public Action*（1989），chapter 10 中的有关讨论和提及的著作。

[23] 对此，我已讨论于“Development: Which Way Now?” *Economic Journal* 92（December 1982）and *Resources*, *Values and Development*（Cambridge, Mass.: Harvard University Press, 1984），and jointly with Jean Drèze in *Hunger and Public Action*（1989）。

第 3 章　自由与正义的基础

让我从一个寓言谈起。安娜帕娜想要雇一个人来清理由于很久没人打扫而脏乱不堪的庭院，三个失业工人——迪努、毕山诺和若季妮——都非常想得到这份工作。她可以雇用其中任何一个人，但这个工作无法分割，她不能让三个人来分担。安娜帕娜可以付大体上同样的钱雇用其中任何一个人，而得到大体上同样的工作成果，但作为一个习惯反思的人，她很想知道应该雇用谁才对。

她获悉虽然三个人都很穷，但迪努是其中最穷的，大家都同意这个事实。这使安娜帕娜倾向于雇用迪努。（她问自己：“有什么能比帮助最穷的人更重要呢?”）

然而，她也了解到毕山诺是最近才家道败落

的，为此心理上最受压抑。与此相反，迪努和若季妮一直就穷而且穷惯了。大家都同意毕山诺是三人中最不快乐的，而且，如果得到这个工作，肯定会比另外两个人更感到快乐。这使安娜帕娜更倾向于雇用毕山诺。（她告诉自己："消除不快乐当然应该是第一优先。"）

但是，安娜帕娜又听说，若季妮患有慢性病，而且坚忍地承受着。她可以用挣到的钱来治愈那种可怕的疾病。没有人否认若季妮不像另外两个人那么穷（虽然她确实很穷），并且也不是他们中最不快乐的人，因为她相当乐观地承受着剥夺，而且久已习惯于伴其一生的剥夺（她来自贫穷家庭，已被训练成一个相信年轻妇女不应该有抱怨也不应该有野心的人）。安娜帕娜想，把这份工作给若季妮会有什么不对？（她推测："这可以对生活质量和免受疾病的自由作最大的贡献。"）

安娜帕娜反复思量她到底应该怎样做。她承认，如果只知道迪努最穷这一事实（而且别无所知），那么她肯定会把这个工作给迪努。她也省思，如果只知道毕山诺是最不快乐的，而且会从这一机会得到最多的快乐这一事实（而且别无所知），那么她有极好的理由去雇用毕山诺。她还明白，如果只知道若季妮可以用挣来的钱来治愈疾病（而且别无所知），那么她会有一个简单明确的理由把这个工作给若季妮。但是她同时知道这三件事实，而且这三条理由各有道理，她不得不在三条理由中作出选择。

这个简单的例子提出了若干关于实践理由的有意味的问题，但我在这里要强调的一点是，上述三项原则的区别在于哪一特定信息是被认为具有决定性意义的。如果所有三项事实都是已知的，则决策取决于赋予哪一信息以最大的权数。因此最好按其各自的"信息基础"来看待这些原则。对迪努的选择是根据平等主义的理由——集中注意收入（贫困）；对毕山诺的选择是根据古典功利主义的理由——集中注意愉快和幸福的测度；对若季妮的选择是根据生活质量的理由——以三人分别能过什么样的生活为中心。前两项原则属于经济学和伦理学文献中讨论最广并且应用最广的原则。我将在下文为第三项原则提出一些理由。但现在我的目标很有限：仅限于说明那些相互竞争的原则的信息基础的重要性。

在下文的讨论中我将同时评论：（1）一个一般性问题：信息基础对于评价性判断的重要性；（2）若干特定的论题：关于社会伦理和正义的一些标准理论（特别是功利主义、自由至上主义和罗尔斯的正义理论）的特定信息基础的恰当性。虽然从这些主要的政治哲学学派处理信息的方式中能学到许多东西,但下文将论证,如果认为实质性个人自由是重要的,那么功利主义、自由至上主义和罗尔斯正义理论分别——明显地或隐含地——采用的信息基础就都有严重缺陷。这一诊断引发了相继的讨论,提出直接聚焦于自由的另一种评价性思路,自由在此理解为一个人做自己认为有价值的事的可行能力。

全书其他章节中广泛应用的正是本章最后分析的、具有建设性的部分。如果读者对于对其他学派的批评(以及功利主义、自由至上主义和罗尔斯正义理论各自的优点和困难)没有太大兴趣,跳过那些批评性的讨论而直接阅读本章后半部也不会有什么特别问题。

3.1 包括在内的与排除在外的信息

每一种评价性方法都可以在很大程度上以其信息基础为特征来说明:即采用这一方法来作出判断所需要的信息,以及——同样地重要的——被该方法"排除"在直接的评价性作用之外的信息。[1]信息"**排除**"是评价性方法的一个重要组成部分。被排除的信息不能对评价性判断有任何直接影响。尽管这种排除通常以隐含的方式做出,对那些被排除的信息的不敏感性会强烈影响一种方法的特征。

例如,功利主义原则最终仅仅依赖于效用,而且,尽管很多工具性事物可以认为是有激发效用的,但最终来说,只有效用信息才被看做是惟一恰当的基础,去评价事物状态,或判断行为及规则。按功利主义的古典形式,即主要由边沁(Bentham)所创建的形式,效用被定义为快乐、或幸福、或满意,因而所有东西都归结为这种心理成就。[2]未充分反映在快乐统计测度中的那些潜在的重要事物,诸如个人自由、对公认权利的实施或侵犯、生活质量的种种层面,在这种功利主义结构下都不能直接改变规范性评价。它们只能**通过**对效用数值的影响而间接地(就是说,仅仅在它们可能影响心理满意、快乐或幸福的范围内)发挥作用。此外,功利主义的总量式框架对效用的实际**分配**没有兴趣或敏感性,因为其注意力完全放在每个人的效用加起来的**总量**上。所有这些产生了一个非常有限的信息基础,而这种广泛的不敏感性是功利主义伦理的显著局限性。[3]

按功利主义的现代形式来看,"效用"的内容通常是另有所指:不是快乐、满意、幸福,而是愿望的实现,或者是一个人的选择行为的某种表现。[4]我即将考察这些区别，但不难看出对效用的这种重新定义本身并未消除作为功利主义一般特征的那种对能力自由、权利、自由权的漠视。

现在转到自由至上主义。与功利主义理论相比，自由至上主义对幸福或者愿望的实现没有直接的兴趣，其信息基础完全在于自由权和各种权利。即使不去讨论功利主义或自由至上主义分别用来定义正义的精确公式，只要对比信息基础就可以看出它们对正义必定具有很不相同——通常是不相容——的观点。

事实上，一种正义理论真正的“切中要害之处”，在很大程度上，可以通过其信息基础来理解：哪些信息被认为是——或者不是——直接切题的。[5]例如，古典功利主义试图运用不同个人（在比较的框架中来看的）各自的幸福或快乐信息，自由至上主义则要求一定的法权自由和正当行为的规则得到遵守，并按照这些规则是否得到遵守的信息来评价事物状态。它们走的方向不同，原因主要在于它们在评价不同社会状态的正义性和可接受性上，采用它们各自认为是核心的不同的信息。一般地，各种规范性理论的信息基础，尤其是，各种正义理论的信息基础，具有决定性的意义，而且可以成为关于实际政策的许多辩论的真正焦点（这些在下文中将进一步阐述）。

在下面几页中，将考察若干不同的正义论的信息基础，首先讨论功利主义。每一派别的长处和局限性，在很大程度上，可以通过考察其信息基础的范围和限制来理解。在考察了评价和政策制定中常用的几种思想各自具有的问题的基础上，将简略地勾画出一种替代的分析思路。它集中注意关于个人自由（而不是效用）的信息基础，但也包含对于后果的敏感性——在我看来那是功利主义视角可贵的优点。我将在本章后面和下一章更充分地考察关于正义的这种“可行能力视角”。

3.2　作为信息基础的效用

标准功利主义的信息基础是各种状态下的效用总量。按古典的、边沁式的功利主义，一个人的“效用”是他或她的快乐或幸福的测度。其要点是，注意每个人的福利，而且特别地把福利看做本质上是一种心理特征，即实际达到的快乐或幸福。在人际之间进行幸福的比较，当然不可能精确，也不可能用标准的科学方法来实现。[6]然而，我们大多数人不会觉得，认定某些人确实比别人更少幸福或更加痛苦是不可思议的（或“无意义的”）。

一个多世纪以来，功利主义一直是占主导地位的伦理理论——而且是最有影响的正义理论之一。传统的福利经济学和公共政策经济学很长时间内由这一理论统治，最初由边沁开创其现代形式，再由诸如穆勒（John Stuart Mill）、杰文斯（William Stanley Jevons）、赛德威克（Henry Sidgwick）、埃奇沃思（Francis Edgeworth）、马歇尔（Alfred Marshall）和庇古（A.C.Pigou）这些经济学家所继承。[7]

功利主义评价的要求可分为三个不同的组成部分。第一个是“后果主义”（并非一个有吸引力的词），指的是以下主张：（对于行动、规则、机构等等所做的）一切选择都必须根据其后果（即它们产生的结果）来评价。聚焦于后果状态尤其否定了某些规范性理论把一些原则——**无论**其结果如何——看做是正确的那种倾向。事实上，它比仅仅要求对后果有敏感性走得更远，因为它不承认除了后果以外的任何其他东西最终起作用。这种后果主义到底带来了多么大的限制，对这一问题必须作进一步的评判，但值得在此说明，这必定部分取决于哪些事物被包括或者不包括在后果的范围之内。（例如，一个人实施了的某项行动是否可以看做是该项行动的“后果”之一？显而易见，它是。）

功利主义的第二个组成部分是“福利主义”，它把对事物状态的评价限制在每种状态各自的效用上（不直接关注诸如权利、责任等等的实现或违反）。把福利主义和后果主义结合起来，我们就得到以下要求：每一项选择必须按照它自身产生的效用来衡量。例如，任何一项行动都要按其产生的后果状态来评判（因为后果主义），而后果状态要按其效用来评判（因为福利主义）。

第三个组成部分是“总量排序”，这要求把不同人的效用直接加总得到总量，而不注意这个总量在个人之间的分配（就是说，要使效用总量最大化而不计效用分配的不平等程度）。这三个组成部分合起来就产生了古典功利主义的公式，每一个选择按它所产生的效用的总量来评判。[8]

按这种功利主义观点，**非正义**表现为，与有可能达到的水平相比，效用总量的损失。按这种观点，一个非正义的社会就是，该社会中人们的幸福总合起来看，其程度显著地低于应该达到的水平。在某些现代形式的功利主义中，集中注意幸福或快乐的做法已经被放弃了。其中一个形式是把效用定义为愿望的实现。按照这种观点，愿望被实现的强度，而不是所产生的幸福的程度，才是至关重要的。

因为幸福和愿望都不容易测度，在现代经济分析中，效用通常定义为对一个人可被观察到的**选择**的某种数量表现。关于效用的这种数量表现，存在一些技术性问题，但我们在这里无须多谈。基本公式是：如果一个人选择了备选物 X 而放弃了备选物 Y，那么在此时，而且仅仅在此时，此人从 X 得到的效用多于从 Y 得到的效用。效用的“数值调整”必须服从这一规则，以及其他一些要求，在这种框架下，说一个人从 X 得到的效用多于从 Y 得到的效用，与说给定这两个备选物此人将选择 X，并没有实质的区别。[9]

3.3 功利主义视角的长处

上述以选择为基础的测度具有某些一般性长处，也有其短处。就效用的计算而言，其主要短处是，由于它集中注意每一个人的单独的选择，它不能直接提供进行人际比较的任何方法。这对功利主义显然不适合，因为这样它就不能进行总量排序，而总量排序要求个人之间是可以进行效用比较的。事实上，以选择为基础的效用观点主要是用在只涉及福利主义和后果主义的那些理论中。那是以效用为基础的术路而不是功利主义自身。

虽然对功利主义视角的长处可以进行争论，但它确实提供了一些洞见，特别是：

（1）按其**结果**来评价各种社会安排的重要性（后果敏感性应该说是很有道理的，尽管完全的后果主义看来是太极端了）；

（2）评价各种社会安排时，需要关切所涉及的人们的**福利**（注意人们的福利的想法显然具有吸引力，即使我们不同意评价福利时采用以效用为中心的心理测度方法）。

为了说明结果不是无关紧要的，试考虑以下事实：很多社会安排由于其建构性特征的吸引力而得到提倡，后果则完全不受注意。以产权为例。有些人发现它对于个人独立性是建构性的，进而主张对财产的拥有、继承以及使用不应施加任何限制，甚至否定征收财产税或所得税。其他一些人，他们站在政治分界线的另外一边，对所有权的不平等——一些人拥有那么多，而另一些人则拥有那么少——持厌恶的态度，并进而要求废除私有制。

人们确实可以对产权持不同观点，认为它具有内在吸引力，或者有令人厌恶的特性。后果主义的方法表明，我们不应该仅仅被这些特性所左右，而应考察具有——或不具有——产权所产生的后果。实际上，对私有制最有影响力的辩护多半指向其正面的后果。有人指出，就后果而言，私有产权已被证明是经济扩展和全面繁荣的非常强大的动力。从后果主义的视角看，评价私有产权的利弊时，这一事实必须占据中心位置。可是从另一方面看，同样就后果而言，也有很多证据表明，私有产权不受约束地运作——没有任何限制和赋税——会助长无以自拔的贫困，并阻碍采取社会扶助措施去帮助那些由于自己不能控制的原因（包括因为残疾、年老、疾病，以及经济与社会的不幸等原因）而陷入困境的人。它还会妨碍环境保护和社会基础设施的发展。[10]

因此，就后果分析而言，这两种纯粹主义视角都不是完美无缺的，这表明关于产权的种种安排也许不得不（至少是部分地）按其可能产生的后果来评价。这个结论与功利主义精神相符，尽管完全的功利主义会坚持以一种特定的方式来评价后果及其相关含义。一般而言，在评价政策和制度时充分注意后果是重要的、合理的要求，这是由于功利主义伦理的提倡而获得很大进展的。

也可以用类似的理由来支持按照人类福利评价结果，而不是单单考察事物状态的某些抽象的、异化的特征。由此，聚焦于后果与聚焦于福利有其可取之处，对功利主义正义论的这种赞同——只是一种局部的赞同——直接与其信息基础有关。

3.4　功利主义视角的局限性

功利主义学派的缺陷也来自其信息基础。实际上，不难发现功利主义有关正义概念的缺陷。[11]完整的功利主义视角会产生的那些缺陷，如果仅仅列出几项的话，看来应该包括以下问题：

（1）**漠视分配**：功利主义的效用计算方法一般忽略幸福分配中的不平等（只有总量是重要的——不管分配是如何不平等）。然而，我们可能对普遍的幸福感兴趣，但我们并不只关注“总量”，而且也关注幸福的不平等程度。

（2）**忽略权利、自由以及其他非效用因素**：功利主义观点不认为权利和自由有自身固有的重要性（它们只是间接地，而且只是就其影响效用而言有价值）。注意幸福是合理的，但我们不一定愿意做幸福的奴隶或者快乐的陪臣。

（3）**适应性行为和心理调节**：甚至功利主义视角采用的个人福利的观念本身也不是很稳定可靠的，因为它很容易被心理调节和适应性态度所改变。

与第三项批评相比，前两项批评更直截了当，因而或许我只需要对第三项略作评论——关于心理调节及其对功利主义效用计算的影响。惟一地集中注意心理特征（诸如快乐、幸福或愿望），在进行福利和剥夺状态的人际比较时，有时会具有特别大的局限性。我们的愿望和享受快乐的能力随具体环境而调整，特别是在逆境中我们会调整自己以使生活变得易于忍受一些。对于长期处于受剥夺状态的人们，例如，等级社会中最底层的人，不宽容的社群中长期受压迫的少数族裔，生活在不确定世界中朝不保夕的佃农，剥削性经济安排中在血汗工厂里长期超时工作的雇员，严重性别歧视文化中无望地屈从的家庭妇女，效用计算可以是非常不公平的。受剥夺的人们出于单纯的生存需要，通常会适应剥夺性环境，其结果是，他们会缺乏勇气来要求任何激烈的变化，而且甚至会把他们的愿望和期望调整到按他们谦卑地看来是可行的程度。[12]快乐或愿望的心理测度具有太大的弹性，因此不能成为被剥夺和受损害状态的可靠反映。

由此，重要的是，不仅要注意用效用测度时长期受剥夺者的被剥夺状态可能只是含含糊糊、未尽其实地反映出来的，而且要支持创造条件以使人们能够有真正的机会去评价什么样的生活是他们向往的。社会和经济因素，诸如基本教育、初级医疗保健，以及稳定的就业，不仅就其自身而言，而且就它们在给予人们机会去带着勇气和自由面对世界这方面所发挥的作用而言，都是重要的。这些考虑要求更广的信息基础，特别要聚焦于人们能够选择他们有理由珍视的生活的可行能力。

3.5　罗尔斯与自由权优先

我现在转到最有影响的——而且在很多方面是最重要的——当代正义理论，即罗尔斯的理论。[13]他的理论包括很多部分，我从罗尔斯称做“自由权优先”（the priority of liberty）的这一项特定的要求开始。罗尔斯自己对这种优先性的理论表述是比较温和的，但是在现代自由至上主义的理论中，这种优先性要求却采取了一种非常激烈的形式。在某些这样的理论构造中（例如，在诺齐克精致的、毫不妥协的理论构造中），给许多种类的权利——从个人自由到财产权——赋予了在政治上几乎完全优先于社会目标的追求（包括消除贫困和赤贫）的地位。[14]这些权利采取了"边界约束"的形式，这种约束条件是完全不能违反的。为了保障这些权利而设计出来的一些程序（无论所导致的后果如何，都必须接受），与可能被我们判断为值得向往的一些事物（效用、福利、后果或机会的均等，等等），简直就不处于同一平面（如有关论证所说的）。因此，在这种理论框架中，问题不是权利的**相对重要性**，而是其**绝对优先性**。

在"自由权优先"的要求不那么强烈的自由派的理论表述中（最突出的是在罗尔斯的著作中），享有优先地位的那些权利的数量较少，而且主要由各种个人自由权组成，包括某些基本的政治和公民权利。[15]但是这些为数较少的权利被指定享有的程序优先性则是十分完全的，而且，尽管这些权利与自由至上主义理论中的权利相比在范围上大为缩小，它们同样不能因为对经济需要的考虑而弱化。

给予这种完整的优先性的理由，可以通过列举包括经济需要在内的其他考虑因素来加以辩驳。强烈的经济需要可以是生死攸关的事，其地位为什么就应该低于个人自由权？哈特（Herbert Hart）很久以前（在 1973 年的一篇著名论文中）就以一般的形式有力地提出了这个问题。罗尔斯在他后来的著作《政治自由主义》（Political Liberalism）一书中承认这一论证的力量，并指出了在他的正义理论结构里包容这个观点的方法。[16]

如果要使"自由权优先"在极其贫困的国家的境况中也合乎情理，我的看法是，其内容必须在相当程度上加以修改。然而，这并不是说自由权不应该具有优先性，而是说这一要求的形式不应该起到一种使得经济要求很容易就被忽视掉的作用。事实上，可以区分以下两者：（1）罗尔斯的严格要求，即自由权在与其他事物发生冲突时应该具有压倒一切的**程序优先**；（2）他提出的把个人自由权与其他类型的利益区别开来做**特殊处理**的一般性步骤。第二项要更具普遍性，其关切点是，需要把对自由权的判断和评价与对其他种类的个人利益的判断和评价区别开来。

我认为，关键的问题不在于完全的优先地位，而在于一个人的自由权是否应该得到与其他类型的个人利益——收入、效用等等——完全同等（**而且**

并不更多）的重要性。特别是，问题在于，自由权对社会的重要性，是否可以由一个人在评价他自己的**全面的**利益时通常会赋予自由权的那种权数恰当地反映出来。关于自由权（包括基本的政治自由权和公民权利）的崇高地位的主张（claim），不同意简单地按一个人自己从其自由权中得到的好处——就像得到额外的收入一样——来评价自由权的社会意义。

为了避免误解，我应该解释，这里的对比不是关于公民们在作政治评价时所赋予——而且有理由赋予——自由权和权利的价值。恰恰相反，对自由权的捍卫必然最终依赖于对自由权的普遍的政治上的接受。这里的对比所涉及的是，有更多的自由权和权利能在多大程度上增加一个人的个人利益，而这只是所涉及到的问题的一部分。这里的主张是，权利在政治上的显著意义远远超出这些权利的拥有者的个人利益由于享有这些权利而得到增进的程度。其他人的利益（因为不同个人之间的自由权是相互关联的）也涉及到了，而且，侵犯自由权是一种程序性破坏，我们有理由把它看做自身就是件坏事而加以反对。由此，存在一种非对称性，其他的个人利益的来源，例如收入，可以在很大程度上按照它对别人的利益所作的贡献来评价。由于这种非对称的重要性，所以对自由权和基本政治权利的保障应该具有程序上的优先性。

当论及自由权以及政治和公民权利的建构性作用使得公共讨论、公认的规范和社会价值观在交往中形成成为可能这些论题时，这个问题特别重要。我将在第 6 章和第 10 章更充分地讨论这个复杂的问题。

3.6　诺齐克和自由至上主义

我现在转到要求更严格的自由至上主义理论提出的权利——包括财产权——的完全优先性这一论题。例如，诺齐克在《无政府、国家与乌托邦》（Anarchy，State and Utopia）中指出：人们通过行使这些权利而享有的“权益”，一般来说，不能由于后果而被否定，不管那后果是多么糟糕。诺齐克给出一个非常例外的放宽处理的情况，他称之为“灾难式道义性恐慌状态”，但这种放宽处理与诺齐克理论的其他部分并不吻合，其合理性也没有适当地论证（放宽处理一直是特例）。毫不妥协的自由至上主义的权利优先性有时会是很成问题的，因为行使那些权益的实际后果，可能会包括非常可怕的情况。特别是，它会导致损害人们用以实现他们有理由认为很重要的事物，包括逃脱可以避免的死亡、享有充足的营养和保持健康、有能力阅读、写字、计算等实质自由。这些自由的重要性不能因为“自由权优先”的理由而被忽视。

例如，我在《贫困与饥荒》（Poverty and Famines）中揭示，即使大规模的饥荒也可以在任何人的自由权利（包括财产权）不受侵犯的情况下发生。[17]像失业者或赤贫者那样的穷人可能恰恰因为所拥有的完全合法的“法权资格”不能为他们提供足够的食品而挨饿。这可能是类似于“灾难式道义性恐慌状态”的一个特例，但可以证明，**任何**程度的恐慌状态——从大规模的饥荒，到经常性的营养不足，到地方性的、非极端的饥饿——都能够与其中任何人的自由至上主义的权利都不受侵犯的体制相容。类似地，其他种类的剥夺（例如缺乏用以治疗那些可治疗疾病的医疗条件）可以与所有自由至上主义的权利（包括财产所有权）得到完全满足的状态并存。

不顾后果的政治优先性理论的建议由于在很大程度上漠视了人们最终能够享有（或不享有）的实质自由而陷于困境。我们实在难以同意接受简单的程序性规则而**不计**后果——不管那些后果对所涉及的人们的生活会何等可怕，并且完全不可接受。相反，后果性考虑可以赋予实现或侵犯个人自由权很大的重要性（甚至可以给它特别的优待），而同时不忽视其他的因素，包括特定的程序对人们实际享有的实质自由的实际影响。[18]普遍地忽视后果，包括人们所能享有的（或不能享有的）能力自由，很难成为一个可以接受的评价系统的适当基础。

自由至上主义作为一种分析思路，就其信息基础而言，很有局限性。它不仅忽略功利主义和福利主义赋予极大重要性的那些变量，而且忽视我们有理由珍视并要求得到的最基本的能力自由。即使给予法权自由以特殊地位，也难有理由声称法权自由应该具有绝对的、不可软化的优先性，如自由至上主义理论所坚持的那样。我们需要给正义以一个更广泛的信息基础。

3.7 效用、实际收入与人际比较

传统的功利主义伦理学中，“效用”被简单地定义为幸福或快乐，有时则是愿望的实现。这种以（关于幸福或愿望的）心理测度来看待效用的方法，不仅被那些先驱哲学家如边沁所用，而且被效用论经济学家如埃奇沃思、马歇尔、庇古和罗伯逊（Dennis Robertson）所用。如本章前文所讨论的，这种心理测度会受到长期剥夺所导致的心理调整的扭曲。由于依赖于主观的对幸福或愿望的测度，使得功利主义具有很大的局限性。效用论能否从这种局限性中解救出来？

按照当代选择理论中“效用”的现代用法，效用等同于快乐或愿望实现的观点已经大体上被摒弃了，流行的是把效用直接看做是个人选择的一种数量表述。我应该解释，出现这一变化并非真是对心理调整问题的反应，它主要是为了回应罗宾斯（Lionel Robbins）和其他实证主义方法论者提出的批评，即对不同个人的心态进行人际比较从科学角度来看是“无意义的”的。罗宾斯论辩说，“不存在任何方法来进行这种比较”。他甚至引用——而且同意——效用论大师杰文斯自己最早提出的疑问：“每个人的心理对其他任何一个人都是一个谜，不可能存在感觉上的共同尺度。”[19]随着经济学家认识到进行效用的人际比较确实是有毛病，完整的效用论传统很快就出现了一系列修正。现在广泛应用的一个特定的修正是把效用看做只是个人偏好的表述。如前文所述，这种效用理论认为，说一个人从状态 X 得到比状态 Y 更多的效用，与说此人将选择状态 X 而不是状态 Y，并没有实质的区别。

这一方法的优点是避免了比较不同人的心态（诸如快乐或愿望）的困难，但相应地，它也把进行直接的人际间效用比较的大门**完全**关死了（效用作为一个人的偏好的表述，其数值标准因人而异）。既然一个人并不真正具有成为另一个人那样一种选择，我们也就不可能根据个人的实际选择来“解读”不同人之间的以选择为基础的效用比较。[20]

如果不同的人们具有不同的偏好（比如说由不同的需求函数反映出来），那么显然没有任何办法对千差万别的偏好进行人际比较。但是，如果他们**共享**同样的偏好，而且在相似的情况下做出同样的选择呢？当然，这是一种非常特殊的情况。实际上，如贺拉斯（Horace）所说，“有多少人，就有多少种偏好”。但是在这种非常特殊的假定下能否进行人际比较仍然是一个有意思的问题。实际上，在应用福利经济学中，经常做人们具有共同的偏好和选择行为的假定，这常常被用来为每个人具有相同的效用函数的假定提供依据。这是一种更为过分的简单化的人际效用比较。其中的假定，对于只作为偏好的数值表述的效用，是否是得当的呢？

很不幸，答案是否定的。从每个人具有相同的效用函数的假定可以导出相同的偏好和选择行为，这当然是成立的，但很多其他假定也可以做到这一点。例如，如果一个人从每一个商品组合中正好得到另一人从中得到的效用的一半（或三分之一，或百分之一，或百万分之一），这两人将有同样的选择行为和一模一样的需求函数，但显然——由于上述构造——他们将从每一商品组合得到不同水平的效用。用更数学化的语言来说，选择的数值表现不是惟一的，每一选择行为可以由很大的一集可能的效用函数来表现。[21]恰好相同的选择行为并不确保完全等同的效用。[22]

这不仅仅是一种在纯理论上“咬文嚼字”的困难；它也可以在实践中造成重要影响。例如，即使一个受剥夺的、或残疾的、或重病的人碰巧与另一个没有这些困难的人对各种商品组合具有同样的需求函数，坚持说从一个给定的商品组合中，前者可以得到与后者同样的效用（或福利、或生活质量），也是很荒唐的。例如，一个患有由寄生虫引起的肠胃不调的穷人可能与另一个没有这种病但同样穷的人，以差不多同样的方式，偏好两公斤米而不是一公斤米，但很难说如果得到一公斤米，前者与后者的福利状态会是相同的。因此，相同的选择行为和需求函数的假定（其实，那是一个不现实的假定），不能提供任何理由来得出相同的效用函数。人际比较与解释选择行为是完全不同的两回事，只有混淆这两个概念才能得出二者等同的结论。

在进行被认为是以选择行为为基础的**效用比较**时，这些困难常常被忽视了，但那充其量只是在比较“实际收入”，或者是比较效用的**商品基础**。当不同的人们具有不同的需求函数时，甚至比较实际收入也不容易。这就限制了这种比较（这仅仅是关于效用的商品基础的比较，更不用说效用自身的比较了）的合理性。把实际收入比较看做是假定的效用比较，其局限性是很大的。部分地是由于，同一商品组合必定给不同的人们（即使当他们的需求函数是相同的时候）提供相同水平的效用这一假定是完全任意的，同时也由于（当不同人的需求函数相异的时候）即使是对效用的商品基础构造指数也是极困难的。[23]

在实际应用的层面上，福利评价的实物收入方法的最大困难或许就在于人类是千差万别的。年龄、性别、特殊才能、残疾、染病难易程度等方面的差别，可以使两个不同的人在生活质量上具有很不一样的机会，**即使**他们拥有完全相同的商品组合。用实际收入比较来评价不同的人各自的处境有诸多困难，人类的多样性只是其中之一。下一节将简略考察这些困难，进而提出进行人际比较的另一种方法。

3.8　福利：多样性与异质性

我们用收入和商品作为我们的福利的物质基础。但是我们各自能够如何运用给定的一组商品，或更一般地，我们各自能够如何运用给定的一定水平的收入，关键取决于一系列个人的和社会的特定具体境况。[24]对于我们的实际收入与我们运用收入而达到的处境即我们的福利和自由之间的差异，我们很容易识别出至少五个来源。

1．**个人的异质性**：人们在伤残、疾病、年龄或性别方面具有完全不同的体质特征，这使他们的需要相异。例如，一个生病的人会需要更多收入来医治疾病——这部分收入是一个没有这种疾病的人所不需要的；而且，即使得到医药治疗，这个病人可能不会享受给定水平的收入可以为那个健康的人所提供的同等的生活质量。一个残疾人可能需要某种修复手术，一个老人可能需要更多的扶持和帮助，一个怀孕妇女可能需要摄取更多营养，等等。处境劣势所需要的“补偿”因人而异，而且有些处境劣势即使给予转移收入也不可能被充分“校正”。

2．**环境的多样性**：环境条件的差异，诸如气候条件（温度范围、降雨量、洪水等等），可以影响一个人从一定水平的收入中所能得到的享受。取暖和衣着要求，给寒冷地带的穷人带来生活在温暖地带的同样贫穷的人所没有的问题。传染病（从疟疾到霍乱到艾滋病）在一个地区的流行改变了该地区居民享受的生活质量。污染和其他环境问题也具有同样作用。

3．**社会氛围的差异**：把个人收入和资源转化为生活质量还受到社会条件的影响，包括在特定地区的公共教育的安排、犯罪和暴力事件的泛滥或匿迹。传染病和污染问题既受环境也受社会的影响。除了公共设施以外，社群关系的性质也是非常重要的，近来关于“社会资本”的文献越来越多地强调这一点。[25]

4．**人际关系的差别**：既定的行为方式所需要的物质条件随社群而异，取决于传统和风俗。例如，一个生活在富裕社区的**相对**贫困的人可能不能参与某些基本的“功能性活动”（诸如参加社群生活），即使此人的收入，按绝对量算，可能远高于使比较贫穷的社群中的成员能够轻松而成功地参与社群活动的那一水平。例如，为了能够“不带羞耻地出现在公众面前”，在比较富裕的社会会要求比在较穷的社会更高标准的衣着和其他众目可见的消费

（如亚当·斯密两个多世纪前就指出的那样）。[26]同样的参数变化也可适用于为了建立自尊而需要的个人资源。这主要是一种不同社会之间的差异，而不是同一社会中不同个人之间的差异，但这两个方面常常是相互联系着的。

5. **家庭内部的分配**：家庭中一个或更多成员挣到的收入被大家——挣钱的和不挣钱的——所分享。因此家庭是考察收入使用的基本单位。家庭中某一个人的福利或自由取决于家庭是如何用收入来满足不同家庭成员的利益和目标的。这样，收入在家庭内部的分配就成为联系个人的成就及机会与家庭收入的总体水平的一个非常关键的参变量。家庭内部实行的分配规则（例如，根据性别或年龄或被认同的需要等因素）可以对单个成员的成就和失败起重要作用。[27]

收入和福利之间的上述差异使得富裕——就实际收入而言的富裕——成为福利和生活质量间颇带局限性的指标。我将在本书后面（特别是在第4章）再回到这些差异及其影响上来，但是在那之前必须试着来讨论以下问题：什么是可供替代的方法呢？现在我就来谈这一问题。

3.9 收入、资源和自由

贫困就是收入短缺的观点在这一领域的文献中已相当牢固地树立了。这不是一个愚蠢的观点，因为收入——在恰当的定义下——对于什么是我们能做的事有极其重大的影响。收入不足常常是导致被我们惯常与贫困联系在一起的那些剥夺——包括饥饿和饥荒——的一个主要原因。研究贫困问题时，有极好的理由用可以得到的任何关于收入分配——特别是低水平实际收入——的信息作为**起点**。[28]

然而，也有同样好的理由来说明不应该仅仅对收入做分析并以此为**终点**。罗尔斯关于"基本物品"的经典分析对于人们所需要的资源，不管其各自的目标是什么，提供了一幅更完整的画面。基本物品包括收入，但还包括其他的通用性"手段"。基本物品是帮助一个人实现其目标的通用性手段，包括"权利、自由权和机会、收入和财富，以及自尊的社会基础"。[29]在罗尔斯的分析框架中，基本物品受到集中注意，与他的以下观点有关，即按照各人享有的、追求每个人各自目标的机会来看待各人的处境。罗尔斯把这些目标看做是各人对自己"关于好的理念"的追求，而这是因人而异的。尽管一个人拥有与另一个人同样多的一组基本物品(或者甚至更多),但如果他仍然生活得不如后者幸福(比如说由于他有奢侈的嗜好),那么在效用空间的这种不平等并不意味着不正义。罗尔斯争辩说,一个人必须为自己的偏好负责。[30]

然而，把信息注重点从收入扩大到基本物品，并不足以适当地处理以收入和资源为一方，福利和自由为另一方，二者之间关系的差异性。实际上，基本物品自身主要是各种一般性资源。运用这些资源所提供的能力去做有价值的事，存在着与上一节在考察收入和福利之间的关系时所讨论过的那一系列差异：个人的异质性、环境的多样性、社会氛围的差异、人际关系的差别，以及家庭内部的分配。[31]例如，个人健康和保持健康的可行能力取决于多种多样的影响。[32]

与聚焦于提供良好生活的手段不同，另一种主张是集中注意人们努力实现的**实际的生活状态**（或者再进一步，集中注意人们实现他们有理由珍视的实际生活的**自由**）。事实上，至少从庇古以来，现代经济学中有过很多尝试，直接去注意“生活水平”及其构成因素，以及对基本需要的满足。[33]从 1990 年开始，在哈克（Mahbub ul Haq，一位伟大的巴基斯坦经济学家，他在 1998 年突然去世）的开创性领导之下，联合国发展计划署（UNDP）发表的“人类发展”的年度报告，系统地揭示了人们——特别是那些相对来说遭受剥夺的人们——实际过着的生活。[34]

关切人们实际过着的生活对经济学并不是一件新鲜事（如第一章所指出)。事实上,人类福祉的亚里士多德式计量——如努斯鲍姆(Martha Nussbaum)所讨论的——直接与“首先确定人的功能”的必要性,然后进一步探究“就活动而言的生活”,以此作为规范性分析的基本部件。[35]对生活条件的兴趣也强烈反映在先驱经济分析家(如威廉·配第、金、魁奈、拉瓦锡和拉格朗日)关于国民账户和经济繁荣的著作中(见前文讨论)。

它也是亚当·斯密用过的分析方法。如前文所述，他关心人们实现生活功能的可行能力，例如“不带羞耻地出现在公众面前”（而不仅仅是所拥有的实际收入或商品组合)。[36]按亚当·斯密的分析，在一个社会中什么算是“必需品”决定于什么是提供某种最低限度的自由所需要的，例如不带羞耻地出现在公众面前，或参与社群生活的能力。亚当·斯密对此这样写到：

> 对于必需品，我的理解是，它不仅仅指维持生命所不可缺少之物，而且指由一个国家风俗决定的作为一个体面的人，哪怕最底层的人，不可缺少之物。例如，一件亚麻衬衫，严格说来，不是生活必需品。我

想，希腊人和罗马人生活得很舒服，虽然他们没有亚麻。但是在当今时代，在欧洲的大部分地区，一个体面的打零工的人在公众面前如果没有一件亚麻衬衫可穿会觉得羞耻，对亚麻衬衫的需要可以假设为划定了一种非常丢脸的贫困程度的界限，任何人都被假定如果不是由于极端的恶劣行为就不会落到那一界限之下。按同样的方式，风俗也确定了在英国皮鞋是生活必需品。最穷的体面人，不管是男是女，在公众面前如果没有一双皮鞋可穿都会觉得羞耻。[37]

类似地，当代美国或西欧的家庭如果不拥有某些特定的商品（诸如电话、电视机或汽车）的话，就会发现很难参与社群生活，而那些商品却并非是在较穷的社会中社群生活所必需的。在这样的分析中，重点必须是商品所能产生的自由，而不是商品自身。

3.10 福利、自由与可行能力

至此，我已经花了一些时间来论证，对于很多评价性目的，合适的“空间”既不是效用（如福利主义者所声称的），也不是基本物品（如罗尔斯所要求的），而应该是一个人选择有理由珍视的生活的实质自由——即可行能力。[38]如果目的是集中注意个人追求自己目标的真实机会的话(如罗尔斯所明确提倡的),则要考虑的就不仅是各人所拥有的基本物品,而且还应包括有关的个人特征,它们确定从基本物品到个人实现其目标的能力的**转化**。例如,一个残疾人可能拥有较多基本物品,但与一个身体健康而拥有较少基本物品的人相比,仍然拥有较少的机会过正常的生活(或追求其目标)。类似地,一个老人或一个容易生病的人可以在普遍承认的意义上说是处于劣势的,即使拥有较大基本物品束。[39]

“功能性活动”(functionings)的概念(很明显它源自亚里士多德),反映了一个人认为值得去做或达到的多种多样的事情或状态。[40]有价值的功能性活动的种类很多,从很初级的要求,如有足够的营养和不受可以避免的疾病之害[41],到非常复杂的活动或者个人的状态,如参与社区生活和拥有自尊。

一个人的“可行能力”（capability）指的是此人有可能实现的、各种可能的功能性活动组合。可行能力因此是一种自由，是实现各种可能的功能性活动组合的实质自由（或者用日常语言说，就是实现各种不同的生活方式的自由）。例如，一个节食的富人，就摄取的食物或营养量而言，其实现的功能性活动也许与一个赤贫而不得不挨饿的人相等，但前者与后者具有不同的“可行能力集”（前者**可以**选择吃好并得到充足的营养，而后者无法做到）。

对于哪一些特定的功能性活动应该列入重要成就以及相应的可行能力的清单，一定会有很多的争论。[42]这一赋值问题是这种类型的评价工作所不能回避的，这个方法的一个主要优点是要求以公开明晰的方式来讨论这些判断问题，而不是把它们藏在某种隐含的框架之中。

这里不是详细讨论对功能性活动和可行能力的表达和分析的技术细节的场所。一个人所享有的每一功能性活动的数量或水平可以由一个实数来表示，完成了这一步骤，一个人的实际成就可以由一个**功能性活动向量**来表示。一个人的“可行能力集”由这个人可以选择的那些可相互替代的功能性活动向量组成。[43]因此，一个人的功能性活动组合反映了此人实际达到的**成就**，可行能力集则反映此人实现其成就的**自由**：可供这个人选择的各种相互替代的功能性活动组合。[44]

这一“可行能力方法”的评价性焦点可以是**实现了的**功能性活动（即一个人实际上能够做到的），或者此人所拥有的由可选组合构成的**可行能力集**（即一个人的真实机会）。这二者提供不同的信息——前者关于一个人实际做到的事，后者关于一个人有实质自由去做的事。这两种形式的可行能力方法都已在文献中采用，有时还被结合起来运用。[45]

按照经济学中久已确立的传统，一组可选事物的真实价值在于可以对它们做出的最优使用，以及——给定最大化行为和不存在不确定性的条件——对它们做出的**实际**使用。因此，一个机会的使用价值，衍生地来自它的一个成员（即，最优选择或实际采用的选择）的价值。[46]在这种情况下，聚焦于**选中的功能性活动向量**，与集中注意**可行能力集**，二者是等同的，因为后者最终要通过前者来判定。

既然一个可行能力集的价值并非一定要由最优的或实际采用的选择来反映，可行能力集所反映的自由也可以按其他方式来使用。我们可以认为，拥有那些并**没有**被选中的机会是重要的。如果使结果得以产生的**过程**自身具有意义，自然就会得出这样的结论。[47]确实，“做选择”自身可以看做是一种可贵的功能性活动，而且，可以合理地把在别无选择的情况下拥有 X，与在还有很多其他可选事物的情况下拥有 X 区分开来。节食与被迫挨饿不是一回事。拥有“吃”这一选择使得节食成为节食，即在可以选择吃的情况下选择不吃。

3.11 权数、赋值与社会选择

不同于对效用（或幸福、或快乐和愿望）的比较，对各种单个的功能性活动的比较，可以更容易地在人际之间进行。有实际意义的许多功能性活动——通常不是心理特质测度——可以与心理判断区分开来（不受“心理调节”的影响）。从手段到目标（或者从手段到追求目标的自由）的转换中的差异性，已经反映在所达到的成就的水平和列入目标清单的各种自由中。这些是在评值和判断中使用可行能力视角的优点。

然而，对人的**综合**处境进行人际比较，仍然要求“汇总”那些异质的组成要素。可行能力视角不可避免是多重的。第一，有许多不同的功能性活动，其中某些功能性活动比另一些功能性活动更重要。第二，与实际成就（选中的功能性活动向量）相比较，对实质自由（可行能力集）应该赋予何等权数，也是一个问题。第三，既然并不认为可行能力的视角覆盖了所有与评值有关的因素（例如，我们可能认为不仅自由和成果重要，而且规则和程序也很重要），那么，与任何其他有关的因素相比，给可行能力以何等权数是一个隐含的问题。[49]

这种多重性是否构成了为了评值的目的而提倡的可行能力视角的窘境呢？恰恰相反。坚持说只应有一种同质的东西是我们所珍视的，反而将严重缩小我们评价性推理的范围。例如，仅仅认为快乐是有价值的而对自由、权利、创造性或实际生活条件没有任何直接的兴趣，并不是古典功利主义的优点。因为贪图省事而坚持只对一个同质性的“美好事物”进行机械的比较，是对我们人类作为理性生物的否定。这就像为了使厨师的日子好过，就找出我们都喜爱的某一种——而且仅仅是这**一种**——食物（比如熏鱼，或者甚至是炸薯条），或者找出我们都必须最大化的某一个特性（例如食品的咸度）。

影响个人处境的因素的异质性是实际评值工作中遇到的一个普遍现象。虽然我们可以决定对这个议题闭上眼睛，并简单地**假定**存在着某一个同质的要素（诸如“收入”或“效用”），按照这一要素，可以对每个人的总体处境做出评值并进行人际比较（而诸如需要、个人境况等等方面的差异性则通过假定来排除掉），但是，这不是在解决这个问题而是在逃避它。偏好实现理论在处理个人的选择问题时，具有某些明显的吸引力，但是（如前文所讨论），就其自身而言，它在人际比较上无能为力，而人际比较是任何社会评价的关键。即使把每个人的偏好看做是其福利状态的最终评价标准，即使忽略福利之外的任何因素（例如自由），即使在——取一个非常特殊的情况——每个人都具有**相同**的需求函数或偏好图的情况下，比较商品组合的市场价值（或者，在商品空间里，这些商品组合在一个大家共有的偏好图中的相对位置）并不能告诉我们有关人际比较的任何东西。

在分析框架更完整的评价性传统中，则明确允许了相当大程度的异质性。例如，罗尔斯的分析把基本物品看做是建构上多样化的（包括“权利、自由权和机会、收入和财富，以及自尊的社会基础”），而且罗尔斯通过基本物品拥有量这一综合“指数”来处理这些多样化的要素。[50]虽然罗尔斯方法和以功能性活动为基础的方法都涉及在具有异质性的空间内进行评值，前者的信息基础比较窄，如前文已讨论，其原因在于资源及基本物品，与实现高水平生活质量的机会，两者之间的参数性差异。

然而，赋值问题并不是一个或者十全十美或者一无是处那样的问题。只要确定一个焦点空间，就可以做出局部范围内的若干评值。如果选定某些功能性活动作为有显著意义的功能性活动，它们就确定一个焦点空间，而向量之间的占优关系（relation of dominance）本身就提供了一种“局部排序”。如果个人 i 比个人 j 拥有更多的某一种有显著意义的功能性活动，而且拥有至少和个人 j 一样多的所有其他的功能性活动，则个人 i 显然比个人 j 拥有价值更高的功能性活动向量。这一局部排序可以通过确定可能的权数而“延伸”。一组惟一的权数是产生“**全局**排序”的充分条件，但它通常不是必要的。给定一个大家同意的权数“区间”（即，大家同意权数的值应该在所确定的区间内选出，但不能确切确定应该是此区间的哪一点），则可以根据排序交点确定一种局部排序。当权数的区间变得越来越小，局部排序将系统地延伸。在缩小权数区间过程的某处——可能远在权数区间缩小到单一数值之前——局部排序将成为全局排序。[51]

当然，极其重要的是要问清楚，在任何这种类型的评值工作中，权数是如何选择的。这种判断只有通过理性评价才能解决。对任何特定个人，他或她只是为自己作判断，因此权数的选择只要求反思，而无须任何人际之间的意见一致（或共识）。然而，要达到用于**社会评价**（例如，在关于贫困的社会研究中）的“公认”的区间，就必须对于权数，或至少是权数的区间，有某种理性的“共识”。这是一种“社会选择”工作，它要求公共讨论，以及民主的理解和接受。[52]这并不是仅仅与使用功能性活动空间相联系的一个特殊问题。

选择权数时，存在一个是由“技术官员”还是通过“民主”来做的有趣选择，值得在此稍作讨论。通过民主方式寻找一致意见或共识的选择程序，有时候是极端混乱不堪的，许多技术官员很厌恶那种混乱，因而渴望使用某种神奇的公式，它可以直接提供现成的、“正好合适”的权数。然而，这样的神奇公式当然不存在，因为加权问题是赋值和判断的问题，而不是某种与人无关的技术问题。

这绝不是说我们不能提倡用某一特定公式——而不是任何可替代的公式——来进行汇总，但是在这种不可避免的社会选择工作中，公式的地位必须取决于其他人对它的接受。然而，人们还是存在对某种“显然正确”的公式——理性的人们所无法拒绝的公式——的渴求。一个很好的例子是斯利尼瓦森（T.N.Srinivasan）对可行能力方法，及可行能力方法在联合国发展计划署（UNDP）的“人类发展报告”中的部分应用进行的大力批评，其中他为“各种不同可行能力的时有变化的重要性”担忧，主张放弃这一方法，而利用“实物收入框架”的长处，其中包括“为商品加权的可操作性度量尺度——交换价值这一尺度”。[53]这一批评有多少说服力？确实存在某种市场赋值的度量尺度，但那能告诉我们什么呢？

如前文已讨论，交换价值这种“操作性度量尺度”并没有使我们能进行效用水平的人际比较，因为这种比较不能从人们的选择行为中推导出来。在这一领域内一直存在一些混乱，原因在于误解了消费理论中的传统，即把效用直接看做是一个给定个人的选择的数量表现——这本身是合情理的。这样定义效用是为分析个人的消费行为的一种有用的方法，但其本身没有提供任何程序来进行实质性人际比较。萨缪尔森的基本观点“描述交换并无必要进行效用的人际比较”[54]，是同一枚硬币的另一面：从观察“交换价值的度量尺度”不能得知效用的人际比较。

前文已说明，即使每个人具有相同的需求函数，这一困难仍然存在。当个人的需求函数不相同时，这一困难更加严重，因为这时候甚至比较效用的商品基础也成为问题了。在需求分析、包括揭示的偏好理论的方法论中，没有任何东西，能允许从观察到的对商品拥有量的选择，因而也就是从实际收入的比较，来导出人际之间的效用或福利的比较。

事实上，由于存在着诸如年龄、性别、天赋、残疾和疾病等因素的人际之间的多样性，商品拥有量对人们分别能够享受的生活的性质，实在不能说明什么。因此，实际收入只是人们有理由珍视的福利和生活质量的重要组成部分的很差的指标。更一般地说，**评价性**的判断，是比较个人福利和生活质量所不可避免的。再进一步，任何人，如果珍视公共审视的话，必定认为有某种义务向公众说清楚，在使用实际收入时，**已经**为了比较的目的而采用了某种判断，而这种隐含地采用的权数必须受到评价性审视。就此而言，用市场价格给商品拥有量加权而进行的效用评价会给人误导的印象——至少对某些人——即一种现成的“操作性计量单位”已经为了评价的用途被事先选中了，这一事实是一种局限性，而不是一种优点。如果说，公众在知情的情况下进行审视，这对于任何社会评价都具有中心意义（而我相信应该是这样），那么就必须使隐含的价值标准更明白地显示出来，而不是根据似是而非的理由，说它们已是一种“现成的”度量尺度，社会可以直接运用它们而无须再找任何麻烦，从而使隐含的价值标准免受审视。

既然许多经济学家对以市场价格为基础的评值具有非常强烈的偏好，指出以下一点也是很重要的：商品拥有量之外的所有因素（重要事物如死亡率、染病率、教育、自由权、认可的权利），在仅仅采用实际收入方法的评值中——隐含地——得到的直接权数为零。只有当它们增加实际收入和商品拥有量——而且仅仅在此程度上——这些因素可以得到某些**间接**的权数。把实际收入的比较混淆为对效用的比较，其代价实在很高。

因此，有很强的方法论的理由来强调，需要对生活质量（或福利）的各个组成因素明确地赋予评价性权数，然后把这些选定的权数提供给公众进行讨论和批评审视。为了评价性目的而选择标准时不仅要运用价值判断，而且经常要运用并无充分一致意见的判断。这是这种社会选择工作不可避免的。[55]真正的问题是，我们是否能够为了评价性目的,采用会得到更多公共支持的那些标准,而不是采用由于所谓技术性理由而经常被提倡的那些粗糙的指标,例如实际收入测度。这是关于公共政策的评价性基础的中心问题。

3.12　关于可行能力的信息：几种不同用法

可行能力视角可以用几种不同的方式来应用。应该把采用哪一种实际**策略**来评价公共政策的问题，与如何来最好地判断个人处境并进行最合理的人际比较这一**基础性**问题区别开来。在基础层面上，与集中注意某些工具性变量（例如收入）的方法相比，可行能力视角具有一些明显的长处（其理由已在上文讨论）。然而，这并不是说，要取得最大成果，**实际的**注意力必须始终不变地放在对可行能力的测度上。

某些可行能力比其他一些可行能力更难测度，在试图对它们进行“度量”时，由此所隐藏的东西有时可能比所揭示的还多。在很多时候，收入水平——经过对价格差别以及个人和群体的境况的差异进行可能的校正之后——在实际评值工作中可以作为很有用的起点材料。在力图应用可行能力视角时，非常需要注意采用实用的方法，以便在实际评价和政策分析中使用可以获得的资料。

以下三种不同的实用方法可以认为是基础性原则的应用形式。[56]

1. 直接法：这个一般性方法的形式是通过直接考察并比较功能性活动或可行能力的向量而检验我们对于各种状态可以得出什么结论。在很多方面，这是把各种可行能力因素应用于评值的最直接和纯粹的方式。但它也可以按不同形式来运用。其不同形式包括：

(1)“全面比较”，即对所有这些向量逐一按贫困或不平等（或所涉及的任何其他标准）排序；

(2)“局部排序”，即对某些向量相对于另一些向量排序，但不要求评价性排序的完整性；

(3)“突出的可行能力比较”，即对选定作为焦点的某些向量进行比较，而不要求有完整的覆盖面。

显然，“全面比较”是三者中目标最高的——常常是过高了。我们可以朝那个方向走——有可能走相当远——而不必坚持对所有的各种状态做完全的排序。“突出的可行能力比较”的例子涉及集中注意某些特定的可行能力变量，诸如就业、寿命、识字或营养状况。

当然，也有可能从一组关于不同的突出可行能力的比较中，进一步导出关于不同组突出的可行能力的汇总排序。这里就显示出权数的关键作用，那就是从“突出的可行能力比较”过渡到“局部排序”（或者甚至“全面比较”）。[57]但重要的是强调，尽管“突出的可行能力比较”的范围是不完整的，但这种比较本身仍然可以在评值工作中发挥很好的启发性作用。下一章将有机会来说明这一点。

2. 补充法：第二种方法相对来说不那么激进，它继续使用传统的程序在收入空间进行人际比较，但运用可行能力方面的因素（常常以非正式的方式）作为补充。通过这种路径，可以在实际上实现信息基础的一定程度的扩大。补充法可以直接比较功能性活动本身，也可比较收入以外的、被认为会影响可行能力的某些工具性变量。例如，是否有医疗保健设施及其服务项目的范围，家庭内部分配中存在性别歧视，失业的广泛性与严重程度等，这些因素可以补充传统的收入比所提供的局部说明。通过补充我们从收入不平等和收入贫困中能够了解的信息，这样的延伸可以增加我们对不平等和贫困问题的全面理解。这实质上也就是用突出的可行能力比较作为补充工具。[58]

3. 间接法：第三种方法比补充法要求更高一些。它仍然聚焦于我们所熟悉的收入空间，但加以适当的**调整**。**收入之外的**可行能力决定因素可以用来计算“调整后的收入”。例如，家庭收入水平可以因文盲而下调，因教育水平高而上调，使之反映可行能力成就。这一程序与关于“等价性尺度”的一般性文献有关。它也与对家庭支出模式的研究有关系，这种研究用来间接评价那些可能无法直接观察到的动因性影响因素（例如家庭内部存在或不存在某种性别歧视）。[59]

这个方法的优点在于以下事实，即收入是人们熟知的概念，而且常常有更准确的测度（与比如说可行能力的综合“指数”相比）。这可以使表述更清晰，而且也许能使解释更容易。在这种情况下选择收入这一“度量尺度”的动机，类似于阿特金森（A.B. Atkinson）（在他计算“平均分配的等价性收入”时）选择收入空间，而不是选择多尔顿（Hugh Dalton）原来建议的效用空间，来测度收入不平等的作用。[60]在多尔顿方法中，不平等可以用偏离均等所造成的效用损失来表示，而阿特金森引入的转换则以“等价性收入”来评估不平等所造成的损失。

“度量尺度”的问题是不可忽视的，间接法也确实具有某些优点。然而，有必要认识到它绝不比直接评价“更简单”。首先，判定等价性收入的数值时，我们必须考察收入是如何影响有关的可行能力的，因为转换率的确定必定依赖于对可行能力进行评值的种种因素。进一步说，在不同的可行能力（以及有关的权数）之间进行交换的所有问题，必定会像在直接法中一样出现在间接法中，因为所有改变实质上只是度量尺度的变化。在这个意义上，就为了得到以等价性收入为空间的测度而需要做出的判断而言，间接法与直接法并没有本质的区别。

其次，很重要的是，把收入作为**测度**不平等的**单位**，与把收入作为减少不平等的一种**手段**区分开来。即使在可行能力的不平等可按等价性收入来准确地测度的情况下，也不能得出收入转移是减少所观察到的不平等的最好方法的结论。有关收入补偿或校正的政策问题会引出其他的问题（它们在改变可行能力不平等上的实效性，各种激励效应各自的影响等），而且，绝不能因为收入差别容易“解读”就把这看成是意味着相应的收入转移就能最有效地改善不平等。当然，解读收入差别时并非必定犯这种错误，但收入空间的明晰性和直接性有可能引发这种必须明确反对的倾向。

再次，尽管收入空间具有更高的可测性和明晰度，就其所涉及的数值而言，其实际的数量大小却可能是非常具有误导性的。例如，考察一下随着收入水平下降一个人开始挨饿的可能性，在某一点上这个人能生存下来的概率可能有一个很陡的下降。尽管在收入空间两个不同数值之间的“距离”（单纯按收入来计量）也许很小，但如果这一变动的后果是生存机会的巨大变化，则收入的微小变动的影响在真正事关重要的空间中（在这里是生存的可行能力空间）可以是非常大的。因此，如果因为收入的差别很小，就认为这两种状态的区别真的是很小，那就误解了。事实上，因为收入始终只具有工具性重要性，所以除非考虑到收入差别在具有最终重要性的空间中的**后果**，我们不可能知道一定的收入差别有多大的意义。如果因为缺少一根钉子而输掉一场战役(通过一系列因果联系,如那首古老的诗歌所描述的那样),那么那根钉子造成了**巨大**的区别,不管它在收入或支出的空间是多么微不足道。

上述这些方法各自具有某些随条件而异的优点，这些优点在很大程度上取决于评值工作的性质、信息的可获得性以及必须做出的决策的紧迫性。因为可行能力视角有时候被人用极端严格的方式来解释（直接法中的全面比较），所以有必要强调可行能力方法的普遍相容性。对可行能力的重要性在基础层次上的肯定，可以和随实情而变的各种实际评值的战略结合起来。实践理性的实用性质要求这么做。

3.13 结语

据说欧几里得曾经对托勒密说：“不存在通向几何学的‘皇家大道’”。我们不清楚是否存在任何通向经济或社会政策评价的皇家大道。评价工作涉及到需要引起注意的多种多样的考虑因素，进行评值时必须对这些相关因素非常敏感。关于不同评价方法的辩论的主要内容关系到，在确定什么应该属于我们规范性关切事项的核心时，处于优先地位的选择是什么。

这里论证了，伦理学、福利经济学、政治哲学中不同学派——常常以隐含的方式——所采纳的优先选择，可以通过识别这些学派的评价性判断所分别依赖的信息来加以分析。本章特别关心的是揭示这些“信息基础”是如何发挥作用的，以及不同的伦理和评价系统是如何使用很不相同的信息基础的。

从这个一般性问题出发，本章进而分析了具体的评值方法，特别是功利主义、自由至上主义和罗尔斯正义理论。与确实不存在通向评价的皇家大道的观点相符，我们看到上述久已确立的方法各自具有不同的长处，但也分别具有明显的局限性。

本章的建设性部分进一步考察了直接以人们的实质自由为焦点的含义，并确定了一种一般性的方法，即集中注意人们去做他们有理由珍视的事情的可行能力，以及去享受他们有理由珍视的生活的自由。我和其他一些人曾经在别的地方也讨论过这一方法[61]，其优点和局限性是相当清楚的。看起来，这一分析方法不仅能够直接关注自由的重要性，它也能够充分注意作为其他方法基础的、并使之具有实际意义的那些动机。特别是，以自由为基础的视角能够顾及功利主义对人类福利的兴趣，自由至上主义对选择过程和行动自由的关切，以及罗尔斯理论对个人自由权、对实质自由所需的资源的集中注意，等等。在这个意义上，可行能力方法具有的广度和敏感度使它有宽阔的适用范围，能够对一系列重要因素给予评价性关注，其中某些因素在别的方法中以这样或那样的方式被忽略了。能达到这样广阔的适用范围的原因是，按照这个方法，人们的自由能够以公开明晰的方式根据人们有理由珍视并追求的成果和程序来评价。

本章还讨论了以自由为基础的视角的不同应用方式，特别是反对那种要么全盘应用，要么全盘不用的想法。在许多实际问题中直接应用以自由为基础的方法的可能性，也许相对来说是有限的。但即使在这种情况下，仍然可以采用以自由为基础的方法的洞察力以及对有关自由的信息的兴趣，而无须坚持完全忽略其他程序。在特定场合下，这些程序也许会是合理的。下文的分析建立在这些理解之上，目的是说明欠发展状态（广义地指不自由的程度）和发展（作为消除不自由并扩展人们有理由珍视的各种形式的实质自由的过程)。一个一般性方法可以根据具体情况和可获得的信息，作不同的应用。正是这种基础性分析与实用性应用的结合，使得可行能力方法具有其广阔的应用范围。

【本章注释】

[1] 对信息排除和包括的作用的讨论，可参见我的“On Weights and Measures: Informational Constraints in Social Welfare Analysis,” *Econometrica* 45 (October 1977), reprinted in *Choice, Welfare and Measurement* (Oxford: Blackwell; Cambridge, Mass.: MIT Press, 1982; republished, Cambridge Mass.; Harvard University Press, 1997), and “Informational Analysis of Moral Principles,” in *Rational Action*, edited by Ross Harrison (Cambridge: Cambridge University Press, 1979)。

[2] 参见 Jeremy Bentham, *An Introduction to the Principles of Morals and Legislation* (London: Payne, 1789; republished, Oxford: Clarendon Press, 1907)。

[3] 关于功利主义的信息评论，可参见我的“Utilitarianism and Welfarism,” *Journal of Philosophy* 7 (September 1979), and “Well-Being, Agency and Freedom: The Dewey Lectures 1984,” *Journal of Philosophy* 82 (April 1985)。

[4] 关于这些区别，见 J. C. B. Gosling, *Pleasure and Desire* (Oxford: Clarendon Press, 1969); John C. Harsanyi, *Essays in Ethics, Social Behaviour, and Scientific Explanation* (Dordrecht: Reidel, 1977)。

[5] 关于所涉及的方法论问题，见我的“On Weights and Measures” (1977) and “Informational Analysis of Moral Principles” (1979)。

[6] 罗宾斯 (Lionel Robbins) 在论证对于人际之间比较幸福的可能性不存在科学的基础上作出了特别大的影响 (“Interpersonal Comparisons of Utility,” *Economic Journal* 48 [1938])，而且他批评的后果严重削弱了效用主义作为福利经济学的主流学派的地位。

[7] Bentham, *An Introduction to the Principles of Morals and Legislation* (1789); John Stuart Mill, *Utilitarianism* (London, 1861; republished London: Collins/Fontana, 1962); Henry Sidgwick, *The Method of Ethics* (London: Macmillan, 1874); William Stanley Jevons, *The Theory of Political Economy* (London: Macmillan, 1871; reprinted, 5th edition, 1957); Francis Edgeworth, *Mathematical Psychics: An Essay on the Application of Mathematics to the Moral Sciences* (London: Kegan Paul, 1881); Alfred Marshall, *Principles of Economics* (London: Macmillan, 8th edition, 1920); A. C. Pigou, *The Economics of Welfare* (London: Macmillan, 1920).

[8] 这是效用主义最简单的一种形式。对某些更复杂的、不那么直接的效用主义，尤其可参阅 R. M. Hare, *Moral Thinking: Its Levels, Methods and Point* (Oxford:

Clarendon Press，1981)；and James Griffin，*Well-Being：Its Meaning，Measurement，and Moral Importance*（Oxford，Clarendon Press，1986)。

[9] 关于这里的技术性问题，以及在二元选择框架下定义效用的局限性，我在 *Choice，Welfare and Measurement*（1982）做了讨论，并在 *On Ethics and Economics*（Oxford：Blackwell，1987）提供了非正式的讨论。

[10] 例如，参见 Independent Commission on Population and Quality of Life，*Caring for the Future*（Oxford：Oxford University Press，1996)；也可见 Mark Sagoff，*The Economy of the Earth*（Cambridge：Cambridge University Press，1988)，and Kjell Arne Brekke，*Economic Growth and the Environment*（Cheltenham，U.K.：Edward Elgar，1997)，among other works。

[11] 我在其他地方表达了对功利主义的保留态度，*Collective Choice and Social Welfare*（San Francisco：Holden-Day，1970；republished，Amsterdam：North-Holland，1979)；*On Economic Inequality*（Oxford：Clarendon Press，1973)；*Inequality Reexamined*（Oxford：Clarendon Press；Cambridge，Mass.：Harvard University Press，1992)。对功利主义传统的有力批评，可见 John Rawls，*A Theory of Justice*（Cambridge，Mass.：Harvard University Press，1971)；Bernard Williams，"A Critique of Utilitarianism，"in *Utilitarianism：For and Against*，by J. J. C. Smart and B. Williams（Cambridge：Cambridge University Press，1973)；Robert Nozick，*Anarchy，State and Utopia*（New York：Basic Books，1974)；Ronald Dworkin，*Taking Rights Seriously*（London：Duckworth，1978)；Joseph Raz，*Ethics in the Public Domain*（Oxford：Clarendon Press，1994；revised edition，1995)；among other contributions。

[12] 见 Sen，*Inequality Reexamined*（1992)，and Martha Nussbaum，*Sex and Social Justice*（New York：Oxford University Press，1999)。

[13] Rawls，*A Theory of Justice*（1971).

[14] Nozik，*Anarchy，State and Utopia*（1974)；另一方面，关于他后来——弱化了的——立场，见 *The Examined Life*（New York：Simon & Schuster，1989)。

[15] Rawls，*A Theory of Justice*（1971)；see also his *Political Liberalism*（New York：Columbia University Press，1993)，especially lecture 8.

[16] H. L. A. Hart，"Rawls on Liberty and Its Priority，"*University of Chicago Law Review* 40（Spring 1973)，reprinted in *Reading Rawls*，edited by Norman Daniels（New York：Basic Books，1975)；and Rawls，*Political Liberalism*（1993)，lecture 8.

[17] 见我的 *Poverty and Famines：An Essay on Entitlement and Deprivation*（Oxford and New York：Oxford University Press，1981)，and a joint book with Jean Drèze，*Hunger and Public Action*（Oxford and New York：Oxford University Press，1989)。See also Jeffrey L. Coles and Peter J. Hammond，"Walrasian Equilibrium without Survival：Existence，

Efficiency and Remedial Policy," in *Choice, Welfare and Development: A Festschrift in Honour of Amartya K. Sen*, edited by Kaushik Basu, Prasanta Pattanaik and Kotaro Suzumura (Oxford: Clarendon Press, 1995).

[18] 关于加进权利来拓宽后果主义体系的特定建议，见我的"Rights and Agency," *Philosophy and Public Affairs* 11 (1982), reprinted in *Consequentialism and Its Critics*, edited by Samuel Scheffler (Oxford: Oxford University Press, 1988); and "Well-Being, Agency and Freedom: The Dewey Lectures 1984," *Journal of Philosophy* 82 (April 1985)。也可见我的 *Freedom, Rationality and Social Choice: Arrow Lectures and Other Essays* (Oxford: Clarendon Press, forthcoming)。

[19] Robbins, "Interpersonal Comparisons of Utility" (1938), p.636. 关于这一立场的评论（尤其是对个人之间进行效用比较的科学性的一般否定），见 I. M. D. Little, *A Critique of Welfare Economics* (Oxford: Clarendon Press, 1950; 2d edition, 1957); B. M. S. Van Praag, *Individual Welfare Functions and Consumer Behaviour* (Amsterdam: North-Holland, 1968); Amartya Sen, *On Economic Inequality* (Oxford: Clarendon Press, 1973; expanded edition, 1997); Amartya Sen, "Interpersonal Comparisons of Welfare," in *Economics and Human Welfare*, edited by Michael Boskin (New York: Academic Press, 1980), and reprinted in my *Choice, Welfare and Measurement* (1982); and the papers of Donald Davidson and Allan Gibbard in *Foundations of Social Choice Theory*, edited by Jon Elster and A. Hylland (Cambridge: Cambridge University Press, 1986); and Jon Elster and John Roemer, eds., *Interpersonal Comparisons of Well-Being* (Cambridge: Cambridge University Press, 1991)。

[20] 海萨尼（John Harsanyi）通过考察"假设"选择的状况，其中想像一个人确实考虑变成另一个人，来拓宽效用的选择定义，以进行人际比较（"Cardinal Welfare, Individualistic Ethics, and Interpersonal Comparison of Utility," *Journal of Political Economy* 63 [1955], reprinted in his *Essays in Ethics, Social Behaviour, and Scientific Explanation* [Dordrecht: Reidel, 1976]）。确实，海萨尼的效用主义福利经济学学派的基础是，就每个人拥有相等的机会变成社会中任何一个人的情况，来评价一种社会安排。这是一个极其有益的思想实验，而且它细致地给出了对于公平（这个概念已经在伦理文献中使用了那么长的时候了）的一个一般性方法的一个精确形式。但是这种假设的选择不容易在实践中运用来做实际的比较，因此这个学派的主要优点是纯粹概念性的。

[21] 一个给定的选择行为所对应的可能的效用函数的集合的内容会取决于所假定的是哪一种可测度性（序数的，基数的，或比例的）。效用的人际比较要求"不变性条件"施加于不同个人的效用函数的组合(取自他们的各自可能的效用函数的笛卡尔乘积)。对此课题，见我的"Interpersonal Aggregation and Partial Comparability," *Econometrica* 38(1970), reprinted in my *Choice, Welfare and Measurement* (1982), and *Collective Choice*

and Social Welfare(1970)。也可参见K.W.S.Roberts,"Interpersonal Comparisons and Social Choice Theory,"*Review of Economic Studies* 47(1980)。这种"不变性条件"不能从观察到的选择行为中得到。

[22] 关于这个问题,见Franklin M. Fisher and Karl Shell, *The Economic Theory of Price Indices* (New York: Academic Press, 1972)。这一问题也可见Herb Gintis's Harvard University Ph.D.thesis, "Alienation and Power: Toward a Radical Welfare Economics" (1969)。

[23] 我曾对文献中实际收入比较的主要结果做过综述和审视,见my "The Welfare Basis of Real-Income Comparisons: A Survey," *Journal of Economic Literature* 17 (1979), reprinted in my *Resources, Values and Development* (Cambridge, Mass.: Harvard University Press, 1984; reprinted 1997)。

[24] 有关对个人福利影响的多样性的深入研究,可见关于生活标准的"Scandinavian Studies";例如,可见于Robert Erikson and R. Aberg, *Welfare in Transition* (Oxford: Clarendon Press, 1987)。

[25] 特别参见Glen Loury, "A Dynamic Theory of Racial Income Differences," in *Women, Minorities and Employment Discrimination*, edited by P. A. Wallace and A. Lamond (Lexington, Mass.: Lexington Books, 1977), and "Why Should We Care about Group Inequality?" *Social Philosophy and Policy* 5 (1987); James S.Coleman, *Foundations of Social Theory* (Cambridge, Mass.: Harvard University Press, 1990); Robert Putnam, R. Leonardi and R. Y. Nanetti, *Making Democracy Work: Civic Traditions in Modern Italy* (Princeton: Princeton University Press, 1993); Robert Putnam, "The Prosperous Community: Social Capital and Public Life," *American Prospect* 13 (1993); and "Bowling Alone: America's Declining Social Capital," *Journal of Democracies* 6 (1995)。

[26] Adam Smith, *An Inquiry into the Nature and Causes of the Wealth of Nations* (1776). See also W. G. Runciman, *Relative Deprivation and Social Justice: A Study of Attitudes to Social Inequality in Twentieth-Century England* (London: Routledge, 1966), and Peter Townsend, *Poverty in the United Kingdom: A Survey of Household Resources and Standards of Living* (Harmondsworth: Penguin Books, 1979).

[27] 对此,见我的"Gender and Cooperative Conflict," in *Persistent Inequalities: Women and World Development*, edited by Irene Tinker (New York: Oxford University Press, 1990), and the literature cited there。

[28] 实际上,在某些情况下,例如解释饥荒的发生(以及对防止饥荒的政策研究),潜在饥荒受害者的缺乏收入(以及重新创造他们的收入的可能性),在调查工作中占中心位置。对此见我的*Poverty and Famines* (1981)。

[29] Rawls, *A Theory of Justice* (1971), pp.60～5. See also his *Political Liberalism* (1993).

[30] 按照与此有关的一条论证思路，Ronald Dworkin 曾指出“资源的平等”，拓宽了罗尔斯的基本物品的范围，从而包括避免“野蛮无理的厄运”降临的保险的机会（见他的“What Is Equality? Part I: Equality of Welfare” and “What Is Equality? Part 2: Equality of Resources,” *Philosophy and Public Affairs* 10 [1981]）。

[31] 对此，见我的“Equality of What?”, in *Tanner Lectures on Human Values*, volume I, edited by S. McMurrin (Cambridge University Press, 1980), and “Justice: Means versus Freedoms,” *Philosophy and Public Affaires* 19 (1990)。然而罗尔斯所定义的“基本物品”的准确含义有一些含糊之处。某些基本物品（例如“收入和财富”）只不过是实现真正目标的手段（如亚里士多德在《伦理学》一开头的著名论述所说的）。另外一些基本物品（例如罗尔斯明确提到的“自尊的社会基础”）可以包括社会环境的层面，尽管它们是广义的手段（在“自尊的社会基础”意味着实现自尊的手段的情况下）。还有一些基本物品（例如“自由权”）可以按不同方式解释：或者作为手段（自由权允许我们去做我们认为有价值做的事情），或者作为实现一定的结果的实际自由（后一种看待自由权的方式一直特别地用于社会选择文献，例如，见我的 *Collective Choice and Social Welfare* [1970], chapter 6)。但是罗尔斯在他的“差别原则”中运用基本物品来判断个人的处境的计划主要是出于他试图概括通用手段的目的，因此就受到从自由的手段到追求的目标之间的转换的人际差异性的影响。

[32] 见 Alan Williams, “What Is Wealth and Who Creates It?” in *Dependency to Enterprise*, edited by John Hutton et al. (London: Routledge, 1991); A. J. Culyer and Adam Wagstaff, “Needs, Equality and Social Justice,” Discussion Paper 90, Centre for Health Economics, University of York, 1991; Alan Williams, *Being Reasonable about the Economics of Health: Selected Essays by Alan Williams*, edited by A.J.Culyer (Cheltenham, U.K.: Edward Elgar, 1997)。也可见 Paul Farmer, *Infections and Inequalities: The Modern Plagues* (Berkeley, Calif.: University of California Press, 1998); Michael Marmot, Martin Bobak and George Davey Smith, “Explorations for Social Inequalities in Health,” in *Society and Health*, edited by B. C. Amick, S. Levine, A. R. Tarlov and D. Chapman Walsh (London: Oxford University Press, 1995); Richard G. Wilkinson, *Unhealthy Societies: The Afflictions of Inequality* (New York: Routledge, 1996); James Smith, “Socioeconomic Status and Health,” *American Economic Review* 88 (1998), and “Healthy Bodies and Thick Wallets: The Dual Relationship between Health and Socioeconomic Status,” *Journal of Economic Perspectives* 13 (1999)。很多洞见也可从有关特定的健康问题的研究中获得；例如，见 Paul Farmer, Margaret Connors and Janie Simmons, eds., *Women, Poverty and AIDS: Sex, Drugs and Structural Violence* (Monroe, Me.: Common Courage

Press, 1996); Alok Bhargava, "Modeling the Effects of Nutritional and Socioeconomic Factors on the Growth and Morbidity of Kenyan School Children," *American Journal of Human Biology* 55(1999)。

[33] 见 A. C. Pigou, *The Economics of Welfare*, 4th edition (London: Macmillan, 1952). 也可见 Pitambar Pant et al., *Perspectives of Development*: 1961—1976, *Implications of Planning for a Minimal Level of Living* (New Delhi: Planning Commission of India, 1962); Irma Adelman and Cynthia T. Morris, *Economic Growth and Social Equity in Developing Countries* (Stanford: Stanford University Press, 1973); Amartya Sen, "On the Development of Basic Income Indicators to Supplement the GNP Measure," *United Nations Economic Bulletin for Asia and the Far East* 24 (1973); Pranab Bardhan, "On Life and Death Questions," *Economic and Political Weekly* 9 (1974); Irma Adelman, "Development Economics—A Reassessment of Goals," *American Economic Review*, Papers and Proceedings 65 (1975); A.O. Herrera et al., *Catastrophe or New Society? A Latin American World Model* (Ottawa: IDRC, 1976); Mahbub ul Haq, *The Poverty Curtain* (New York: Columbia University Press, 1976); Paul Streeten and S. Javed Burki, "Basic Needs: Some Issues," *World Development* 6 (1978); Keith Griffin, *International Inequality and National Poverty* (London: Macmillan, 1978); Morris D. Morris, *Measuring the Conditions of the World's Poor: The Physical Quality of Life Index* (Oxford: Pergamon Press, 1979); Graciela Chichilnisky, "Basic Needs and Global Models: Resources, Trade and Distribution," *Alternatives* 6 (1980); Paul Streeten, *Development Perspectives* (London: Macmillan, 1981); Paul Streeten, S. Javed Burki, Mahbub ul Haq, N. Hicks and Frances Stewart, *First Things First: Meeting Basic Needs in Developing Countries* (New York: Oxford University Press, 1981); Frances Stewart, *Basic Needs in Developing Countries* (Baltimore: Johns Hopkins University Press, 1985); D. H. Costa and R. H. Steckel, "Long-Term Trends in Health, Welfare and Economic Growth in the United States," Historical Working Paper 76, National Bureau of Economic Research, 1995; R. C. Floud and B. Harris, "Health, Height and Welfare: Britain 1700—1980," Historical Working Paper 87, National Bureau of Economic Research, 1996; Nicholas F. R. Crafts, "Some Dimensions of the 'Quality of Life' during the British Industrial Revolution," *Economic History Review* 4 (1997); Santosh Mehrotra and Richard Jolly, eds., *Development with a Human Face; Experiences in Social Achievement and Economic Growth* (Oxford: Clarendon Press, 1997); A.P. Thirwall, *Growth and Development*, 6th edition (London: Macmillan, 1999); among other contributions。

[34] United Nations Development Programme, *Human Development Report* 1990 (New York: Oxford University Press, 1990) 以及其后的年度报告。哈克 (Mahbub ul

Haq）自己对这种创造性的背离的说明，可见他的 *Reflections on Human Development* （New York：Oxford University Press，1995）。亦可参见 Nicholas F. R. Crafts 对其应用和推广所做的说明，"The Human Development Index and Changes in the Standard of Living：Some Historical Comparisons，" *Review of European Economic History* 1（1997）。联合国儿童基金 United Nations Children's Fund（UNICEF）也曾率先发表儿童生活状况的年度报告；见 UNICEF，*The State of the World's Children*（New York：Oxford University Press，1987）以及每年的报告。也必须注意世界银行 World Bank 发行的含有丰富信息的 World *Development Reports*，其中越来越多地覆盖生活条件资料。关于健康条件的详细报道，见 *World Development Reports* 1993（New York：Oxford University Press，1993）。

［35］Aristotle，*The Nicomachean Ethics*，translated by D. Ross（Oxford：Oxford University Press，revised edition 1980），book 1，section 7，pp.12～14. 对此，见 Martha Nussbaum，"Nature，Function and Capability：Aristotle on Political Distribution，" *Oxford Studies in Ancient Philosophy*（1988；supplementary volume）。

［36］Smith，*Wealth of Nations*（1776），volume 2，book 5，chapter 2.

［37］Smith，*Wealth of Nations*（1776），volume 2，book 5，chapter 2，in the edition by R.H. Campbell and A.S. Skinner（Oxford：Clarendon Press，1976），pp.469～471.

［38］见我的"Equality of What?" in *Tanner Lectures on Human Values*，volume 5，edited by S. McMurrin（Cambridge：Cambridge University Press，1982；Salt Lake City：University of Utah Press）；reprinted in my *Choice*，*Welfare and Measurement*（1980）；also in John Rawls et al.，*Liberty*，*Equality and Law*，edited by S. McMurrin（Cambridge：Cambridge University Press，and Salt Lake City：University of Utah Press，1987），and in Stephen Darwall，ed.，*Equal Freedom*：*Selected Tanner Lectures on Human Values*（Ann Arbor：University of Michigan Press，1995）. See also my "Public Action and the Quality of Life in Developing Countries，" *Oxford Bulletin of Economics and Statistics* 43（1981）；*Commodities and Capabilities*（Amsterdam：North-Holland，1985）；"Well-Being，Agency and Freedom"（1985）；（jointly with Jean Drèze）*Hunger and Public Action*（Oxford：Clarendon Press，1989）；and "Capability and Well-Being，" in *The Quality of Life*，edited by Martha Nussbaum and Amartya Sen（Oxford：Clarendon Press，1993）。

［39］关于这种可变性的性质和普遍性，见我的 *Commodities and Capabilities*（1985）and *Inequality Reexamined*（1992）. On the general relevance of taking note of disparate needs in resource allocation，see also my *On Economic Inequality*，chapter 1；L. Doyal and I. Gough，*A Theory of Human Need*（New York：Guilford Press，1991）；U. Ebert，"On Comparisons of Income Distributions When Household Types Are Different，" Economics Discussion Paper V-86-92，University of Oldenberg，1992；Dan W. Brock，*Life and Death*：*Philosophical Essays in Biomedical Ethics*（Cambridge：Cambridge University Press，

1993)；Alessandro Balestrino，"Poverty and Functionings：Issues in Measurement and Public Action，" *Giornale degli Economisti e Annali di Economia* 53（1994)；Enrica Chiappero Martinetti，"A New Approach to Evaluation of Well-Being and Poverty by Fuzzy Set Theory，" *Giornale degli Economisti* 53（1994)；M. Fleurbaey，"On Fair Compensation，" *Theory and Decision* 36（1994)；Elena Granaglia，"More or Less Equality? A Misleading Question for Social Policy，" *Giornale degli Economisti* 53（1994)；M. Fleurbaey，"Three Solutions for the Compensation Problem，" *Journal of Economic Theory* 65（1995)；Ralf Eriksson and Markus Jantti，*Economic Value and Ways of Life*（Aldershot：Avebury，1995)；A.F. Shorrocks，"Inequality and Welfare Comparisons for Heterogeneous Populations，" mimeographed，Department of Economics，University of Essex，1995；B. Nolan and C.T. Whelan，*Resources*，*Deprivation*，*and Poverty*（Oxford：Clarendon Press，1996)；Alessandro Balestrino，"A Note on Functioning-Poverty in Affluent Societies，" *Notizie di Politeia*（1996；special volume)；Carmen Herrero，"Capabilities and Utilities，" *Economic Design 2*（1996)；Santosh Mehrotra and Richard Jolly，eds.，*Development with a Human Face*（Oxford：Clarendon Press，1997)；Consumers International，*The Social Art of Economic Crisis*：… *Our Rice Pots Are Empty*（Penerz，Malopia：Consumers International，1998)；among other contributions。

［40］见我的"Equality of What?"(1980)，*Commodities and Capabilities*(1985)，and *Inequality Reexamined*(1992)。也可见 Keith Griffin and John Knight，*Human Development and the International Development Strategies for the* 1990s(London：Macmillan，1990)；David Crocker，"Functioning and Capability：The Foundations of Sen's and Nussbaum's Development Ethic，" *Political Theory* 20(1992)；Nussbaum and Sen，*The Quality of Life*（1993)；Martha Nussbaum and Jonathan Glover，*Women*，*Culture*，*and Development*（Oxford：Clarendon Press，1995)；Meghnad Desai，*Poverty*，*Famine*，*and Economic Development*（Aldershot：Edward Elgar，1994)；Kenneth Arrow，"A Note on Freedom and Flexibility，" and Anthony B. Atkinson，"Capabilities，Exclusion and the Supply of Goods，" both in *Choice*，*Welfare and Development*，edited by K. Basu，P. Pattanaik and K. Suzumura（Oxford：Clarendon Press，1995)；Stefano Zamagni，"Amartya Sen on Social Choice，Utilitarianism and Liberty，" *Italian Economic Papers* 2（1995)；Herrero．"Capabilities and Utilities"（1996)；Nolan and Whelan，*Resources*，*Deprivation*，*and Poverty*（1996)；Frank Ackerman，David Kiron，Neva R. Goodwin，Jonathan Harris and Kevin Gallagher，eds.，*Human Well-Being and Economic Goals*（Washington，D.C.：Island Press，1997)；J. -Fr. Laslier et al.，eds.，*Freedom in Economics*（London：Routledge，1998)；Prasanta K. Pattanaik，"Cultural Indicators of Well-Being：Some Conceptual Issues，" in *World Culture Report*（Paris：UNESCO，1998)；Sabina Alkire，"Operationalizing Amartya Sen's Capability

Approach to Human Development"(D. Ph. thesis, Oxford University, 1999)。

[41] 甚至享有充分的营养这样初级的功能性活动也涉及显著的概念性与经验性问题，对此，除了其他文献外，参见 Nevin Scrimshaw, C. E. Taylor and J. E. Gopalan, *Interactions of Nutrition and Infection* (Geneva: World Health Organization, 1968); T. N. Srinivasan, "Malnutrition: Some Measurement and Policy Issues," *Journal of Development Economics* 8 (1981); K. Blaxter and J. C. Waterlow, eds., *Nutritional Adaptation in Man* (London: John Libbey, 1985); Partha Dasgupta and Debraj Ray, "Adapting to Undernutrition: Biological Evidence and Its Implications," and S. R. Osmani, "Nutrition and the Economics of Food: Implications of Some Recent Controversies," in *The Political Economy of Hunger*, edited by Jean Drèze and Amartya Sen (Oxford: Clarendon Press, 1990); Partha Dasgupta, *An Inquiry into Well-Being and Destitution* (Oxford: Clarendon Press, 1993); S. R. Osmani, ed., *Nutrition and Poverty* (Oxford: Clarendon Press, 1993)。

[42] 这些问题在我的Tanner Lectures 中得到讨论，它收录于我的 *The Standard of Living*, edited by Geoffrey Hawthorn(Cambridge: Cambridge University Press, 1987), in which see also the contributions of Geoffrey Hawthorn, John Muellbauer, Ravi Kanbur, Keith Hart and Bernard Williams, and my response to these comments. See also Kaushik Basu, "Achievement, Capabilities, and the Concept of Well-Being," *Social Choice and Welfare* 4 (1987); G. A. Cohen, "Equality of What? On Welfare, Goods and Capabilities," *Recherches Economiques de Louvain* 56(1990); Norman Daniels, "Equality of What: Welfare, Resources or Capabilities?" *Philosophy of Phenomenological Research* 50 (1990); Crocker, "Functioning and Capability" (1992); Brock, *Life and Death* (1993); Mozaffar Qizilbash, "Capabilities, Well-Being and Human Development: A Survey," *Journal of Development Studies* 33 (1996), and "The Concept of Well-Being," *Economics and Philosophy* 14 (1998); Alkire, "Operationalizing Amartya Sen's Capability Approach to Human Development" (1999)。See also the symposia on the capability approach in *Giornale degli Economistie Annali di Economia* 53 (1994), and in *Notizie di Politeia* (1996; special volume), including contributions by Alessandro Balestrino, Giovanni Andrea Cornia, Enrica Chiappero Martinetti, Elena Granaglia, Renata Targetti Lenti, Ian Carter, L. Casini and I. Bernetti, S. Razavi, and others. See also the related symposium on entitlement analysis in *Journal of International Development* 9 (1997), edited by Des Gasper, which includes contributions by Des Gasper, Charles Gore, Mozaffar Qizilbash, and Sabina Alkire and Rufus Black.

[43] 在不可能做出对每一个功能性活动的数值表述时，这种分析就必须在更一般性的框架下进行，即把功能性活动的成就看作是"功能性活动的 n 元 (functioning n-tuple)"，而把可行能力集看作是在适当的空间的这种 n 元的集合。也可能有相当大的区

域存在非完整性和模糊性。对此见我的 *Commodities and Capabilities*（1985）。近来的“模糊集合理论”文献有助于分析功能性活动和可行能力集的评值。特别参见 Enrica Chiappero Martinetti,“A New Approach to Evaluation of Well-being and Poverty by Fuzzy Set Theory”*Giornale degli Economisti*,53(1994),and her“Standard of Living Evaluation Based on Sen's Approach: Some Methodological Suggestions,” *Notizie di Politeia*, 12 (1996; special volume). See also Kaushik Basu,“Axioms for Fuzzy Measures of Inequality”(1987); Flavio Delbono,“Povertà come incapacità: Premesse teoriche, identificazione, emisurazione,” *Rivista Internazionale di Scienze Sociali* 97 (1989); A. Cerioli and S. Zani, “A Fuzzy Approach to the Measurement of Poverty,” in *Income and Wealth Distribution*, *Inequality and Poverty*, edited by C. Dagum et al. (New York: Springer-Verlag, 1990); Balestrino, “Poverty and Functionings”(1994); E. Ok,“Fuzzy Measurement of Income Inequality: A Class of Fuzzy Inequality Measures,” *Social Choice and Welfare* 12 (1995); L. Casini and I. Bernetti, “Environment, Sustainability, and Sen's Theory,” *Notizie di Politeia* (1996; special volume); among other contributions。

[44] 关于可行能力视角在不同领域的应用意义，除了其他文献外，我有幸指导的一些哈佛大学博士论文做了很好的探讨，特别是，A. K. Shiva Kumar,“Maternal Capabilities and Child Survival in Low-Income Regions”(1992); Jonathan R. Cohen,“On Reasoned Choice”(1993); Stephan J. Klasen,“Gender, Inequality and Survival: Excess Female Mortality — Past and Present”(1994); Felicia Marie Knaul,“Young Workers, Street Life, and Gender: The Effects of Education and Work Experience on Earnings in Colombia”(1995); Karl W. Lauterbach, “Justice and the Functions of Health Care” (1995); Remigius Henricus Oosterdorp, “Adam Smith, Social Norms and Economic Behavior” (1995); Anthony Simon Laden,“Constructing Shared Wills: Deliberative Liberalism and the Politics of Identity”(1996); Douglas Hicks, “Inequality Matters” (1998); Jennifer Prah Ruger, “Aristotelian Justice and Health Policy: Capability and Incompletely Theorized Agreements” (1998); Sousan Abadian, “From Wasteland to Homeland: Trauma and the Renewal of Indigenous Peoples and Their Communities”(1999)。

[45] 有关这一点的大量文献，可参见我的 *On Economic Inequality*（Oxford: Clarendon Press, expanded edition, 1997), with a substantial annex jointly written with James Foster. See also the references given in notes 38～44, above, and also Haidar A. Khan, *Technology*, *Development and Democracy*（Northampton, Mass.: Edward Elgar, 1998); Nancy Folbre, “A Time (Use Survey) for Every Purpose: Non-market Work and the Production of Human Capabilities,” mimeographed, University of Massachusetts, Amherst, 1997; Frank Ackerman et al., *Human Well-Being and Economic Goals*; Felton Earls and Maya Carlson, “Adolescents as Collaborators: In Search of Well-Being,” mimeographed,

Harvard University, 1998; David Crocker and Toby Linden, eds., *Ethics of Consumption* (New York: Rowman and Littlefield, 1998); among other writings。

[46] 这个方法称作可行能力集的"初步评值(elementary evaluation)"。关于这种初步评值的性质和范围的讨论,见我的 *Commodities and Capabilities*(1985)。亦可参见 G.A. Cohen's argument for what he calls "midfare," in "On the Currency of Egalitarian Justice," *Ethics* 99(1989);"Equality of What? On Welfare, Goods and Capabilities"(1990); and *Self-Ownership, Freedom, and Equality* (Cambridge: Cambridge University Press, 1995). See Richard Arneson, "Equality and Equality of Opportunity for Welfare," *Philosophical Studies* 56 (1989), and "Liberalism, Distributive Subjectivism, and Equal Opportunity for Welfare," *Philosophy and Public Affairs* 19(1990)。

[47] 这些问题在我下列论著中得到更广泛的讨论: *Freedom, Rationality and Social Choice*(forthcoming)。也可参见 Tjalling C. Koopmans, "On Flexibility of Future Preference," in *Human Judgments and Optimality*, edited by M. W. Shelley (New York: Wiley, 1964); David Kreps, "A Representation Theorem for 'Preference for Flexibility,'" *Econometrica* 47 (1979); Peter Jones and Robert Sugden, "Evaluating Choice," *International Review of Law and Economics* 2 (1982); James Foster, "Notes on Effective Freedom," mimeographed, Vanderbilt University, presented at the Stanford Workshop on Economic Theories of Inequality, sponsored by the MacArthur Foundation, March 11～13, 1993; Kenneth J. Arrow, "A Note on Freedom and Flexibility," in *Choice, Welfare and Development*, edited by Basu, pattanaik and Suzumura (1995); Robert Sugden, "The Metric of Opportunity," Discussion Paper 9610, Economics Reseach Centre, University of East Anglia, 1996。

[48]就此,见我的 *Commodities and Capabilities* (1985) and "Welfare, Preference, and Freedom," *Journal of Econometrics* 50(1991)。关于评价"自由"所涉范围的多种提议,还可参见 David Kreps, "A Representation Theorem for 'Preference for Flexibility'"(1979); Patrick Suppes, "Maximizing Freedom of Decision: An Axiomatic Analysis," in *Arrow and the Foundations of Economic Policy*, edited by G. R. Feiwel (London: Macmillan, 1987); P. K. Pattanaik and Y. Xu, "On Ranking Opportunity Sets in Terms of Freedom of Choice," *Recherches Economiques de Louvain* 56 (1990); James Foster, "Notes on Effective Freedom" (1993); Kenneth J. Arrow, "A Note on Freedom and Flexibility," in *Choice, Welfare and Development*, edited by Basu, Pattanaik and Suzumura (1995); Carmen Herrero, "Capabilities and Utilities"; Clemens Puppe, "Freedom, Choice, and Rational Decisions," *Social Choice and Welfare* 12(1995); among other contributions。

[49] 关于这些问题,见我的 *Commodities and Capabilities* (1985); *Inequality Reexamined*(1992); and "Capability and Well-Being"(1993)。

[50] 见 Rawls, *A Theory of Justice* (1971) and *Political Liberalism* (1993)。以阿罗

著名的"不可能定理"为模本，关于罗尔斯基本物品的令人满意的综合指数的存在，文献中已经有许多"不可能定理"；见 Charles Plott，"Rawls' Theory of Justice: An Impossibility Result," in *Decision Theory and Social Ethics*, edited by H. W. Gottinger and W. Leinfellner (Dordrecht: Reidel, 1978)；Allan Gibbard，"Disparate Goods and Rawls's Difference Principle: A Social Choice Theoretic Treatment," *Theory and Decision* 11 (1979)；Douglas H. Blair，"The Primary-Goods Indexation Problem in Rawls' *Theory of Justice*," *Theory and Decision* 24 (1988)。信息局限性对于匆忙提出这些结论起了重大作用（就像对阿罗定理的情况一样）。我在"On Indexing Primary Goods and Capabilities" (mimeographed, Harverd University, 1991) 中讨论了反对施加这样的信息局限的理由，这就减少了这些所谓的不可能定理在应用于罗尔斯所用程序时的困难。

[51] 关于系统地缩小权数的区间与单调延伸(以"可能的排序的交点"为基础)所生成的局部排序之间的分析性对应，在以下文献中有探讨：my "Interpersonal Aggregation and Partial Comparability"(1970) and *Collective Choice and Social Welfare*(1970), chapters 7 and 7*; and in Charles Blackorby, "Degrees of Cardinality and Aggregate Partial Ordering," *Econometrica* 43 (1975); Ben Fine, "A Note on Interpersonal Aggregation and Partial Comparability," *Econometrica* 43(1975); Kaushik Basu, *Revealed Preference of Government* (Cambridge: Cambridge University Press, 1980); James Foster and Amartya Sen, "On Economic Inequality after a Quarter Century," in my *On Economic Inequality*, expanded edition(1997)。The approach of intersection partial orderings can be combined with "fuzzy" representation of the valuation and measurement of functionings, on which see Chiappero Martinetti, "A New Approach to Evaluation of Well-being and Poverty by Fuzzy Set Theory"(1994), and also her "Standard of Living Evaluation Based on Sen's Approach"(1996). 还可见 L. Casini and I. Bernetti, "Environment, Sustainability, and Sen's Theory," *Notizie de Politeia* 12(1996), and Herrero, "Capabilities and Utilities"(1996)。但是，即使只得到非完整排序，许多决策问题可以得到恰当的解决，而且，即使那些不能完全解决的问题，也可以（通过排除那些"劣于他者"的方案）得到显著的简化。

[52] 这个问题，以及它与社会选择和公共选择之间的联系，见我在美国经济学会会长演说中的讨论，"Rationality and Social Choice," *American Economic Review* 85 (1995)。

[53] T. N. Srinivasan, "Human Development: A New Paradigm or Reinvention of the Wheel?" *American Economic Review*, Papers and Proceedings 84 (1994), p.239. 在他阐述其论据时，他实际上引用了 Robert Sugden（"Welfare, Resources, and Capabilities: A Review of *Inequality Reexamined* by Amartya Sen," *Journal of Economic Literature* 31 [1993]），而 Sugden 对于给不同的可行能力评值的怀疑显然比 Srinivasan 的程度要轻 (Sugden 自己的结论是"对于可行能力视角能否发展出类似的度量尺度，还有待于观察", p.1953)。

[54] Paul A. Samuelson, *Foundations of Economic Analysis* (Cambridge, Mass.: Harvard University Press, 1947), p.205.

[55] 我已试图在1995年美国经济学会会长演说中和1998年诺贝尔获奖演讲中谈及这个问题，见"Rationality and Social Choice," *American Economic Review* 85 (1995), and "The Possibility of Social Choice," *American Economic Review* 89 (1999)。

[56] These approaches have also been discussed in the new annex (authored jointly with James Foster) in the enlarged (1997) edition of my *On Economic Inequality*.

[57] 以下做法是有诱惑力的：考察在不同空间的测度的分配（收入、寿命、识字的分配，等等），然后把它们总合到一起。但是这是一个误导的程序，因为结果在很大程度上取决于在人际之间这些变量是如何互相联系的，这也许可以称做"协方差"(covariance)问题。例如，如果低收入的人们趋于具有低识字水平，则这两种剥夺是相互加强的，但是如果它们是不相关的，或者说"正交"(orthogonal)的，相互加强的情况就不会发生；而且如果它们是负相关的，则就一个变量而言的剥夺就会至少在某种程度上，由另一个变量所改善。仅仅分别观察那些分配指标，而不考察多重共性线和协方差，我们就不可能决定上述相互替代的可能性中哪一种是成立的。

[58] 在 Fabrizio Barca 领导下由意大利银行做出的一份以欧洲情况为背景的关于意大利的贫困研究中，主要使用的正是这种补充性方法。

[59] 就此，见 Angus Deaton, *Microeconometric Analysis for Development Policy: An Approach from Household Surveys* (Baltimore: Johns Hopkins University Press for the World Bank, 1997). See also Angus Deaton and John Muellbauer, *Economics and Consumer Behaviour* (Cambridge: Cambridge University Press, 1980), and "On Measuring Child Costs: With Applications to Poor Countries," *Journal of Political Economy* 94 (1986). See also Dale W. Jorgenson, *Welfare*, volume 2, *Measuring Social Welfare* (Cambridge, Mass.: MIT Press, 1997)。

[60] 见 Hugh Dalton, "The Measurement of the Inequality of Incomes," *Economic Journal* 30 (1920); A. B. Atkinson, "On the Measurement of Inequality," *Journal of Economic Theory* 2 (1970)。

[61] 特别参见我的 *Commodities and Capabilities* (1985); "Well-Being, Agency and Freedom" (1985); and *Inequality Reexamined* (1992)。

[62] 在评价自由时的一些更加技术性的问题，曾探讨于我的 *Freedom, Rationality and Social Choice: Arrow Lectures and Other Essays* (forthcoming)。

第 4 章　以可行能力剥夺看待的贫困

上一章论证了，在分析社会正义时，有很强的理由用一个人所具有的可行能力，即一个人所拥有的、享受自己有理由珍视的那种生活的实质自由，来判断其个人的处境。根据这一视角，贫困必须被视为基本可行能力的被剥夺，而不仅仅是收入低下，而这却是现在识别贫穷的通行标准。[1]可行能力—贫困的视角完全不否定低收入是贫困的主要原因之一的那种合理的观点，因为低收入可以是一个人的可行能力剥夺的重要原因。

收入不足确实是造成贫困生活的很强的诱发性条件。如果接受这一点，则上述从可行能力的视角看待贫困（与标准的以收入为基础来评估贫困相对照），意义何在呢？我认为，赞成对贫困问题采用可行能力方法的理由如下。

(1) 贫困可以用可行能力的被剥夺来合理地识别；这种方法集中注意具有**自身固有的**重要性的剥夺（不像收入低下，它只具有**工具性的**意义）。

(2) 除了收入低下以外，还有**其他**因素也影响可行能力的被剥夺，从而影响到真实的贫困（收入不是产生可行能力的惟一工具）。

(3) 低收入与低可行能力之间的工具性的联系，在不同的地方，甚至不同的家庭和不同的个人之间，是**可变的**（收入对可行能力的影响是随境况而异的、条件性的）。[2]

在考量和评价旨在减少不平等和贫穷的公共措施时，上述第三点尤其重要。造成收入与可行能力关系的条件性变异的诸多原因，在文献及本书第 3 章中均有讨论。在此，从实际政策制定的特定角度，强调其中的若干论点是有必要的。

第一，收入和可行能力的关系受到以下因素的强烈影响：人的年龄（例如老人及年幼者的特定需要），性别和社会角色（例如母亲的特定责任或约定俗成的家庭义务），所处地域（如易受水旱灾害的程度，一些大都市内的不安全和暴力的状况），流行病滋生的环境（如因为某地区存在地方流行病），以及个人无法——或只能有限地——控制的其他各种因素。[3]在对比根据年龄、性别、居住地区等因素分组的不同人群的情况时，这些参数性变异格外重要。

第二，在（1）收入剥夺与（2）将收入转化为功能性活动的困难这二者之间，存在某种配对（coupling）效应。[4]可行能力方面的缺陷，诸如年老，或残疾，或生病，会降低获取收入的能力。[5]但这些因素同时也使得将收入转化为可行能力更加困难，因为年龄较大，或残疾程度更严重，或病况更严重的人，会需要更多的收入（以便得到照料、校正残疾、接受治疗）才能实现和别人相同的功能性活动（这还要看相同的功能性活动是不是真有可能实现）。[6]这就决定了，就可行能力剥夺而言的“真实贫困”，在显著程度上可能比在收入空间表现出来的贫困更加严重。在评估旨在帮助那些收入低且具有“转化”困难的老人和其他人的公共行动时，极其重要的是，不仅要考虑到收入低下，还需考虑到将收入转化为可行能力的困难。

第三，家庭内部的分配，使得根据收入去研究贫困变得更加复杂。如果家庭收入不成比例地用于一些家庭成员的利益，而忽略另一些成员的利益（例如，在家庭资源的分配上一贯地偏重男孩），则被忽略成员的被剥夺程度

(此例中的女孩)，也许就不能用家庭收入恰当地表现出来。在很多情况下这是一个重大的问题；性别歧视在亚洲和北非很多国家看来确实是家庭内部分配的一个重要特征。考察可行能力剥夺，比用家庭收入分析更易于揭示女孩的被剥夺状况。[7]

对于欧洲和北美的不平等和贫困，这一问题显然没有像在上面那样突出。但有一种常常是隐含的假定，即认为性别不平等基本不适用于西方国家，在一定程度上是误导性的。例如，在关于“不被承认的”妇女劳动与“被承认并计入”标准国民账户的劳动的比率对比中，意大利是最高的国家之一。[8]计量妇女在“不被承认的劳动”上所花费的时间与努力，以及相关的自由的丧失，对分析贫困问题是有影响的，即使对欧洲和北美也是这样。在世界的绝大多数地方，家庭内部的分配还以其他方式发挥重要作用，使它应该列入与公共政策相关联的考虑因素之中。

第四，对**收入**而言的**相对**剥夺，会产生对**可行能力**而言的**绝对**剥夺。在富裕国家的相对贫困的人，即使其绝对收入按世界标准是高的，也会在可行能力上处于非常不利的状态。在普遍富裕的国家，要花更多的收入购买足够的商品以实现**同样的社会功能性活动**。这一思想——最先由亚当·斯密在《国富论》(1776 年) 中提出——对于从社会学角度理解贫困至关重要，朗西曼 (W.G.Runciman)、汤森 (Peter Townsend) 和其他人都对此作过研究。[9]

例如，某些群体的人们在参与社群生活上遇到的困难，对于任何有关“社会排斥”的研究，都可能是至关重要的。在现代装备如电视、录像带、录音机、汽车等等已经差不多普及了的国家中，参与社群生活的需要会导致对这些装备的需求 (在不那么富裕的国家中则没有这种需求)，这给富裕国家中相对贫困的人带来压力，即使他们的收入与不那么富裕的国家的人相比要高出很多。[10]确实，在富裕国家——甚至美国——还存在饥饿这个令人不可理解的现象，就与对上述物品的竞争性需求有关。[11]

可行能力视角对贫困分析所做的贡献是，通过把注意力从**手段** (而且是经常受到排他性注意的一种特定手段，即收入)，转向人们有理由追求的**目的**，并相应地转向可以使这些目的得以实现的**自由**，加强了我们对贫困和剥夺的性质及原因的理解。以上经简略考察的例子，为这一基本拓展所增添的洞见提供了说明。我们在更加基础的层面上——更接近社会正义所要求的信息的层面上——看待剥夺问题。这就是可行能力贫困视角的重要意义。

4.1 收入贫困与可行能力贫困

尽管在概念上把贫困作为可行能力不足与把贫困作为收入低下相区分是重要的，这两种视角必定相互联系，因为收入对于可行能力是如此重要的手段。而且，既然提高享受生活的可行能力一般也会扩展使人具有更高生产力、并挣得更高收入的能力，我们可以预期存在从可行能力的提高到更大的赚取收入的能力这样一种联系，而不仅仅是从收入到可行能力的单向联系。

可行能力与收入的这种联系对消除收入贫困可以是特别重要的。更好的教育和医疗保健不仅能直接改善生活质量，同时也能提高获取收入并摆脱收入贫困的能力。教育和医疗保健越普及，则越有可能使那些本来会是穷人的人得到更好的机会去克服贫困。

这一联系的重要性，在我最近与德热兹（Jean Dreze）合作的关于印度经济改革的研究中[12]，是主要的关注重点。经济改革通过多种方式，把过去被过度控制、并被所谓“颁发许可证的官府（License Raj）”所限制的经济机会开放给印度人民。[13]但是，利用这些新的可能性的机会，并非与印度社会中不同阶层的人的社会准备程度无关。尽管改革已是姗姗来迟，如果有一定的社会设施来帮助社会中各阶层的人们共享经济机会，它本来是可以更有成效的。的确，很多亚洲经济体——最早是日本，然后是韩国、台湾、香港和新加坡，后来是改革后的中国大陆和泰国，以及其他东亚和东南亚国家——都曾经通过提供适当的支持性社会基础条件——包括高水平的识字、算术和基本教育，良好的一般性医疗保健，完成了的土地改革等——令人瞩目地普及了经济机会。在上述东方诸国传递来的经验中，经济开放和贸易的重要性很快就被印度学到了，其他部分学起来就不那么容易。

自然，印度在人类发展上地区差异极大，有些地区（最突出的是如克拉拉邦），与别的地区［最突出的是比哈尔邦（Bihar）、北方邦（Uttar Pradesh）、拉贾斯坦邦（Rajasthan）和中央邦（Medhya Pradesh）］相比，教育、医疗保健和土地改革的水平要高得多。不同的邦存在不同形式的局限性。可以认为，克拉拉邦直至不久以前一直受相当严重的反市场政策的影响，该政策深深怀疑不加控制地以市场为基础的经济扩展。因此，那时该邦的人力资源没有能够像在实行了更具互补性的经济战略的情况下那样，在扩散经济增长方面充分发挥作用，该邦现在正试图实施那种互补性的经济战略。另一方面，北方的一些邦则受制于低水平的社会发展，在这些邦中也存在着程度不等的控制和以市场为基础的机会。为了克服这些不同的缺陷，非常需要对互补性的意义有充分了解。

然而，有意思的是，尽管克拉拉邦的经济增长平缓，其收入贫困的减少比印度任何其他邦看来都更迅速。[15]其他邦通过高速经济增长来减少收入贫困［最令人瞩目的例子是旁遮普邦（Punjab），而克拉拉邦主要是依靠发展基本教育、医疗保健和公平分配土地来成功地实现了减少贫困］。

虽然收入贫困与可行能力贫困的联系之间值得重视，同样重要的是，还要看到一个基本事实，即仅仅减少收入贫困绝不可能是反贫困政策的终极动机。存在这样一种危险，即按照收入剥夺的狭隘观点来看待贫困，然后以教育、医疗保健等等是减少贫困的良好工具为理由，来说明在这些领域投资的正当性。这种观点混淆了目的和手段。根据上面已经讨论过的理由，根本的问题要求我们按照人们能够实际享有的生活和他们实实在在拥有的自由来理解贫困和剥夺。发展人的可行能力直接顺应这些基本要求。诚然，提高人的可行能力一般也会扩展人的生产力和挣钱能力。这种关联提供了一种重要的间接联系，通过它，可行能力的改善既能以直接的、又能以间接的方式帮助丰富人的生活，使剥夺情况减少、剥夺程度减轻。但是这种工具性联系尽管重要，却不能取代对贫穷的性质和特点的基本理解的需要。

4.2　何种意义上的不平等?

在经济社会评价中如何处理不平等，涉及很多两难问题。明显的不平等，按照关于“公平”的各种模型，是难以辩护的。亚当·斯密对穷人利益的关切（以及他对忽略穷人利益的倾向的愤怒），自然地与他所运用的一个想像出来的工具有关——从一个“不偏不倚的旁观者”的角度来看，事物是什么样的。他对此所做的研究对于社会评价中所要求的公平概念的条件，提出了意义深远的洞见。[16]同样，罗尔斯的“以公平看待正义”的思想——在一个假设的、人们还不知道他们未来处境的“初始状态”下，可以预期人们会做出何种选择——提供了对公平的要求的丰富理解，并决定了作为他的“正义原则”的特色的、反对不平等的那些特征。[17]各种社会安排中明显的不平等，也很难贝照对这个社会中的实际成员而言的合理性这一标准来辩护

[例如，以这些不平等属于其他人“不能合理地拒绝”那一类型为理由而加以辩护：“不能合理地拒绝”这个标准是斯坎龙（Thomas Scanlon）为伦理评价而提出并非常有力地运用的]。[18]当然，严重的不平等必然不受社会欢迎，而极端的不平等，某些人会认为，简直就是野蛮状态。不仅如此，不平等的感觉还可能侵蚀社会的凝聚力，某些类型的不平等甚至还会阻碍实现效率。

虽然如此，在很多情况下，根除不平等的努力可能会导致多数人、有时甚至是所有人的损失。这种冲突随具体境况不同，可轻可重。各种关于正义的模型——涉及“不偏不倚的旁观者”，或“初始状态”，或“不能合理地拒绝”——都必须有多种考虑因素。

毫不奇怪，总量性因素和分配性因素之间的冲突，引起了相当一部分经济学家的专业性关注。这种关注是恰如其分的，因为问题很重要。[19]很多用于评价社会成就的、同时考虑到总量性因素和分配性因素的折中公式已经被提出。一个很好的例子是阿特金森（A.B.Atkinson）的“平均分配的等价性收入”概念，即以下述方式调整总收入：根据收入分配不平等的程度来减少总收入的账面价值，其中总量性因素和分配性因素的补偿关系由反映我们的伦理判断的一个参数来决定。[20]

但是，存在一种不同类型的冲突，它关系到对“空间”——或者说，为评价和审视不平等所采用的焦点变量——的选择，这与前一章所讨论的主题有关。就收入而言的不平等，有时会与在若干其他“空间”上表现出来的（即就其他有关的变量而言的）不平等——包括诸如福利、自由及生活质量的不同层面（包括健康与长寿）——有明显的区别。而且，甚至对总体性成就的测度，也会随在哪一个空间进行汇总计算——或者“加总”——而结果不同（例如，根据平均收入给出的各个社会排序，会不同于根据平均健康条件的排序）。

收入和可行能力这两种不同视角的对比，直接影响在哪一空间来考察不平等与效率。例如，一个拥有高收入但没有政治参与机会的人，在通常意义上不是穷人，但显然就一种重要的自由而言是贫困的。一个比其他多数人更富裕、但患有一种治疗费用昂贵的疾病的人，虽然在通常的收入分配统计上不被列为贫穷，但显然遭受了一种重要的剥夺。一个求职被拒、但从国家得到“失业津贴”的人，在收入的空间上受剥夺的程度就显得很低，比就拥有一个有价值的——而且受到珍视的——职业机会而言的受剥夺的程度要低。

由于失业问题在世界上的一些地方（包括当前的欧洲）是特别重要的问题，因此这是在评价不平等时强烈需要掌握收入与可行能力视角对比的另外一个领域。

4.3　失业和可行能力剥夺

在收入空间上评价出来的不平等，有时会非常不同于就一些重要的可行能力而言的不平等，这一点很容易用具有实际意义的一些例子来说明。就欧洲的情况而言，由于当前普遍存在的失业问题，这一对比就格外重要。[21] 在西欧国家，由失业导致的收入损失通常在很大程度上可以由收入补助（包括失业津贴）来补偿。如果失业造成的仅仅是收入损失，则该损失在很大程度上（对失业者而言）已由收入补助抵消了（自然这里还存在进一步的问题，如由这种补偿支出引起的财政负担和激励效应的社会成本）。但是，如果失业对个人的生活还有其他严重影响，则会导致其他种类的剥夺，这时通过收入补助带来的改善就会相应地减少。大量证据表明，除了收入损失之外，失业会导致多方面的严重影响，包括心理伤害，失去工作动机、技能和自信心，增加身心失调和发病（甚至使死亡率增高），扰乱家庭关系和社会生活，强化社会排斥，以及加剧种族紧张和性别歧视。[22]

鉴于当代欧洲经济中存在大规模的失业，仅仅注重于收入的不平等就特别容易造成假象。可以说，在现在，这样大规模的失业造成了至少与收入分配问题同等重要的、就失业本身而言的不平等问题。仅仅注意收入的不平等会造成这样的印象，好像在消除不平等方面、在避免美国所经历的收入不平等的扩大方面，欧洲做得比美国好得多。在收入空间，欧洲确实在不平等的水平及趋势上都明显地有更好的记录，这一点，可参见阿特金森、雷思沃特（Lee Rainwater）和斯米丁（Timothy Smeeding）在经济合作与发展组织（OECD）的一项研究中所作的详细调查报告。[23]美国不仅在收入不平等的常用测度上，大体上比大西洋对岸的欧洲要高，而且收入不平等还以未见于大多数西欧国家的方式上升。

然而，如果我们把注意力从收入转向失业，图景则迥然不同。多数西欧国家的失业急剧攀升，而美国则没有这种趋势。例如，1965 年到 1973 年间，美国的失业率是 4.5%，意大利是 5.8%，法国是 2.3%，联邦德国低于1%。现在，所有这三国——意大利、法国、联邦德国——的失业率都居高不下，在10%到12%之间，而美国的失业率仍在4%到5%。如果失业有损于生活，那么在分析经济不平等时，就必须把它考虑在内。比较**收入**不平等的趋势给欧洲以沾沾自喜的口实，但如果从更宽广的视野去看不平等，这种自满情绪则具有很强的误导性。[24]

西欧与美国的对比提出了另一个有意思的，在一定意义上也是更具一般性的问题。美国的社会伦理似乎认为可以给贫困者提供很少的帮助，那是以福利国家为基础的典型的西欧很难接受的。但美国的社会伦理认为，欧洲那样普遍存在的两位数的失业率，简直是不能容忍的。欧洲始终非常平静地接受了失业和失业的增长。欧美的这种差异，取决于对社会责任与个人责任的不同取向，我将回到这个问题上来。

4.4 医疗保健和死亡率：欧洲与美国的社会取向

美国不同种族之间的不平等，近来一直引起了很大关注。例如，在收入空间，非洲裔美国人毫无疑问比美国白人贫困。这通常被当做一个例子，表明非洲裔美国人在美国国内——而不是与世界上其他更贫困的人相比——的**相对**剥夺。确实，和第三世界国家的人民相比，非洲裔美国人就收入而言要富裕很多倍，即使把价格差异考虑在内。这样看问题，美国黑人所受的剥夺，从国际视角来看就似乎淡化到了无足轻重的程度。

但是，收入是进行这种比较的正确空间吗？我们是否应考虑长大成人而不至于过早夭折的基本可行能力？如我们在第1章所讨论的，根据这个标准，男性非洲裔美国人就远远落后于贫困得多的男性中国人，或印度克拉拉邦人（见图1—1）——也落后于斯里兰卡、哥斯达黎加、牙买加和很多其他穷国。人们有时候推定，非洲裔美国人那种令人注目的高死亡率只适用于男性，而且仅仅是青年男性，其原因是暴力盛行。青年黑人死于暴力的比率确实很高，但这绝非故事的全部。确实，如图1—2所示，女性黑人存活率不仅低于美国的女性白人，还低于女性克拉拉邦人，而且差一点就落后于女性中国人。从图1—1还可以注意到，美国黑人**男性**在各个年龄组的存活率，在远远超过由暴力而死亡是普遍现象的青年时期以后，仍然低于中国和印度。除暴力造成的死亡这个因素以外，我们还需要更多的解释。

确实，即使我们比较更高的年龄组（比如 35 岁至 64 岁），有证据表明男性黑人的死亡率远高于男性白人，女性黑人远高于女性白人。对收入差别作了调整后，该差别仍然存在。事实上，一项更为仔细的关于 80 年代的医疗研究表明，就是在调整了收入差别的因素以后，女性黑人—白人的死亡率差别依然显著。图 4—1 显示美国全国黑人和白人的死亡率（根据一项样本调查）。[25]在该调查报告中，美国男性黑人的死亡率为白人的 1.8 倍，美国女性黑人的死亡率差不多为女性白人的 3 倍。在对家庭收入的差别作了调整以后，男性黑人的死亡率为白人的 1.2 倍，女性黑人的死亡率为女性白人的 2.2 倍。就是说，在当代美国，将收入水平完全考虑在内以后，女性黑人以比女性白人高出很多的比例，在年轻时死亡。

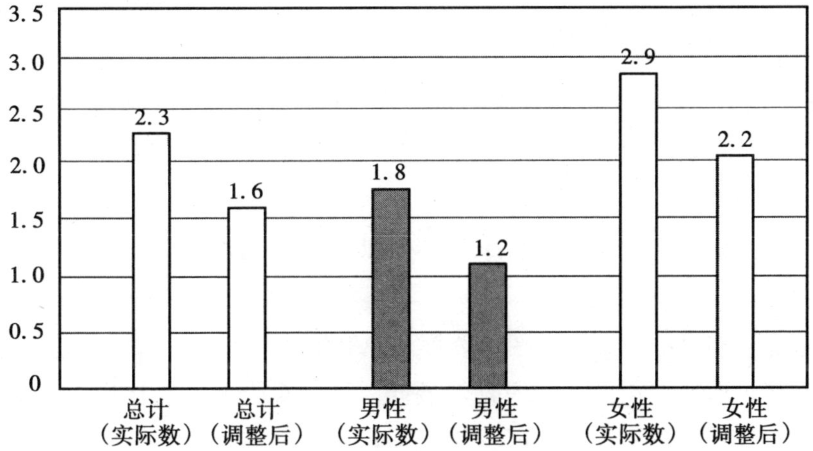

图 4—1　黑人和白人的死亡率比例（35 岁—54 岁）
实际数字与按家庭收入调整后的数字

资料来源：M.W.Owen，S.M.Teutsch，D.F.Williamson and J.S.Marks，“The Effects of Known Risk Factors on the Excess Mortality of Black Adults in the United States，” *Journal of American Medical Association* 263，no.6（February 9，1990）.

将信息基础由收入扩展到基本可行能力，极大地丰富了我们对不平等和贫困的理解。当我们的注意力集中于实现就业的能力以及与就业相关的好处时，欧洲的图景相当阴暗，如果我们转而注意生存能力时，则美国的不平等图景相当突出。在这些差异以及与之相关的各自政策优先的背后，可能存在大西洋两岸对社会和个人责任态度的重大差别。在美国官方的优先选择中，完全没有为全民提供基本医疗保健的承诺，而且看来美国有数以百万计的人

（事实上多于4 000万人）没有任何医疗保障或保险。即便其中相当一部分人可能是基于本人意愿不买保险，但大量的没有保险的人还是因为经济条件而不具备购买医疗保险的能力，有时则是因为既存的健康状况，使得私人保险业者不愿提供保险。像美国这样的状况在欧洲非常有可能在政治上是不可容忍的，因为在欧洲，医疗保险被视为公民的基本权利，无论是否具备条件，无论既存的健康状况如何。美国政府对病人和穷人的帮助如此有限，这在欧洲是不能接受的。同样，在提供诸如医疗保健、教育安排等等公共设施的社会承诺方面也是如此，欧洲福利国家把这些视为当然。

另一方面，现在欧洲所忍受的两位数失业率，在美国则很可能（如前文所阐述的）在政治上是爆炸性的，因为这么高的失业率将是对人的自助能力的嘲弄。我相信，没有一届美国政府，在现有的失业水平翻番的情况下能安然无恙，而即便在那样的情况下，美国的失业率仍然比当今的意大利、法国和德国还要低。欧美各自政治承诺（以及缺乏承诺）的性质看来有根本的区别，而这种区别与从基本可行能力的特定缺失来看待不平等密切相关。

4.5 印度与撒哈拉以南的非洲的贫困和剥夺

世界上的极度贫困主要集中在两个特定地区：南亚和撒哈拉以南的非洲。在所有地区中它们的人均收入最低，但只看收入不能让我们充分理解它们各自贫困的性质和内容，以及它们相对于其他地区的贫困。如果把贫困看做是基本可行能力的剥夺，则可以从关于世界上这两个地区的生活状况的信息中，得到更能说明真相的图景。[26]下面将试图根据本书作者和德热兹的一项共同研究，以及本书作者的两项跟踪研究[27]，作一简明的分析。

在 1991 年，有 52 个国家的人口在出生时的寿命期望值低于 60 岁，这些国家共有人口 16.9 亿。[28]其中 46 个国家在南亚和撒哈拉以南的非洲，只有 6 个国家不在这两个地区（即阿富汗、柬埔寨、海地、老挝、巴布亚新几内亚和也门），而这 6 国的人口总数仅为 52 个低寿命期望值国家的总人口（16.9 亿）的 3.5%。除斯里兰卡以外的**整个**南亚（即印度、巴基斯坦、孟加拉国、尼泊尔和不丹），除南非、津巴布韦、莱索托、博茨瓦纳以及一组小岛（如毛里求斯和塞舌尔）以外的**整个**撒哈拉以南的非洲，属于其他 46

个低寿命期望值的国家。自然，在每个国家**内部**情况也有区别。南亚和撒哈拉以南的非洲有的地区的人口享受着长寿，而如前所述，具有很高平均寿命期望值的一些国家（如美国）的部分人口，可能面临着类似于第三世界条件下那样的生存问题（例如，在美国城市如纽约、旧金山、圣路易斯、或华盛顿-哥伦比亚特区的美国黑人，他们的寿命期望值远远低于我们所选定的 60 岁的分界点[29]）。但就国家平均水平而言，在当今世界中生命短暂而不稳定的现象确实是集中于南亚和撒哈拉以南的非洲这两个地区。

的确，仅印度一国就占了这 52 个穷国总人口的一半以上。这绝不是说平均来说印度的表现是最差的（事实上，印度的平均寿命期望值非常接近 60 岁，而且根据最新的统计数据，刚刚超过了 60 岁），但印度**内部的**生活条件的地区性差异很大。印度的一些地区（其人口相当于或者多于世界上的大多数国家）的情况之差，比得上任何国家。在寿命期望值和其他指数上，印度的平均数可能远远好于最差的国家（如埃塞俄比亚、扎伊尔——现改名为刚果民主共和国），但在印度之内有大片地区，其寿命期望值和其他基本生存条件，和这些最穷的国家的普遍状况并没有多少差别。[30]

表 4—1 比较撒哈拉以南的非洲和印度最落后地区的**婴儿死亡率**和**成人识字率**。[31]该表不仅提供了 1991 年印度和撒哈拉以南的非洲这两项指标的总估计数（第一行和最后一行），还列出了撒哈拉以南的非洲表现最差的三个国家，印度表现最差的三个邦，和三个邦各自表现最差的地区。非常突出的是，在撒哈拉以南的非洲——实际上在全世界——没有任何国家的预计婴儿死亡率有奥里萨邦（Orissa）的甘加姆（Ganjam）地区那么高，或者成人妇女的识字率有拉贾斯坦邦（Rajastan）的巴马尔（Barmer）地区那样低。这两个地区各自的人口，正好都多于博茨瓦纳和纳米比亚，两地区人口的总和则多于塞拉利昂、尼加拉瓜、或爱尔兰。实际上，把某些邦作为整体来看，例如北方邦（Utta Pradesh）（它拥有巴西或俄罗斯那样多的人口），就这些基本的生活质量指数而言，它们不比撒哈拉以南的非洲的最差国家好多少。[32]

有意思的是，如果考察印度和作为一个整体的撒哈拉以南的非洲，我们发现这两个地区的成人识字率和婴儿死亡率差别不大。但是，它们在寿命期望值上确实有差别。1991 年，印度的寿命期望值近 60 岁，撒哈拉以南的非洲则要低得多（平均为 52 岁）。[33]另一方面，相当多的证据表明，印度的营养不良的程度，要远甚于撒哈拉以南的非洲。[34]

表 4—1　　　　印度与撒哈拉以南的非洲：若干指标对比（1991 年）

	婴儿死亡率比较		
	地　区	人口（百万）	婴儿死亡率（每 1000 新生儿）
印度	印度	846.3	80
“最差的”三个邦	奥里萨邦	37.1	124
	中央邦	66.2	117
	北方邦	139.1	97
每个“最差的”邦中	甘加姆（奥里萨邦）	3.2	164
“最差的”地区	提卡姆嘎（中央邦）	0.9	152
	哈多（北方邦）	2.7	129
撒哈拉以南的非洲	马里	8.7	161
“最差的”三个国家	莫桑比克	16.1	149
	几内亚（比绍）	1.0	148
撒哈拉以南的非洲	撒哈拉以南的非洲	488.9	104

	成人识字率比较		
	地　区	人口（百万）	成人识字率*（女性/男性）
印度	印度	846.3	39/64
“最差的”三个邦	拉贾斯坦邦	44.0	20/55
	比哈尔邦	86.4	23/52
	北方邦	139.1	25/56
每个“最差的”邦中	巴马尔（拉贾斯坦邦）	1.4	8/37
“最差的”地区	基山嘎尼（比哈尔邦）	1.0	10/33
	巴赫赖奇（北方邦）	2.8	11/36
撒哈拉以南的非洲	布基纳法索	9.2	10/31
“最差的”三个国家	塞拉利昂	4.3	12/35
	贝宁	4.8	17/35
撒哈拉以南的非洲	撒哈拉以南的非洲	488.9	40/63

注：成人年龄下限：非洲为 15 岁，印度为 7 岁。注意，在印度，7 岁以上的识字率通常高于 15 岁以上的识字率（例如，1981 年 7 岁以上的识字率为 43.6%，15 岁以上的识字率为 40.8%）。

资料来源：J.Dreze and A.Sen，India：Economic Development and Social Opportunity（Delhi：Oxford University Press，1995），table 3.1.

这样，根据（1）死亡率与（2）营养状况这两个不同标准，印度和撒哈拉以南非洲形成有趣的对比。印度的生存优势不仅表现在寿命期望值的比较上，还显现在其他死亡统计的对比上。例如，印度的死亡年龄的中位数，在

1991 年约为 37 岁；撒哈拉以南非洲的死亡年龄中位数的加权平均数仅为 5 岁。[35]在 5 个非洲国家中，观察到的死亡年龄中位数实际上只有 3 岁，甚至更低。由此可见，未成年夭折在非洲比在印度严重得多。

如果我们来看在印度和撒哈拉以南的非洲**营养不良**的严重程度，情况却大不一样。印度总体营养不良的推算数字，平均而言，远高于撒哈拉以南的非洲。[36]这是实情，尽管事实上是印度，而不是撒哈拉以南的非洲，做到了粮食自给。印度的“自给自足”建立在满足市场需求上，在通常年份，市场需求很容易由国内生产的供给量来满足。但是市场需求量（由购买力所决定）低于对粮食的需要量。印度营养不良的实际状况看来比撒哈拉以南的非洲严重得多。根据通常标准即按年龄测度的体重增长延迟来判断，非洲有 20%到 40%的儿童营养不良，而印度营养不良儿童的比例则为极高的 40%到 60%。[37]看来大约一半的印度儿童长期营养不良。尽管印度人活得比撒哈拉以南的非洲人长，死亡的中位数年龄远比撒哈拉以南的非洲人高，印度却有比撒哈拉以南的非洲多得多的儿童营养不良——不仅绝对数是如此，而且占所有儿童的比例也是如此。[38]如果我们再加上一个事实，即死者的性别偏差，这在印度是严重的问题，在撒哈拉以南的非洲则并非如此，那么我们看到的图景是印度远非优于撒哈拉以南的非洲。[39]

在这两个世界上最贫困的地区，还存在着与各自剥削方式的本质和复杂性相关的重要政策问题。印度的生存状况上之所以优于撒哈拉以南的非洲，是由于存在各种因素使得撒哈拉以南的非洲未成年死亡特别容易发生。自独立以来，印度相对而言没有发生饥荒以及大规模持续的战事，而饥荒和战争却周期性地蹂躏着许多非洲国家。印度的医疗健康服务尽管还很不足，却较少被政治和军事的动乱所破坏。不仅如此，撒哈拉以南的非洲中很多国家都有经济**下降**的特殊经历——部分与战争、不安定和政治动乱有关——这使得它们非常难以改善其生活标准。对这两个地区的成就与失败作比较评价，必须考虑到它们各自发展历程中的上述问题，及其他方面的问题。[40]

还应该注意印度和撒哈拉以南的非洲所共有的一个问题，即长期存在的地方性文盲状况，就像寿命期望值低下一样，这一特征使得南亚和撒哈拉以南的非洲区别于世界上多数其他地方。如表 4—1 所示，这两个地区的识字率很接近。在印度和撒哈拉以南的非洲，每两个成人就有一个文盲。

当然，关于基本可行能力剥夺的三个焦点特征（即**未成年死亡、营养不良和文盲**）——我在比较和对照印度和撒哈拉以南非洲的贫困的性质时，集中注意这三者——并未提供这两个地区可行能力贫困的完整图景。尽管如此，它们揭示了一些触目惊心的失败和若干重要的政策问题，需要立即引起注意。我也并未打算对可行能力剥夺的各个方面进行“加权”，从而得出一个对剥夺的“汇总性”度量。[41]建构出一个汇总指标，对政策研究而言，也许远不如对各种实绩的实质性模式进行概括更有意义。

4.6 性别不平等和失踪的妇女

我现在转入讨论近来引起广泛注意的一般性不平等的一个特定方面；这一节引自我的论文《失踪的妇女》（Missing Women），发表在1992年的《英国医疗杂志》（the British Medical Journal）。[42]我指的是世界上很多地方妇女过高的死亡率和人为的低生存率这一可怕的现象。这是一个关于性别不平等的赤裸裸的、非常明显可见的事实，虽然它经常以比较模糊和不那么可怕的形式表现自己，但是撇开其残酷性不谈，仅仅是人为的妇女高死亡率就反映了对妇女的一项重要的可行能力的剥夺。

在欧洲和北美，妇女的人数一般趋于大大超过男性的人数。例如在英国、法国和美国，妇女与男性的比率大于1.05。第三世界很多国家的情况则迥然不同，特别是在亚洲和北非，那里妇女与男性的比率可以低到0.95（埃及），0.94（孟加拉国、中国、西亚），0.93（印度），或甚至0.90（巴基斯坦）。这种差别的显著性，在研究全世界男女不平等时是引人关注的。[43]图4—2给出了比较资料。

事实上，在所有的地方，新生男婴都比新生女婴多（通常多5%）。但很多证据表明女性比男性“更坚韧”，在同等照料下，更容易存活。（的确，看来甚至女性胎儿的存活率都高于男性胎儿；胚胎期的男婴比率甚至高于出生时的男婴比率。）[44]西方较高的女性对男性比例正是由于女性较低的死亡率。女性的这种优势还有其他原因。男性在过去的战争中死亡留下了一些影响。通常吸烟在男性中更普遍，男性还更容易因暴力而死亡。不过，看来很清楚，即使把这些因素都排除在外，在同等照料下，女性数量依然趋于超过男性。

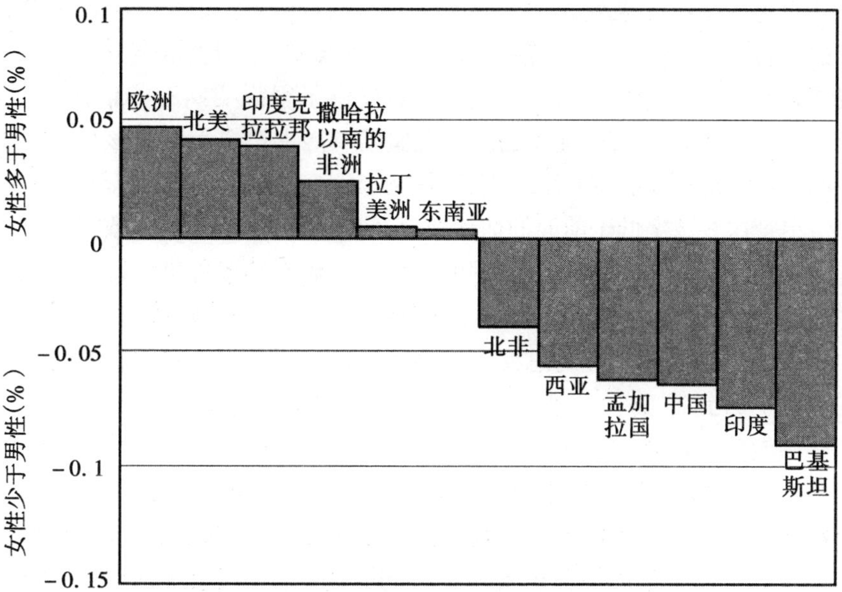

图 4—2　若干地区女性与男性人数比率

资料来源：按联合国人口统计（UN Population Statistics）计算。

亚洲和北非女性对男性的低比率表明了社会因素的影响。容易算出，如果这些国家女性对男性的比率等于从欧洲和美国得出的数值，则这些国家的女性应该多出成百万上千万的人（给定男性人口数）。[45]仅中国一个国家，根据欧洲或美国的比率计算出来的“失踪的妇女”，就在 5 000 万人以上。根据该比率，把上述这些国家总和起来计算，远多于 1 亿以上的女性可被视为“失踪”。

但是，采用欧洲或美国的比率也许并不合适，这不仅仅是因为诸如战争期间的死亡这类特别因素。由于欧洲和美国女性死亡率很低，女性—男性比率随年龄增长而逐渐上升。人们会预期亚洲和北非的女性—男性比率要低一些，部分地是由于那里一般的预期寿命较低，而生育率较高。处理这个问题的办法之一，是不采用欧洲或美国的女性—男性比率，而采用撒哈拉以南非洲的比率，那里的女性就相对死亡率而言处境并不差，但寿命期望值并不更高，生育率并不更低（实际情况倒是相反）。采用撒哈拉以南非洲的女性—男性比率 1.022 作为基准（我早期的研究和与德热兹合作的研究中采用了这一数值），所得出的失踪妇女估计数是，中国4 400万，印度3 700万，上述那些国家的总和仍然超过 1 亿。[46]

还有另一个办法来处理这个问题,即给定这些国家实际的寿命期望值和实际的生育率,假定女性在生存上不存在任何劣势,来计算预期的女性人数。直接计算并不容易,但科尔(Ansley Coale)提供了很说明问题的估计值,他在计算中运用了根据“西方”国家的历史经验绘制的人口模型表。该算法得出的失踪妇女数字是:中国2 900万,印度2 300万,而所有有关国家的总和约为6 000万。[47]尽管这些数字低于前面的估计数字,它们仍然是吓人的大数字。更近期的、基于更加详细审视过的历史数据的一些估计研究趋于得出大得多的失踪妇女的数目——克拉森(Stephan Klasen)所估计的数字是约为9 000万。[48]

为什么这些国家女性的总死亡率高于男性?让我们来看印度的情况,那里的女性一直到近 40 岁为止,在每一年龄组的死亡率始终高于男性。尽管生育年龄期间的超常死亡率可能部分是由分娩死亡引起的(在孩子出生时或刚刚出生后死亡),但显然不可能找到类似的理由去解释女性在婴儿期和儿童期存活的劣势。印度时有令人痛苦的关于杀戮女婴的报道,如果这种现象确实存在,也完全不能解释超常死亡率的数量,同样不能解释其年龄分布。主要杀手看来是对女性健康和营养的相对忽略,特别是——但不仅仅是——在儿童期间。确实有相当多的直接证据表明,女性儿童在医疗保健、入院治疗,甚至喂食方面都遭到忽略。[49]

尽管对印度情况的研究比对其他地方更深入(在印度对这个问题的研究人员比其他任何国家都要多),类似的关于女性儿童的健康和营养被相对忽视的证据也见于其他国家。在一些国家,甚至有证据表明近年来这种忽视的程度已有急剧上升,还存在着一些新的不祥迹象,例如所报道的男婴对女婴出生比率的急剧上升——与世界其他国家的情况非常不一致。很有可能,这表明了对新生女婴的“隐藏”(为了躲避强制性计划生育所实施的严酷惩罚)。但是,同样也有可能,这反映了女婴更高的死亡率——不管是否是人为导致的(新生儿的生死都未加记录)。然而,最近在家庭人员构成中对女性歧视的最主要方面,看来在于性别选择性堕胎,这种做法随着技术进步在一些国家已相当普及。

4.7 结语

经济学家有时被批评为太注重效率而太忽略平等。这可能不无道理,但也必须注意到在经济学这门学科发展的历史中,不平等问题一直受到经济学家的注意。通常被视为“现代经济学之父”的亚当·斯密曾深切关注贫富之间的鸿沟（本书的第 5 章和第 11 章将更多地讨论这个问题）。一些社会科学家和哲学家的工作，使不平等成为如此受公众注意的中心问题［他们包括卡尔·马克思、约翰·斯图亚特·穆勒、朗特里（B.S.Rowntree）和多尔顿（Hugh Dalton），分别属于大相径庭的各种重要传统流派］。就他们在这个领域的实质性投入而言，他们是献身于此的经济学家，不管他们是否还做了其他工作。近年来，关于不平等的经济学作为一个课题有很大发展，在这方面，发挥了主导领先作用的是如阿特金森（A.B.Atkinson）这样的作者。[50]这并不否认，在一些经济学研究中,显然存在只重视效率、忽略其他因素的现象,但是不能指责经济学家作为一个群体,忽略了对不平等这一课题的研究。

如果我们有理由抱怨的话，倒不如说是因为在很多经济学研究中，对不平等所赋予的相对重要性，只局限于非常狭窄的领域，即**收入不平等**。这种狭隘性使得我们不能从其他角度去看待不平等和公平，这对制定经济政策具有深远影响。确实，由于过分强调收入贫困和收入不平等，而忽略了与贫困有关的其他因素，如失业、缺医少药、缺乏教育以及受社会排斥等，已使政策辩论受到扭曲。不幸的是，把经济不平等等同于收入不平等，是经济学中相当常见的现象，而且这二者常常被当做实际上的同义词。如果你告诉某人你在研究经济不平等，通常人们就会假定你在研究收入分配。

在某种程度上，在哲学文献中也会发现这种隐含的经济不平等与收入不平等的等同。例如，著名的哲学家法兰克福（Harry Frankfurt）在其重要而有趣的论文《作为道德理想的平等》一文中，对他称作的“经济平均主义”的思想，做了论证严密而有力的批评，而他对“经济平均主义”的定义是：“在货币分配上不应存在不平等的信条。”[51]

然而，收入不平等和经济不平等的区别是很重要的。[52]对作为一种价值和目标的经济平均主义所做的许多批评，更直接地适用于狭义的收入不平等的概念，而非更广义的经济不平等概念。例如，对一个——比方说由于残疾——有更多需要的人给予一个较大份额的收入，可以认为是违反了**收入**平等的原则，但是它不违反含义更广泛的经济平等的原则，因为在评价经济平等的要求时，必须把由于残疾而需要更多的经济资源考虑在内。

从实证分析看，收入不平等与其他有关空间内的不平等的关系，可以是相当远并随情况而变的，因为收入以外的多种经济因素，会影响就个人处境和实质自由而言的不平等。例如，非洲裔美国人的死亡率高于相比之下贫穷得多的中国人或印度克拉拉邦人，我们在这里看到了和收入不平等不一致的因素在起作用，它们涉及到有强烈经济内容的政策问题：筹集医疗保健和保险的资金、提供公共教育、维护地方安全，等等。

如本章所列举的各种事例所揭示的，事实上，死亡率的差别可以作为表明种族、阶级和性别之间深刻的不平等的一个指标。例如，对“失踪妇女”所做的估计，表明了在当代世界的很多地方，女性的劣势处境的范围是多么令人注目，这是其他统计数字或许不能恰当反映的。同样，由于一些家庭成员所挣收入为家庭其他成员所共享，我们无法主要依据收入的差异来分析性别不平等。我们需要比通常可以得到的更多的关于家庭内部资源分配的信息，才能得出关于经济丰裕情况下不平等的更清晰的概念。但是，关于死亡率和其他剥夺状况（如营养不良和文盲）的统计数，则可以在若干至关重要的层面，直接描绘不平等和剥夺的图景。也可以用这些信息把妇女被剥夺的相对程度，和现存的机会不平等（从家庭外部挣得的收入、注册上学等等）联系起来。这样，我们就可以从就可行能力剥夺而言的、对不平等和贫困的更宽广的视角，讨论描述性的和政策性的议题。

尽管收入对不同人们所享有的处境发挥着至关重要的作用，然而以收入(和其他资源)为一方，以个人成就和自由为另一方，这二者之间的关系，既不是一成不变，也不是在任何意义上是自动的和不可抗拒的。各种类型的条件依存关系，使得从收入到我们所能实现的不同的“功能性活动”的“转化”，出现系统性差异，而这又影响了我们所能享有的生活方式。我已试图在本章中说明，存在各种方式使得挣得的收入和实质自由(就享受人们有理由珍视的那种生活的可行能力而言)之间的关系，产生系统性的差异。个人的异质性、环境的多样性、社会氛围的不同、家庭内部的人际关系视角和分配上的区别，这些因素各自的作用，在制定公共政策时，都应得到它们理应得到的认真注意。

人们有时候提出这样的观点：收入是一种同质性的度量，而可行能力却是多样化的。从以下意义来看，这种尖锐对比并不完全正确：任何基于收入所作的评价，都因特定的——而且常常是极其大胆的——假定而掩盖了内部的多样性。[53]此外（如第3章所讨论的），人与人之间的实际收入比较，不能提供进行人与人之间的哪怕是关于效用的比较的基础（不过，在应用福利经济学中，通过强加完全任意的假定，该漏洞常常被忽略了）。为了从手段（以收入差别的形式表现出来）的比较，进入到某些可以宣称为自身就具有价值的东西（如福利和自由）的比较，我们必须考虑那些影响转化率的情况差异。收入比较的方法是判断人际之间处境差别的更加“实用的”方法这一假定，是很难令人信服的。

再进一步，需要讨论从公共优先事务而言对多样化的可行能力的赋值，如我在前面所说，是可行能力方法的一个优点，这种需要迫使我们弄清楚，在价值判断不能也不应该回避的领域内，该价值判断究竟是什么。确实，公众——直接地或间接地——参与赋值的辩论，是民主运作和负责的社会选择中至关重要的组成部分。就公共评价而言，无可回避的是需要通过公众讨论来作出评值。公共赋值的工作是不能由什么精巧聪明的假定来取代的。有些看起来运作很好的假定，是通过精心制作的暗箱来掩盖它在价值标准和权重上的选择的。例如，以下——通常是暗含地做出的——假定，即对于具有相同的需求函数的两个人，一定的商品组合与福利状况之间的关系必然也是相同的（不管是否其中一人患病而另一人健康，或者一人残疾而另一人健全，等等），基本上是一种回避考察福利状况的很多显著的影响因素的方式（如第 3 章所讨论的）。如我所试图说明的，当我们用其他信息（包括涉及生命与死亡的大事），来补充关于收入和商品的资料时，这种回避就变得一目了然了。

由此可见，公众讨论和社会参与的问题，对于在民主框架下制定政策，具有中心意义。行使民主权利——既包括政治自由权也包括公民权利——除了它可能具有的其他作用以外，是制定经济政策本身的一个至关重要的部分。在一个以自由为导向的分析方法中，各种参与性自由不能不是公共政策分析的中心议题。

【本章注释】

[1] 关于贫困的这一观点更完整地展开于我的 *Poverty and Famines*（Oxford: Clarendon Press, 1981）and *Resources, Values and Development*（Cambridge, Mass.: Harvard University Press, 1984）, and also in Jean Drèze and Amartya Sen *Hunger and Public Action*（Oxford: Clarendon Press, 1989）, and in Sudhir Anand and Amartya Sen, "Concepts of Human Development and Poverty: A Multidimensional Perspective," in *Human Development Papers* 1997（New York: UNDP, 1997）。

[2] 这些主张及其含义更充分地讨论于我的 "Poverty as Capability Deprivation," mimeographed, Rome: Bank of Italy。

[3] 例如，饥饿和营养不足既关系到进食量，也关系到摄取食物中营养成分的能

力。后者受到一般身体状况的严重影响（例如，患有寄生虫病），而那又非常依赖于社区医疗保健和公共医疗设施；对此见 Drèze and Sen，*Hunger and Public Action*（1989），and S. R. Osmani，ed.，*Nutrition and Poverty*（Oxford：Clarendon Press，1993）。

［4］例如，见 James Smith，"Healthy Bodies and Thick Wallets: The Dual Relationships between Health and Socioeconomic Status，"*Journal of Economic Perspectives* 13（1999）。还存在另一种"配对"效应：在（1）由收入贫困造成的营养不足，（2）因为营养不足造成的就业剥夺而产生的收入贫困之间的"配对"。对这样的联系，见 Partha Dasgupta and Debraj Ray，"Inequality as a Determinant of Malnutrition and Unemployment: Theory，"*Economic Journal* 96(1986)；"Inequality as a Determinant of Malnutrition and Unemployment: Policy，"*Economic Journal* 97(1987)；and "Adapting to Undernourishment: Biological Evidence and Its Implications，"in *The Political Economy of Hunger*，edited by Jean Drèze and Amartya Sen（Oxford: Clarendon Press，1990）. 也可见 Partha Dasgupta，*An Inquiry into Well-Being and Destitution*（Oxford: Clarendon Press，1993），and Debraj Ray，*Development Economics*（Princeton: Princeton University Press，1998）。

［5］在英国这些缺陷对于收入贫困的盛行产生的重大影响由 A. B. Atkinson 的开创性经验研究尖锐地披露出来，见 *Poverty in Britain and the Reform of Social Security*（Cambridge：Cambridge University Press，1970）。在他后来的著作中，Atkinson 进一步探讨了收入短缺与其他类型的剥夺之间的联系。

［6］关于这些功能性障碍的性质，见 Dorothy Wedderburn，*The Aged in the Welfare State*（London：Bell，1961）；Peter Townsend，*Poverty in the United Kingdom*：*A Survey of Household Resources and Standards of Living*（Harmondsworth：Penguin Books，1979）；J. Palmer，T. Smeeding and B. Torrey，*The Vulnerable*：*America's Young and Old in the Industrial World*（Washington，D.C.：Urban Institute Press，1988）；among other contributions。

［7］我曾经研究过运用能力剥夺的视角来分析两性不平等，见 *Resources*，*Values and Development*（1984；1997）；*Commodities and Capabilities*（Amsterdam：North-Holland，1985）；and "Missing Women，" *British Medical Journal* 304（March 1992）. See also Pranab Bardhan，"On Life and Death Questions，" *Economic and Political Weekly* 9（1974）；Lincoln Chen，E. Huq and S. D' Souza，"Sex Bias in the Family Allocation of Food and Health Care in Rural Bangladesh，" *Population and Development Review* 7（1981）；Jocelyn Kynch and Amartya Sen，"Indian Women：Well-Being and Survival，" *Cambridge Journal of Economics* 7（1983）；Pranab Bardhan，*Land*，*Labor*，*and Rural Poverty*（New York：Columbia University Press，1984）；Drèze and Sen，*Hunger and Public Action*（1989）；Barbara Harriss，"The Intrafamily Distribution of Hunger in South Asia，" in Drèze and Sen，*The Political Economy of Hunger*，volume 1（1990）；Ravi Kanbur and L.

Haddad, "How Serious Is the Neglect of Intrahousehold Inequality?" *Economic Journal* 100 (1990); among other contributions。

[8] 对此，见 United Nations Development Programme, *Human Development Report* 1995 (New York: Oxford University Press, 1995)。

[9] 见 W. G. Runciman, *Relative Deprivation and Social Justice: A Study of Attitudes to Social Inequality in Twentieth-Century England* (London: Routledge, 1966); and Townsend, *Poverty in the United Kingdom* (1979)。

[10] 对此，见我的 "Poor, Relatively Speaking," *Oxford Economic Papers* 35 (1983), reprinted in *Resources, Values and Development* (1984)。

[11] 这一联系分析于我的 *Inequality Reexamined* (Oxford: Clarend on Press; and Cambridge, Mass.: Harvard University Press, 1992), chapter 7。

[12] Jean Drèze and Amartya Sen, *India: Economic Development and Social Opportunity* (Delhi: Oxford University Press, 1995).

[13] 编辑的论文合集见 Isher Judge Ahluwalia and I.M.D. Little, eds., *India's Economic Reforms and Development: Essays for Manmohan Singh* (Delhi: Oxford University Press, 1998). See also Vijay Joshi and Ian Little, *Indian Economic Reforms, 1991—2001* (Delhi: Oxford University Press, 1996)。

[14] 这些论证更完整地阐述于 Drèze and Sen, *India: Economic Development and Social Opportunity* (1995)。

[15] 见 G. Datt, *Poverty in India and Indian States: An Update* (Washington, D.C.: International Food Policy Research Institute, 1997). See also World Bank, *India: Achievements and Challenges in Reducing Poverty*, report no. 16483 IN, May 27, 1997 (特别参见 figure 2.3)。

[16] Adam Smith, *The Theory of Moral Sentiments* (1759; revised edition, 1790); republished, edited by D. D. Raphael and A.L. Macfie (Oxford: Clarendon Press, 1976).

[17] John Rawls, *A Theory of Justice* (Cambridge, Mass.: Harvard University Press, 1971). 也可见 Stephen Darwall, ed., *Equal Freedom; Selected Tanner Lectures on Human Values* (Ann Arbor: University of Michigan Press, 1995) with contributions by G. A. Cohen, Ronald Dworkin, John Rawls, T. M. Scanlon, Amartya Sen and Quentin Skinner。

[18] Thomas Scanlon, "Contractualism and Utilitarianism," in *Utilitarianism and Beyond*, edited by Amartya Sen and Bernard Williams (Cambridge: Cambridge University Press, 1982). See also his *What We Owe Each Other* (Cambridge, Mass.: Harvard University Press, 1998).

[19] 例如，参见 James Mirrlees, "An Exploration in the Theory of Optimal Income

Taxation," *Review of Economic Studies* 38 (1971); E.S. Phelps, ed., *Economic Justice* (Harmondsworth: Penguin Books, 1973); Nicholas Stern, "On the Specification of Modes of Optimum Income Taxation," *Journal of Public Economics* 6 (1976); A. B. Atkinson and Joseph Stiglitz, *Lectures on Public Economics* (London: McGraw-Hill, 1980); D. A. Starrett, *Foundations of Public Economics* (Cambridge: Cambridge University Press, 1988); among many other contributions。

[20] A. B. Atkinson, "On the Measurement of Inequality," *Journal of Economic Theory* 2 (1970), and *Social Justice and Public Policy* (Brighton: Wheatsheaf; Cambridge, Mass.: MIT Press, 1983). See also S.Ch.Kolm, "The Optimum Production of Social Justice," in *Public Economics*, edited by J. Margolis and H. Guitton (London: Macmillan, 1969); Amartya Sen, *On Economic Inequality* (Oxford: Clarendon Press, 1973; expanded edition, including an annex with James Foster, 1997); Charles Blackorby and David Donaldson, "A Theoretical Treatment of Indices of Absolute Inequality," *International Economic Review* 21 (1980), and "Ethically Significant Ordinal Indexes of Relative Inequality," *Advances in Econometrics*, volume 3, edited by R. Basmann and G. Rhodes (Greenwich, Conn.: JAI Press, 1984).

[21] 在我的论文"Inequality, Unemployment and Contemporary Europe"(presented at the Lisbon conference on "Social Europe" of the Calouste Gulbenkian Foundation, May 5—7, 1997, published in *International Labour Review*, 1997)中，我讨论了与欧洲当代政策问题的这种对比的意义。关于失业者自己对于由失业造成的丧失自由与能力的重视，很说明问题的分析是 Eric Schokkaert and L. Van Ootegem, "Sen's Concept of Living Standards Applied to the Belgian Unemployed," *Recherches Economiques de Louvain* (*1990*)。

[22] 见在我的"Inequality, Unemployment and Contemporary Europe"(1997)所引用的文献。关于失业的心理及其他"社会危害"，见 Robert Solow, "Mass Unemployment as a Social Problem" in *Choice*, *Welfare and Development*, edited by K. Basu, P. Pattanaik and K. Suzumura (Oxford: Clarendon Press, 1995), and A. Goldsmith, J. R. Veum and W. Darity Jr., "The Psychological Impact of Unemployment and Joblessness," *Journal of Socio-Economics* 25 (1996), among other contributors。还可参见关于"社会排斥"的有关文献；有关文献的较好介绍，可见于 Gerry Rodgers, Charles Gore and J.B. Figueiredo, eds., *Social Exclusion*: *Rhetoric*, *Reality*, *Responses* (Geneva: International Institute for Labour Studies, 1995); Charles Gore et al., *Social Exclusion and Anti-Poverty Policy* (Geneva: International Institute for Labour Studies, 1997); Arjan de Haan and Simon Maxwell, *Poverty and Social Exclusion in North and South*, special number, *Institute of Development Studies Bulletin* 29 (January 1998)。

[23] A. B. Atkinson, Lee Rainwater and Timothy Smeeding, *Income Distribution in*

OECD Countries（Paris：OECD，1996）.

［24］对新的政策创新方案的需要在当前尤其强烈。见 Jean-Paul Fitoussi and R. Rosanvallon，*Le Nouvel âge des inégalités*（Paris：Sevil，1996）；Edmund S. Phelps，*Rewarding Work：How to Restore Participation and Self-Support to Free Enterprise*（Cambridge，Mass.：Harvard University Press，1997）。还可见 Paul Krugman，*Technology，Trade and Factor Prices*，NBER Working Paper no. 5355（Cambridge，Mass.：National Bureau of Economic Research，1995）；Stephen Nickell，"Unemployment and Labor Market Rigidities：Europe versus North America，" *Journal of Economics Perspectives* 11（1997）；Richard Layard，*Tackling Unemployment*（London：Macmillan，1999）；Jean-Paul Fitoussi，Francesco Giavezzi，Assar Lindbeck，Franco Modigliani，Beniamino Moro，Dennis J. Snower，Robert Solow and Klaus Zimmerman，"A Manifesto on Unemployment，in the European Union，" mimeographed，1998。

［25］数据取自 M. W. Owen，S. M. Teutsch，D. F. Williamson and J. S. Marks，"The Effects of Known Risk Factors on the Excess Mortality of Black Adults in the United States，" *Journal of the American Medical Association* 263，number 6（February 9，1990）。

［26］对此，见我的 *Commodities and Capabilities*（1985）. UNDP's *Human Development Reports* have provided important information and assessment regarding this way of seeing poverty，especially in *Human Development Report 1997*. See also Sudhir Anand and Amartya Sen，"Concepts of Human Development and Poverty：A Multidimensional Perspective"（1997）。

［27］Drèze and Sen，*India：Economic Development and Social Opportunity*（1995）；Amartya Sen，"Hunger in the Modern World，" Dr. Rajendra Prasad Memorial Lecture，New Delhi，June 1997；and "Entitlement Perspectives of Hunger，" World Food Programme，1997.

［28］这一信息和本节所用的其他信息的来源，见 Drèze and Sen，*India：Economic Development and Social Opportunity*（1995），chapter 3 and statistical appendix。由于可供使用资料的限制，这里的分析着重在 1991 年。但是据最新的印度全国抽样调查（Indian National Sample Survey）的报告，识字率已有相当大地提高。某些邦的政府，例如西孟加拉邦和中央邦，也已宣布了重大的政策改变。

［29］见 C. J. L. Murray et al.，*U.S. Patterns of Mortality by County and Race：1965—1994*（Cambridge，Mass.：Harvard Center for Population and Developmental Studies，1998），table 6d，p.56。

［30］印度在提供资源并做出努力来促进社会发展方面的失败的严重性，可见 S. Guhan 令人信服的、感人的讨论，"An Unfulfilled Vision，"ISAAI Quarterly 12（1993）。亦参见为纪念他而出版的文集：Barbara Harriss-White and S. Subramanian，eds.，*Illfare in India：Essays on India's Social Sector in Honour of S. Guhan*（Delhi：Sage，1999）。

[31] 取自 table 3.1 in Drèze and Sen, *India: Economic Development and Social Opportunity* (1995). See also Saraswati Raju, Peter J. Atkins, Naresh Kumas and Janet G. Townsend, *Atlas of Women and Men in India* (New Delhi: Kali for Women, 1999)。

[32] 还可参见 A. K. Shiva Kumar, "UNDP's Human Development Index: A Computation for Indian States," *Economic and political Weekly*, October 12, 1991, and Rajah J. Chelliah and R. Sudarshan, eds., *Indian Poverty and Beyond: Human Development in India* (New Delhi: Social Science Press, 1999)。

[33] 见 World Bank, *World Development Report 1994* (Oxford: Oxford University Press, 1994), table 1, p.163。

[34] 对此见 Peter Svedberg, *Poverty and Undernutrition: Theory and Measurement* (Oxford: Clarendon Press, 1997) 中的详尽比较。Svedberg 还审视了测度营养不足的各种不同的方法，以及从不同的统计数据中产生的相互冲突的情况，但得出印度在营养不足方面比撒哈拉以南的非洲更差的坚实结论。

[35] 见 World Bank, *World Development Report* 1993 (Oxford: Oxford University Press, 1933), table A.3. Mortality rates have worsened with the spread of the AIDS epidemic。

[36] 见 Svedberg, *Poverty and Undernutrition* (1997). See also C. Gopalan, ed., *Combating Undernutrition* (New Delhi: Nutrition Foundation of India, 1995)。

[37] 见Nevin Scrimshaw, "The Lasting Damage of Early Malnutrition," in R. W. Fogel et al., *Ending the Inheritance of Hunger* (Rome: Wold Food Programme, 1997). See also the papers of Robert W. Fogel, Cutberto Garza and Amartya Sen in the same volume。

[38] 这并非否认对营养不足的每一个标准测度都有可疑之处，但是基于健康和身体测度的指标比起单纯考察食物摄取量的指标确实具有某些优点。也有可能利用可以获得的医疗与功能性活动的知识来改进所用的标准。关于这些以及相关的问题，见 Dasgupta, *An Inquiry into Well-Being and Destitution* (1993); Osmani, ed., *Nutrition and Poverty* (1993); Scrimshaw, "The Lasting Damage of Early Malnutrition," and Robert W. Fogel, "The Global Struggle to Escape from Chronic Malnutrition since 1700," in Fogel et al., *Ending the Inheritance of Hunger* (1997)。

[39] 见 Svedberg, *Poverty and Undernutrition* and the literature cited there. 还可见 United Nations Development Programme, *Human Development Report* 1995 (New York: Oxford University Press, 1995)。

[40] 非洲也受到更加沉重的国际债务负担的损害，那种债务现在是天文数字。还有一个区别是非洲国家更多地受到独裁统治，部分原因是被卷入冷战所造成的，当时西方和苏联都愿意支持它们的非民主的同盟者去发动政变和夺权。第 6、7 两章将讨论独裁在以下方面的危害：易受伤害的底层民众声音的丧失，以及透明性与责任核查的丧

失。甚至大规模举债来满足军事与其他优先事物的倾向也是独裁的规则所鼓励的。

[41] 从1990年起联合国人类发展署（UNDP）在由 Mahbub ul Hag 博士首创的年度“人类发展报告”（*Human Development Reports*）中提供了有关世界不同地方剥夺状况的性质的有意义的、重要的详细数据。他们还对某些总计的测度提出了建议并得出了计算结果，特别是人类发展指数（Human Development Index，HDI）和人类贫困指数(Human Poverty Index，HPI)。这些总计的测度，比起那些表格和其他实证数据提供的详细的、多样化的实证分析来，趋于吸引更多的公共注意力。确实，吸引更多的公共注意显然是 UNDP 目标的一部分，特别是它试图纠正过度集中注意简单的人均国民生产总值测度，那常常是公众注意的惟一指标。为了与国民生产总值竞争，需要有另外一个——更广义的——测度，它要具有与国民生产总值一样的粗略水平。这种需要部分地由使用 HDI 而得到满足，就像 UNDP 提供了 HPI 作为标准的收入贫困的替代指标一样。我的意图并不是在吸引公共注意对这种竞争性的使用的好处方面提出疑问（实际上我曾经为 UNDP 设计这两个指标提供了技术性帮助）。但是事实是，比起单纯集中注意像 HDI 和 HPI 这样的总计指标所能得到的信息，“人类发展报告”含有远为丰富的有关信息。

[42] Amartya Sen，“Missing Women”（1992).

[43] 还可参见 my *Resources, Values and Development*(1984)；Barbara Harriss and E. Watson，“The Sex Ratio in South Asia,” in *Geography of Gender in the Third World*, edited by J. H. Momson and J. Townsend(London: Butler & Tanner,1987)；Jocelyn Kynch，“How Many Women Are Enough? Sex Ratios and the Right to Life,” *Third World Affairs 1985* (London:Third World Foundation,1985)；Amartya Sen,“Women's Survival as a Development Problem,” *Bulletin of the American Academy of Arts and Sciences* 43，number 2(1989), pp.14～29；Ansley Coale，“Excess Female Mortality and the Balances of the Sexes in the Population: An Estimate of the Number of ‘Missing Females,’” *Population and Development Review* 17,number 3 (1991),pp.517～523;Stephan Klasen,“Missing Women Reconsidered,” *World Development* 22 (1994)。

[44] 见 I. Waldron，“The Role of Genetic and Biological Factors in Sex Differences in Mortality,” in *Sex Differences in Mortality*，edited by A. D. Lopez and L. T. Ruzicka (Canberra：Department of Demography，Australian National University，1983)。

[45] 对此，见我的“Women's Survival as a Development Problem,” *Bulletin of the American Academy of Arts and Sciences*（November 1989)；revised version，“More Than a Hundred Million Women Are Missing,” *The New York Review of Books*, Christmas number (December 20)，1990。

[46] 见 Drèze and Sen，*Hunger and Public Action*（1989)，table 4.1，p.52，See also my “Missing Women”（1992)。

[47] Coale, "Excess Female Mortality."

[48] Stephan Klasen, "Missing Women Reconsidered," *World Development* 2.2, (1994).

[49] Chen, Huq, and D'Souza, "Sex Bias in the Family Allocation of Food and Health Care in Rural Bangladesh" (1981), p.7; Sen, *Commodities and Capabilities* (1985), appendix, B, and the empirical literature cited there (also Coale, "Excess Female Mortality," 1991).

[50] 特别参见 Atkinson, *Social Justice and Public Policy*, (1983), and his *Poverty and Social Security* (New York: Wheatsheaf, 1989)。

[51] Harry Frankfurt, "Equality as a Moral Ideal," *Ethics* 98 (1987), p.21.

[52] 我已于下文中讨论了这一区别的不同层面: "From Income Inequality to Economic Inequality," *Southern Economic Journal* 64 (1997)。

[53] 对此，参见我的 "The Welfare Basis of Real Income Comparisons," *Journal of Economic Literature* 17 (1979), reprinted in *Resources, Values and Development* (1984)。

第 5 章　市场、国家与社会机会

赫胥黎在《科学与文化》中写道："新的真理的通常命运是，以异端邪说开始，以迷信告终。"围绕市场在经济生活中的重要性的真理所发生的事，与赫胥黎所说的非常相似。曾经——并非很久以前——有一段时间，每一个年轻的经济学者都"懂得"市场体系在哪些方面存在严重的局限性：所有的教科书重复同样的一列"缺陷"的清单。知识界对市场机制的拒绝常常导致激进的倡议，要用完全不同的方法来组织这个世界（有时候这意味着建立享有巨大权力的政府机构和不可想像的财政开支），却没有认真考察另一种可能性，即所倡议的那些替代方案所产生的失败会比预期的市场所产生的失败更大。对于替代方案所可能产生的新的、更多的问题，通常不存在什么兴趣。

在过去数十年中，知识界的氛围发生了非常剧烈的变化，现在情况颠倒过来了。标准的假定是，市场机制的优点是如此广泛，以至于其局限性看来是无关紧要的了。提到市场机制的缺陷，在眼下的气氛中，看来是怪里怪气的老古董，而且是背离当代文化的（就像用一台每分钟 78 转的老唱机放 20 世纪 20 年代的音乐一样）。一组偏见被另一组——相反的——先入为主的观念所取代。昨天未受检验的信仰变成了今天的异端邪说，昨天的异端邪说变成了今天的迷信。

从来没有像现在这样强烈地需要对标准的成见和人们的政治—经济观念作批判的审视。[1]今天的偏见（赞同纯粹的市场机制），当然需要仔细研究，而且——我将论证——局部地否定。但我们必须避免重演昨天的谬误，即拒绝认识市场的优点——以及对市场的甚至是必不可免的需要。我们必须审视并决定两种观点各自有哪些部分是合理的。我著名的同胞释迦牟尼，可能是太有先见之明，看到了对“中间道路”的普遍需要（但他并没有特地讨论市场机制）。然而，我们确实可以从他在 2 500 年前关于非极端主义的教导中学到一些东西。

5.1　市场、自由权与劳动

尽管市场机制的优点现在已得到非常广泛的承认，需要市场的**理由**却常常没有得到充分的理解。这个问题已经在本书的导论和第 1 章讨论过，但我必须回到这一课题，简短地考察发展的制度性层面。在近来的讨论中，评价市场机制的焦点通常被放在由它最终产生的**结果**上，诸如由市场产生的收入或效用。这不是一个可忽视的课题，我将很快回到这个话题上来。但赞同市场交易自由的更直接的理由在于这种自由本身的基本意义。我们有很好的理由去买和卖，去交换，去追求可以在交易的基础上丰裕起来的生活。一般地否定这种自由，就其自身而言，会是一个社会的重大失策。这种基础性的认识，**先于**我们也许能够、也许不能够证明的任何定理（我将很快谈到这一点），那种定理告诉我们，按照收入、效用等等来计量，市场的最终结果会是什么。[2]

在当代生活中无所不在的交易的作用，恰恰由于我们视之为当然，而常常被忽视了。这与下述情况类似：在发达的资本主义经济中，某些行为准则

(例如基本的商业伦理）的作用，没有受到适当的重视——而且常常被忽略了（只是在发生违规时，才去注意它们)。但是，当这些价值标准还没有完全建立起来的时候，有没有这些价值标准一般地起作用，可以造成天壤之别。在分析发展的时候，必须把基本的商业伦理的作用，从隐而不宣的存在中解放出来，给予公开明确的承认。类似地，在很多情况下，缺乏交易自由本身就是一个重大问题。[3]

当然，在劳动市场的自由被法律、法规或传统规范所否定的情况下，这个问题尤其重要。尽管非洲裔美国人在内战前的南方当奴隶时，可以得到与其他地方的自由农业工人相同的（甚至更高的）货币收入，而且甚至可能比北方的城市工业工人活得更长[4]，但是奴隶制本身仍然意味着一种基本的剥夺（不管它能产生什么样的收入或效用)。失去自由——没有就业的选择，在暴力下做工——本身就是一种重要的剥夺。

自由市场的发展，尤其是自由选择就业的发展，是历史研究中受到高度评价的事件。甚至资本主义的伟大批判家马克思也认为就业自由的出现是划时代的进步（见第 1 章的讨论)。然而，这个问题不仅涉及历史，同样也涉及当代，因为就在此刻，在世界上很多地方，这一自由仍然是极其重要的问题。让我用四个很不相同的例子来说明。

第一,在亚洲和非洲很多国家存在着不同形式的人身依附性劳动,以及对于离开传统雇主去追求工资性就业的基本自由的顽固否定。据印度报刊报道,在印度最落后的地区之一的比哈尔邦,上等种姓的土地拥有者用暴力——通过有针对性的谋杀和强奸——来恐吓“束缚”在他们土地上的劳工的家庭。这里当然涉及犯罪行为——这就是为什么这些事件受到媒体注意的原因(而且也可能最终成为甚至在这些可怕的地区,情况将会不得不改变的原因)。但是在这种犯罪行为背后,基本的经济情况既涉及争取就业自由的斗争,又涉及争取土地所有权的斗争,在这些土地上“受束缚”的劳工被迫耕作;这种束缚性安排尽管不合法(根据独立后的一项法令,但该法令只是局部地实施了),却依然存在。这种情况在印度比在其他地方得到了更多的研究(如第一章所讨论的),但有足够证据表明,类似的问题在其他若干国家也存在。

第二（转到一个非常不同的例子)，仅仅就在产生收入及其他成果——例如寿命期望值——方面所遇到的经济问题来看，是不能充分把握东欧和苏联的官僚社会主义的失败的。确实，就寿命期望值而言，这些共产主义国家相对来说常常做得很好（根据苏联、改革前的中国、越南和古巴，以及其他国家的人口统计，很容易查证这一点）。事实上，若干原共产主义国家现在处于比它们在共产党统治下显著恶化的状况——也许与任何其他国家相比，俄国本身更突出（俄国男人的出生时寿命期望值现在已经降到大约58岁——明显低于印度和巴基斯坦）[5]。但是，如选举结果所示，人们不愿意投票赞成回到过去的体制，甚至继承老的政治营垒的那些政党也没有建议走回头路（它们仅仅要求比较缓和的体制变动）。

在判断那里发生的情况时，当然必须承认共产主义制度的无效率。但是还有一个更直接的问题，即在许多领域中完全取消了市场的那种体制中，对自由的否定。同时，即使存在市场，人们仍然可能不被允许参与市场。例如，他们可能被禁止到现存的召募员工的市场中去寻求就业（包括某些受歧视的人们被指定到领导要他们去的地方工作）。在这个意义上，哈耶克对共产主义经济的谴责性描述，"通向奴役之路"，尽管很严厉，但确实是符合实际的言辞。[6]在另一个不同的——但不是不相关的——场合，卡莱茨基（Michal Kalecki），这位伟大的波兰经济学家，当共产主义政权刚开始在波兰建立起来的时候，他满怀热情地回到那里，他在回答记者关于波兰从资本主义到社会主义的进步的问题时说，"是的，我们已经成功地废除了资本主义；我们现在必须要做的就是废除封建主义。"

第三，如第1章已经提到，在童工（在例如巴基斯坦、印度、孟加拉国等地流行）这个令人痛苦的话题中，还包含着一个不可分割的问题，即奴隶和人身依附，因为许多从事繁重工作的孩子是被迫做工的。这种劳役的根源，可以追溯到这些孩子所来自的家庭所受到的经济剥夺——有时候他们的父母自己就处于对雇主的某种人身性依附状况下——从而在童工这个肮脏事物之上，还要加上孩子们是**被迫**从事工作的这个野蛮现象。上学的自由受到阻碍，不仅因为这些地区的初等教育计划的落后，而且在某些情况下还由于这些孩子（以及在很多时候他们的父母）在决定他们要做什么时没有任何选择。

童工问题常常造成南亚经济学家的争论。一些人争辩，仅仅废除童工而不对所涉及的家庭的经济状况的改善做任何事情，不一定符合这些孩子自己的利益。这确实是一个可争论的问题，但是，童工经常等同于实际上的奴隶，在这些情况下，确实使得我们面临的选择在变得简单得多。这种不折不扣的奴隶制，为更严格地执行禁止奴隶制以及童工的法令，提供了强有力的理由。童工制度本身已经够糟糕了，由于等同于人身依附及实际上的奴隶而变得更加丑恶。

第四，妇女在家庭之外寻求就业的自由，在许多第三世界国家中是一个重要问题。这种自由在很多文化中被系统地否定了，这种否定本身就是对妇女自由权和性别平等的严重侵犯。这一自由的缺乏，阻碍了妇女经济地位的提升，而且还产生了很多其他后果。市场就业除了起到增进妇女经济独立的直接作用以外，还起到了另一种重要的因果作用，那就是使得妇女在家庭内部的分配中得到更好的“份额”。[7]不用说，妇女的家务劳动是非常繁重的，但那很少受到赞扬，甚至得不到承认（当然更没有报酬），而且，否定妇女在家庭之外就业的权利，是对妇女自由权的极为严重的侵犯。[8]

禁止妇女在家庭之外就业，有时是以一种公开而严厉的方式残暴地实行着的（例如，在当代的阿富汗）。在其他一些情况下，这种禁止以隐含的方式通过传统风俗的力量实施着。有时候，甚至可能还不存在任何明确的不许妇女就业的禁令，但在传统价值观念中长大的妇女可能会非常害怕打破传统并引起别人激烈反对。通行的对“正常性”和“恰当性”概念的认同，对认识这个问题具有非常重要的意义。

上述这个问题涉及本书的其他重要议题,特别是,对社会事务进行公开讨论的必要性,以及社团活动在促成巨大社会变化上的优势。妇女组织已经开始在世界上很多国家对这种转变发挥非常重要的作用。例如,妇女独立就业者联合会在印度的一个地区已经最富有成效地促成了思想观念的变化,而不仅仅是使更多的妇女得以就业。参与式的信用合作组织,例如格拉敏银行和孟加拉国农村促进委员会,在孟加拉国也取得了同样的成绩。在强调交易和经济参与的权利(包括自由寻求就业的权利)的意义,以及与市场有关的自由权的直接重要性的时候,我们一定不能忽略这些自由权与因为其他(非市场)机构和制度的运作而导致的自由之间的互补性。[9]不同的机构和制度——特别是非市场组织与市场——之间的互补性,也是本书的一个中心论题。

5.2　市场与效率

劳动市场在许多不同情况下可以是一个解放者，交易的基本自由可以具有中心意义，不管市场机制就收入、或效用、或其他成果而言，能不能够取得一定的成就。但是，考察这些后果性成就也是重要的，我现在就转向这个相当不同的议题。

在评价市场机制时，注意到市场的形式是重要的：是竞争的还是垄断的市场（或者是其他类型的非竞争市场），某些市场是否并不存在（因为某些不容易补救的原因，市场无法运作），等等。同时，客观环境的性质（例如，能否获得某些特定的信息，是否存在规模经济），也会影响到通过不同体制形式的市场机制所能够取得何种成果的现实可能性，并对这种成果的取得造成实际限制。[10]

如果没有这些市场缺陷［包括某些物品和服务的不可市场化(nonmarketability)］,就可以用经典的一般均衡模型来显示市场机制实现经济效率的优越性。经济效率的标准定义是经济学家所说的“帕累托最优”:在此状态下,任何一个人的效用(或福利)不可能在不减少另外某个人的效用(或福利)的情况下得到提高。这个效率成就——所谓的阿罗-德布罗定理,以最初证明这个结果的两位经济学家阿罗(Kenneth Arrow)和德布罗(Gerard Debreu)命名[11]——具有真实的重要性,尽管这个定理有其简化的假定。[12]

阿罗-德布罗结果表明，在给定某些前提的情况下，市场机制的运行结果不可能进一步改进以增加每个人的效用（或增加某一个人的效用而不减少任何其他人的效用），以及其他一些结论。[13]

然而,有可能发问:所追求的效率是否应该按**个人自由**而不是**效用**来衡量？在这里这是一个特别合理的问题,因为本书所做的研究所用的信息基础一直是个人自由(而不是效用)。实际上,我曾经在别处说明,按照对个人实质自由的某种合理的特征性概括,阿罗-德布罗的效率结果的重要部分可以很容易地从效用的“空间”转换到个人自由的空间,这不仅就选择**商品组合**的自由而言是如此,就**从事各种功能性活动的可行能力**而言也是如此。[14]在显示这个推论有效成立时,我采用了与证明原来的阿罗-德布罗结果所需要的相似的假定(例如,不存在某些物品和服务的不可市场化)。在这些假定下,并运用对个人自由的一个有说服力的概括,可以证明,竞争性市场均衡可保证,在保持所有其他人的自由不变时,没有一个人的自由可以有任何增加。

为了使上述联系得以建立起来，实质自由的重要性就必须不只是按照一个人所拥有的可选事物的**数目**来判断，而一定要对可选事物的**吸引力**有足够的敏感。自由具有不同的层面；前面已经讨论过个人自由权以及进行交易的自由权。然而，为了使**取得成果的自由**与某个人想要取得的成果相一致，我们必须注意可供选择的事物的好处。[15]为了解释这一自由—效率结果（而不讨论技术细节），需要指出，给定个人会做出审慎选择这个假定，按个人效用衡量的效率，必定在很大程度上依赖于向人们提供足够的机会，使他们可以从中做出选择这一条件。这些机会不仅关系到人们选择了什么（以及他们所实现的效用），而且关系到他们可以选择什么样有用的事物（以及他们所享有的实质自由）。

值得在这里澄清一个具体问题，即自身利益的最大化行为在导致市场机制的效率结果中的作用。在经典的(阿罗-德布罗)框架中，假定了每个人必定追求其自身利益，并以此为个人的惟一动机。这种行为假定的必要性，来自试图证明市场成果将符合“帕累托最优”(那是按照个人利益定义的)，也就是说，没有任何一个人的利益能够在不损害别人利益的情况下进一步得到增进。[16]

无所不在的自利这个前提假定，是很难用经验事实来辩护的。此外，还存在一些比阿罗-德布罗模型所假定的更复杂的情况（涉及不同人们的利益间更为直接的相互依赖），在那些情况下，追求自身利益行为远不足以产生效率结果。这样，如果普遍的自利真的是阿罗-德布罗模型中的效率结果所必须假定的，那么它可以看成是那一模型的严重的局限性。然而，如果按照个人自由，而不是仅仅按照效用来考察对效率的要求，就可以在很大程度上避免这种局限性。

如果我们主要关心的是人们享有的实质自由(不管他们为了什么目的行使这些自由)，而不是他们的个人利益在多大程度上(通过他们自己的自利行为)得到满足，就可以排除必须假定自利行为的这个限制。在这种情况下，不需要对人们进行选择的动机作任何假定，因为问题的关键不再是所达到的利益满足，而是可以获得的自由(无论这种自由的目的是自利还是其他目标)。这样，阿罗-德布罗定理基本的分析结果就在很大程度上独立于个人偏好后面的动机，而且，动机可以无需论及，如果我们的目的是说明按偏好满足来衡量的效率，或者按个人的实质自由来衡量的效率(不管动机是什么)。[17]

5.3　处境劣势与自由不均等的配对效应

市场效率的基本结果，在上述意义上，可以推广到实质自由的视角。但是这些效率结果并不涉及结果上的公平，或对自由的分配上的公平。一种状况可以在下述意义上是有效率的，即没有一个人的效用或实质自由可以在不减少他人效用或自由的情况下得到增进，但是对效用或自由的分配仍然可能存在很大的不均等。

事实上，当注意力从收入分配不均等转移到**实质自由和可行能力的分配**不均等时，不均等的问题就变大了。这主要是因为，收入不均等为一方，把收入转化为可行能力的优势不均等为另一方，二者之间可能存在某种“配对”效应。后者通常把已经反映在收入不均上的不均等问题更加扩大了。例如，一个残疾人，或病人，或老人，或有其他障碍的人，一方面会有**挣到**够用的收入的问题，另一方面又面临把收入**转化**为可行能力、转化为享受良好生活的更大困难。使得一个人不能找到一个好工作、挣一份好收入的同样因素（例如残疾），会使这个人即使有同样工作、同样收入，也仍然在实现良好生活质量方面居于劣势。[18]**挣得**收入的能力与**使用**收入的能力之间的这种关系，在贫困研究中是熟知的经验现象。[19]市场运行的结果中，人际之间的收入不均，会由于低收入与把收入转化为可行能力的障碍之间的“配对”效应而趋于扩大。

市场机制的自由—效率成果和自由—不均等问题的严重性，值得**同时**加以考察。特别是在处理严重的剥夺和贫困问题时，必须正视不均等问题，在这个领域，社会干预，包括政府扶助，应该发挥重要的作用。在很大程度上，这正是福利国家的社会保障体系，通过一系列的计划，包括由社会提供的医疗保健、对失业与贫困的公共扶助等等，所试图实现的目的。但是，仍然需要**同时**注意这个问题的效率和公平层面，因为以公平为目的来干预市场机制的运作，尽管促进了公平，却会影响效率的实现。重要的是，应该清楚地认识到需要同时考虑社会评价和正义的不同层面。

需要同时考虑不同的目标这一问题，已经在本书其他几个地方出现过。例如，第4章在对比欧洲在保障最低收入和医疗保健方面（与美国相比）更大的社会承诺，和美国在保持高水平就业方面（与欧洲相比）更大的社会承诺的时候，曾考察了这种需要。这两种承诺在相当大程度上可以结合起来，但它们也可能至少是部分地互相冲突的。在存在冲突的范围内，需要把这两个层面**放在一起**同时考虑，以达成总的社会优先排序，兼顾效率与公平。

5.4 市场与利益集团

市场所起的作用不仅取决于市场能做什么，而且取决于市场被允许做什么。市场的顺利运行可以为许许多多人们的利益服务，但这种运行也可能伤害一些集团的既得利益。如果后一种人在政治上更有力量和影响，则他们会努力使市场在经济中得不到适当的空间。如果垄断性生产单位——由于排除国内或国外的竞争——尽管有效率低下和种种其他缺陷还是盛行起来了，那么这可以成为一个特别严重的问题。这种依赖人为限制的生产所导致的产品价格过高或产品质量过低，会给大众带来巨大的损失，但是有组织的、政治上有影响力的“工业家”集团则能够确保其利润受到很好的保护。

亚当·斯密对于市场在 18 世纪的英国只得到有限的使用提出过批评，其主旨不仅在于指出良好运作的市场的社会优越性，而且还在于识别既得利益者在确保高额利润与排除竞争的威胁性作用这方面的影响。事实上，在亚当·斯密看来，之所以需要理解市场的运作，是因为，在很大程度上，它对于既得利益者所使用的反对给予竞争以恰当地位的流行论调，是一种解毒剂。斯密的理智的论证，部分地是为了对抗既得利益者的那些辩护性论证说服力和影响力。

斯密所特别激烈地反对的那些市场限制，可以广义地看做是“前资本主义”的限制。这些限制不同于为了诸如福利计划或社会安全网而做出的公共干预，社会安全网在他的时代只能在济贫法那样的安排中找到雏形。[20]它们也不同于国家在提供诸如公共教育这样的服务方面所发挥的作用，斯密对提供这种服务是非常支持的（下面将再谈这一点）。

实际情况是，存在于今天的发展中国家——或者甚至昨天的被称为是社会主义的国家——的严重损害经济运作的许多限制，也广义地属于这种“前资本主义”类型。无论我们考察对某些国内贸易或国际交易的禁令，或者由那些“享受保护的资产阶级（protected bourgeoisie）”所拥有并经营的产业中对过时的技术和生产方法的保留，都会发现对于限制竞争的全盘拥护与前资本主义价值观和思想习惯的盛行，两者之间的一般相似性。昨天的“激进派”，诸如亚当·斯密（他的思想激发了法国革命中的许多活动家），或李嘉图（他反对马尔萨斯对无所事事的地主的生产性贡献所作的辩护），或马克思（他把竞争性资本主义看做是造成世界上进步变化的一个主要力量），对于前资本主义思想的领导人物的一般性反市场论述，几乎都没有任何同情。

某些鼓吹今天的激进政治观点的人，常常陷入陈旧的经济学立场，那是曾经被斯密、李嘉图和马克思如此明确无误地否定过的，这真是思想史上的一大讽刺。我在前面已经引述过的，卡莱茨基对充满限制的波兰的辛辣抱怨（“我们已经成功地废除了资本主义；我们现在必须要做的就是废除封建主义”），从这个角度可以得到充分的理解。毫不奇怪，那些享受保护的资产阶级常常从遥远的过去翻出一般性的反市场论述，掸去上面的灰尘，竭尽全力鼓励和支持那种激进主义和现代性的假象。

参加这场辩论时，重要的是以开放的精神来批判那些赞同一般地限制竞争的论点。这并非否认必须还要注意那些从限制贸易和交换中得到重大物质利益的集团的政治力量。很多论者已经用很好的理由指出，评价那些赞同限制竞争的论点时，必须识别所涉及的既得利益，并注意隐含在排除竞争的努力中的“寻租活动”所起的作用。如帕累托在以下著名的分析中所指出的，如果“某个措施 A 将导致1 000个人每人损失 1 法郎，而某一个人将得到1 000法郎，则后者将会花很大的力气来争取 A，前者将只进行微弱的抵抗；因此很可能最后的结果是，试图确保通过 A 得到1 000法郎的那个人将会获得胜利”[21]。为了寻求经济好处而施加政治影响，在我们生活于其中的世界是非常现实的现象。[22]

对付这样的影响，不能仅仅对在受到保护的市场上寻求利润的那些人进行抵制——或者甚至予以“揭发”（用一个老式的词来说）——而且还需要对他们的理论观点进行审视。经济学在这一批判方向上有着长期的传统，至少可以追溯到亚当·斯密本人，他一方面指责那些损公肥私的人，同时又揭露了他们关于禁止竞争会带来社会利益的错误论调。斯密指出，既得利益集团常常取胜的原因是因为他们“对其自身利益有更多的知识”（**而不是**“对公共利益有更多的知识”）。他写到：

> 然而，在任何商业或制造业，工商业者的利益与公众利益，总是在某些方面有所不同，甚至相互对立。扩大市场并缩减竞争，永远符合工商业者的利益。扩大市场与公众利益常常是充分相容的，但缩减竞争肯定总是损害公众利益，而且只能使工商业者得以把利润提高到自然水平之上，为其私利向其他同胞施加一道荒谬的税收。对这一集团所建议的任何新的商业法律或法规，应该总是带着极大的警觉来听取，而且除非经过以最高度的严谨和最高度的怀疑态度进行的长时间和仔细的审查，绝不能采纳。[23]

如果允许并促进公开辩论，既得利益集团并没有任何理由必定取胜。甚至在帕累托的著名例子的情况下，可能有1 000个人的利益会因为一项政策受到少许损害，而一个工商业者会大获其利，一旦公众清楚地看到这幅图景，多数人便会起来反对这种特殊政策。这是对一个议题的正反两个方面进行公众讨论的理想领域，而且经过公开的民主的检验，公共利益很可能有极好的机会战胜既得利益小集团的高调宣传。这类问题的解决办法，就像本书其他地方多次考察过的那样，仍然是更多的自由——包括进行公共讨论和参与式政治决策的自由。这里再次显示，一种自由（这里是政治自由）可以帮助另一种自由（这里尤其指经济开放的自由）的实现。

5.5 需要批判地审视市场的作用

确实，批判性公共讨论是良好的公共政策的不可或缺的重要前提，因为不可能根据某种笼统的通用的公式，或者某种适用于一切场合的态度——不管那是赞同一切由市场决定、还是否定市场在所有领域的运用——来预先确定市场的恰当角色和范围。甚至亚当·斯密本人，虽然坚定地主张在市场可以有效运作的情况下使用市场（而且反对**一般地**否定贸易和交换），也毫不犹豫地研究在什么经济情况下可以合理地施加对市场的特定限制，或者在哪些经济领域内迫切需要非市场机构来补充市场的运作。[24]

我们一定不能抱任何先入之见，认为斯密对市场的批评总是温和的，或者他的批评论点总是正确的。试考察他赞同对高利贷施加法律限制的例子。[25]当然，斯密反对全面地禁止放债取息（如某些反市场的思想家所提倡的那样）。[26]但是，他要求由国家颁布法律来限制可以索取的最高利率：

> 在放债取息不被禁止的国家，为了防止重利盘剥，法律通常规定最高利息率，当索取的利率在它之下时可以不受惩罚。……
>
> 需要注意，这一法定利息率虽然应该高于最低市场利息率，但不应该高太多。如果英国的法定利息率定为，比如说，高达8%或10%，则大部分可贷款额就会贷给挥霍浪费者或投机者，因为只有他们会愿意付这么高的利息。诚实人愿意为使用货币而付的代价，不会超过他们使用货币可能得到的收益的一部分，他们不会冒险与之竞争。一个国家很大一部分资本就会脱离最有可能以赢得利润并产生好处的方式使用资本的人们，而转入最有可能浪费和败坏资本的人的手中。[27]

隐含在斯密的干预主义逻辑背后的理由是，市场信号可能是误导性的，而且，由于私人追求误导的或短视的事务，或者私人浪费社会资源，自由市场的后果可能是资本的大量浪费。边沁在 1787 年 3 月写了一封长信给亚当·斯密，严肃地争辩不应干预市场。[28]这是经济思想史上一件很值得注意的事件，效用论干预主义的大师给市场经济学的鼻祖上了一堂关于市场配置优越性的课。[29]

对法定最高利息率施加限制的论题在当代经济学论战中并没有什么意义(关于这个论题，边沁显然赢了斯密)，但是，重要的是理解为什么斯密对“挥霍浪费者或投机者”在经济中的影响持有那种否定的观点。他深切关注的问题是社会浪费和生产性资本的损失。他相当详细地讨论了那会是如何发生的(《国富论》第二篇，第三章)。在“挥霍浪费者”身上，斯密看到社会浪费的潜在危险,因为他们“只贪图当前享受”。因此“每一个挥霍浪费者看来都是公众的敌人”。关于“投机者”,斯密的担忧仍然与社会浪费有关：

> 胡乱投资的后果通常与挥霍浪费相同。在农业、矿业、渔业、商业或制造业上每一项不谨慎的、不成功的计划，都趋向于以同样方式减少应该用于维持生产性劳动的资金。每一个这样的计划……总会导致社会中本来可以使用的生产性资金的减少。[30]

评价斯密这些特定的观点并不特别重要,理解他所一般关注的事才是重要的。他所考虑的是狭隘地追求私人收益导致社会损失的可能性。这里说的是与斯密的一段更著名的语录相反的情况:“我们不指望靠肉商、酿酒商和面包商的仁慈,而是靠他们的自利考虑,得到我们的晚餐。我们不向他们说普利天下的话,而是说他们自身利益的话……”[31]如果说肉商、酿酒商和面包商的例子使我们注意到以自利为基础的交易的互利作用,关于挥霍浪费者或投机者的论述则指出了在一定情况下私利动机的确会与社会利益相悖的可能性。正是这种广义的关切(而不仅是挥霍浪费者或投机者的特定例子),在今天仍然是具有意义的。[32]这是在考察诸如浪费或污染环境的私营生产所导致的社会损失——这些情况完全符合斯密所描述的那种可能“导致本来可以使用的社会中的生产性资金的减少”的情况——的时候,这是对问题的具有核心意义的理解。

从斯密对市场机制的分析中应该学到的并不是任何宏大战略，从一般性的“赞同”或“反对”市场的态度一下子跳到政策结论。在首先承认贸易和交换在人类生活中的作用的基础上，我们仍然必须考察市场交易的另外一些实际后果是什么。我们必须以批判的态度评价各种实际可能性，充分注意按特定的情况来判断促进市场或限制其运作的措施的所有后果。如果说肉商、酿酒商、面包商的例子指出了一种非常普遍的情况,其中交换促进了我们之间互补的利益,那么挥霍浪费者、投机者的例子则说明了另一种可能性,即交换并非在任何情况下都能那样起作用。批判性检视无论何时何地都是必要的。

5.6 需要一种多层面的思路

近年来，部分地由于近几十年来许多国家面临的困难以及取得的成功，对发展采取一种广角的、多层面的思路的需要，变得更清楚了。[33]所涉及的议题与在政府——以及其他政治的、社会的机构和制度——与市场的运作之间保持平衡的需要紧密相关。

这些议题也表明了世界银行总裁沃尔芬森（James Wolfensohn）提出的那种“综合发展框架”的重要性。[34]这种框架否定把发展过程看成是割裂的单方面发展过程的观点（例如，仅仅涉及“自由化”或某些其他单独的重要过程）。寻求一个单一的、通用的解决办法（例如“开放市场”或“理顺价格”），在专业人士的思想中过去也很流行，并非只在世界银行。然而，与那种思路相反，我们需要的是，一种综合的、多方面的思路，其目标是促进不同方面同步的进展，包括相互支持的不同机构和制度。[35]

更广角的思路，与狭隘地集中于“一次干一件事”的那种改革相比，常常更难得到采纳。这有助于解释 1991 年在印度实施所需要的改革时，辛格（Manmohan Singh）的强有力的、明智的领导，为什么只是那样狭隘地仅仅集中于“自由化”，而对迫切需要的社会机会的扩大则缺乏相应的重视。然而，减少国家在充当“颁发许可证的官府（License Raj）”上的过度积极性，与排除国家长期忽视基本教育和其他社会机会的过度消极性（印度的将近一半成年人仍然是文盲，极其缺乏参与日益全球化的经济的能力），这二者之间存在着强烈的互补性。[36]辛格确实实行了某些基本的改革，取得了值得赞扬的成功。[37]但如果那些改革能与在印度扩展长期被忽略的社会机会结合起来，改革的成效会更大。

广泛利用市场与扩展社会机会两方面的结合的作用，并把它看作是一个更加广阔的综合性思路的一部分，它同时强调其他类型的自由（民主权利、安全保障、合作的机会，等等）。本书中，对不同的工具性自由（诸如经济权益、民主自由、社会机会、透明性保证以及防护性保障）的理解定位，是建立在它们各自的作用以及它们的互补性基础之上的。批评的重点可随所考察国家的特定经验而有所不同。例如，就印度而言，对社会机会的忽视可以是批评的一个焦点，而这在他国则不尽然。然而，与印度相比，缺乏民主自由对他国来说也许更适合成为批评的焦点。

5.7 相互依赖性与公共物品

那些倾向于认为市场机制是解决每一个经济问题的最好办法的人，也许需要考察一下市场机制的局限性是什么。我已经讨论过公平和应该超越单纯的效率考虑的问题，并在此背景下讨论了为什么需要用其他机构的活动来补充市场机制。然而，即使仅就实现效率而言，市场机制有时也不是有效的，特别是在存在所谓的“公共物品”的时候。

为了显示市场机制的效率，一个标准假定是，每一种商品——或者更广义地说，我们的福利所依赖的每一种东西——都可以在市场上买和卖。所有的东西都可以“上市”（如果我们想要把它投到市场上），不存在“无法上市”（nonmarketable）、但对我们的福利有显著影响的东西。然而，事实是，某些对人类可行能力最有贡献的东西，很难在某一时刻只卖给一个人。当我们考察所谓的“公共物品”时，情况尤其如此，人们**共同地**，而不是分别地，享用“公共物品”。[38]

这个概念特别适用于例如环境保护、传染病防治和医疗保健这些领域。我也许愿意为根治疟疾的社会计划付我的一份钱，但我无法像买“私人物品”（例如一个苹果或一件衬衫）那样买我的那一份疟疾防护。它是一种“公共物品”——无疟疾环境——我们必须共同消费。事实上，如果我设法在我居住的小区内建立了无疟疾环境，我的邻居也就享有了那个无疟疾环境，而并不需要从任何地方“购买”。[39]

市场机制的理性适用于私人物品（就像苹果或衬衫），而不是公共物品（就像无疟疾环境），而且可以证明，可以有很好的理由去超越私人市场所能做到的而提供公共物品。[40]同样的关于市场机制的有限作用范围的分析也适用于其他一些重要领域，在这些领域，也会需要提供公共物品。国防、治安和环境保护就是这样的一些领域。

也有一些领域是混合型的。例如，鉴于基本教育提供了社区共享的好处，超出了受教育的个人的收益，基本教育也含有属于公共物品的成分（因此可以看做是半公共物品）。受教育的个人当然从中得到收益，但是除此之外，一个地区的教育程度和识字率的普遍提高可以促进社会变化（甚至减少生育率和死亡率，第 8 章和第 9 章将更充分地讨论这一点），而且也可以促进经济进步，使其他人也从中得益。要有效地普及这种服务，需要国家和地方当局的合作和物质支持。事实上，在全世界，国家通常在普及基本教育上发挥了主要作用。今天的富裕国家(包括西方国家、日本和其他东亚国家)历史上识字率的迅速提高,依靠的是低成本的公共教育以及公共收益的共享。

正是在这个背景下，很值得注意的是，某些热心于市场的人士现在向发展中国家建议，它们应该甚至在基本教育方面也完全依赖于自由市场——从而使发展中国家无法经历过去在欧洲、北美、日本和东亚为快速提高识字率起了关键作用的那种教育扩展过程。这些所谓的亚当·斯密的追随者，应该能够从斯密对这个问题的论述，包括他为公共支出在教育经费上过于吝啬而深感痛心中，学到一些东西：

> 只需要用很少一点费用，公众就可以促进、鼓励甚至强制几乎所有的人取得最基本的教育。[41]

从“公共物品”角度提出的超越市场机制的观点,补充了从基本可行能力的需要的角度(诸如初级医疗保健和基本教育机会)提出的由社会来提供有关支持的主张。因此,效率方面的考虑补充了公平方面的考虑,两者都认为应在基本教育、医疗保健设施以及其他公共(或半公共)物品方面提供公共支持。

5.8　公共支持与激励因素

尽管上述考虑为在经济发展和社会变化的关键领域内使用公共支出奠定了坚实的基础，我们必须考察就同一议题提出的相反意见。一个问题是公共支出的财政负担，取决于所计划的项目的规模，这种负担可以是很重的。对于预算赤字和通货膨胀（以及广义的“宏观不稳定”）的担心经常困扰着当代经济政策讨论，当然这也确实是一个重大问题。另一个问题是关于激励因素，以及公共支持体制会在压制主动性以及扭曲个人努力方面产生的作用。这两个问题——财政负担和激励因素——都需要加以认真考虑。我先谈后者，随后再回过头来谈财政负担及其后果。[42]

任何单纯的转移支付——收入再分配或者免费提供公共服务——都会对经济体的激励机制潜在地起作用。例如，人们曾特别强烈地争辩，慷慨的失业保险会减弱失业者寻求就业的意愿，这种现象在欧洲确实发生。由于失业保险有明显的公平方面的理由，如果上述潜在冲突被证明是真实的而且在数量上是显著的，那么我们面临的是一个难题。然而，既然人们是因为多种原因才寻求就业——并非仅仅为了一份收入——那么，公共扶助对丧失了的工资的局部补偿，实际上也许就不会像有时候所假定的那样严重地对人们寻求就业产生负激励作用。实际上，失业保险的负激励作用的范围及其强度还是很不清楚的。然而，确证失业保险的负激励作用到底有多强是个实证研究问题，其目的在于促进对公共政策的这些重要议题，包括在公平与效率之间选择适当的平衡，进行知情的公共讨论。

在大多数发展中国家，一般来说很少有失业保险。但是激励因素问题并没有因此而不存在。甚至对免费医疗保健服务或免费的教育设施，也存在下述问题：（1）服务对象对这些服务的需要程度，（2）服务对象自己可以为这些服务承担费用的程度（而且如果没有免费服务，他们会自己付费的程度）。把对这些基本社会服务（医疗保健、教育等等）的权益看做是一种不可分割的公民权利的那些人，会倾向于认为提出这些问题是完全错的，或者甚至认为是对当代“社会”的规范性原则的令人痛苦的否定。这种立场当然在一定程度上有道理，但是给定有限的经济资源，我们必须做出认真的选择，而不能根据某种先于经济的“社会”原则完全忽视这种选择。无论如何，激励因素问题是必须提出来讨论的，哪怕仅仅因为一个社会能够承担的社会扶助的程度，必定部分地取决于成本和激励机制。

5.9 激励因素、可行能力与功能性活动

激励因素这个基本问题很难彻底解决。一般来说，几乎毫无指望能找到某些指标，它们既可以用来表明剥夺的程度，而且——当用来作为公共扶助的基础时——又不对激励机制产生任何作用。然而，这种激励作用的程度，随所用指标的性质和形式而变化。

在本书中,贫困分析使用的信息焦点使注意力从收入低下转到了对基本可行能力的剥夺上来。作出这种转变的中心理由是基础性的而不是策略性的。我已论证过,可行能力剥夺作为处境劣势的一个标准,比收入低下更重要,因为收入只具有工具性意义上的重要性,并且收入的工具性价值还取决于很多社会的和经济的状况。对上述论点还可以作以下补充,那就是,与用收入低下作为转移支付和补贴的标准相比,聚焦于可行能力剥夺对于防止激励机制的扭曲具有某种优势。这一工具性理由是对聚焦于可行能力的基础性理由的补充。

对一个人的可行能力的判断，必定主要以观察此人的功能性活动水平为基础，再以其他信息为补充。这里有一个跳跃（从功能性活动水平跳到可行能力），但这不一定是一个大跳跃，哪怕仅仅因为对实际功能性活动进行评估赋值正是判断一个人如何评价自己所拥有的可选事物的一种方法。如果一个人过早死亡，或者在经受一种痛苦的、危及生命的疾病，在多数情况下，可以合理地得出结论，此人确实存在可行能力的问题。

当然，在某些情况下也并非如此。例如，一个人可能自杀。或者，一个人可能挨饿，但并不是出于无奈，而是由于决心禁食。但这些是相对少见的情况，而且可以根据补充性信息加以分析。就禁食而言，它也许可以联系到宗教原因，或政治战略，或其他的禁食原因。原则上，透过人们选定的功能性活动去判断其可行能力是正确的，但这到底能走多远要取决于具体情况。公共政策，就像政治一样，是一种处理可能事件的艺术，必须牢记这一点，把理论洞见与对实际可行性的现实的解读结合起来。然而，也需要强调，哪怕信息基础只局限于功能性活动上（寿命、健康状况、识字状态等等），我们也能从中得到比从收入统计中所能得到的更有教益的关于剥夺的测度。

当然，即使在观察某些种类的功能性活动所实现的水平时，也会存在困难。但是更基本、更初级的那些功能性活动是更能够直接观察到的，而且它们也经常为制定消除剥夺的政策提供了有用的信息基础。表明对识字计划、医院服务和营养补充需要的信息基础，总不会是特别模糊不清的。[43]此外，与收入短缺状况相比，这些需要及其短缺的状况，也较少会受到策略性扭曲，因为收入很容易被隐藏起来，特别是在多数发展中国家。如果政府仅仅按照人们的贫困程度发放补助金（而让人们自己去支付医疗保健、教育设施的费用等），就很可能会发生相当程度的信息扭曲。聚焦于功能性活动和可行能力（本书所广泛使用的方法）将趋于减少激励相容性的困难。为什么呢？

第一，人们通常不大愿意单纯从策略出发，而故意不去上学，或使病情加重，或制造营养不良。理性和选择的优先顺序通常使人们不愿意故意扩大这些基本的剥夺状况。当然，也有例外。最令人悲痛的是，饥荒救济工作报告中偶尔会提到，有些父母故意让家中的一个孩子挨饿，因而使这个家庭能有资格领取营养补助（以定量食物配给的形式领取回家）——这实际上是把孩子当成了食品券。[44]但是一般来说，故意造成营养不良、有病不治、有学不上这样的激励扭曲现象是罕见的，其原因并不令人惊讶。

第二，导致某些可行能力剥夺的原因可以比收入剥夺深层得多，而且对它们可能很不容易出于某种策略考虑而作假。例如，身体残疾、年老、与性别有关的因素等等，是可行能力短缺的特别重要的原因，因为它们是人们自己所不能控制的。正是由于同样的原因，这些因素不像可以调整的指标那样容易受到激励因素的扭曲。按这些指标选定补助对象可以限制这种激励性扭曲。

第三，一个更大的问题是，扶助对象自己趋于更注意功能性活动水平以及实际达到的可行能力（以及由此产生的生活质量），而不是仅仅为了挣取收入，因此在公共政策判断中使用与个人决策的关切因素更接近的变量，就可能把个人决策作为选择扶助对象的一种工具。这个问题关系到运用自我选择来提供公共扶助，就像发放饥荒救济时，经常要求扶助对象参与一定工作和付出一定努力。只有那些极端贫困、急需用钱、因而愿意相当努力地工作的人，才会自愿接受这种公开的就业机会（其工资常常较低），这是公共救济常用的一种形式。[45]这样一种选择扶助对象的方法一直成功地用于饥荒救济，它也可以得到更广泛的运用，来改善那些身体健全的、处于被剥夺状态的人们的经济机会。[46]这种方法的合理性在于以下事实：潜在的扶助对象在进行选择时所考虑的因素，比单纯地使所挣的收入最大化更广泛。既然这些人更多地注意全面的机会（既包括工作中付出的人力成本，也包括额外收入带来的利益），公共政策可以明智地运用这些更广的决策因素。

第四，把注意力从个人收入低下转移到可行能力短缺，还直接指出了有必要更加强调公共提供的医疗保健和教育等服务设施的原因。[47]这些服务通常不可转移、不可出售，除非一个人实际上真的需要它们，否则就没有什么用处。这种服务具有一种“内在的对号入座”的性质。[48]针对可行能力状况提供扶助，通过减少激励性扭曲的程度，可使得政策对象的选择变得容易一些。

5.10 扶助对象选定与手段核查

按可行能力短缺而不是收入低下来选定扶助对象，虽然具有上述优点，但自身并没有排除对潜在接受者的经济贫困程度进行判断的需要，因为还有一个进一步的问题，即公共扶助应该**如何**分配。特别是，有一个按照人们的支付能力收取公共服务的费用的问题，这又提出了需要判断潜在接受者的收入的问题。

在世界各地都出现一种趋势，越来越多的公共服务是在核查支付手段的基础上提供的。其理由至少在原则上容易理解。它减少财政负担，而且，如果要求相对富裕的人为他们所接受的服务付费（或者为涉及的成本做出显著贡献），则同样数量的公共资金就可以用来覆盖更多在经济上需要免费服务的人。但是一个更为困难的问题是，如何以可以接受的精确度来有效地核查人们的支付手段，同时避免其他负面作用。

在手段核查的基础上提供医疗保健或教育时，我们必须清楚地区分两种不同的激励问题，它们分别与以下信息有关：(1) 一个人的可行能力的残缺(例如，身体有病)；(2) 此人的经济境况（及其支付能力）。就第一个问题而言，扶助的形式和定向性可以造成显著的区别。前文已经讨论过，如果按照对某种需要的直接鉴定（例如，确定某人有某种特定的疾病）提供社会扶助，而且扶助的形式是提供免费的、专门的、不可转移的服务（例如对那种特定疾病的治疗），则第一种信息扭曲的可能性将大为减低。与此相对的是向所需者提供资金并由他们来支付医疗费用。因为资金可移作他用，所以将需要更多的间接的检查。从这个意义上说，诸如医疗保健和学校教育这样的直接服务计划将较少被滥用。

但是第二个问题却迥然不同。如果目的是给穷人、而不是有能力付费的人提供免费服务，那么就有一个进一步的问题，即查看人们的经济状况。在很难得到有关收入和财富信息的国家，这是特别成问题的。欧洲的方案，即提供医疗保健服务时根据可行能力短缺选定对象而不作手段核查，趋于采取一个普遍的全国医疗保健服务网的形式——对所有需要这些医疗服务的人开放。这使得信息方面的任务较轻，但没有解决贫富分别对待的问题。美国的贫困医疗计划（medicaid）两者兼顾（其覆盖面较小），因此不得不对付两方面的信息困难。

既然潜在的受益者同时是行动主体，“选定对象”的艺术远不像某些提倡手段核查的人通常假定的那么简单。重要的是，必须注意到在一般的精细准确地选定对象和特定的手段核查中所涉及的问题，这尤其是因为精细选定对象的理由在原则上是强而有力的。试图进行雄心勃勃的对象选定可能导致的扭曲包括以下五个方面：[49]

1. **信息扭曲**：旨在抓获低报其财务状况的“骗子”的任何核查系统都

不免有时出错，从而否定某些实际上有资格的人。同样重要的是，这会吓住某些真正有资格（接受所提供的福利）的人，以致使他们不敢申请他们有权利享受的利益。给定信息的不对称性，不可能做到既消除行骗又不使某些诚实的受益者承受较大的风险。[50]试图消除“第一类”误差时，即避免把并无需要的人当做有需要的人（取伪）时，则严重的“第二类”误差，即把某些真正属于有需要的人排除在外（弃真），就很可能发生。

2. **激励性扭曲**：信息扭曲是对数字作假，但它自身并不改变实际的经济状况。然而，向选定对象提供扶助的做法却**也**可以影响人们的经济行为。例如，如果一个人挣的收入过高，她就会失去扶助，对这样的结果的预期可能抑制经济活动。如果一个人获得扶助的资格取决于一个变量（例如收入），而这个变量是可以通过改变自己的经济行为来自由调整的，那就可以很自然地预期**某些**显著的扭曲性变化。这种行为变化的**社会成本**，除了其他东西以外，还包括那些被放弃的经济活动所能产生的成果。

3. **负效用和身份烙印**：一个要求受益者必须是合格的穷人(而且被看作是对不能充分自立的人的一种特殊照顾)的社会扶助计划,对受益者的自尊以及其他人对受益者的尊重,都会产生一定作用。这可能会扭曲求助行为,但是还有一个由于感到——而且确实是——被打上身份烙印而造成的直接成本和损失的问题。因为政策领导人通常对自尊问题只有很小的兴趣(而且认为那是一种“绅士”的考虑),所以我在此引用罗尔斯的观点:自尊“也许是最重要的基本物品”,是一个关于正义的公平理论所必须集中考虑的。[51]

4. **行政管理成本、侵犯性损失与腐败**：选定对象的程序会涉及大量的行政管理成本——既有资源的耗费，也有官僚主义的延误——而且，由于需要详尽的个人资料披露以及相关的调查核实手续，会造成个人隐私权和自主权的损失。此外，还有高高在上的行政官员与谦恭的申请人之间不对称的权力造成的社会成本。这里，还必须再加上腐败的极大可能性，因为在选定对象过程中，高高在上的行政官员掌握着发放利益的权力，而申请人会愿意付一笔买路钱来得到那些利益。

5. **政治上的维持力量和服务质量**：社会扶助的选定对象通常是政治上的弱势群体，在政治角力中缺乏那种影响力来保持社会扶助计划不被取消、或者维持所提供的服务的质量。在美国，提倡“普遍性”计划的某些大家熟知的观点是基于这些考虑之上的。与选定最贫困的人的计划相比，普遍性计划会得到更多支持。[52]类似的观点也适用于更穷的国家。

概述这些困难的目的，并不是断言对象选定必定一无是处或者总是大有问题的，而在于指出，与主张最大限度使用对象选定的简单观点相左，存在一些相反的考虑因素。实际上，对象选定是一种**尝试**，而不是**结果**。即使**成功地**实施了对象选定，其结果可能与目标正好相符，也并非一定能得出结论，即在对象选定上进行尝试，一定能产生这种结果。既然手段核查和广泛实施对象选定（在相当初步的论证的基础上）近来在公共事务圈子里如此流行，这一种政策的在实行中的问题和负激励作用，就很值得在此强调。

5.11　主体地位与信息基础

根据非常一般性的论据，试图得出对于手段核查的全面支持或者全面反对的结论，是毫无指望的，而上一节的讨论的意义在于指出，对于赞同采用精细的手段核查的论据，存在着各种对应的反证。在实际工作中，在这一领域（如同在许多已经考察过的领域一样），我们不得不做出妥协。在本书这样一部一般性著作中去寻找某种特定的最优妥协“公式”，将是错误的。正确的方法必须对所涉及的具体境况非常敏感——既包括所要提供的公共服务的性质，也包括将要接受这些公共服务的社会的特征。后者必须包括影响个人选择和激励的各种价值观念的作用。

然而，这里面对的基本问题对于本书的主要思路具有某些普遍意义。涉及主体地位的重要性（把人看做是主体而不是接受者），以及把信息焦点放在对可行能力的剥夺上（而不仅仅是收入贫困）。第一个问题关系到需要把人们——甚至扶助受益者——看做是主体而不是静止不动的接受者，对这一点的强调贯穿于本书全部章节。被“选定”的对象本身是能动的，他们的行动可以使对象选定的成果与对象选定的企图很不相同（其理由已在上面讨论过）。

第二个问题关系到对象选定的信息层面。这涉及在所采用的扶助分配体系中扶助对象相关特征的可否识别性。这里，把注意力从收入贫困转移到可行能力剥夺上来，有助于解决识别问题。尽管手段核查仍然要求识别收入和支付水平，直接查看可行能力短缺（例如生病或不识字）有助于解决这一问题的其他部分。这是提供公共扶助计划在信息方面的问题的一部分——一个重要的部分。

5.12 财政审慎与综合考察的需要

我现在来谈财政审慎，最近几十年来这变成全世界的一个主要关注点。因为高度通货膨胀和财政不稳定的破坏性作用已经得到广泛的研究和讨论，现在对财政保守主义的要求非常强烈。确实,在财政领域,实行保守主义具有某些明显的好处,而且在这个领域,审慎很容易采取保守主义的形式,但是我们必须明确财政保守主义所要求的是什么,以及这种要求的理由是什么。

财政保守主义的要点并非在于那种一目了然的“量入为出”的好处，尽管那个说法很有道理。就像在狄更斯的《大卫·科波菲尔》中米考白先生所雄辩指出的：“年收入 20 镑，年支出 19 镑零 6，导致幸福。年收入 20 镑，年支出 20 镑零 6，导致痛苦。”这个个人理财原则被许多财政保守主义者大力运用，最突出的可能是撒切尔夫人。然而，这个原则并没有为国家政策提供一个明确的规则。与米考白先生不一样，国家**能够**通过借贷和其他手段，维持其支出大于收入。事实上，几乎所有国家在几乎所有时间都这样做。

真正的问题不在于是否能这样做（这肯定能做到），而在于财政过度支出的**后果**是什么。因此，需要面对的基本问题是，有时候被称做“宏观经济稳定”、特别是没有严重的通货膨胀压力的那种状态的重要性。赞成财政保守主义的理由，在很大程度上，在于承认价格稳定是重要的，而大手大脚和不负责任的财政会严重威胁价格稳定。

关于通货膨胀的致命影响，我们有哪些证据呢？布鲁诺（Michael Bruno）对这个领域的国际经验进行了有力的批判性考察。他注意到：“若干有记录的中等通货膨胀（价格每年上涨 20%～40%）时期，以及大多数高度通货膨胀（其数值曾经有过天文数字）时期的情况，表明高度通货膨胀总是伴有显著的负增长效果。”而且，“与此相反，累积的证据表明，从高度通货膨胀迅速转到通货稳定，甚至在短期和中期，会带来非常强烈的正增长效果。”[53]

从这里得出的政策结论需要某些细致分析。布鲁诺还发现“通货膨胀对增长的效应在低通货膨胀（低于每年 15%～20%）情况下，最多只能说是模糊不清的”。他接着问到：“为什么要担心低通货膨胀，特别是如果它是**预期到的**通货膨胀，其代价是可以避免的（通过指数化），而如果它是**非预期到的**通货膨胀，则其代价看起来很低?”[54]布鲁诺还指出：“尽管所有高通货膨胀的根源都是财政赤字（以及在多数的、但并非所有的情况下，通过发行货币来弥补赤字），这仍然可以与多重膨胀性均衡相容。”

真正的问题在于以下事实：“通货膨胀本性上就是一种持续性过程，而且其持续性的程度趋于随通货膨胀率而增长。”对通货膨胀的这种加速发展是如何发生的，布鲁诺描绘了一幅清楚的图景，并以抽烟作比喻：“长期通货膨胀很像抽烟过程：一旦你超过一定的最小数目，就很难逃脱日益加重的烟瘾。”事实上，“当一个冲击（例如，一个抽烟者的个人危机，一个经济的价格危机）发生了，这种习惯会有极大的可能跳到一个新的、更高的水平，并在那个水平上持续下去，尽管原来的冲击已经终止了”，而且这个过程可以重复出现。[55]

这是一个纯粹的保守主义结论，而且应该说是很有说服力的论证，它建立在很全面的国际比较的基础之上。我接受布鲁诺的分析和结论并无困难。然而，重要的是，需要准确把握这项研究究竟得出了什么结论，并检视财政保守主义所要求的究竟是什么。尤其是，它所要求的，不是我所称作的那种反通货膨胀的激进主义，人们经常把它与财政保守主义混淆了。从这项研究可以得出的结论并不是完全消除通货膨胀——而且不管为此目的必须付出多大的牺牲。相反，其教训是需要全面看待容忍通货膨胀的可能成本，并把它与降低通货膨胀，或完全消除通货膨胀的成本相比。关键问题是避免“动态性不稳定”——这是那些尽管看起来是稳定的长期通货膨胀，一旦通胀率高于某一个不大的数值时，通常具有的性质。布鲁诺得出的政策教训是：“由于在低通胀时稳定化政策的代价较高，而且通货膨胀的持续性有使通货膨胀愈演愈烈的趋势，这两方面的因素结合起来，说明应将通货膨胀控制在低水平上，尽管牺牲增长的高代价只是在高通胀时才能直接观察到。”[56]按照这一观点，需要避免的并不只是**高**通货膨胀，而且——由于动态性不稳定——甚至**中等**通货膨胀也应避免。

然而，从这项研究来看，要求零通货膨胀的激进主义，同样不是特别明智的，它甚至不能被看做是对财政保守主义要求的恰当解读。把不同的事物“混淆”起来的情况，可以清楚地从美国仍在进行的平衡预算过程中看到，不久前它曾导致了美国政府的局部关闭（并有可能会发生更大规模的关闭）。白宫和国会好不容易达成了一项妥协，其成功在相当程度上取决于美国经济的短期表现。必须把**反赤字激进主义**与真正的**财政保守主义**区分开来。确实有很强的理由减少在世界上很多国家存在的巨额预算赤字（经常由于国债的沉重负担及其高速增长而恶化)。但是这个理由不能与快速地**完全**消除预算赤字（不管其社会成本是什么）混淆起来。

与美国相比，欧洲有更多的理由担心预算赤字。一个因素是，美国的预算赤字多年来已经相当低，低于欧洲货币联盟的《马斯特里赫特条约》所确定的“标准”[预算赤字不超过国内生产总值（GDP）的3%]。在此刻，美国看来完全没有赤字。与此对照，欧洲大多数国家过去有——直到现在仍然有——大量预算赤字。若干国家现在正在坚决削减巨额预算赤字，这是恰当的（意大利近年来提供了一个突出的例子）。

如果说还有什么问题需要提出，那就是关于欧洲政策的整体优先排序——这个问题在第4章已经谈过。这里的要点是,仅仅赋予一个目标如避免通货膨胀以绝对优先的地位(西欧很多中央银行正式设定了这种优先性),同时容忍非常高的失业率,是否合理。如果本书的分析是正确的,则欧洲制定公共政策时必须把真正的重点放在消除严重失业造成的可行能力的剥夺上。

财政保守主义具有很强的合理性，也提出很强的要求，但是必须根据公共政策的全面目标来解释这种要求。应该注意公共支出在提供和保证许多基本可行能力上所起的作用。在考虑宏观经济稳定的工具性需要的同时，也必须考虑到公共支出的这些作用。实际上，必须把宏观经济稳定的工具性需要放在社会目标的广阔框架**之内**加以判断。

根据特定的情况，不同的公共政策问题可以被认定为是至关重要的。在欧洲，它可能是严重的大量失业（在若干主要国家失业率接近12%）。在美国，一个重大挑战是为数众多的人们没有任何医疗保险，或者缺乏有保障的医疗服务（美国是富国中惟一存在这个问题的国家，而且没有医疗保险的人数高达4 000万）。在印度，公共政策的重大失败是极端忽略扫盲（成年人口的一半——成年妇女的三分之二——仍然是文盲）。在东亚和东南亚，越来越清楚，金融系统需要广泛的规范化管理，而且看来还需要有一种防范系统来对付突发的对本国货币和投资机会失去信心的情况（如最近这些国家的经历所示，它们不得不向国际货币基金组织寻求大规模的紧急援助）。各国面临的问题各不相同，而且因为问题都很复杂，每一个问题的解决都需要对公共政策的目标和手段进行认真的考察。要把对财政保守主义的需要——那当然是重要的——结合到这种多样的、广阔的图景中去，而不能把它单独地与其他事物完全隔离地列出来，作为政府或中央银行的**硬性**承诺。需要对不同领域的公共支出进行审视和比较性评判，这是至关重要的。

5.13　结语

人们在机构和制度组成的世界中生活和行动。我们的机会和前途严重依赖于存在哪些机构和制度以及它们如何运作。机构和制度不仅对我们的自由做出贡献，它们发挥的作用还可以按照它们对我们的自由所做的贡献来进行合理的评价。以自由来看待发展提供了一个对机构和制度进行系统评判的视角。

尽管不同的论者曾经选择了集中注意某些特定的机构和制度（例如市场、民主体制、传播媒体，或公共分配系统），我们必须把它们放在一起考察，以便能够看出它们与其他机构和制度结合在一起能够或者不能够做什么。正是通过这种综合的视角，才能合理地评估和考察不同的机构和制度。

市场机制，它引起人们赞成或反对的激情，是人们通过它能够相互交往并从事互利活动的一种基本安排。从这个角度看，确实很难理解任何合理的批评家怎么能否定市场机制。实践中产生的问题通常是由于其他原因——而并不是因为市场的存在本身——而导致的。这些问题包括：对运用市场交易准备不足，毫无约束的信息藏匿和缺乏法规管制，使得强势者能够利用非对称的优势来牟利。对这些情况的处理，不是压制市场，而是让市场更好地运作，具有更高的公平性，而且得到适当的补充。市场的整体成就深深地依赖于政治和社会安排。

市场机制在一定条件下取得了巨大的成功，这些条件就是，所提供的机会可以被合理地分享。为了使这种情况得以发生，需要有适当的公共政策（涉及学校教育、医疗保健、土地改革等等），来提供基本教育、普及初级医疗设施、使对于某些经济活动（例如农业）至关重要的资源（例如土地）可资利用。甚至在极其强烈地需要经济改革来允许市场有更大的空间时，这些非市场设施仍然要求细致的坚决的公共行动。

本章以及先前几章考察并检视了这种互补性的各种例子。市场机制对效率的贡献是无可怀疑的。在传统的经济分析中，效率是按照繁荣或丰裕或效用来判断的。如果按个人自由来衡量效率，传统的经济分析结果仍然是适用的。但是，效率结果本身并不保证分配公平。这个问题在实质自由的不均等层面上会变得更加严重，因为处境劣势具有配对效应（例如一个残疾或缺少训练的人既有**挣得**收入的困难，又有**使用**收入以实现良好生活的可行能力困难）。为了社会公平和正义，市场机制的深远力量必须通过创造基本的社会机会来补充。

就一般的发展中国家来说，极其重要的是，需要通过公共政策创新来创造社会机会。在前文的讨论中，我们看到，今天的富裕国家在过去历史上引人注目的公共行动，分别涉及教育、医疗保健和土地改革等等。广泛分享这些社会机会使得许多民众得以直接参与经济扩展的过程。

这里真正的问题并不在于对财政保守主义的需要本身，而是那种隐含的——而且通常没有得到论证的——信念，即人类发展是某种奢侈品，只有富裕国家才能承担得起。这个信念在某些政策圈子中占着主导地位。东亚经济体近年来（在日本则提早数十年就开始）所取得的那种成功的最重要的影响，也许就是完全否定了这种隐含的偏见。这些经济体相对更早就实行了大规模的教育扩展，然后是医疗保健。许多实例表明，它们在打破普遍贫困的束缚**之前**就这样做了。[57]尽管某些经济体最近经历了金融风暴，它们数十年来的整体成就仍然是非常突出的。就人力资源而言，它们取得收获是因为先播了种。事实上，在自19世纪中期明治时期开始的**早期**日本经济发展史中，人力资源开发的优先地位尤其明显。日本变得更加富裕繁荣之后，这一优先地位倒并没有增强。[58]人类发展是穷国——而不是富国——第一位的、最重要的盟友。

人类发展究竟做什么？社会机会的创造直接对人类可行能力和生活质量做出贡献（前文已经讨论过）。医疗保健、教育、社会保障等等的扩展，对生活质量及其提升直接做出贡献。有充分的证据表明，即使收入水平相对较低，一个为所有的人提供医疗保健和教育的国家，实际上可以在全体人民的寿命和生活质量上取得非常突出的成就。医疗保健和教育——以及一般的人类发展——具有很强的劳动密集性质，因而在经济发展的早期阶段，当劳动成本很低的时候，是相对便宜的。

人类发展的收益，如我们已经看到的那样，远远超出了对生活质量的直接提升，它还包括对人们的生产能力以及广泛分享的经济增长的影响。[59]识字和算数的能力帮助大众参与经济扩展的过程（从日本到泰国的经验充分说明了这一点）。为了利用全球贸易的机会，“质量控制”和“按产品规格生产”是非常重要的，但是文盲或数盲的劳工很难胜任和保住这些工作。此外，还有很多证据表明，改善医疗保健和营养也会提高工人的生产力及其收入。[60]

在另外一个领域，不少当代经验研究文献确证了教育、特别是妇女教育，在减少生育率方面的作用。高生育率可以正当地被看做是对生活质量不利的因素，特别是对年轻妇女，因为频繁的生育和养育孩子可以严重损害年轻母亲的生活质量和自由。实际上，正是这种联系使得妇女素质地位提升（empowerment of women）（通过更多的家庭之外的就业、更多的学校教育，等等）能如此有效地降低生育率，因为年轻妇女有很强的理由降低生育率，而且她们影响家庭决策的能力随其素质提升而增强。我将在第 8 章和第 9 章再回到这个题目上来。

把自己看做是财政保守主义者的人们有时候对人类发展持怀疑态度。但是，这种观点没有合理的基础。人类发展的好处是明显的，对其全面影响采取适当的综合观点就能更完整地评估它的好处。成本方面的考虑有利于把人类发展的资金用于对生活质量直接或间接地更起作用的领域，但不应威胁人类发展的绝对重要性。

实际上，真正应该受到财政保守主义威胁的是把公共资源用于其社会利益远不清楚的目标上，例如，现在一个又一个穷国用于军费上的大量支出(常常比基本教育或医疗保健费用高出几倍)。[62]财政保守主义应该是军备扩张主义者的噩梦，而不是学校教师或医院护士的噩梦。学校教师或医院护士比军队的将军更感到财政保守主义的威胁，表明我们所生活的世界中是非颠倒。纠正这种不正常状态并不是要惩罚财政保守主义，而是要更加注重实际地、思想更加开放地审视社会资金的不同用途。

【本章注释】

[1] 我曾试图在我的 *On Ethics and Economics*（Oxford：Blackwell，1987）中阐述一些考察的结果，并进一步阐述于“Markets and Freedoms.” *Oxford Economic Papers* 45 (1993)；“Markets and the Freedom to Choose,” in *The Ethical Foundations of the Market Economy*，edited by Horst Siebert（Tübingen：J. C. B. Mohr，1994）；and "Social Justice and Economic Efficiency," presented at a seminar on “Philosophy and Politics” in Berlin，November 1997。

[2] 关于“最终成果”与“综合成果”之间的区别，见我的“Maximization and the Act of Choice,” *Econometrica* 65 (July 1997)。综合成果不是仅仅注意最终状态，它还要注意选择过程本身。

[3] 这里有一个与此分离的但重要的问题，即什么类型的关系可以恰当地被看作是适合于进入市场并商品化的，对此见 *Margaret Jane Radin*，*Contested Commodities*（Cambridge，Mass：Harvard University Press，1996）。

[4] 见 Robert W. Fogel and Stanley L. Engerman，*Time on the Cross*：*The Economics*

of American Negro Slavery（Boston：Little，Brown，1974)；还可参见前面的第 1 章。

［5］见 G. A. Cornia with R. Paniccià *The Demographic Impact of Sudden Impoverishment*：*Eastern Europe during the* 1986—1996 *Transition*（Florence：International Child Development Centre，UNICEF，1995)；还可见 Michael Ellman，"The Increase in Death and Disease under 'Katastroika，'" *Cambridge Journal of Economics* 18（1994)。

［6］Friedrich Hayek，*The Road to Serfdom*（London：Routledge，1944). 还可参见 Janos Kornai，*The Road to a Free Economy*：*Shifting from a Socialist System*（New York：Norton，1990)，and *Visions and Reality*，*Market and State*：*Contradictions and Dilemmas Revisited*（New York：Harvester Press，1990)。

［7］对此，参见我的"Gender and Cooperative Conflict，" in *Persistent Inequalities*：*Women and World Development*，edited by Irene Tinker（New York：Oxford University Press，1990)；还可参见在那里引用的大量有关这一课题的实证和理论参考文献。

［8］对此，见Ester Boserup，*Women's Role in Economic Development*（London：Allen & Unwin，1970)；Martha Loutfi，*Rural Women*：*Unequal Partners in Development*（Geneva：ILO，1980)；Luisella Goldschmidt-Clermont，*Unpaid Work in the Household*（Geneva：ILO，1982)；Amartya Sen，"Economics and the Family，" *Asian Development Review* I（1983)，*Resources*，*Values and Development*（Cambridge，Mass.：Harvard University Press，1984)，and *Commodities and Capabilities*（Amsterdam：North-Holland，1985)；Irene Tinker，ed.，*Persistent Inequalities*（1990)；Nancy Folbre，"The Unproductive Housewife：Her Evolution in Nineteenth Century Economic Thought，" *Signs*：*Journal of Women in Culture and Society* 16（1991)；Naila Kabeer，"Gender，Production and Well-Being，" Discussion Paper 288，Institute of Development Studies，University of Sussex，1991；Lourdes Urdaneta-Ferrán，"Measuring Women's and Men's Economic Contributions，" *Proceedings of the ISI* 49th *Session*（Florence：International Statistical Institute，1993)；Naila Kabeer，*Reversed Realities*：*Gender Hierarchies in Development Thought*（London：Verso，1994)；United Nations Development Programme，*Human Development Report* 1995（New York：Oxford University Press，1995)；among other contributions。

［9］诺斯（North）曾经强调需要结合其他经济、社会和政治的机构的作用来理解市场机制的运作，见他的 *Structure and Change in Economic History*，（New York：Norton，1981)，以及 Judith R. Blau 的——其强调重点有所不同——*Social Contracts and Economic Markets*（New York：Plenum，1993)。还可参见 David S. Landes 最近的研究，*The Wealth and Poverty in Nations*（New York：Norton，1998)。

［10］关于这些分析及有关问题，有一篇很有分量的文献，见 Joseph Stiglitz and F. Mathewson，eds.，*New Developments in the Analysis of Market Structure*（London：

Macmillan, 1986), and Nicholas Stern, "The Economics of Development: A Survey," *Economic Journal* 99 (1989)。

[11] 见 Kenneth J. Arrow, "An Extension of the Basic Theorems of Classical Welfare Economics," in *Proceedings of the Second Berkeley Symposium of Mathematical Statistics*, edited by J. Neyman (Berkeley, Calif.: University of California Press, 1951), and Gerard Debreu, *A Theory of Value* (New York: Wiley, 1959)。

[12] 近来的发展文献中对市场经济所做的模型已经在很大程度上拓宽了在 Arrow-Debreu 框架下所做的相当有局限性的假定。这些文献特别探讨了大规模经营的经济性、知识的作用、从经验中学习、垄断竞争的盛行、以及与静态效率相对比的、在不同经济主体和长期增长的需求之间进行调节的困难。关于这些不同方面的变化，见 Avinash Dixit and Joseph E. Stiglitz, "Monopolistic Competition and Optimum Product Diversity," *American Economic Review* 67 (1977); Paul R. Krugman, "Increasing Returns, Monopolistic Competition and International Trade," *Journal of International Economics* 9 (1979); Paul R. Krugman, "Scale Economies, Product Differentiation and the Pattern of Trade," *American Economic Review* 70 (1981); Paul R. Krugman, *Strategic Trade Policy and New International Economics* (Cambridge, Mass.: MIT Press, 1986); Paul M. Romer, "Increasing Returns and Long-Run Growth," *Journal of Political Economy* 94 (1986); Paul M. Romer, "Growth Based on Increasing Returns Due to Specialization," *American Economic Review* 77 (1987); Robert E. Lucas, "On the Mechanics of Economic Development," *Journal of Monetary Economics* 22 (1988); Kevin Murphy, A. Schleifer and R. Vishny, "Industrialization and the Big Push," *Quarterly Journal of Economics* 104 (1989); Elhanan Helpman and Paul R. Krugman, *Market Structure and Foreign Trade* (Cambridge, Mass.: MIT Press, 1990); Gene M. Grossman and Elhanan Helpman, *Innovation and Growth in the Global Economy* (Cambridge, Mass.: MIT Press, 1991); Elhanan Helpman and Assad Razin, eds., *International Trade and Trade Policy* (Cambridge, Mass.: MIT Press, 1991); Paul R. Krugman, "History versus Expectations," *Quarterly Journal of Economics* 106 (1991); K. Matsuyama, "Increasing Returns, Industrialization and the Indeterminacy of Equilibrium," *Quarterly Journal of Economics* 106 (1991); Robert E. Lucas, "Making a Miracle," *Econometrica* 61 (1993); among other writings。

这些发展已经在很大程度上丰富了我们对发展过程的理解，特别是市场经济在这个过程中的作用和功能。这些发展也证明了早期经济学家对发展的洞见，包括亚当·斯密(特别是规模经济，劳动分工以及从经验中学习)，以及 Allyn Young, "Increasing Returns and Economic Progress," *Economic Journal* 38 (1928); Paul Rosenstein-Rodan, "Problems of Industrialization of Eastern and South-eastern Europe," *Economic Journal* 53 (1943);

Albert O.Hirschman, *The Strategy of Economic Development* (New Haven, Conn.: Yale University Press, 1958); Robert Solow, "A Contribution to the Theory of Economic Growth," *Quarterly Journal of Economics* 70 (1956); Nicholas Kaldor, "A Model of Economic Growth," *Economic Journal* 67 (1957); Kenneth J.Arrow, "Economic Implications of Learning by Doing," *Review of Economic Studies* 29 (1962); and Nicholas Kaldor and James A.Mirrlees, "A New Model of Economic Growth," *Review of Economic Studies* 29 (1962)。对重要的问题及其结果的详细说明可见 Robert J. Barro and X. Sala-i-Martin, *Economic Growth* (New York: McGraw-Hill, 1995); Kaushik Basu, *Analytical Development Economics: The Less Developed Economy Revististed* (Cambridge, Mass.: MIT Press, 1997); Debraj Ray, *Development Economics* (Princeton: Princeton University Press, 1998). See also Luigi Pasinetti and Robert Solow, eds., *Economic Growth and the Structure of Long-run Development* (London: Macmillan, 1994)。

[13] 对于这些结果及其伦理含义的初步的、解释性的讨论，见我的 *On Ethics and Economics* (1985), chapter 2。这些结果也包括一个"逆定理"，它保证了通过市场机制，从一个恰当的初始资源分配（以及相应的一组生成的价格），达到**任何一个**帕累托最优状态的可能性。然而，建立这个定理所识别的（为了实现合意的结果）那种初始资源分配的需要，则确实要求巨大的政治力量与持续的行政管理激进措施来实现所需要的资产再分配，那可能会是相当剧烈的（如果在不同的帕累托最优状况中进行选择时，平等是一个重要因素的话）。就此而言，运用这个"逆定理"来论证市场机制，就是属于"革命者手册"的内容（对此见 *On Ethics and Economics*, pp. 37～38）。那个原定理却没有提出任何这样的要求；给定所需要的那些条件（例如不存在特定的外部性作用(externalities)），对于任何初始资源分配，任何竞争均衡都可证明是一个帕累托最优状态。

[14] 参见我的"Markets and Freedoms," *Oxford Economic Papers* 45 (1993)。

[15] 也有其他一些方式来看待有效的自由，对此的讨论和审视，见我的 *Freedom, Rationality and Social Choice: Arrow Lectures and Other Essays* (Oxford: Clarendon Press, forthcoming); see also the literature cited there。

[16] 对此，也可参见 Kenneth Arrow and Frank Hahn, *General Competitive Analysis* (San Francisco: Holden-Day, 1971; republished, Amsterdam: North-Holland, 1979)。

[17] 虽然偏好的形式确实对什么是被假定为个人所追求的事物施加了限制，但对为什么他们追求他们所追求的事物，则没有进一步的限制。对具体的要求及其重要性，见我的"Markets and Freedoms" (1993)。The basic point here is that the efficiency result—as extended to apply to substantive freedoms—relates directly to *preferences*, irrespective of the reasons for those preferences.

[18] 对此，见我的"Poverty, Relatively Speaking," *Oxford Economic Papers* 35

(1983), reprinted in my *Resources, Values and Development* (1984), and "Markets and Freedoms" (1993)。

[19] 例如，参见 A.B.Atkinson, *Poverty in Britain and the Reform of Social Security* (Cambridge: Cambridge University Press, 1970)；也可见 Dorothy Wedderburn, *The Aged in the Welfare State* (London: Bell, 1961); Peter Townsend, *Poverty in the United Kingdom: A Survey of Household Resources and Standards of Living* (Harmondsworth: Penguin, 1979)。

[20] 见 Emma Rothschild, "Social Security and Laissez Faire in Eighteenth-Century Political Economy," *Population and Development Review* 21 (December 1995)。关于济贫法，斯密看到了对社会安全网的需要，但他谴责了济贫法施加给支持穷人社会活动和其他自由的那些限制；见 Adam Smith, *An Inquiry into the Nature and Causes of the Wealth of Nations* (1776; republished, edited by R.H.Campbell and A.S.Skinner, Oxford: Clarendon Press, 1976), pp.152～154。试对比马尔萨斯对济贫法整体的严厉攻击。

[21] Vilfredo Pareto, *Manual of Political Economy* (New York: Kelley, 1927), p.379. See also Jagdish N. Bhagwati, *Protectionism* (Cambridge, Mass.: MIT Press, 1990), who quotes and cogently develops this argument. 对于有关的问题，还可参见 Anne O. Krueger, "The Political Economy of the Rent-Seeking Society," *American Economic Review* 64 (1974); Jagdish N. Bhagwati, "Lobbying and Welfare." *Journal of Public Economics* 14 (1980); Ronald Findlay and Stan Wellisz, "Protection and Rent-Seeking in Developing Countries," in David C. Colander, *Neoclassical Political Economy: The Analysis of Rent-Seeking and DUP Activities* (New York: Harper and Row, 1984); Gene Grossman and Elhanan Helpman, *Innovation and Growth in the Global Economy* (Cambridge, Mass.: MIT Press, 1991); Debraj Ray, *Development Economics* (1998), chapter 18。

[22] Dani Rodrik 指出一种重要的不对称性，它也许在某种程度上有助于对关税的提倡，那就是，关税提供了政府可以使用的钱（"Political Economy of Trade Policy," in *Handbook of International Economics*, *volume* 3, edited by G.M.Grossman and K.Rogoff [Amsterdam: Elsevier, 1995]）。Rodrik 指出美国在 1870—1914 年间关税提供了一半以上的美国政府收入（内战以前这个比例甚至更高——超过 90%）。就助长保护主义的倾向而言，它是必须对付的一个因素，但是，认识到某种倾向的一个来源本身，就为反对它做出了贡献。亦见 R. Fernandez and D. Rodrik, "Resistance to Reform: Status Quo Bias in the Presence of Individual-Specific Uncertainty," *American Economic Review* 81 (1991)。

[23] Smith, Wealth of Nations, Campbell and Skinner edition (1976), volume I, book II, pp.266～267. 在亚当·斯密反对国家法规干预的现代解释中，可能对以下事实认识不足：他对这种干预的敌意与他认为这些干预通常旨在保护富人的利益有密切联系。实际上，斯密对这一问题毫无疑义地表达了自己的观点（见 Smith, *Wealth of Nations*

[1976 Campbell and Skinner edition], pp.157～158):

"从来立法当局在规定雇主及雇工关系时，总是以雇主为顾问。所以，法规对劳动者有利的，总是正当而公平的，但对雇主有利的，往往却是不正当不公平的。"

[24] 对此，参见 Emma Rothschild, "Adam Smith and Conservative Economics," *The Economic History Review* 45 (February 1992)。

[25] 对此，见我的 "Money and Value: On the Ethics and Economics of Finance," the first Paolo Baffi Lecture of the Bank of Italy (Rome: Bank of Italy, 1991); republished in *Economics and Philosophy* 9 (1993)。

[26] 亚当·斯密不仅认为禁止利息是错误的政策，而且指出这种禁令会增加需要借钱者的借贷成本。

"在一些国家，法律禁止货币的利息。但由于在任何地方使用货币都会产生收益，所以在任何地方都应该为货币的这种使用付出利息。经验显示，这种法规不仅没有防止高利贷的罪恶，反而使它加重；借款人不但要为使用货币支付报酬，而且要为贷款人接受这种报酬而冒的风险支付一笔费用。"(Smith, *Wealth of Nations*, [1976 Campbell and Skinner edition], volumel, book 2, chapter 4, p. 356)

[27] Smith, *Wealth of Nations* [1976 Campbell and Skinner edition], volume I, book 2, chapter 4, pp.356～357. 斯密不是在"实行一项计划的人"的中性意义上使用"projector"一词，而是在古老的"投机者"的负面意义上使用它的。

[28] Letter, 1787, of Jeremy Bentham, "To Dr.Smith," published in Jeremy Bentham, *Defence of Usury* (London: Payne, 1790).

[29] 斯密没有显示他被边沁的论证说服了的任何迹象，虽然边沁觉得他有可信的间接证据表明他已经说服了斯密放弃他自己早先的立场（边沁觉得可信的是，"关于分歧之点"，斯密的"感觉""现在和我的感觉一样"）。然而，事实上《国富论》的后来版本没有对边沁批评过的段落做任何修改。关于这场奇特的辩论，见 Smith, *Wealth of Nation* (1976 Campbell and Skinner edition), pp.357～358, footnote 19. See also H. W.Spiegel, "Usury," in *The New Palgrave: A Dictionary of Economics*, edited by J. Eatwell, M.Milgate and P. Newman, volume 4 (London: Macmillan, 1987)。

[30] Smith, *Wealth of Nations* (1976 Campbell and Skinner edition), volume 1, Book 2, chapter 3, pp.340～341.

[31] 在 Smith, *Wealth of Nations* (1976 Campbell and Skinner edition), pp.26～27。

[32] 关于市场经济的局限，有各种不同的关注。对这些不同类型担忧的富有洞察力的分析，见 Robert E.Lane, *The Market Experience* (Cambridge: Cambridge University Press, 1991); Joseph Stiglitz, *Whither Socialism?* (Cambridge, Mass.: MIT Press, 1994); Robert Heilbroner, *Visions of the Future: The Distant Past, Yesterday, Today and Tomorrow* (New York: Oxford University Press, 1995); Will Hutton, *The State We*

Are In（London: Jonathan Cape, 1995）; Robert Kuttner, *Global Competitiveness and Human Development: Allies or Adversaries?*（New York: UNDO, 1996）, and *Everything for Sale: The Visions and the Limits of the Market*（New York: Knopf, 1998）; Cass Sunstein, *Free Markets and Social Justice*（New York: Oxford University Press, 1997）。

［33］特别参见 Alice H.Amsden, *Asia's Next Giant: South Korea and Late Industrialization*（New York: Oxford University Press, 1989）; Robert Wade, *Governing the Market: Economic Theory and the Role of Government in East Asian Industrialization*（Princeton: Princeton University Press, 1990）; Lance Taylor, ed., *The Rocky Road to Reform Adjustment, Income Distribution and Growth in the Developing World*（Cambridge, Mass.: MIT Press, 1993）; Jong-Il You and Ha-Joon Chang, "The Myth of Free Labor Market in Korea," *Contributions to Political Economy* 12（1993）; Gerry K.Helleiner, ed., *Manufacturing for Export in the Developing World: Problems and Possibilities*（London: Routledge, 1995）; Kotaro Suzumura, *Competition, Commitment and Welfare*（Oxford: Clarendon Press, 1995）; Dani Rodrik, "Understanding Economic Policy Reform," *Journal of Economic Literature* 24（March 1996）; Jomo K.S., with Chen Yun Chung, Brian C. Folk, Irfan ul-Haque, Pasuk Phongpaichit, Batara Simatupang and Mayuri Tateishi, *Southeast Asia's Misunderstood Miracle: Industrial Policy and Economic Development in Thailand, Malaysia and Indonesia*（Boulder, Colo.: Westview Press, 1997）; Vinay Bharat-Ram, *The Theory of the Global Firm*（Delhi: Oxford University Press, 1997）; Jeffrey Sachs and Andrew Warner, "Sources of Slow Growth in African Economies," Harvard Institute for International Development, March 1997; Jong-Il You, "Globalization, Labor Market Flexibility and the Korean Labor Reform," *Seoul Journal of Economics* 10（1997）; Jomo K.S., ed., *Tigers in Trouble: Financial Governance, Liberalisation and Crises in East Asia*（London: Zed Books, 1998）; among other writings。Dani Rodrik 曾就公共干预、市场和全球贸易的恰当组合提供了有益的阐述；所选的组合随国家不同而不同；见他的 *The New Global Economy and Developing Countries*（1999）; 也可参见 Edmond Malinvaud, Jean-Claude Milleron, Mustaphak Nabli, Amartya Sen, Arjun Sengupta, Nicholas Stern, Joseph E.Stiglitz, and Kotaro Suzumura, *Development Strategy and the Management of the Market Economy*（Oxford: Clarendon Press, 1997）。

［34］James D.Wolfensohn, "A Proposal for Comprehensive Development Framework," mimeographed, World Bank, 1999. 也可见 Joseph E.Stiglitz, "An Agenda for Development in the Twenty-First Century," in *Annual World Bank Conference on Development Economics 1997*, edited by B. Pleskovi and J. E. Stiglitz（Washington, D.C.: World Bank, 1998）。

［35］关于这点，参见前面的第1章至第4章；也可参见 Amartya Sen and James D.Wolfensohn, "Let's Respect Both Sides of the Development Coin," *International Herald*

Tribune, May 5, 1999。

[36] 对此，参见 Jean Drèze and Amartya Sen, *India: Economic Development and Social Opportunity* (Delhi: Oxford University Press, 1995); 还可见我的“How Is India Doing?” *New York Review of Books* 21 (Christmas number, 1982), reprinted in *Social and Economic Development in India: A Reassessment*, edited by D.K.Basu and R.Sissons (London: Sage, 1986)。

[37] 对此，参见 Isher Judge Ahluwalia and I. M. D. Little, eds., *India's Economic Reforms and Development: Essays for Manmohan Singh* (Delhi: Oxford University Press, 1998)。See also Vijay Joshi and I.M.D.Little, *India's Economic Reforms*, 1991—2001 (Delhi: Oxford University Press, 1996).

[38] 有关公共物品出现时“市场失灵”的经典分析，见 Paul A. Samuelson, “The Pure Theory of Public Expenditure,” *Review of Economics and Statistics* 36 (1954), and “Diagrammatic Exposition of a Pure Theory Public Expenditure,” *Review of Economics and Statistics* 37 (1955); 还可见 Kenneth J. Arrow, “The Organization of Economic Activity: Issues Pertinent to the Choice of Market versus Non-market Allocation,” in *Collected Papers of K.J.Arrow*, *volume* 2 (Cambridge, Mass.: Harvard University Press, 1983)。

[39] 健康方面的不确定性是一个进一步的议题，它造成市场配置在医疗保健领域的困难，对此见 Kenneth J. Arrow, “Uncertainty and Welfare Economics of Health Care,” *American Economic Review* 53 (1963)。公共行动在医疗保健领域的相对优势，在很大程度是联系于 Arrow 和 Samuelson (见上注) 所识别的问题；对此见 Jean Drèze and Amartya Sen, *Hunger and Public Action* (Oxford: Clarendon Press, 1989)。See also Judith Tendler, *Good Government in the Tropics* (Baltimore: Johns Hopkins University Press, 1997).

[40] 这方面的文献很多，一些论文关注为了对付公共物品及其相关问题所需要的体制上的多样性，另一些文献则关注在考虑到交易成本和串谋成本之后重新定义“效率”。然而，不可能通过重新定义而逃避超越单纯依赖传统市场的体制性扩展的需要，如果目标是超越传统市场能够实际实现的状况。在这一领域的广泛文献中，对所讨论的各种问题的一种启发性阐述，见 Andreas Papandreou, *Externality and Institutions* (Oxford: Clarendon Press, 1994)。

[41] Smith, *Wealth of Nations* (1976 Campbell and Skinner edition), volume 1, book 2, p.27, and volume 5, book 1, f, p.785.

[42] 见我的“Social Commitment and Democracy: The Demands of Equity and Financial Conservatism,” in *Living as Equals*, edited by Paul Barker (Oxford: Oxford University Press, 1996), and also “Human Development and Financial Conservatism,” keynote address at the International Conference on Financing Human Resource Development, arranged by the Asian Development Bank, on November 17, 1995, later published in *World*

Development，1998。随后的讨论取自这些论文。

[43] 当然，营养不足具有许多复杂的层面——对此见 S.R.Osmani，ed,. *Nutrition and Poverty*（Oxford：Clarendon Press，1992）所包括的论文——而且营养剥夺的某些层面比另外一些层面更容易被观察到。

[44] 对这一问题的讨论，见 Jean Drèze and Amartya Sen, *Hunger and Public Action* (Oxford:Clarendon Press,1989),chapter 7(particularly pp.109～113)。有关实证观察资料出自 T. Nash,"Report on Activities of the Child Feeding Centre in Korem," mimeographed (London:Save the Children Fund,1986),and J. Borton and J.Shoham,"Experiences of Non-governmental Organisations in Targeting of Emergency Food Aid," mimeographed,report on a workshop held at the London School of Hygiene and Tropical Medicine,1989。

[45] 对此见 Drèze and Sen，*Hunger and Public Action*（1989）。还可见 Timothy Besley and Stephen Coate，"Workfare versus Welfare：Incentive Arguments for Work Requirements in Poverty-Alleviation Programs，" *American Economic Review* 82（1992）；Joachim von Braun，Tesfaye Teklu and Patrick Webb，"The Targeting Aspects of Public Works Schemes：Experiences in Africa，" and Martin Ravallion and Gaurav Datt，"Is Targeting through a Work Requirement Efficient? Some Evidence from Rural India，" both published in *Public Spending and the Poor*：*Theory and Evidence*，edited by Dominique van de Walle and Kimberly Nead（Baltimore：Johns Hopkins University Press，1995）。还可见 Joachim von Braun，Tesfaye Teklu and Patrick Webb，*Famine in Africa*：*Causes*，*Responses and Prevention*（Baltimore：Johns Hopkins University Press，1998）。

[46] 对那些年纪太大、残疾或疾病太严重而不能工作的人，这并没有帮助，但是，如前文所说，这些人按照那些可行能力缺陷可以容易地识别出来，而且通过其他——补充性的——计划提供扶助。对这些补充性计划的可能性与实际经验的讨论，见 Drèze and Sen，*Hunger and Public Action*（1989）。

[47] 对此见 Sudhir Anand and Martin Ravallion，"Human Development in Poor Countries：Do Incomes Matter?" *Journal of Economic Perspectives* 7（1993）。还可见 Keith Griffin and John Knight，eds.，*Human Development and the International Development Strategy for the* 1990s（London：Macmillan，1990）。有关饥荒的特定背景，还可见 Alex de Waal，*Famines That Kill*：*Darfur* 1984—1985（Oxford：Clarendon Press，1989）。

[48] 参见我的 *On Economic Inequality*（1973），pp.78～79。

[49] 这些问题更充分地讨论于"The Political Economy of Targeting，"我在1992年世界银行发展经济学年会上的主要发言，published in van de Walle and Nead，*Public Spending and the Poor*（1995）。还可参见那册很有见地的书中的其他论文。

[50] 关于隐含在不对称信息下的一般性问题，可见 George A. Akerlof，*An Economic Theorist's Book of Tales*（Cambridge：Cambridge University Press，1984）。

[51] 见 John Rawls, *A Theory of Justice* (Cambridge, Mass.: Harvard University Press, 1971), pp.440～446。Rawls 讨论了制度性安排和公共政策能如何影响"自尊的社会基础"。

[52] 特别参见 William J. Wilson, *The Truly Disadvantaged* (Chicago: University of Chicago Press, 1987); Christopher Jencks and Paul E. Peterson, eds., *The Urban Underclass* (Washington, D.C.: Brookings Institution, 1991); Theda Skocpol, *Protecting Soldiers and Mothers: The Politics of Social Provision in the United States*, 1870—1920 (Cambridge, Mass.: Harvard University Press, 1991)。我(像许多其他人一样)是在1971年左右与 Terence (W.M.) Gorman 在伦敦经济学院的一次交谈中第一次听到这个论证,虽然我不相信他曾经就此写成论文。

[53] Michael Bruno, "Inflation, Growth and Monetary Control: Nonlinear Lessons from Crisis and Recovery," Paolo Baffi Lecture (Rome: Bank of Italy, 1996). 还可参见 *Crisis, Stabilization, and Economic Reform* (Oxford: Clarendon Press, 1993).

[54] Bruno, "Inflation, Growth and Monetary Control," pp.7～8.

[55] Bruno, "Inflation, Growth and Monetary Control," pp.8, 56.

[56] Bruno, "Inflation, Growth and Monetary Control," pp.9.

[57] 尽管世界银行在承认国家在东亚经济成功中的作用上非常迟缓,它最终还是承认了在扩展教育和人力资源上国家的特别作用;见 World Bank, *The East Asian Miracle: Economic Growth and Public Policy* (New York: Oxford University Press, 1993). 还可参见 the Asian Development Bank, *Emerging Asia: Changes and Challenges* (Manila: Asian Development Bank, 1997), and Nancy Birdsall, Carol Graham and Richard H. Sabot, *Beyond Trade Offs: Market Reforms and Equitable Growth in Latin America* (Washington, D.C.: Inter-American Development Bank, 1998)。

[58] 见 Hiromitsu Ishi, "Trends in the Allocation of Public Expenditure in Light of Human Resource Development—Overview in Japan" (Asian Development Bank, 1995)。

[59] 对这一联系的性质的讨论,见 Drèze and Sen, *Hunger and Public Action* (1989)。亦参见 World Bank, *The East Asian Miracle* (1993) 及其中列出的详尽的实证研究。亦参见 the papers presented at the International Conference on Financing Human Resource Development, arranged by the Asian Development Bank, on November 17, 1995; many of the papers have been published in *World Development*, 1998。Fine analyses of contrasting experiences can be found in Nancy Birdsall and Richard H. Sabot, *Opportunity Forgone: Education, Growth and Inequality in Brazil* (Washington, D.C.: World Bank, 1993): James W.McGuire, "Development Policy and Its Determinants in East Asia and Latin America," *Journal of Public Policy* (1994).

[60] 对此见 Jere R. Behrman and Anil B. Deolalikar, "Health and Nutrition," in

Handbook of Development Economics, edited by H. B. Chenery and T. N. Srinivasan (Amsterdam: North-Holland, 1988)。

[61] 然而，由于国际债务无比沉重的负担，某些国家，特别是非洲国家，也许在决定财政优先主次上不可能有多少选择。对这个问题，需要“有想像力”的国际政策成为“现实主义的”经济可能性的一部分，对此的有力倡导见 Jeffrey D. Sachs, “Release the Poorest Countries from Debr Bondage,” *International Herald Tribune*, June 12～13, 1999。

[62] 对此，见 UNDP, *Human Development Report* 1994。

第6章　民主的重要性

濒临孟加拉湾，在孟加拉国南部和印度的西孟加拉相连之处，有一个地方叫森达班(Sandarban)——意为“美丽的森林”。这里是著名的皇家孟加拉虎的自然生息地，孟加拉虎是一种具有超凡的外表、速度、力量而又相当凶猛的珍贵动物。幸存的孟加拉虎已经不多了，但它们受到禁猎令的保护。森达班还以大量野生蜜蜂生产的蜂蜜著名。生活在这个地区的人们极端穷困，常常到森林去采蜂蜜，那种蜂蜜在城市的市场上可以卖到很好的价钱——可能高达相当于0.5美元的卢比一瓶。但是蜂蜜采集者必须防备孟加拉虎的袭击。在好的年成，一年大约只有50个左右采蜂蜜的人死于孟加拉虎，但情况糟糕时，死者数目就会大得多。老虎是受保护的，这些穷苦的人则不受任何保护，他们只是到森林去挣取生活费用，那片森林广大而美丽——但也相当危险。

这只是许多发展中国家中经济需要的压力的一个例子。不难感到这种力量必定压倒其他要求，包括对政治自由权和公民权利的要求。如果贫困驱使人们为了一两块美元的蜂蜜去冒如此可怕的风险——而且也许惨死于虎口，集中注意他们的自由权和政治自由就可能真的显得很奇怪。人身保护权在这种情况下可能是无法沟通的概念。因此，有人主张，当然必须优先考虑满足经济需要。不难想到，聚焦于民主和政治自由是贫穷国家所“不能承担”的奢侈品。

6.1　经济需要与政治自由

这样的观点非常频繁地出现在国际讨论中。鉴于紧迫的经济需要具有压倒一切的重要性，为什么还要操心政治自由的完善呢？这个问题，以及与此有关的、反映对政治自由权和公民权利怀疑的其他问题，在 1993 年春天维也纳人权会议上显得很突出，若干国家的代表在发言中反对大会在全球范围内一般赞同基本的政治和公民权利，特别反对把它们应用到发展中国家。其理由是，重点必须放在与重要物质需要相关的“经济权利”上。

这是一种久已确立的分析思路，它在维也纳受到了以中国、新加坡和其他东亚国家为首的一些发展中国家官方代表的竭力倡导，但没有遭到印度、其他南亚和西亚国家以及非洲国家的反对。按照这种分析思路，有一个反复提出的问题：什么应该是第一位的——是消除贫困和痛苦，还是保障那些其实对穷人来说没有多少用处的政治自由权和公民权利？

6.2　政治自由与民主的首要性

这是否是对经济需要和政治自由问题的一种合理分析——根据一种基本的“二分法”，把它们看做是非此即彼的，从而贬低政治自由的重要性，因为经济需要是如此紧迫？[1]我的看法是，绝非如此，按照这种方式去看待经济需要的压力，或者理解政治自由的突出地位，是完全错误的。需要注意的真正问题不在这里，而在于把握在政治自由与对经济需要的理解和满足之间的广泛的相互联系。这些联系不仅可起到工具性作用（政治自由可以在提供激励和信息方面为解决紧迫的经济需要发挥重大作用），而且还有建设性意义。我们对经济需要的理解严重地依赖于公开的公共辩论和讨论，而保障公开的公共辩论和讨论则要求坚持基本的政治自由权和公民权利。

我将论证，经济需要的紧迫性**加强了**而不是减弱了政治自由的迫切性。基本政治和自由权利的一般重要性，有三个不同的方面：

1. 在关系到基本可行能力（包括政治和社会参与）的人类生活中，他们的**直接**重要性；

2. 人民表达并论证他们的要求（包括经济需要方面的要求）以引起政治上的关注，在促进这种要求得到倾听方面，它们的**工具性**作用；

3. 在形成“需要”（包括在社会意义上理解的“经济需要”）这个概念上，它们的**建设性**作用。

我将即刻讨论这三个方面，但首先我们必须考察由一部分人提出的一个观点，认为在以政治自由和民主权利为一方、满足基本经济需要为另一方，二者之间存在着一种真实的冲突。

6.3 否定政治自由和公民权利的观点

反对在发展中国家实施民主以及基本的公民自由和政治自由的意见来自三个不同的方面。第一，有人断言这些自由和权利阻碍经济增长和发展。这种观点，称作李光耀命题（新加坡前总理，他简洁地概括了这一观点），在第1章中已经做过简短说明。

第二，有人争辩，如果让穷人在政治自由和满足基本经济需要之间做出选择，他们总会选择后者。因此，按这种逻辑，民主的实践与民主的正当性之间存在矛盾，即多数人的观点会趋于否定民主——给定这种选择机会。这种观点还有另一种不同的、但紧密相关的版本，即断言真正的问题不在于人们实际选择什么，而在于他们有**理由**选择什么。既然人民有理由要求首先消除经济剥夺和痛苦，他们就有足够理由不坚持政治自由，因为那会妨碍他们实现真正的第一位的需要。预先假定在政治自由和满足基本经济需要之间存在深刻的对立，是这一推论的重要前提，在这个意义上，第二个观点的这一版本依赖于第一个观点（即李光耀命题的成立）。

第三，常常有人声称，强调政治自由、自由权和民主是一种特定的“西方的”优先选择，特别是，它与“亚洲价值观”冲突，后者更倾向于秩序和纪律而不是自由权和其他自由。例如，他们争辩说，对传播媒体的审查制度，在一个亚洲社会比在西方更能被人接受（因为亚洲价值观强调纪律和秩序）。在 1993 年维也纳会议上，新加坡外交部长警告说：“对人权理想的普遍承认可能是有害的，如果普遍性被用来否定并掩盖**多样化**的现实。”中国外交部的发言人甚至公开提出，“个人必须把国家权利置于自身权利之上”[2]，似乎这适用于中国和亚洲的其他地区。

最后这个论点涉及对于文化的解释分析，我把它留到后面第 10 章讨论。[3]现在先来讨论前面两个观点。

6.4　民主与经济增长

权威主义果真发挥如此良好的作用吗？某些相对地更为权威主义的国家（例如韩国、李光耀自己的国家新加坡和改革前的中国等），与许多较少权威主义的国家（包括印度、哥斯达黎加和牙买加）相比，经济增长速度更高，这确实是事实。但是，李光耀命题的基础实际上是特选的、有限的信息，而不是对可以获得的广泛的信息资料所作的全面统计检验。我们确实不能把亚洲的一些国家的高速经济增长看做是权威主义能更好地促进经济增长的确凿证明，正如我们不能根据非洲增长最快的国家博茨瓦纳（也是世界上增长最快的国家之一），一直是那个多灾多难的大陆上的一片民主绿洲的事实而得出相反的结论。事情在很大程度上取决于确切的具体境况。

事实上，几乎没有什么普遍性的证据表明权威主义政府以及对政治和公民权利的压制确实有助于促进经济发展。统计的结果远为复杂。对于政治自由和经济成果之间存在广泛冲突的论断，系统的实证研究没有提供任何真正的支持。[4]二者之间的方向性联系看来取决于许多其他的情况，尽管某些统计研究发现二者之间有微弱的负相关，另外的研究则发现有很强的正相关。总的来说，二者之间不存在任何正的或负的关系的假说，是很难被推翻的。既然政治自由具有其本身的重要性，其地位不受上述统计结果的影响。

在这个领域，讨论一下研究方法论这个更基本的问题也是很重要的。我们一定不能仅仅考察统计关系，而必须还要进一步考察并检视经济增长和发展所涉及的**因果性**过程。导致东亚经济体经济成功的经济政策和境况，在今天已有相当好的理解。尽管不同的实证研究所强调的重点有所不同，但现在对于“起促进作用的政策”的一个清单已经有了充分的共识，其中包括：开放竞争、运用国际市场、高识字率和高就学率、成功的土地改革，以及对投资、出口和工业化积极性的公共支持。没有任何证据表明，上述任何政策与更多的民主不相容，或者这些政策实际上必须要靠正好出现在亚洲一些国家的那些权威主义因素来维持。[5]

此外，在判断经济发展时，仅仅看到国民生产总值或者某些其他反映总体经济扩展的指标的增长，是不恰当的。我们必须还要看到民主和政治自由对公民的生活及其可行能力的影响。在这个意义上，特别重要的是考察以政治权利和公民权利为一方，以防止重大灾难（例如饥荒）为另一方，二者之间的联系。政治和公民权利能够有力地唤起人们对普遍性需要的关注，并要求恰当的公共行动。对于人们的深切痛苦，政府的反应通常取决于对政府的压力，这正是行使政治权利（投票、批评、抗议等等）可以造成重大区别的地方。这是民主和政治自由的“工具性”作用的一部分。我将在本章后面再回到这个重要的议题上。

6.5 穷人关心民主和政治权利吗

我现在转到第二个问题。第三世界国家的公民们是否对政治和民主权利无动于衷？有人常常下这样的断言，但它（就像李光耀命题一样）也简直就没有实证证据。验证这个断言的惟一办法是，在有反对党和言论自由的自由选举中对它进行民主的检验——而这恰恰是权威主义的支持者所不允许发生的。在普通民众几乎没有政治机会来表达看法、更无法与掌权的当局争论的情况下，完全不清楚如何能检验这个命题。对这些权利和自由的轻视，当然是许多第三世界国家**政府领袖**的价值标准系统的一部分，但是把它当做是人民的观点却是大成问题的。

这里颇值一提的是，当英迪拉·甘地领导下的印度政府试图使用类似的理由来为她在20世纪70年代中期错误宣布的“紧急状态”辩护时，举行了一场大选，选民们以此划线分成两派。在那场重要的选举中，辩论的中心问题在于“紧急状态”的可接受性，压制基本政治和公民权利的做法被坚决地否定了，而且印度的选民——世界上最穷的选民之一——表明他们对否定基本自由和权利做法的抗议，绝不弱于对经济贫困的不满。就曾经有过的各种检验而言，对于穷人一般不关心公民和政治权利这一命题，证据从来都是完全否定的。观察一下韩国、泰国、孟加拉国、巴基斯坦、缅甸以及其他亚洲国家中争取民主自由的斗争，可以得出同样的结论。类似地，在非洲，虽然政治自由受到广泛压制，只要条件允许，就一直有着反对这种情况的运动和抗议，尽管军事独裁者们几乎不让人们有这样的机会。

关于这个论点的另一版本，即穷人有**理由**放弃政治和民主权利，以换取经济利益，情况又是如何呢？前文已说明，这种论证依赖于李光耀命题。既然李光耀命题缺乏经验支持，这个立论就不能成立。

6.6　政治自由的工具性作用

现在我从对政治权利的负面批评转向对政治权利的正面评价。作为基本可行能力的一部分的政治自由的重要性，在前面几章已经讨论过。我们有理由珍视在我们生活中的自由权以及言论和行动的自由，而且，对于我们人类——作为一种社会动物——来说，珍视不受限制地参与政治和社会活动的自由绝非不合理。此外，为了在知情和摆脱束缚的基础上**形成**我们的价值观念，就要求交流和辩论的公开性，而政治自由和公民权利可以在这个过程中具有中心地位。再进一步，为了公开地表达我们所珍视的东西并要求它们得到重视，我们需要言论自由和民主选择。

当我们从政治自由的直接重要性转到其工具性作用时，我们必须考察对政府和在职官员及其群体发挥作用的政治激励因素。如果统治者不得不面对批评、并寻求人们在选举时的支持，统治者就会有积极性去听取人民的需要。前文曾说过，在具有民主制的政府和相对自由的传播媒体的任何独立国家，从来没有发生过重大饥荒。[6]饥荒曾经发生在古代王国和当代权威主义社会，发生在原始部落和现代技术官僚专制体制，发生在受来自北方的帝国主义的统治的殖民地经济以及由君主式国家领袖或不宽容的单一政党统治的南方新独立国家。但饥荒从来没有发生在以下国家：独立，举行常规的周期性选举，有反对党提出批评，允许报界自由报道、并可对政府政策是否明智提出疑问而不受严密审查的国家。[7]下一章将进一步讨论这种历史对比，其主题是饥荒和其他危机。

6.7 政治自由的建设性作用

政治自由和公民权利的工具性作用可以是非常大的，但经济需要和政治作用之间的联系还可以有**建设性**的一面。行使基本政治权利会促使政策更有可能对经济需要做出回应。不仅如此，“经济需要”这个概念的形成过程本身——包括对它的理解认识——也要求行使这些权利。可以论证，恰当地理解经济需要是什么——其内容和强度——要求有讨论和交流。政治和公民权利，特别是那些与保障公开的讨论、辩论、批评以及持有不同意见有关的权利，对于产生知情的、反映民意的政策选择过程，具有中心意义。这些过程是形成价值观念和优先主次的关键。我们一般不能把民众的偏好看做是既定的、独立于公共讨论的，也就是说，与是否允许公开辩论和交流无关的。

公开对话的作用范围和有效程度在评价社会和政治问题时常常被低估了。例如，公共讨论可以在降低许多发展中国家普遍存在的高生育率方面，发挥重要的作用。事实上，很多证据表明，在印度识字率较高的一些邦所发生的生育率快速下降现象，受到了围绕高生育率特别是对年轻妇女的生活、同时也对整个社区所起的负面作用展开的公共讨论的强烈影响。如果说，现代的幸福家庭是小家庭这个观念在克拉拉邦和泰米尔纳都邦流行起来了，那是因为很多讨论和辩论促进了这个观念的形成。克拉拉邦现在的生育率是1.7（与英国和法国相似，远比中国的1.9低），这个成就的取得并没有依靠任何强制，而主要是靠新观念的形成——在这一过程中政治和社会对话一直发挥了主要的作用。克拉拉邦人口的高识字率，特别是妇女的高识字率（高于中国任何一个省份），为这种社会和政治对话得以成为可能做出了极大的贡献（下一章将再讨论这个问题）。

苦难和剥夺可以有多种——某些更容易通过社会措施来减轻。人类困境的总和可以成为识别我们的“需要”的一般基础。例如，有很多事物，如果它们是可行的，我们可能有很好的理由珍视它们——我们甚至会想要长生不老，就像玛翠伊那样。但是我们并不把它们看做是“需要”。我们关于“需要”的概念，联系到我们的想法（某些剥夺就性质而言是可以防止的），也联系到我们的理解(对于这些剥夺能够做些什么事情)。在形成这种理解和信念时,公共讨论发挥一种极其关键的作用。政治权利,包括发表言论和讨论的充分机会,不仅在导致对经济需要的社会反应上至关重要,而且对于形成经济需要这个概念本身也具有核心意义。

6.8　民主的运作

民主自身所固有的重要性、其防护性作用和建设性作用，确实是非常广泛的。然而，在阐述这些关于民主的优越性的论点时，有夸大其实效性的危险。前文已提到，政治自由和自由权只是具有可允性（permissive）的优越性，其实效性取决于政治自由和自由权是如何行使的。对于防止那些容易被理解、并且特别能引起直接同情的灾难，民主或许是极其成功的。但对许多其他的问题则远非如此。例如，印度在根除饥荒方面的成功，却并没有相应地表现在消除日常的营养不足、减少长期存在的文盲或两性不平等这些方面(在第 4 章已经讨论过)。饥荒受害者的情况很容易被诉诸政治化，但那些其他形式的剥夺则要求更深入的分析，并要求更有效地运用交流和政治参与——一句话，更充分地运用民主。

民主运用的不充分,也可以用来解释较成熟的民主体制中的某些失败。例如,美国的非洲裔美国人在医疗保健、教育和社会环境方面遭受严重的剥夺,促成了他们过高的死亡率(如第 1 章和第 4 章所述),美国民主的运作显然没有防止这种情况。民主必须被看做只是提供了一组机会,对这些机会的使用,则要求关于民主和政治权利**实践**另一种类型的分析。在这方面,不能忽视美国选举中的低投票率,特别是非洲裔美国人过低的投票率,以及其他缺乏兴趣和疏离化的迹象。民主并不能自动解决问题,像奎宁自动治疗疟疾那样。为了达到所向往的结果,必须积极抓住民主所提供的机会。当然,这是所有自由的一个基本特征——结果在很大程度上取决于自由实际上是如何被行使的。

6.9　民主的实践与反对派的作用

民主的成就不仅依赖于所得到采用并受到保障的规则和程序，而且取决于公民如何运用这些机会。菲律宾前总统拉莫斯（Fidel Valdez Ramos）1998年11月在澳大利亚国立大学的演说清楚地说明了这一点：

> 在独裁统治下，人民不需要思考——不需要选择——不需要做出决断或者表示同意。他们所要做的一切就是服从。这是从直到不久以前的菲律宾政治经验中学到的痛苦教训。相比之下，民主体制离开了公民的素养（civic virtue）就不能生存。……今天对世界各地人民的政治挑战并不是仅仅用民主的政体取代权威主义的政体，而是要更进一步使民主为普通老百姓服务。[8]

民主确实提供了这种机会，这与它的“工具性作用”和“建设性作用”有关。但是，这种机会在多大的强度上被利用起来则取决于一系列因素，包括伦理辩论和价值形成方面的活力等。[9]例如，在印度，防止饥饿和饥荒的优先地位，当它独立时就已经充分确立了（爱尔兰根据自己在英国统治下发生饥荒的经验，也这样做了）。活跃的政治参与在防止饥荒方面，在强烈谴责政府容忍的挨饿现象发生方面，是很有效的，而且这个过程的迅速有力使得防止这种重大灾难成为每个政府不可避免的优先事务。然而历届反对党在另一些领域却很顺从，没有揭露谴责普遍存在的文盲、并非致命但仍然很严重的营养不足（特别是在儿童中）的流行，以及在实施已经通过立法的土地改革方案上的失败。反对党的顺从，使得历届政府得以逃脱在有失道德地忽视这些关键公共政策事务上的责任。

事实上，活跃的反对派在非民主社会，就像在民主社会一样，也是一支重要力量。例如，有理由说，尽管缺乏民主保障，那些充满活力的、坚持不懈的反对派在民主化之前的韩国，或者甚至是在皮诺切特的智利（冒着很大的风险），即使在恢复民主之前对这些国家的政务，就已间接地发挥了有效的作用。在这些国家中，许多发挥了良好作用的社会计划，至少部分地是为了减少反对派对民众的吸引力而设立的，反对派以这种方式甚至在上台之前就发挥了有效的作用。[10]

另一个这样的领域是持续的性别不平等，这里也需要强有力的交锋，既要批评，又要提出改革建议。实际上，一旦把这些被忽视的议题提到公共辩论和交锋的讲坛，当局就不得不做出某种反应。在民主制度下，人们趋于得到他们要求的东西，更重要的是，他们一般不会得到他们不想要的东西。在印度，被忽略的社会机会中的两个领域——性别平等和基础教育——现在正受到反对党的更多注意，其结果是，它们也受到立法和行政当局的更多注意。虽然最后结果要过一段时间才能显现，我们不能不看到现在就已经采取的多种步骤（包括一个要求印度议会必须有至少三分之一成员是女性的提案，以及一项将把初等教育权利延伸到更为广大的儿童群体的教育计划）。

事实上，有理由说，民主在印度的贡献，绝非仅仅局限在防止例如饥荒那样的经济灾难方面。尽管其实践还不充分，民主为印度提供了某种稳定和安全，而在 1947 年印度独立时很多人对此是非常悲观的。印度那时所面临的是，一个未经考验的政府，尚待处理完毕的印巴分治局面，扑朔迷离的政治联盟，再加上散布各地的社区暴力和社会混乱。那时很难对一个联合的、民主的印度有信心。但是半个世纪之后，我们看到的是通过有时艰难有时顺利的历程而保持着良好运作的一个民主体制。政治异见基本上按照宪政程序加以解决。一届又一届政府上台下台，依据的是选举和议会制度。印度，由种种不同因素拼结起来的一个笨重的、难有指望的、绝非高雅精致的组合体，生存下来了，而且作为一个具有民主制度的政治实体，令人瞩目地良好地运作着——这个实体实在是由于实施民主而维系的。

印度还成功地对付了众多主要语言和众多宗教带来的挑战——它在宗教和文化上有异乎寻常的异质性。宗教和社群差别当然很容易被宗派政治家所利用，而且确实有好几次被他们（包括在最近几年中）所利用，在这个国家引起了巨大的恐慌。但是，迎接教派暴力的是恐慌，而且这个国家的大多数群体都谴责这种暴力行动，这一事实最终提供了反对狭隘的宗派主义分裂行动的主要民主保障。对于印度这样一个多样化国家的生存和繁荣，这是至关重要的。印度人口虽然以印度教徒为主，但它也是世界上第三大的伊斯兰国家，还有数百万基督教徒，以及世界上最多的锡克教徒、袄教徒和耆那教徒。

6.10　结语

建立和加强民主制度是发展过程的一个基本组成部分。我已经论述，民主的显著意义在于三个不同的方面：（1）自身固有的重要性；（2）工具性贡献；（3）在价值标准和规范形成中的建设性作用。对治理国家的民主形式进行评价，缺少其中任何一项都是不完整的。

政治自由和公民权利，尽管有其局限性，却已被足够经常和有效地运用。甚至在它们还没有被很有效地运用的那些领域，也存在着使它们有效的机会。政治和公民权利的可允性作用（即允许——实际上鼓励——公开讨论和辩论、参与式政治以及不受迫害地提出反对意见），可在非常广泛的领域内发挥作用，尽管它已在某些领域比在另一些领域更富实效。实践显示了它在防止经济灾难上的实效性，这本身是非常重要的。在形势顺利、万事正常运行的时候，民主的这种作用可能不会被人们挂念在心。但是当由于这样那样的原因，形势恶化的时候（例如最近东亚和东南亚发生的金融危机，打断了好几个国家经济的运行，使许多人陷入贫困），其作用就自行显现出来了。民主治国所提供的政治激励因素在这时就具有巨大的实际价值。

然而，尽管我们必须认识到民主体制的重要性，我们仍不能把民主体制看做是发展的机械工具。民主体制的应用依赖于我们的价值观和优先主次，以及我们对言论和参与的现有机会的运用。

政治自由和公民权利所允许的公共辩论和讨论，还可以在价值观形成中发挥重大作用。确实，甚至对于需要的识别，也不可避免地受到公共参与和对话性质的影响。公共讨论的力量不仅与民主相关联，具有广泛的作用范围，它的增强还可以使民主本身更好地运作。例如，对环境问题的更加知情的、更受重视的公共讨论，不仅对环境有好处，还对民主制度本身的健康和运作也是重要的。[11]

就像强调对民主的需要是重要的一样，保护那些能确保民主过程的覆盖面和作用范围得以实现的条件和境况也是十分关键的。尽管民主作为社会机会的一个主要来源（这个观点可能需要给予有力的辩护）是宝贵的，但是还需要考察使它良好运作的方式和手段，来实现它的潜力。社会正义的实现不仅依赖于体制形式（包括民主规则和法令），而且还依赖于富有实效的实践。要使公民权利和政治民主的贡献就像我们所能够期望的那样，实践这个问题具有核心意义，对此我已经阐述了理由。这是久已建立的民主体制——例如美国（那里尤其有各种族群体之间在参与程度上的明显差异这个问题）——以及新建立的民主体制所共同面临的挑战。所存在的问题，既有完全独特的，也有一些是共有的。

【本章注释】

[1] 本章的第一部分大量取自我的论文“Freedoms and Needs,” *New Republic*, January ro & 17，1994。

[2] 引自 John F. Cooper, "Peking's Post-Tiananmen Foreign Policy: The Human Rights Factor," *Issues and Studies* 30 (October 1994), p.69; 亦参见 Joanne Bauer and Daniel A. Bell, eds., *The East Asian Challenge for Human Rights* (Cambridge: Cambridge University Press, 1999)。

[3] 这里提出的分析和随后的讨论取自我先前的几篇论文, "Freedoms and Needs" (1994); "Legal Rights and Moral Rights: Old Questions and New Problems," *Ratio Juris* 9 (June 1996); and "Human Rights and Asian Values," Morgenthau Memorial Lecture (New York: Carnegie Council on Ethics and International Affairs, 1997), published in a shortened form in *The New Republic*, July 14 & 21, 1997。

[4] 在其他的研究中, 见 Adam Przeworski et al., *Sustainable Democracy* (Cambridge: Cambridge University Press, 1995); Robert J.Barro, *Getting It Right: Markets and Choices in a Free Society* (Cambridge, Mass: MIT Press, 1996)。亦见 Robert J. Barro and Jong-Wha Lee, "Losers and Winners in Economic Growth," Working Paper 4341, National Bureau of Economic Research (1993); Partha Dasgupta, *An Inquiry into Well-Being and Destitution* (Oxford: Clarendon Press, 1993); John Helliwell, "Empirical Linkages between Democracy and Economic Growth," Working Paper 4066, National Bureau of Economic Research (1994); Surjit Bhalla, "Freedom and Economic Growth: A Vicious Circle?" presented at the Nobel Symposium in Uppsala on "Democracy's Victory and Crisis," August 1994; Adam Przeworski and Fernando Limongi, "Democracy and Development," presented at the Nobel Symposium in Uppsala cited above。

[5] 对此, 亦参见我与 Jean Drèze 的合著, *Hunger and Public Action* (Oxford: Clarendon Press, 1989), part 3。

[6] 对此, 参见我的 "Development: Which Way Now?" *Economic Journal* 93 (December 1983) and *Resources, Values and Development* (Cambridge, Mass.: Harvard University Press, 1984; 1997)。

[7] 可以说, 在爱尔兰饥荒发生的19世纪40年代, 爱尔兰是联合王国的一部分, 而不是殖民地。但是, 不仅爱尔兰人与英格兰统治者之间有一道很深的鸿沟, 英格兰人对爱尔兰人抱有深刻的怀疑(这可以追溯到至少16世纪——充分反映在斯宾塞的尖刻的《仙女王》中), 而且政治权力的划分是极端不平衡的。就这里的论点而言, 对爱尔兰的统治并非不像是由异族统治者管辖的殖民地。对此见 Cecil Woodham-Smith, *The Great Hunger: Ireland 1845—1849* (London: Hamish Hamilton, 1962)。确实, 正如 Joel Mokyr 所说的, "爱尔兰被不列颠视为一个异己的、甚至是敌对的国家" (*Why Ireland Starved: A Quantitative and Analytical History of the Irish Economy, 1800—1850* [London: Allen & Unwin, 1983], p.291)。

[8] Fidel Valdez Ramos, "Democracy and the East Asian Crisis," inaugural address at the

Centre for Democratic Institutions, Australian National University, Canberra, November 26, 1998, p.2.

[9] 一个重要因素是研讨审议式的政治（deliberative politics）以及在政治辩论中运用道德性论证的范围。对此见 Jürgen Haberman, "Three Normative Models of Democracy," *Constellations* I (1994); Seyla Benhabib, "Deliberative Rationality and Models of Democratic Legitimacy," *Constellations* I (1994); James Bonham and William Rehg, eds., *Deliberative Democracy* (Cambridge, Mass.: MIT press, 1997). See also James Fishkin, *Democracy and Deliberation* (New Haven, Conn.: Yale University Press, 1971); Ralf Dahrendorf, *The Modern Social Contract* (New York: Weidenfeld, 1988); Alan Hamlin and Phillip Pettit, eds., *The Good Polity* (Oxford: Blackwell, 1989); Cass Sunstein, *The Partial Constitution* (Cambridge, Mass.: Harvard University Press, 1993); Amy Gutman and Dennis Thompson, *Democracy and Disagreement* (Cambridge, Mass.: Harvard University Press, 1996)。

[10] 这点讨论于 Drèze and Sen, *Hunger and Public Action* (1989), pp.193～197, 229～239。

[11] 也值得注意的是，环境的挑战，在得到恰当理解的情况下，提出了关于社会选择和研讨审议式政治的某些中心议题，见我的"Environmental Evaluation and Social Choice: Contingent Valuation and the Market Analogy," *Japanese Economic Review* 46 (1995)。

第 7 章　饥荒和其他危机

在我们居住的世界上广泛存在着饥饿、营养不足和频繁的饥荒。人们通常——哪怕只是含蓄地——假定，我们无法做什么来改变这种极端悲惨的状况。人们还经常假定，这些病态在长期，特别是随着世界人口的增长，事实上可能会进一步恶化。在当代世界，不言自明的悲观主义主导了对这些苦难的国际反应。觉得我们缺乏自由来对付饥饿，这种意识本身就会导致宿命论和对我们见到的苦难放弃认真救治的尝试。

这种悲观主义几乎没有事实根据，假定饥饿和贫困无法救治也是完全站不住脚的。恰当的政策和行动确实能够根除当代世界上严重的饥饿问题。根据最近所作的经济、政治和社会的分析，我相信，找到实现消除饥荒并大幅度减少长期营养不足的措施是可能的。现在，重要的是根据从现有的分析调查和经验研究中得出的教训来制定政策和规划。[1]

本章特别着重于饥荒和其他短期“危机”，它们或许包括或许不包括散布各地的饥饿状况，但确实涉及突然爆发的、对相当大一部分人口的严重剥夺（例如最近发生在东亚和东南亚的金融危机）。必须把这种类型的灾害和危机与地区性的饥饿和贫困区分开来，后者导致持续的痛苦，但不涉及新爆发的、突然把一部分人卷进去的极端的剥夺。在这项研究的后文将分析地区性的营养不足和持续不断的、长期的剥夺（主要在第 9 章），我还将引用从本章的饥荒研究中得出的一些概念。

为了在当代世界消除饥饿，关键是要以一种足够宽广的视野，而不是仅仅就粮食与人口之间的某种机械的平衡，去理解造成饥荒的起因过程。在分析饥饿现象时，至关重要的因素是个人和家庭所拥有的、用来建立对足够数量的食品具有所有权的实质自由，那可以或是通过自己种植粮食（如农民所做的），或是通过在市场上购买粮食（如不种粮食的人所做的）来实现。一个人可以在周围有丰富食品的情况下被迫挨饿，如果他失去了收入（例如由于失业，或者他生产和销售并赖以为生的产品的市场突然崩溃），从而丧失了在市场上购买食品的能力。另一方面，即使在一个国家或者地区的食品供应急剧下降时，只要更好地共同分享食品可供量（例如，为潜在的饥荒受害者创造额外的工作和收入），每一个人的生命都可以被拯救下来。通过从外部获取粮食来加以补充，这种办法可以变得更加有效，但许多带有威胁性的饥荒甚至在没有外部供粮的情况下也被防止了——办法不过是更平均地分享下降了的内部粮食供应。在这里，焦点必须对准个人和家庭有无购买足够食品的经济能力和实质自由，而不是单单对准一国的粮食总量。

这里既需要经济的、政治的分析，也需要更充分地理解饥荒以外的其他危机和灾害。东亚和东南亚一些国家最近经历的那场危机是一个很好的例子。在那场危机中，就像在饥荒中一样，一部分人口突然意外地失去了他们的经济权益。在这些危机中剥夺的传播速度和猛烈程度（以及这种灾难的典型的不可预见性），不同于更“常规”的一般性贫困，正如饥荒不同于地方性饥饿现象。

7.1　权益和互相依赖

饥饿不仅与粮食生产和农业扩展有关，也与整个经济体的运作有关，以及——甚至更广泛地——与政治和社会安排的运行有关，后者能够直接或间接地影响人们获取食品、维持其健康和营养状况的能力。此外，尽管合理的政府政策能做很多事情，重要的是，要把政府的作用与其他经济和社会机构及制度——从贸易、商业和市场，到积极活动的政党、非政府组织，以及为知情的公众讨论提供支持和便利的各种机构，包括有效的新闻媒体——的高效率运行结合起来。

营养不足、饥饿和饥荒受到整个经济和社会运行的影响——而不仅仅是受到粮食生产和农业活动的影响。至关重要的是，要充分考虑在当代世界中制约着饥荒发生的经济和社会的相互依赖关系。粮食在一个经济体中不是由慈善机构或者某种自动分享的系统来分配的。取得食品的能力必须**挣得**。我们必须集中注意的是，不是经济体中的粮食总供给，而是每个人所享有的“权益”（entitlement）：一个人可以建立其所有权并加以支配的商品。在不能对足够数量的粮食建立起他们的权益时，人们就会挨饿。[2]

哪些因素决定了一个家庭的权益？它取决于各种不同的影响因素。第一是**资源**禀赋(endowment)，即对于生产性资源和具有市场价格的财富的所有权。对多数人来说，其仅有的、能发挥显著作用的资源禀赋是其劳动力。世界上大多数人除了劳动力之外几乎一无所有，这里的劳动力可以包含程度不等的技能和经验。但一般而言，劳动力、土地和其他资源构成了一组资产。

第二，一个重要的影响因素是**生产可能性**及其利用。技术因素在这里加入了进来：可资利用的技术决定了生产可能性，它既受到现有知识，也受到人们掌握并实际运用这些知识的能力的影响。

以土地和劳动力为形式的资源禀赋，可以直接用于生产食品——就像在农业中那样——从而产生权益。或者，家庭或个人可以用另一种方式，即通过挣得工资收入来获取购买食品的能力。这取决于就业机会和现行的工资率。它们也依赖于农业、工业和其他活动的生产可能性。世界上大多数人不直接生产粮食，他们通过在其他商品生产中就业来挣得获取食品的能力，那些商品是多种多样的，从经济作物到工艺品，从工业产品到各种服务，并涉及许多不同的行业。这种相互依赖在分析饥荒时可以具有高度的中心意义，因为相当多的人可能因为其他产品，而不是粮食本身在生产中出了问题，而失去了拥有食品的能力。

第三，资格在很大程度上取决于**交换条件**：出售和购买产品的能力，以及不同产品的相对价格（如工艺品对主食的价格）。由于劳动力是很多人最重要的、其实也是惟一的禀赋资源，因此非常重要的是注意劳动市场的运作。寻找工作的人是否能在现行工资水平上实现就业？工匠和服务提供者能否售出他们想要出售的东西？其相对价格如何（即相比于食品的市场价格如何）？

在经济发生紧急状况时，这些交换条件会急剧改变，从而导致饥荒的威胁。这种迅速发生的变化可能由一系列不同的影响因素造成。由产品的相对价格（或者相对于食品价格的工资率）的突然改变而带来的饥荒发生过多次，而相对价格的变动可以出于相当不同的原因，如干旱、洪水，或就业的普遍下降，或使一部分人收入上升而其他人没有获益的非平衡繁荣，或者甚至是对食品短缺的过分恐惧。后者会导致食品价格暂时上升并造成混乱。[3]

在经济危机时期，一些行业可能受到比其他行业更加沉重的打击。例如在1943年的孟加拉饥荒中，食品对某些特定种类的产品的交换率发生了剧烈变动。除了工资对食品价格的比率，鱼类对谷物食品的相对价格也大幅度地改变了，而孟加拉渔民是在1943年饥荒中受到最严重影响的行业群体之一。当然鱼也是一种食品，但它是高质量食品，贫苦渔民必须把鱼卖掉才能换取主食（在孟加拉主要是稻米）中较便宜的热量，从而得到足够的热量活下去。生存均衡维系于鱼米交换，鱼价相对于米价突然下降，就会破坏这种均衡。[4]

很多其他行业同样容易受到相对价格和销售收入变动的打击。以理发这个行业为例。经济危机时理发匠受到双重打击：(1) 在萧条期间人们很容易会推迟理发——从而使得对理发的需求大为下降；(2) 除了“数量”的下降外，还要加上理发的相对价格的直线下跌：在1943年的孟加拉饥荒中，一些地方的理发与原粮的交换率下降了**70%或80%**。所以本来已经很贫苦的理发师就更加陷入绝境，很多其他行业群体也是如此。所有这些都发生在粮食产量或总供给量几乎并未下降的情况下。城市人口购买力的增长（他们在战争繁荣中获利），市场上的粮食供给由于恐慌而投机性地撤出，二者结合起来，通过造成粮食分配的急剧改变而激发了饥荒。对饥饿和饥荒成因的理解，要求我们分析整个经济机制，而不是仅仅计算粮食的产量和供给。[5]

7.2　饥荒的起因

导致饥荒的权益丧失可以由一系列原因引起。如果想要救治饥荒，或者更进一步，防止饥荒，就必须看到这些起因的多样性。饥荒反映同样的困境，但并不一定有同样的起因。

自己不生产粮食的人（例如产业工人或服务提供者），或不拥有他们所生产的粮食的人（例如农业中的雇佣劳动者），他们在市场上取得食品的能力取决于他们的劳动所得、现行的食品价格以及他们的非食品的必要开支。他们取得食品的能力依赖于经济的具体境况：对雇佣劳动者来说是就业和工资率，对工匠和服务提供者来说是其他商品的生产和它们的价格，等等。

甚至对于那些确实自行生产粮食的人，他们的权益虽然取决于他们**自己的**粮食产出，但并不取决于——很多饥荒研究所通常集中注意的——**全国的**粮食产出。此外，有时人们不得不售出昂贵的食品如动物制品，以购买谷物食品中较便宜的热量，就像贫穷的牧民所经常做的：例如，在萨赫勒（Sahel，毛里塔尼亚到乍得之间的半沙漠地区）和非洲之角（索马里）放养牲畜的牧民们。非洲牧民对交换的依赖，和前面讨论过的孟加拉渔民非常相似，就像渔民要出售鱼来购买稻米中的便宜热量一样，非洲牧民要出售包括肉类的动物制品以购买原粮中的便宜热量。交换比例的变化，会破坏这些脆弱的交换均衡。动物产品的价格相对于谷物食品的下降，会给牧民带来灾难。一些席卷了大批牧民的非洲饥荒就是这样产生的。干旱会导致动物制品（甚至肉类）对传统上比较便宜的食品的相对价格下降，因为在经济衰退期间人们经常会改变他们的消费习惯，**减少**对昂贵食品（如肉类）和非必需品（如皮革制品）的消费。相对价格的这种变化，会使得牧民不能购买足够的主食以维持生存。[6]

饥荒甚至会在食品生产或者可供量丝毫没有下降的情况下发生。一个劳动者会在失业而同时又没有社会保障系统提供安全网保护（如失业保险）的情况下被迫挨饿。这种情况很容易发生，确实，甚至一场很大的饥荒也可能会发生，**尽管**就经济整体而言，粮食总可供量并没有下降而且仍然保持在很高的水平上——也许甚至在其“高峰”水平。

1974 年孟加拉国的饥荒就是在粮食可供量的高峰期发生饥荒的一个例

子。[7]发生饥荒的这一年，人均粮食可供量比 1971 年到 1976 年中的任何一年都更高（见图 7—1）。这次饥荒的起因是洪水造成的地方性失业，受洪水影响而减产的作物在数月后收割（主要是在 12 月左右），降低了当时的粮食产量，但饥荒在这之前就发生了，而且远在受灾作物成熟之前就已经结束。洪水使得农工在 1974 年夏天**立即**丧失了收入，他们丧失了可以从水稻栽秧和相关工作中得到的工资，这本来是他们可以用于获得食品的手段。随地方性的饥饿和恐慌而来的是更大面积的饥荒，再由于对未来食品短缺的夸大预期所造成的粮食市场的恐慌和粮价陡升而进一步加剧。未来食品的短缺被估计得过分严重，而且在某种程度上被人为炒作。而那种价格上涨因后来得到修正而下降了。[8]但是到那时，这次饥荒已经造成了沉重损失。

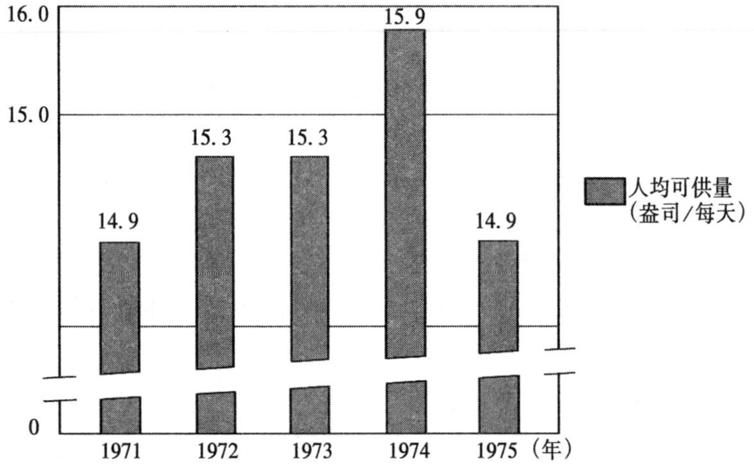

图 7—1　孟加拉国粮食可供量（1971—1975 年）

资料来源：Amartya Sen，*Poverty and Famine*（Oxford：Oxford University Press，1981），table 9.5. 这场饥荒发生在 1974 年。

即使饥荒**确实**与粮食生产下降相联系（中国 1958—1961 年的饥荒和爱尔兰 19 世纪 40 年代的饥荒就明显是这种情况），我们还是要超越产量的统计数字，进一步去解释为什么一部分人口丧失了生命，其他人则安然无恙。饥荒持续不绝的根源在于分而治之。例如，当地方性的干旱导致粮食产量下降时，就可能使当地的一部分农民的权益丧失，即使在这个国家并未发生普遍的粮食供应不足。受害者因为自己的生产遭受了损失，没有东西可以出售来换取收入，也就无法从其他地方购买食品。从事其他工作或住在其他地区而收入较有保障的人，也许有能力到外地去买粮食而足以安全度日。在

1973 年埃塞俄比亚的沃洛（Wollo）饥荒中就发生过非常类似的事情，沃洛省的贫穷居民没有能力买粮食，尽管事实上当时德西埃（Dessie）（沃洛的首府）的粮价并不高于亚的斯亚贝巴（Addis Ababa）和阿斯马拉（Asmara）。事实上，有证据表明，一些粮食从沃洛**运出**到埃塞俄比亚较富裕的地区了，那里的人有较多收入来购买粮食。

也可以考虑一个不同类型的情况，粮价会因为一些行业群体的购买力上升而抬高，结果其他必须购买粮食的人就会受到损害，因为他们货币收入的实际购买力大幅度缩水。这种饥荒会在粮食产量没有任何下降时发生，因为它是来自竞争性需求的上升，而不是总供给的下降。孟加拉 1943 年的饥荒（见前面讨论）就是这样开始的，城市居民从“战争繁荣”中得到了好处——当时日军紧逼，英国和印度在包括加尔各答在内的孟加拉城市区域花费了大量的国防开支。当稻米价格开始急剧上升时，公众恐慌和炒作投机共同把粮价推向天价，超出了相当一部分孟加拉农村人口可企及的范围。[10]魔鬼然后就袭击了落在最后的人。[11]

还可以再考虑一种不同类型的情况，当经济发生变化、有利可图的活动类型及经营地点转变的时候，一些工人会发现他们的职业“消失了”。例如在撒哈拉以南的非洲，当环境和气候条件变化时，就曾经发生过这种情况。以前的产业工人失去了工作或收入，在没有社会保障系统的情况下，他们没有任何东西可以依靠。

在其他一些情况下，丧失带来收入的就业可以是暂时现象，但它对引发饥荒却有很强的作用。例如在 1974 年孟加拉国的饥荒中，最初的危难迹象出现于无地的农业工人中，这是在夏季洪水之后，洪水使他们丧失了水稻栽秧的就业机会。这些平时勉强能糊口的工人一旦失去了能挣钱的工作，就只好挨饿，而这一切在遭受水灾的庄稼收割**之前**就发生了。[12]

饥荒现象是极其多种多样的。试图根据人均粮食可供量来理解饥荒，会导致无可救药的误解。很少能发现一场饥荒会影响到 5% 或 10% 以上的人口。自然也有关于饥荒的这样的记录，声称在一个国家内几乎每一个人都挨饿了。但这些传闻大多经不起检视。例如，权威的《大英百科全书》，在其第 11 版中，提到印度 1344—1345 年的饥荒是一场甚至连“莫卧儿皇帝也不能为他的家庭取得必需品”的饥荒。[13]但这个故事是有破绽的，不得不很遗憾地指出，印度的莫卧尔王朝是直到 1526 年才建立的。也许更重要的是，1344—1345 年在位的图格拉克（Tughlak）皇帝——名叫穆罕默德·宾·图格拉克（Mohamad bin Tughlak）——不仅可以为他的家庭提供必需品，而且还有充足的财力去组织一场历史上著名的饥荒救治工程。[14]传闻中普遍一致的挨饿并不符合各人命运不同的现实。

7.3 饥荒的防止

既然饥荒关系到在一些特定的地区一个或多个行业群体的权益的丧失，由此导致的饥饿就可以通过为那些受经济变化冲击的人们系统地重新创造最低水平的收入和权益来防止。这里涉及的人数，尽管绝对数经常很大，但通常只占总人口的一小部分，而使他们免于饥饿的最低水平的购买力可以是相当小的一个数目。如果在丰年作了系统的有效的安排，防止饥荒的公共措施的成本，即使对穷国来说，一般也会是相当有限的。

只是为了对这种成本的数量有个概念，假定可能遭受饥荒的人口占一国总人口的 10%（饥荒通常只影响到比这一比例小得多的人口），在正常情况下，通常是穷人的这一部分人口的总收入不会超过国民生产总值的 3%。一般而言，他们正常的食品消费，也许不会超过全国食品消费的 4%或 5%。所以，重新创造他们的**全部**收入，或者从零开始供给他们全部正常的食品消费，只要防范措施安排得有效，所需要的资源不会是一个大数目。自然，饥荒受害者一般还拥有一些资源（所以他们的权益无需从零开始重新创造），因而所需的**净**资源可以是一个更小的数目。

而且，在饥荒中死亡的相当一部分人口是死于衰弱引起的病患、卫生设备的破坏、人口的迁移和地方性流行疾病的扩散。[15]这些也都可以通过流行病控制、社区卫生安排等合理的公共措施而大幅度减少。在这一领域，少量周密计划的公共支出也同样可以收到很高回报。

饥荒的防止非常依赖于保障权益的政治安排。在比较富裕的国家，这种保障由反贫困计划和失业保险来提供。大部分发展中国家并没有任何普遍的失业保险系统，但其中一些国家在自然的或非自然的灾害引起大规模失业时，会提供应急的公共就业。创造就业的补偿性政府支出可以很有效地避免饥荒的威胁。印度自独立以来，正是主要采用补偿性的就业创造，防止了一些可能发生的饥荒。例如，1973 年在马哈拉什特拉（Maharashtra）为了补偿由一场严重干旱引起的失业，创造了 500 万个临时性的工作，这确实是一个很大的数目（当工人的家庭成员也计算在内时）。其效果是异乎寻常的：尽管在一个广大地区粮食生产急剧下降（很多地方达 70%以上），死亡率完全没有显著上升，甚至连营养不足的人数也没有太大的增加。

7.4　饥荒与疏离

关于饥荒的起因及其防止的政治经济学涉及机构、制度和组织，此外，它还依赖于伴随权力和权威运作的那些感知和理解，尤其取决于统治者和被统治者之间的疏离程度。即使饥荒的直接起因与这种疏离没有关系，治理者和被治理者之间社会的、政治的距离，也会发挥一种至关重要的作用，有可能导致对饥荒不闻不问、无所作为。

在讨论这个问题时，回顾 19 世纪 40 年代的爱尔兰饥荒是有益的，它在 150 年前席卷了爱尔兰，所造成的人口死亡的**比例**高于历史记载的任何其他饥荒。[16]它还决定性地改变了爱尔兰的性质。它导致了大规模的移民——即使是在最恶劣的航海条件之下——那是几乎在世界上任何其他地方都没有看到过的。[17]甚至在今天，爱尔兰的人口还是显著少于它在 1845 年饥荒开始时的人口。

那么，造成这场灾难的原因是什么？在萧伯纳的剧本《人与超人》中，富裕的爱尔兰裔美国人马隆（Malone）先生拒绝把 19 世纪 40 年代的爱尔兰饥荒称为“饥荒”（famine）。他告诉他的儿媳妇、英格兰人瓦奥丽特（Violet）说，他的父亲“在黑色的 1847 年挨饿而死”。瓦奥丽特问：“是大饥荒吗?”马隆回答说：“不是，是被人饿死的（starvation）。当一个国家有充分的粮食而且出口粮食时，不可能有饥荒。”

在马隆尖锐的说法中有若干错误。粮食确实是从闹饥荒的爱尔兰运往富裕的英国了，但是说爱尔兰有充足的粮食是不真实的（的确，饥饿和食品出口并存是很多饥荒中的共同现象）。而且，尽管“挨饿”的表述（“starve”或“starvation”）确实可以在其古老的、主动态的意义上使用——现在多半已不这样用了——即**使得**人们没有食品可吃，特别是，**使**他们死于饥饿，但是无可否认的是，当时在爱尔兰**确实存在**饥荒，如人们所通常理解的那样。

尽管有点文学夸张，马隆提出了一种不同的而且相当深刻的观点。这里的中心问题是人类主体在饥荒的起因及其持续中的作用。如果爱尔兰饥荒完全是可以防止的，特别是，如果公共部门可以使饥荒免于发生，那么，指控它们使爱尔兰“挨饿”是有充分理由的。指控的矛头不能不对准公共政策在防止或者未防止饥荒上的作用，以及那些决定公共政策的政治的、社会的和文化的影响因素。需要考察的政策问题既包括**疏忽失职**的行为，同时也包括在**履行职责**中的行为。即使是在前所未有的富裕的当代世界，饥荒还是继续地在不同国家发生，所以公共政策及其有效性问题，在今天就像它们在150年前一样，仍然具有重要意义。

首先来看爱尔兰饥荒更直接的原因。在这一事例中，很清楚，爱尔兰存在主要是由马铃薯枯萎病引起的粮食产量下降的问题。但是，粮食总供给在造成那场饥荒上起了多大的作用，取决于我们粮食统计数据的覆盖范围，可以用不同的方法去评估。结论在很大程度上取决于我们在多大的地域内考虑粮食产量。如格瑞达（Cormac O Grada）所指出的，如果考虑整个联合王国的粮食产量和供应的话，那么，并不存在粮食产量和供应的危机，这与在爱尔兰所特别发生的情况形成了对比。[18]要是爱尔兰人有购买能力的话，粮食本来是完全可以从不列颠运往爱尔兰的。但这种情况并没有发生，所发生的是恰恰相反的情况，这个事实与爱尔兰的贫困以及爱尔兰受害者所遭受的经济剥夺有关。如伊格尔顿（Terry Eagleton）在关于爱尔兰饥荒的强有力的文学论著《希斯克利夫与大饥荒》（Heathcliff and the Great Hunger）中所指出的：“在这个意义上完全有理由说，爱尔兰人之所以饿死，并不只是因为粮食短缺，而主要是因为他们没有钱去买，粮食在整个王国内绰绰有余，却不能充分向他们提供。”[19]

在分析饥荒的起因时，重要的是，要研究所涉及的国家和地区内的普遍存在的贫困状况。在爱尔兰这个案例中，爱尔兰人普遍的贫困和他们微薄的资产，使得他们在由马铃薯枯萎病带来的经济下降面前特别脆弱。[20]就此而言，注意力不仅要放在饥荒所涉及的人们的地区性贫困上，而且要放在经济变化时那些权益特别脆弱的人们的极低的承受力上。[21]正是由于特别贫困的人毫无防卫能力，加上经济变动带来的噩运，二者结合起来产生了严重挨饿的受害者。爱尔兰种植马铃薯的小农受到了马铃薯枯萎病的沉重打击，并由于粮价的上升，其他人也不能幸免。

就食品本身而言，不仅没有系统地把食品进口到爱尔兰以消除饥荒，而且出现了（如前所述）反向的运动：食品从爱尔兰出口到英格兰（特别是质量多少要高一点的食品）。食品的这种“逆向运动”在一种类型的饥荒——

即所谓的萧条饥荒——中绝非罕见，此时经济发生普遍萧条，使得消费者购买力大大下降，现有的（虽然已经减少了的）食品供应转到别处去了，以求卖得好价钱。例如，食品的这种反向运动，曾在上述埃塞俄比亚 1973 年的沃洛饥荒中发生。该省居民无法买到食品，尽管食品价格并不高于——经常是显著低于——该国的其他地方。事实表明，食品是被运**出**沃洛到埃塞俄比亚更富裕的地区去了，那里的人收入较高，因此更有能力购买食品。[22]

在 19 世纪 40 年代的爱尔兰，这种现象曾以非常大的规模发生，一艘接一艘的装满小麦、燕麦、牲畜、生猪、鸡蛋和奶油的船只驶出香农河（Shannon），从陷于饥荒的爱尔兰驶往食品供应充沛的英格兰。在饥荒的高峰期把食品从爱尔兰出口到英格兰，在爱尔兰一直是一个痛苦的话题，至今还影响着英格兰和爱尔兰之间复杂的、缺乏信任的关系。

在爱尔兰饥荒期间把食品从爱尔兰出口到英格兰，并不是一个不可思议的经济之谜。市场力量永远鼓励食品流向人们可以付更高价格来买它的地方。同贫困的爱尔兰人相比，富裕的英格兰人正好有此能力。同样，在 1973 年，亚的斯亚贝巴的居民可以购买沃洛的饥民所买不起的食品。

绝不能从这里一下子跳到停止市场交易是终止饥荒的正确方法这一结论。在一些特殊情况下，可以通过停止市场交易来实现有限的目标（如果制止食品运往英格兰的逆向运动，那会帮助爱尔兰消费者），但一般来说，这还是没有触及饥荒受害者的贫困这一根本问题。为改变这一点，需要采取更加正面的政策——而不是完全负面地被动地禁止某一类市场交易。实际上，通过为穷人重新创造他们失去了的收入这一正面政策（如通过公共就业计划），食品的逆向运动会自动减少或停止，因为当地的买主会有更大的购买力来购买食品。

当然，我们知道在整个饥荒期间，联合王国的政府没有提供什么帮助来缓解爱尔兰人的贫困和饥饿。在大英帝国内曾发生过类似的事情，但是爱尔兰的不同之处在于它本身是不列颠列岛的一部分。正是在这里，与纯粹的政治不对称相对的**文化疏离**，显示出了其重要性（虽然从广义上讲，文化疏离也是一种“政治”现象）。

就此而言，记住一个事实是重要的，那就是在 19 世纪 40 年代，爱尔兰饥荒发生的时候，不列颠已经相当成功地建立了广泛的济贫体系，只不过限于不列颠岛自身而已。英格兰也有穷人，即使是受雇用的英格兰工人的生活也完全谈不上富裕（爱尔兰饥荒开始显露于 1845 年，也就是弗里德利希·恩格斯对英国工人的贫穷和经济惨状的经典性控诉，《英国工人阶级的状况》一书出版的那一年）。但是当时毕竟还有在英格兰防止散布饥饿的某种程度的政治承诺。同样的承诺并不适用于大英帝国——甚至不适用于爱尔兰。即使是济贫法（the Poor Laws）给予英格兰穷人的权利，也远多于爱尔兰穷人从专为爱尔兰设立的更加可怜的济贫法中所得到的权利。

确实如莫基尔（Joel Mokyr）所说，“爱尔兰被不列颠人视为异己的，甚至是敌对的国家”[23]。这种疏离影响了爱尔兰—不列颠关系的许多方面。如莫基尔所注意到的，其中之一是阻碍了不列颠资本在爱尔兰的投资。不过与本书更有关的是，伦敦政府相对而言比较漠视在爱尔兰的饥荒和痛苦，更缺乏决心去防止爱尔兰人的贫困和挨饿。勒博（Richard Ned Lebow）曾说，在不列颠，贫困一般被归因于经济变迁和波动，在爱尔兰，贫困则被看成是懒惰、不在乎和无能造成的，所以“不列颠的使命”被认为不是“减缓爱尔兰人的痛苦，而是使其文明开化，并引导他们像人一样去感觉和行动”。[24]这恐怕是有些夸张的说法，但是，很难设想像19世纪40年代在爱尔兰发生的那场饥荒，会被允许在不列颠发生。

在探讨那些塑造了公共政策而且在这个案例中起到了允许这场饥荒发生的社会和文化的影响因素时，重要的是要领会不列颠人在对待爱尔兰人的态度中所特有的那种分离感和优越感。爱尔兰饥荒的文化根源一直要上溯到斯宾塞（Edmund Spenser）的《仙女王》（The Faerie Queene）（出版于1590年），或者甚至更早。责难受害者的倾向在《仙女王》一书中屡见不鲜，一直延续到19世纪40年代的爱尔兰饥荒时期。在英国人的眼里，连爱尔兰人对马铃薯的爱好也是他们自作自受造成的灾难的原因之一。

对文化优越的深信与政治权力的不对称完美地结合在一起。[25]对于英属印度发生的最后一次饥荒，即1943年的孟加拉饥荒（它也是整个印度的最后一次饥荒），温斯顿·丘吉尔曾作过著名的评价，说它是由当地人“像兔子一样”的生育所造成的，这是传统的责难殖民地臣民的说法；它恰恰补充了丘吉尔的另一信念，即印度人“是世界上仅次于德国人的最似野兽的人民”。[26]对此人们只能同情温斯顿·丘吉尔所面临的双重危险，野兽般的德国人想颠覆他的政府，而野兽般的印度人则要求良好的治国方式。

特里维廉（Charles Edward Trevelyan），爱尔兰饥荒时期的英国财政部长，不认为英国在爱尔兰的经济政策有什么错误（那些政策是他主管的），他指出爱尔兰人的习惯可以解释饥荒的部分原因，其中最主要的一条是爱尔兰穷人只吃马铃薯的倾向，这使得他们依赖于一种作物。特里维廉对爱尔兰饥荒起因的看法，使他能把饥荒和他关于爱尔兰人的烹饪的分析联系起来："在爱尔兰西部几乎没有一个农家妇女，除了煮马铃薯以外，还知道其他的烹饪艺术。"[27]这种评论真有意思，不仅在于一个英国绅士极少能找到适宜的场合对烹饪艺术作跨越国界的批评，更重要的是对爱尔兰穷人饮食单调所做的指责，恰好说明了那种归罪于受害者的倾向。按这种观点，尽管伦敦政府作了最好的努力来防止饥荒，受害者却自作自受地陷于灾难。

在解释不列颠政府在爱尔兰饥荒时的无所作为时，除了指出缺少政治动机外（见第 6 章），还必须加上文化疏离。事实上，饥荒是如此容易防止，使人惊奇的是它们竟然会被容许发生。[28]统治者和被统治者之间——"我们"和"他们"之间——的距离感是饥荒的至关重要的特征。这种距离感在当代埃塞俄比亚、索马里和苏丹饥荒中，就像上一世纪在异族支配下的爱尔兰和印度一样严重。

7.5　生产、多样化经营和增长

现在转过来讨论防止饥荒的经济学。经济的富裕和增长有助于防止饥荒。经济扩展一般会减少对提供权益保障的需要，同时增加可用于权益保障的资源。这一教训对撒哈拉以南的非洲具有显而易见的重要性，因为缺乏全面的经济增长在那里是造成剥夺的一个主要的基本原因。当人们普遍贫困而且公共资金难以保证时，饥荒就有更大可能发生。

这里必须注意，需要有激励因素去促成产出和收入的增长——其中包括粮食产量的增长。这就要求提供合理的价格激励，同时还要有鼓励与促进技术转变、技能形成和生产率的措施——既在农业中，也在其他领域。[29]

尽管粮食产量的增长是重要的，我们关心的主要问题仍然是经济的全面增长，因为粮食可以从世界市场购买。一个国家只要有财力（比如来自其工业生产）就可以进口粮食。如果我们比较亚洲和非洲不同国家在1993—1995年间和 1979—1981 年间的人均粮食生产，我们发现韩国**下降**了 1.7%，日本下降了 12.4%，博茨瓦纳下降了 33.5%，新加坡下降了 58.0%。但我们没有观察到在这些国家饥饿状态有任何恶化，因为它们与此同时通过其他手段（如工业或矿业），经历了人均实际收入的迅速增长，而且不管怎么说它们也更富裕。尽管粮食产量下降，但由于分享了收入的增长，这些国家的公民比以前更能取得粮食保障。相比之下，虽然一些国家的人均粮食生产并未下降，如苏丹（**增长** 7.7%），布基纳法索（Burkina Faso）（**增长** 29.4%），由于其普遍的贫困和很多重要群体的脆弱的经济权益，这些国家却经历了相当大程度的饥饿状况扩散。重要的是注意个人或家庭建立起对粮食的支配权的实际过程。

人们常常正确地指出，直到最近撒哈拉以南非洲的人均粮食产量一直在下降。事实确实如此，而且显然值得关注，它对公共政策的很多方面，从农业研究到人口控制，都有影响。但是，如前所述，同样的人均粮食产量下降，也发生在世界其他地方的很多国家。[30]那些国家并没有发生饥荒，那是因为：(1)它们在其他生产领域取得了相对高的增长率；(2)比起典型的撒哈拉以南非洲的经济，它们更少地依赖于把粮食产量作为收入的来源。

把生产更多的粮食作为解决粮食问题的惟一办法的倾向，是很强烈、很有吸引力的，而且经常确实有一定道理。但是整个图景要复杂得多，它关系到可替代的经济机会和国际贸易的可能性。就缺乏增长而言，撒哈拉以南非洲的问题的主要特征，并不是特定地缺乏粮食产量的增长，而是**一般地**缺乏经济增长（粮食产量的问题只是其中的一部分）。由于一方面气候条件的不稳定，另一方面存在着在其他领域扩展生产活动的可能性，撒哈拉以南非洲极其需要建立更加多样化的生产结构。经常提倡的惟一地注重发展农业——特别是粮食作物——的战略，就像把所有鸡蛋放在一个篮子里。这种政策的风险确实可以是非常大的。

当然在短期内，撒哈拉以南的非洲不可能大幅度减少它对粮食生产作为收入来源的依赖。但是可以立即开始尝试生产的某种多样化，而且即使只是减少了对少数几种作物的过分依赖，也能增加收入的保障。从长远看，为了使撒哈拉以南的非洲加入在世界多数其他地方已经发生的经济扩展的进程，必须更加强有力地寻求和利用在粮食生产以外甚至在农业以外的收入和增长的来源。

7.6 就业途径和主体问题

甚至在不存在国际贸易的机会时，粮食总供给如何在一个国家的不同群体之间分享也是极其重要的。通过为可能的受害者重新创造失去的收入（例如在专门计划的公共工程中创造临时性的工资就业机会），给予他们在市场上竞争以取得粮食的能力，使现有的供给更平均地分享，饥荒是可以防止的。在发生饥荒的多数情况下，更平均地分享粮食足以防止饥饿（扩大粮食供给自然会使事情更容易一些）。通过创造就业来防止饥荒——不管粮食总供给增加或者不增加——曾经有效地运用于很多国家，包括印度、博茨瓦纳和津巴布韦。[31]

通过就业来防止饥荒的途径，正好还鼓励了贸易和商业过程，而且不会打断经济的、社会的和家庭的生活。得到帮助的人绝大多数可以留在他们自己家里，靠近他们的经济活动（如耕作），这样这些经济活动也就不致被扰乱，不像把人们送到难民营去那样，家庭生活也可以正常进行。社会生活保持了其连续性，不仅如此，在过分拥挤的难民营里易于爆发的传染病流行的危险也减少了。一般而言，通过就业来救灾的办法，使得可能遭受饥荒的人被当做能动的主体来对待，而不是政府发放的救济品的被动接受者。[32]

这里需要注意的另一点（与本书的整体思路相一致），是在饥荒防止中要综合使用各种不同的社会机构和制度。这里的公共政策所采取的形式运用了非常不同的制度安排：

1. 通过**国家**扶持来创造收入和就业；
2. 通过**私人市场**运作以取得食品和劳动机会；
3. 依靠正常的**商业和企业活动**。

不同社会机构和制度——包括市场和非市场组织——的作用的结合，对通过充分广泛的途径来防止饥荒是非常重要的。事实上，对一般的经济发展也是如此。

7.7　民主与饥荒的防止

我在本书的前面已经提及民主对饥荒防止的作用。确定无疑的是，在正常运作的多党民主制中从来没有发生过一次饥荒。

这种观察到的历史联系是一种因果关系，还是一种偶然现象？当我们考虑到民主国家通常非常富裕，因而可能有其他理由免于饥荒时，那么看起来似乎有足够的理由相信民主政治权利和不发生饥荒之间的联系可能是一种

“虚假的相关性”。但是，不发生饥荒，即使对那些非常贫穷的民主国家来说，如印度、博茨瓦纳和津巴布韦，也同样成立。

实际上，贫困的民主国家，与一些非民主国家相比，有时会发生粮食生产和供给的更大幅度的下降，以及很大一部分人口的购买力更急剧的萎缩。尽管民主国家出现比专制国家发生饥荒时更差的粮食供应状况，但是它们却成功地避免了饥荒。例如，在1979—1981年和1983—1984年间，博茨瓦纳粮食生产下降了17%，津巴布韦下降了38%，而同一时期苏丹和埃塞俄比亚的粮食生产则只相对温和地下降了11%和12%。但是在粮食产量下降较少的苏丹和埃塞俄比亚却发生了大规模饥荒，而博茨瓦纳和津巴布韦则安然无恙，这在很大程度上归功于这两个国家及时和广泛的饥荒防范政策。[33]

如果博茨瓦纳和津巴布韦的政府未能及时采取行动，它们就会受到反对党的严厉批评和压力，而且会受到报纸的猛烈攻击。相比之下，苏丹和埃塞俄比亚政府无需顾忌这些，民主制度提供的政治激励在这些国家根本不存在。在苏丹和埃塞俄比亚以及撒哈拉以南非洲的很多其他国家，发生饥荒的根源在于权威主义国家的政府领导在政治上无所顾忌。这一点看来同样适用于朝鲜目前的状况。

饥荒确实是很容易防止的，办法就是为深受打击的群体重新创造他们失去了的购买力，可以通过各种计划来做这件事，包括如前所述的，在短期公共工程中创造应急就业。独立后的印度曾在各种不同情况下发生过粮食生产和可供量的大幅度下降，大量人口的经济支付能力也曾受过巨大破坏，即便如此，通过就业导向项目和其他政策工具所产生的工资收入，向潜在的饥荒受害者提供了对食品的“权益”，防止了饥荒。显然，如果潜在的饥荒受害者有经济能力购买食品，把更多的食品运往灾区也就会有助于减缓灾情，所以，给那些一无所有（或几乎一无所有）的人创造收入，也是至关重要的。即使没有食品运往灾区，为穷人创造收入将会使食品可供量得到更好的分享，从而有助于减少饥饿。[34]

在印度马哈拉什特拉1973年的干旱中，粮食生产下降如此严重，以至于人均粮食产量只有撒哈拉以南的非洲的一半。即使如此，马哈拉什特拉也没有发生饥荒（那里500万人在迅速组织起来的公共工程中得到就业），而撒哈拉以南的非洲却发生了严重的饥荒。[35]饥荒防治经验的跨国比较，强有力地表明了民主的保护功能，除此以外，这里还有一些很有意思的跨时期的例证，涉及一个国家向民主的**过渡**。例如，印度曾持续不断地发生饥荒，直至它在 1947 年获得独立。最后一次（也是最大的一次）是 1943 年春夏时分的孟加拉饥荒（我作为一个 9 岁男孩，亲眼目睹了这次饥荒的全部严酷性）；估计有 200 万人～300 万人死于这次饥荒。但自从独立并建立多党民主制以来，即使作物严重歉收和购买力大规模丧失的情况十分经常地发生(例如在 1968、1973、1979 和 1987 年)，印度再也没有发生过一次大的饥荒。

7.8　激励因素、信息与饥荒的防止

民主和不发生饥荒之间的因果联系是不难发现的。在这个世界的不同国家中，饥荒杀死了数以百万计的人们，但却不曾杀死统治者。国王和总统、官僚和各级主管、军方的领导人和指挥官，他们从来不是饥荒的受害者。如果没有选举，没有反对党，没有不受审查的公共批评的活动空间，掌权者就不会因为防止饥荒失败而承受政治后果。而在另一方面，民主却会把饥荒的惩罚作用传递给统治集团和政治领导人，这就给了他们以政治的激励因素去**试图**防止任何有威胁性的饥荒。既然饥荒事实上很容易防止（在此，经济学论证进入政治论证），即将来临的饥荒就可以被有力地防止了。

第二个问题关系到**信息**。民主的实践，对传播那些能够对防止饥荒的政策有重大影响的信息（例如，出版自由和关于干旱和洪水的早期后果的信息，关于失业的性质和影响的信息），可做出极其重大的贡献。富于进取心的新闻媒体，是关于遥远地区饥荒威胁的基本情况的最主要来源，特别是当它们受民主制度的激励去披露事实而置政府于窘境（权威主义政府通常通过审查删去这些事实）。确实，我要强调，出版自由和活跃的政治反对派是受饥荒威胁的国家所能拥有的最好的早期警告系统。

政治权利和经济需要之间的关系，就防止饥荒这个特定问题而言，可以通过考察中国 1958—1961 年的大饥荒来加以说明。即使在最近发生的经济改革之前，中国的经济发展在很多重要方面就一直比印度成功得多。例如，中国的平均寿命期望值的增长大大高于印度，而且远在 1979 年改革之前，就已经非常接近于现在达到的高水平（出生时寿命期望值接近 70 岁）。即便如此，中国在防止饥荒上曾有重大的失败。在中国 1958—1961 年间的饥荒中，许多人未能幸免。[36]20 世纪 50 年代后期发动的所谓“大跃进”是一个重大的失败,没有一个自由的新闻传播体系,政府听到的是它自己的宣传和争着

向北京邀功的党的地方官员粉饰太平的报告。确有证据表明,当饥荒正达到顶峰时,中国官方还在错误地相信他们有超过实际拥有量1亿吨的粮食。[37]

很有意思的是,甚至毛泽东本人——“大跃进”的发动以及官方对“大跃进”的坚持主要出于他的激进的愿望和信仰——在失误被过晚地承认之后,也指出了民主制的**信息**功能。在1962年,在许多人已被饥荒夺去生命之后,毛泽东在7 000人大会上说了下面一段话:

> 如果没有民主,不了解下情,情况不明,不充分收集各方面的意见,不使上下通气,只由上级领导机关凭着片面的或者不真实的材料决定问题,那就难免不是主观主义的,也就不可能达到统一认识,统一行动,不可能实现真正的集中。[38]

毛泽东在这里为民主所做的辩护是很有限的。其重点排他性地放在信息方面——忽略了其激励作用,以及民主自身固有的、建构性的重要性。[39]无论如何,极其有趣的是毛泽东本人承认灾难性的官方政策在一定程度上是由缺乏信息渠道造成的,而那些渠道是更加民主的制度在防止中国所经历过的这种灾难时可以提供的。

7.9 民主的保护作用

上述问题在当代世界,甚至在经济上取得成功的当今中国,仍然有现实意义。自1979年经济改革以来,中国官方文件充分承认了**经济**激励的重要性,但是没有同等地承认**政治**激励的作用。当事情进展顺利时,人们可能不大在意民主的可允性作用,但当政策大失误发生时,民主的空白将会是灾难性的。

另一组例证来自撒哈拉以南的非洲,那里自20世纪70年代以来持续遭受了饥荒灾害。很多因素使该地区如此易于遭受饥荒灾害,从气候恶化——使得收成更难以保证——这一生态因素,到持续的战争与冲突所造成的严重负面影响。但是很多撒哈拉以南的非洲国家的政体具有典型的权威主义性质,这也在很大程度上导致了频繁的饥荒。[40]

民族主义运动都是坚定地反殖民主义的,但并不总是坚定地赞同民主的。只是在最近,捍卫民主的价值才在撒哈拉以南的非洲的许多国家得到了某种政治上受尊重的地位。在这样的政治环境下,世界范围的冷战丝毫没有帮助。美国和西方支持了非民主政府，只要它们充分地反对共产主义，而苏联和中国则各自支持倾向于站在它们一边的政府，当反对党被禁止、报纸被查禁时，几乎没有来自国际的抗议。

不可否认，即使是在某些一党制的非洲国家，政府也有很强烈的意愿来防止饥荒。这样的例子包括小国佛得角群岛，和倾向于政治上做试验的坦桑尼亚。但是，极其常见的是，由于不存在反对党，而且新闻自由被压制，那些政府各自得以避免批评和政治压力，而这一结果转化成了完全不敏感的而且僵硬的政策。饥荒经常被视为不可避免的，而且饥荒通常被归罪于自然原因和其他国家的背信弃义。苏丹、索马里、埃塞俄比亚、若干萨赫勒地区的国家，以及其他国家，用不同方式提供了突出的例证，表明如果没有反对党和新闻媒体的约束，事情可以糟糕到什么程度。

这并不是否认这些国家的饥荒经常是和歉收联系在一起的。农作物歉收不仅影响粮食供给，同时也毁坏了很多人的就业和生计。但是农作物歉收的发生并非独立于公共政策（例如，政府硬性规定相对价格的政策，或关于灌溉和农业研究的政策）。进一步说，即使农作物歉收了，饥荒也可以通过认真的再分配政策（包括创造就业）来抵御。如前所述，民主国家如博茨瓦纳、印度、津巴布韦，在粮食产量剧烈下降、很大一部分人口丧失权益的时候，却完全成功地防止了饥荒的发生，而非民主国家，尽管粮食状况好得多，却多次经历了未能防止的饥荒。对于在当代世界饥荒的防止，民主有非常正面的影响，得出这样的结论绝非没有道理。

7.10　透明性、安全与亚洲金融危机

民主的防范性功能，与列在各种工具性自由的清单中的所谓“防护性保障”的要求正好相配。民主的治国方式，包括多党选举和公开的媒体，使得基本的防护性保障非常有可能建立起来。事实上，饥荒的出现仅是民主的防护性保障作用范围的一个例子。政治权利和公民权利的正面作用适用于一般性的防止经济和社会灾害。

当事情按部就班地顺利进行时，人们也许不会特别想起民主的这种工具性作用。但是当因为这种或那种缘故而出了麻烦时，它就会自动地起作用。这时候民主治国方式所提供的政治激励就会取得极大的实践意义。这里所涉

及的除了政治方面的教训以外，也许还有一点经济方面的教训。很多经济技术官僚建议利用经济的激励（它们由市场体系提供），同时却忽略了政治的激励（它们由民主制度所保证）。但是，经济的激励因素尽管是重要的，却不能取代政治的激励因素，而且，如果缺少适当的体系来提供政治的激励，由此造成的空白是不可能由经济激励机制的运行来填补的。

这是一个重要问题，因为由经济或其他环境的变化，或由未能纠正的政策错误所引起的缺乏保障的危险，可能就躲在貌似健康的经济的背后。东亚和东南亚最近发生的困难揭示了很多问题，其中之一是对非民主制度的惩罚。这种惩罚表现在两个引人注目的层面，涉及对前面已经讨论过的两种工具性自由的忽略，即“防护性保障”（现在正在检视中）和“透明性保证”（它对提供安全保障以及对经济的和政治的主体的激励具有重要性）。

第一，金融危机在东亚和东南亚的某些国家的形成，与商业运作缺少透明性，特别是在核查金融和商业的安排上缺乏公众参与紧密相关。这一失败的一个原因是缺少一个有效的民主论坛。可以由民主过程所提供的、向那些特选的家庭和集团的控制地位提出挑战的机会，本来是可以导致非常不同的结果的。

国际货币基金组织（IMF）试图施加于拖欠贷款的经济体的那些基本的金融改革规定，在很大程度上与缺乏公开性、缺乏信息披露以及作为这些经济某些部门特征的那种不讲是非原则的业务关系网有关。这些特征与一种不透明的商业安排紧密相连。当一个储户把他的钱放进银行时，他会有某种预期，即这笔钱会以一定的方式和其他钱一起被银行使用，这种方式将不涉及不恰当的风险，而且可以公开披露。这种信任却经常被背弃，而这是一定要改变的。我在这里并不是评价国际货币基金组织对危机的处理是否完全正确，或者它们坚持立即进行的改革是否可以合理地推延到金融信心在这些经济体中重新建立以后再进行。[41]但是，不管调整如何才能最好地完成，在亚洲危机的发生中，透明性自由的作用——或者毋宁说缺少透明性自由的后果——是很难被怀疑的。

风险的形式与不当的投资本来是可以被置于更严密的监视之下的，如果民主的批评家当时能够，比如说在印度尼西亚和韩国，提出这样的要求的话。当然这些国家都没有那种会允许这样的要求从政府之外提出来的民主制度。不受挑战的治理权力，轻而易举地转化为对无责任核实、无透明性状况的不加质询的认可，而政府和金融头目之间的家族联系经常进一步强化了这种局面。政府的非民主性质，对经济危机的产生起了重大作用。

第二，一旦金融危机导致了普遍的经济衰退，民主的保护性力量——如在民主国家防止饥荒中所起的作用那样——就被强烈地怀念了。新近被剥夺的人得不到所需要的倾听他们说话的机会。[42]当经济在过去几十年间每年增长了 5%或 10%，国民生产总值下降比如说甚至 10%，或许看起来并不算多。但是，如果经济紧缩的负担不是由大家分担，而是被允许全部压在失业者或者新近成为经济上多余的人的身上——他们是最没有承受能力的——这种下降会毁灭很多人的生活，并使上百万的人陷入悲惨境地。当经济不断上升时，印度尼西亚的经济脆弱的人们可能并不在意民主，可是当一场非共同分担的危机形成时，民主的空白使他们的声音被压抑并毫无效果。在最需要民主的保障性功能时，人们最强烈地感到对它的需要。

7.11　结语

对发展的挑战，包括**既要**消除持续的地方性剥夺，**也要**防止突然发生的严重贫困。但是，这两个任务分别对机构制度和政策提出的要求，可以是有区别的，甚至是不相同的。在一个领域内的成功，并不能保证在另一领域内同样成功。例如，考察中国和印度在上半世纪的成就对比。中国在寿命期望值的提高和死亡率的下降上明显比印度成功得多。确实，它的突出成就远在 1979 年改革以前就已取得（中国在提高寿命期望值上的总的进步，事实上在改革后比在改革前要慢很多）。印度是一个远比中国多样化的国家，印度的一些地方（如克拉拉邦）的寿命期望值上升得比中国快很多，但如果对两国做总体比较，则在寿命期望值的提高上中国完全占了优势。但是，中国却发生过（如本章前面所讨论过的）严重饥荒，在"大跃进"失败之后的 1958—1961 年间，许多人死于这场饥荒。与此相比，印度自独立以来没有发生过饥荒。饥荒和其他灾害性危机的防止，是一个多少不同于实现平均寿命期望值的总增长以及其他成就的课题。

不平等在饥荒和其他严重危机中发挥重要作用。没有民主本身其实就是一种不平等——即政治权利和权力的不平等。不仅如此，饥荒和其他危机会因为严重的、有时是突然上升的不平等而得以肆虐。饥荒可以在粮食总供给没有大的下降——甚至不下降——时发生这一事实，可以说明这一点，因为一些群体可能突然失去市场上的权力（例如，由于突发的大批失业），而这种新的不平等会导致饥饿。[43]

在理解诸如近来在东亚和东南亚发生的金融危机的性质时，会提出同样的问题。以发生在印度尼西亚、泰国甚至更早一点发生在韩国的危机为例，人们也许会奇怪，一个国家在**几十年间每年**经济增长 5%或 10%以后，为什么国民生产总值在一年中下降 5%或 10%对它会是如此灾难性的事情。从总水平来说，它的确不是典型的灾难局面。但是，如果 5%或 10%的下降不是由全部人口平均分担，而是主要压在最贫困的那一部分人身上，那么这一部分人就不会有什么收入了（无论过去那些年总增长的成就如何）。像饥荒一样，这样的经济总危机在“魔鬼袭击落在最后的人”的基础上展开。这部分地说明了为什么以社会安全网为形式的“防护性保障”安排是如此重要的一种工具性自由（见第 2 章的讨论），以及为什么以参与性机会为形式的政治自由、公民权利以及自由权，即使对经济权利和生存来说，也都是至关重要的（见第 6 章及本章前面的讨论）。

不平等问题对持续的地方性贫困当然也是重要的。但是，在这里，不平等的性质——以及因果性影响因素——对长期性的剥夺和突发性的贫穷而言，也可能是不一样的。例如，相对平等的收入分配伴随着韩国的经济增长，这是被广泛——而且正确——承认的事实。[44]但在没有民主政治的情况下，这并不保证在经济危机中对所有的人同等关注。特别地，韩国没有建立起任何通常的社会安全网，或任何反应迅速的补偿保护体系。新产生的不平等和不受质疑的贫困可以和以前经历的“伴有平等的增长”（如人们所经常称呼的那样）共存。

本章的重点是抵御饥荒和防止灾难性的危机。这是发展作为自由的进程的一个重要部分，因为它涉及加强公民所享有的安全和保障。这种联系既是建构性的，也是工具性的。第一，在饥饿、流行病、严重的和突发的剥夺方面的保护，本身就加强了安全幸福生活的机会。在这个意义上，防止劫掠性的危机是人们有理由珍视的自由的一个组成部分。第二，对于诸如公开讨论的机会、公共检视、选举政治以及不受审查的媒体等工具性自由的运用，会明显地有助于防止饥荒及其他危机过程。例如，民主国家公开的反对党的政治活动，倾向于迫使任何执政的政府采取及时的、有实效的措施去防止饥荒。在非民主制度下发生饥荒时，这样的事情似乎就不会出现——不管是在柬埔寨、埃塞俄比亚、索马里（过去曾发生饥荒的国家），还是在朝鲜或苏丹（今天正在发生饥荒的国家）。发展有很多层面，需要对它们进行恰当的有区别的分析和审视。

【本章注释】

[1] 本章的第一部分取自我在以下场合的主要发言，the Inter-Parliamentary Union in the Italian Senate on the occasion of the World Food Summit in Rome，Italy，November 15，1996。这一分析源自我的 *Poverty and Famines*：*An Essay on Entitlement and Deprivation*（Oxford：Clarendon Press，1981），以及我与 Jean Drèze 合著的 *Hunger and Public Action*（Oxford：Clarendon Press，1989）。

[2] 关于“权益分析”的说明，见我的 *Poverty and Famines*（1981），and also Drèze and Sen，*Hunger and Public Action*（1989）；Drèze and Sen，eds.，*The Political Economy of Hunger*（Oxford：Clarendon Press，1990），和它的缩略本，Drèze，Sen and Athar Hussain，*The Political Economy of Hunger*：*Selected Essays*（Oxford：Clarendon Press，1995）。

[3] 在粮食产量和可供量只有很少下降或没有下降的情况下，由不同原因造成的饥荒，见我的 *Poverty and Famines*（1981），chapters 6～9。

[4] 对此，见我的 *Poverty and Famines*（1981）。See also Meghnad Desai，“A General Theory of Poverty，” *Indian Economic Review* 19（1984），and “The Economics of Famine，” in *Famines*，edited by G. A. Harrison（Oxford：Clarendon Press，1988），See also Lucile F. Newman，ed.，*Hunger in History*：*Food Shortage*，*Poverty*，*and Deprivation*（Oxford：Blackwell，1990），and going further back，Peter Garnsey，*Famine and Food Supply in the Graeco-Roman World*（Cambridge：Cambridge University Press，1988）.

[5] 关于饥荒的主要评论性文献综述，可见 Martin Ravallion，“Famines and Economics，” *Journal of Economic Literature* 35（1997）。

[6] 对此，见我的 *Poverty and Famines*（1981），chapters 7 and 8。

[7] 关于1974年孟加拉饥荒的分析，见我的 *Poverty and Famines*（1981），chapter 9，and also in Mohiuddin Alamgir，*Famine in South Asia*（Boston：Oelgeschlager，Gunn & Hain，1980），and in Martin Ravallion，*Markets and Famines*（1987）。

[8] 对此，见 Ravallion，*Markets and Famines*（1987）。

[9] 爱尔兰在饥荒期间向英格兰出口粮食这个事实，有时候被引作爱尔兰粮食产量并没有下降的证据。但那是一个错误的结论，不仅因为我们有爱尔兰粮食产量下降的直接证据（由马铃薯枯萎病引起），而且因为粮食的去向是由相对价格决定的，不是由出口国的粮食产量多少决定的。确实，粮食的“反向运动”是“萧条饥荒”中的一个常见现象，此时经济出现普遍下降，使得对粮食需求的下降甚至超过供给的减少（对此以及有关问题，见我的 *Poverty and Famine*［1981］）。同样，在中国的饥荒中，作为官方政

策的结果，中国农村地区本已减少了的粮食产量以更大比例运往城市（对此，见 Carl Riskin, "Feeding China: The Experience since 1949," in Drèze and Sen, *The Political Economy of Hunger* [1989]）。

[10] 1943 年孟加拉饥荒中，死亡率的差别还涉及其他一些因素，包括政府的决策，在加尔各答为城市人口通过粮食配给、价格管制、平价商店等提供保护，而对农村人口则完全没有保护。对孟加拉饥荒的这些层面以及其他层面，见我的 *Poverty and Famines* (1981), chapter 6。

[11] 一般来说，比起经济上、政治上更有力量的城市人口，农村人口在饥荒中遭受更大的痛苦，这并非少见的现象。Michael Lipton 在他的经典性研究 *Why Poor People Stay Poor: A Study of Urban Bias in World Development* (London: Temple Smith, 1977) 曾经分析了这种"城市偏向"。

[12] 对此见 Alamgir, *Famine in South Asia* (1980)，及我的 *Poverty and Famines* (1981), chapter 9。Martin Ravallion 的 *Markets and Famines* (1987) 详细探讨了对粮食价格（以及其他因果性因素）的分析。他还显示稻米市场如何夸大了孟加拉未来粮食供应的下降，造成预期性价格上涨比必需的程度高出许多。

[13] *Encyclopaedia Britannica*, 11th edition (Cambridge, 1910—1911), volume 10, p.167.

[14] 见 A. Loveday, *The History and Economics of Indian Famines* (London: G.Bell, 1916), and also my *Poverty and Famines* (1981), chapter 4。

[15] 对此，见 Alex de Waal, *Famines That Kill* (Oxford: Clarendon Press, 1989)。亦参见我的 *Poverty and Famines*, appendix D，关于 1943 年孟加拉饥荒的死亡率模式。

[16] 这一分析运用了我的文章 "Famine as Alienation," in *State, Market and Development: Essays in Honour of Rehman Sobhan*, edited by Abu Abdullah and Azizur Rahman Khan (Dhaka: University Press, 1996), and "Nobody Need Starve," *Granta* 52 (1995)。

[17] 对此，见 Robert James Scally, *The End of Hidden Ireland* (New York: Oxford University Press, 1995)。

[18] 见 Cormac O Grada, *Ireland before and after the Famine: Explorations in Economic History*, 1800—1925 (Manchester: Manchester University Press, 1988), and *The Great Irish Famine* (Basingstoke: Macmillan, 1989)。

[19] Terry Eagleton, *Heathcliff and the Great Hunger: Studies in Irish Culture* (London: Verso, 1995), pp.25～26。

[20] 关于爱尔兰饥荒，参见 Joel Mokyr, *Why Ireland Starved: A Quantitative and Analytical History of the Irish Economy*, 1800—1850 (London: Allen & Unwin, 1983); Cormac O Grada, *Ireland before and after the Famine* (1988) and *The Great Irish Famine*

(1989); and Pat McGregor, "A Model of Crisis in a Peasant Economy," *Oxford Economic Papers* 42 (1990)。农民没有土地的问题在南亚饥荒中是特别严重的，在某种程度上撒哈拉以南的非洲也是这样。见 Keith Griffin and Azizur Khan, eds., *Poverty and Landlessness in Rural Asia* (Geneva: ILO, 1977), and Alamgir, *Famine in South Asia* (1980)。

[21] 对此，见 Alamgir, *Famine in South Asia* (1980), and Ravallion, *Markets and Famines*(1987)。亦参见 Nurul Islam, *Development Planning in Bangladesh: A Study in Political Economy*(London: Hurst; New York: St. Martin's Press, 1977)。

[22] 关于粮食的"反向运动,"见 Sen, *Poverty and Famines* (1981); Graciela Chichilnisky, "Norht-South Trade with Export Enclaves: Food Consumption and Food Exports,"mimeographed, Columbia University, 1983; Drèze and Sen, *Hunger and Public Action* (1989)。

[23] Mokyr, *Why Ireland Starved* (1983), p.291. 关于这一复杂关系的不同层面，见 R.Fitzroy Foster, *Modern Ireland* 1600—1972 (London: Penguin, 1989)。

[24] Mokyr 对这种思路的综合评价，见 *Why Ireland Starved* (1983), pp.291～292。

[25] 对此，见 Cecil Woodham-Smith, *The Great Hunger: Ireland* 1845—1849 (London: Hamish Hamilton, 1962); also O Grada, *The Great Irish Famine* (1989), and Eagleton, *Heathcliff and the Great Hunger* (1995)。爱尔兰后来的历史也受到这场饥荒以及爱尔兰为此从伦敦得到的待遇的深刻影响，见 Scally, *The End of Hidden Ireland* (1995)。

[26] 见 Andrew Roberts, *Eminent Churchillians* (London: Weidenfeld & Nicolson, 1994), p.213。

[27] 引自 Woodham-Smith, *The Great Hunger* (1962), p.76。

[28] 关于防止饥荒上道德性考虑的意义，富有洞察力的分析见于 Onora O'Neil, *Faces of Hunger: An Essay on Poverty, Justice and Development* (London: Allen and Unwin, 1986), 亦参见 P. Sainath, *Everybody Loves a Good Drought* (New Delhi: Penguin, 1996); Helen O'Neill and John Toye, eds., *A World Without Famine? New Approaches to Aid and Development* (London: Macmillan, 1998); Joachim von Braun, Tesfaye Teklu and Patricia Webb, *Famine in Africa: Causes, Responses, Prevention* (Baltimore: Johns Hopkins University Press, 1999)。

[29] 对此作讨论和批判性评价的大量文献，见 Drèze and Sen, *Hunger and Public Action* (1989), chapter 9。See also C. K. Eicher, *Transforming African Agriculture* (San Francisco: The Hunger Project, 1986); M. S. Swaminathan, *Sustainable Nutritional Security for Africa* (San Francisco: The Hunger Project, 1986); M. Glantz,

ed., *Drought and Hunger in Africa*（Cambridge: Cambridge University Press, 1987）; J. Mellor, C. Delgado and C. Blackie, eds., *Accelerating Food Production in Sub-Saharan Africa*（Baltimore: Johns Hopkins University Press, 1987）. 亦参见 Judith Heyer, Francis Idachaba, Jean — Philippe Platteau, Peter Svedberg and Sam Wangwe 的论文，收于 *The Political Economy of Hunger*, edited by Drèze and Sen（1990）。

[30] 见 Drèze and Sen, *Hunger and Public Action*（1989）, table 2.4, p.33。

[31] 对此，见 Drèze and Sen, *Hunger and Public Action*（1989）, chapter 8, and the papers of Drèze in Drèze and Sen, *The Political Economy of Hunger*（1990）。

[32] 关于这一程序的机理，见 Drèze and Sen, *Hunger and Public Action*（1989）, chapter 8, and the papers of Jean Drèze in Drèze and Sen, *The Political Economy of Hunger*（1990）。

[33] 对此，见 Drèze and Sen, *Hunger and Public Action*（1989）, chapter 8。

[34] 对此及相关的问题，见我的 my *Poverty and Famines*（1981）, and Drèze and Sen, *Hunger and Public Action*（1989）。

[35] 比较性的分析可见于 Drèze and Sen, *Hunger and Public Action*（1989）, chapter 8。

[36] 见 Basil Ashton, Kenneth Hill, Alan Piazza and Robin Zeitz, "Famine in China 1958—1961," *Population and Development Review* 10（1984）。

[37] 见 T. P. Bernstein, "Stalinism, Famine, and Chinese Peasants," *Theory and Society* 13（1984）, p.13. See also Carl Riskin, *China's Political Economy*（Oxford: Clarendon Press, 1987）.

[38] 引自 Mao Tse-tung, *Mao Tse-tung Unrehearsed, Talks and Letters*: 1956—1971, edited by Stuart R.Schram（Harmondsworth: Penguin Books, 1976）, pp.277～278. See also the discussion of this statement in Ralph Miliband, *Marxism and Politics*（London: Oxford University Press, 1977）, pp.149～150.

[39] 对此，亦可见 Ralph Miliband, *Marxism and Politics*（1977）, p.151.

[40] 对此，亦可见 Drèze and Sen, *Hunger and Public Action*（1989）。

[41] 关于国际货币组织（IMF）对东亚和东南亚的危机防范的一般性战略与长期改革的“内部”记录，可见 Timothy Lane, Atish R.Ghosh, Javier Hamann, Steven Phillips, Marianne Schultz-Ghattas and Tsidi Tsikata, *IMF-Supported Programs in Indonesia, Korea and Thailand: A Preliminary Assessment*（Washington, D.C.: International Monetary Fund, 1999）。

[42] 见 James D.Wolfensohn, *The Other Crisis: Address to the Board of Governors of the World Bank*（Washington, D.C.: World Bank, 1998）。

[43] 赤贫可以不仅由于自然灾害或经济萧条引起，而且由战争与军事冲突引起；

对此见我的“Economic Regress: Concepts and Features,” in *Proceedings of the World Bank Annual Conference on Development Economics* 1993（Washington，D.C.：World Bank，1994)。关于作为一种现代苦难根源的军国主义的一般作用，亦可见 John Kenneth Galbraith，“The Unfinished Business of the Century，”mimeographed，lecture at the London School of Economics，June 28，1999。

[44] 见 Torsten Persson and Guido Tabellini，“Is Inequality Harmful to Growth? Theory and Evidence，”*American Economic Review* 84（1994)；Alberto Alesina and Dani Rodrik，“Distributive Politics and Economic Growth，”*Quarterly Journal of Economics* 108 (1994)；Albert Fishlow，C. Gwin，S. Haggard，D. Rodrik and S. Wade，*Miracle or Design? Lessons from the East Asian Experience*（Washington，D.C.：Overseas Development Council，1994)。关于与印度（和总的南亚）的对比，见 Jean Drèze and Amartya Sen，*India: Economic Development and Social Opportunity*（Delhi：Oxford University Press，1995)。然而，这种低水平的不平等并不能保证在危机与痛苦的剥夺发生时民主政治所能够带来的平等。实际上，如 Jong-Il You 所指出，在这些国家（包括韩国）“低水平的不平等与高水平的利润分享共存，主要是因为财富的少见的平均分布”（“Income Distribution and Growth in East Asia”，*Journal of Development Studies* 34 [1998])。在这方面，韩国过去的历史，包括以前的土地改革，通过扩展教育实现的广泛的人力资本开发等等，看来是发挥了非常正面的作用。

第 8 章　妇女的主体地位与社会变化

沃斯通克拉夫特（Mary Wollstonecraft）于1792年出版了她的经典性著作《为妇女的权利辩护》。在她所概述的一般性的“辩护”纲要之内，她提出了许多不同的要求。她谈到的权利不仅包括特定地关系到妇女福利的某些权利（以及旨在直接促进妇女福利的那些权益），而且还包括了主要以妇女自由的主体地位为目标的一些权利。

这两方面的特点都列入了今天的妇女运动的议程，但我想，可以公正地说，与早期只注意福利层面的情况相比，主体地位的层面现在终于开始受到了重视。直到不久以前，妇女运动面临的任务首先是为妇女争取更好的待遇——更公平的交易。集中注意的主要是妇女的**福利**——而这确实是当时非常需要作出的一种矫正。然而，目标已经从这种“福利主义”中心渐渐地演化并扩展到包括——而且强调——妇女**主体性**的能动作用。妇女不再是旨在改善其福利的扶助措施的被动接受者，而越来越被男人以及妇女自己看做变化的能动的主体：她们是那些能够变更妇女**和**男人生活的社会转型的有力促进者。[1]

8.1　主体地位与福利

妇女运动在关注和强调重点上的这种转变的性质有时候被忽略了，因为这两种路线有**重叠之处**。妇女作为能动的主体，不可能在任何严格意义上忽视纠正那些伤害妇女福利、迫使妇女接受差别待遇的许多不平等现象的紧迫性；因此从主体地位出发必定也会十分关切妇女的福利。类似地，从另一方面说，改善妇女福利的任何实际努力都不能不依赖妇女自己在实现这种变化上的主体作用。所以，妇女运动的**福利层面**与**主体地位层面**，不可避免地有很大的重叠之处。但是从根本上说，二者又必定是不同的，因为一个人作为“主体”的地位，从根本上说，不同于（虽然并非独立于）这同一个人作为“接受者”的地位。[2]作为主体的人有可能必须也要把自己看做“接受者”这个事实，并不改变与一个人的主体地位不可避免地联系在一起的额外的属性和责任。

把个人看做有着自己的生活体验和福利状态的实体，是一种重要的认识，但是，如果仅限于此，就相当于对妇女作为“人”的属性采取了一种带有局限性的观点。因此，对主体地位的理解，对于承认人作为负责任的人，具有中心意义：我们不仅仅只是健康的人或者生病的人，我们还是采取行动或者拒绝行动的人，而且是可以选择以这种或者那种方式来行动的人。所以，我们——男人**和**妇女——必须承担采取行动或不采取行动的责任。这是重要的，而且我们必须认识到这种重要性。这样的基本认识，虽然在原则上足够简单，但对于社会分析与实际的思考和行动，都可以产生重大影响。

这样一来，妇女运动的这种重点的变化，也就是对先前考虑因素的一个重要的**补充**，而不是对那些考虑因素的否定。过去集中注意妇女的福利状况，或者更准确地说，妇女的“苦难状况”，当然绝非无的放矢。妇女在福利方面受到的相对剥夺，在我们生活的世界上，过去存在，现在仍然存在，而且这对于社会正义包括对妇女而言的正义，显然是有重要意义的。例如，有很多证据显示，在亚洲和非洲北部存在着与生物学“相矛盾”的（由社会因素造成的）妇女的“过高死亡率”，导致了极大数量的“失踪的妇女”——“失踪”在这里指的是由于在医疗保健和其他必需品分配上的性别歧视而造成的死亡［对此参阅我在《英国医学杂志》（British Medical Journal）1992年3月号上的论文《失踪的妇女》（Missing Women）］。[3]这个问题毫无疑问对妇女的福利，以及对理解以“次等”人来对待妇女的现象，都是重要的。还有非常广泛的资料表明，在全世界都存在着由文化因素造成的对妇女的需要的忽视。有极其充分的理由把这种剥夺暴露于光天化日之下，并坚定地把消除这种不公正现象列入议程。

但是，情况还在于，妇女的受到限制的这种能动主体作用也严重地影响了**所有的**人——男人和妇女，儿童和成人——的生活。尽管有各种理由不要减弱对妇女的福利状态或苦难状态的关切，而且要继续注意妇女所遭受的痛苦和剥夺，但是，特别是在当前这个时刻，还是存在一种紧迫的、基本的必要性，那就是对妇女问题的议程采取一种以主体性为导向的路线。

也许为什么要聚焦于妇女的**主体地位**的最直接的理由恰恰是这种主体地位在消除那些损害妇女**福利**的不公正现象上可以发挥的作用。近年来的经验研究清楚地表明，对妇女福利的相对尊重和关心受下列因素的影响，即妇女挣得独立收入的能力、在家庭之外就业、拥有财产权、识字并成为家庭内外事务决策的受过教育的参与者。实际上，甚至在发展中国家，当妇女在主体地位方面取得进步时，妇女与男人相比在生存率方面的劣势，看来也在迅速下降，甚至会完全消除。[4]

上述这些不同因素（妇女的挣钱能力、在家庭之外的经济地位、识字和受过教育、财产权，等等）初看起来，似乎是性质各异、并无相像之处的，但它们有一个共同点，即能为增强妇女的声音和主体性——通过地位独立和素质提升——做出积极贡献。例如，在家庭之外就业并挣得独立的收入，一般对增强妇女在家庭和社会中的地位具有明显的影响。她对家庭富裕程度的贡献这时可以看得更清楚，她说话也更有分量，因为她减少了对别人的依赖。更进一步，在家庭之外的就业，就了解家庭之外的世界而言，常常有一种有益的“教育”效果，会使她的主体地位更有成效。类似地，妇女所受的教育加强了妇女的主体地位，并且常常使妇女主体更加知情、更有技巧。财产权也可以使妇女在家庭决策中更有发言权。

因此，文献中已经识别出来的那些多种多样的变量，具有一种统一的增强妇女权利的作用。与此同时，必须承认妇女的力量——经济独立与社会解放——能对本来决定家庭**内部**以及整个社会分工的那些因素和组织原则发挥深远的影响，而且特别是，它能对人们所隐含接受的妇女的“权益”产生影响。[5]

8.2　合作性冲突

为了理解这个过程，让我们先从以下认识谈起：妇女和男人在权益上不仅有**一致的**方面，也有**冲突的**方面，而这些会影响家庭生活。因此家庭的决策通常采取这样的形式：追求合作，而在冲突方面达成某种——一般是**隐含的**——双方同意的解决办法。这样的“合作性冲突”是许多群体关系的一个普遍性特征。对合作性冲突进行分析可以有效地帮助我们理解哪些因素能影响妇女在家庭分工中所得到的“待遇”。通过遵循相互间隐含同意的行为模式，双方都会获益。但是存在许多相互替代的可能的协议——某些协议比另一些协议对某一方更有利。从那些相互可替代的可能性集合中选定某一个合作性协议，就导致联合利益的一个特定分配。[6]

家庭生活中局部不同的利益之间的冲突，一般通过相互间隐含同意的行为模式来解决，而那种行为模式可能是也可能不是特别平等的。家庭生活的性质本身——共享一个家，一起过日子——要求冲突的因素绝对不能公开地加以强调（生活在冲突中将被看做联合体“失败”的信号），而且，有时候被剥夺的妇女甚至不能明确地判断她被相对剥夺的程度。类似地，具有重大影响的还有关于谁做了多少“生产性”工作，或者谁对家庭经济富裕程度做了多少“贡献”的认识，尽管在那种认识背后的关于“贡献”和“生产率”应该如何评价的“理论”，极少会被公开讨论。

8.3　对权益的认识

关于妇女和男人的个人贡献及其相应权益的认识，对在妇女和男人之间如何划分家庭的联合利益发挥重大作用。[7]其结果是，那些能影响人们对贡献及其相应权益的认识的各种情况（诸如妇女能挣得独立收入的能力、能够在家庭之外就业、能够接受教育、能够拥有财产），就会对利益划分产生至关重要的影响。这样，更大程度的妇女素质提升与更独立的妇女主体所产生的作用，也包括纠正那些伤害妇女的生活和福利——相对于男人而言——的丑恶现象。妇女通过更有力的主体地位所拯救的生活当然包括她们自己的生活。[8]

然而，这并不是事情的全部。另外一些人——男人和儿童——的生活也涉及到了。在一个家庭之内，所涉及的生命可能是子女的生命，因为有相当多证据表明，妇女在家庭内部的素质提升能够显著降低儿童死亡率。不但如此，在教育和就业的影响下，妇女的主体地位和声音，还能够反过来影响关于一系列社会问题的公共讨论的性质，包括可接受的生育率（并非只指在这些妇女本人的家庭内部可接受的生育率），以及环境方面的优先主次。

还有一个问题也是重要的，那就是食品、保健和其他供给品**在家庭内部**的分配。事情在很大程度上依赖于一个家庭的经济手段是如何用来照顾家庭中不同个人的利益的：妇女和男人，女孩和男孩，儿童和成人，年长者与年幼者。[9]

家庭内部利益分享上的安排，在很大程度上是由历史上形成的习俗所决定的，但是也受到诸如妇女的经济地位和权力增强、社区的一般性价值体系这些因素的影响。[10]在价值体系和家庭内部的分配习俗的演化上，妇女教育、妇女就业以及妇女的财产权可以发挥重要作用，而且这些“社会性”特征对于家庭不同成员的经济前途（以及福利和自由）可以具有至关重要的意义。[11]

针对本书的一般性主题，值得对这一关系做更进一步的考察。如前文已经讨论，理解饥荒最有用的方式是把它看成权益的丧失——即购买食品的实质自由的剧烈缩减，这将导致作为一个整体的家庭所能购买到和消费的食品的数量无法维持。虽然家庭内部的分配问题甚至在饥荒情况下仍然可能严重存在，在长期贫困的情况下——这在许多社区是“正常”情况——这些问题对于决定家庭不同成员的一般性营养不足和饥饿状况则是特别至关重要的。正是在持续的食品分配不平等——以及（也许甚至更严重的）医疗保健条件的分配不平等——这个现象上，性别歧视以最赤裸裸的、长期持续的形式，在具有强烈贬低妇女倾向的贫穷社会中突出表现出来。

这种贬低妇女的倾向，看来受到妇女的一般社会地位和经济力量的影响。男人的相对支配地位与一系列因素有关，包括作为“挣钱养家的人”的地位，其经济地位甚至在家庭内部也必须受到尊重。[12]另一方面，大量证据表明，当妇女能够而且确实在家庭之外赚取收入的时候，这将改善妇女甚至在家庭内部分配上的相对地位。

虽然妇女每天在家里长时间劳作，但因为这种工作不产生货币收益，在计量妇女和男人分别为家庭共享的富足所做的贡献时，它常常被忽略了。[13]然而，当这种工作是在家庭之外做的，而且被雇用的妇女挣得一份工资时，她为家庭富足所做的贡献就比较容易看得见。因为她较少地依赖别人，她说话也就更起作用。妇女提高了的地位看来甚至影响到关于女孩子的“应得待遇”的看法。因此，寻求并保持家庭之外的就业的自由，有助于减少对妇女的相对（以及绝对的）剥夺。在一个领域的自由（能够在家庭之外就业的自由）看来有助于促进在其他领域的自由（避免饥饿、疾病与相对剥夺的自由）。

还有大量证据表明，生育率趋于随着妇女权利的增强而下降。这并不令人惊奇，因为正是年轻妇女的生活受到了频繁生育和养育子女的最严重的摧残，而扩大年轻妇女的决策权、增加对她们利益的关注程度的任何因素，一般都会防止过度频繁的生育。例如，对印度将近 300 个地区的比较研究表明，妇女的教育和妇女的就业，是减少生育率的最重要的两个因素。[14]有助于解放妇女的那些因素（包括妇女识字和妇女就业）确实能造成生育率的重大变化。在下文评价“世界人口问题”的性质和严重性的时候，我将回到这个问题上来。使妇女和男人都深受其害的环境过度拥挤这一普遍问题，与妇女的特定自由紧密相连，即避免不停地生育和养育子女，这困扰着发展中世界许多社会的年轻妇女。

8.4　儿童生存率与妇女的主体地位

大量证据表明，妇女教育和识字水平的提高趋于降低儿童死亡率。这种影响通过许多渠道发挥作用，但或许最直接的渠道是通过以下这些因素：妇女通常对子女福利的重视，以及当她们的主体地位得到尊重和提升时，妇女所拥有的影响家庭决策的机会，并使这些决策更重视子女的福利。类似地，妇女素质的提升看来对降低经常观察到的存活率上的性别差异（特别是女孩子的存活率劣势）有重大影响。

存在基本性别不平等的国家——印度、巴基斯坦、孟加拉国、中国、伊朗、西亚一些国家、北非一些国家以及其他国家——通常女性婴儿和女性儿童的死亡率更高，这与欧洲、美洲和撒哈拉以南的非洲的情况正好相反，那里的女性儿童一般具有非常显著的存活率优势。在印度，现在就全国平均数而言，女性与男性的死亡率在 0 岁～4 岁年龄组非常接近，但是在性别不平等特别严重的地区，包括大多数印度北部的邦，女性生存率则存在严重劣势。[15]

对这个问题最值得关注的研究之一——由默西（Mamta Murthi）、吉奥（Anne-Gatherine Guio）和德热兹合作的一篇重要的统计分析成果——考察了印度 1981 年人口普查中 296 个地区的资料。[16]默西和德热兹又根据后来的资料，特别是 1991 年人口普查，做了一些后续研究，它们基本上确认了根据 1981 年人口普查所得到的结果。

这些研究考察了一组不同的——但是相互关联的——因果性关系。待解释的变量包括生育率、儿童死亡率，以及儿童存活率上的女性劣势（由 0 岁～4 岁年龄组女性对男性死亡率的**比率**来反映），均用在跨地区的比较中。这些变量与另外一系列具有潜在解释力的、地区水平的变量相关，后者包括诸如妇女识字率、妇女加入劳动力队伍的程度、贫困率（和收入水平）、城市化程度、医疗设施供应以及社会地位低下的群体在人口中的比率。[18]

我们可以预期那些与妇女的主体地位联系最紧密的变量——在这里是妇女加入劳动力队伍、妇女的教育和识字——对于儿童的生存率和死亡率会产生什么样的影响呢？很自然，我们会预期，就妇女的识字和教育而言，这些联系应当完全是正向的。这一预期被有力地确认了（我马上就会更详细地谈这一点）。

然而，就妇女加入劳动力队伍而言，社会和经济分析趋于识别出一些按不同方向发挥作用的因素。首先，参与有货币收益的就业对于妇女的主体地位有多种正向作用，这通常包括更强调儿童养育以及有更大能力在家庭共同决策中把儿童养育放到更加优先的位置。其次，既然男人一般表现出很不情愿分担家务，当妇女忙于家务和家外就业的“双重负担”时，她们或许不容易实现更加优先地照料儿童这一强烈的愿望。因此，净效应既可能为正也可能为负。在默西等人的研究中，印度的以地区水平数据为基础的分析对于妇女在家庭之外就业与儿童生存率之间的联系，没有给出任何统计上显著的、确定的模式。[19]

与此相反，这项研究发现，妇女识字对 5 岁以下儿童死亡率具有明确的、统计上显著的降低作用，即使在控制了男性识字率这个变量之后，也是如此。这符合越来越多的证据所表明的，在世界上许多国家，特别是在跨国比较中，妇女识字与儿童生存率具有很紧密的关系。在这一关系中，更高的妇女素质提升和妇女主体地位的作用，并没有因为男人在照料儿童和分担家务上不合作引起的问题而减少其有效性。

还有一个更进一步的问题，即与**两性合计的**儿童生存率相对比的儿童生存率的**性别偏向**。对于这个变量，这项研究显示，妇女的劳动力参与率和妇女识字率二者**都**对儿童生存率上的女性劣势的程度有强烈的改善作用。也就是说，较高水平的妇女识字率和妇女劳动力参与率，与儿童生存率上较低水平的相对女性劣势强烈相关。与此相比，那些与发展和现代化的**一般**水平有关的变量，**或者**在统计上没有显著作用，**或者**表明现代化（如果不伴随有妇女权力的增强）甚至可以**加强**，而不是减弱儿童生存率上的性别偏向。除其他变量之外，这一情况主要适用于以下变量：城市化、男性识字率、医疗设施以及贫困水平（较高水平的贫困与穷人中**较高的**女性—男性比率相对应）。总体来说，即使在印度确实存在发展水平与生存率性别偏向下降二者之间的正相关，看来这种关系主要是**通过**与妇女的主体地位直接有关的变量——诸如妇女识字和妇女加入劳动力队伍——而发挥作用。

对更多的妇女教育所产生的提升妇女主体地位的作用，值得再做进一步的评论。默西、吉奥和德热兹的统计分析表明，就数值而言，妇女识字对儿童死亡率的作用是异乎寻常地大。在降低儿童死亡率上，比起也起降低作用的其他变量，它是一个更强的影响因素。例如，如果保持其他变量的水平不变，那么，如妇女初步识字率从比如说 22%（这是印度 1981 年实际数值）提高到 75%，预期的男女合计的 5 岁以下儿童死亡率就将从 15.6%（这也是 1981 年实际数值）降低到 11.0%。

与妇女识字率的强大作用形成对比的是，其他一些变量，比如，男人识字率或者一般性贫困降低，在作为减少儿童死亡率的工具时，相对地不起什么作用，男人识字率同等幅度的上升（从 22%到 75%），只能把 5 岁以下儿童死亡率从 16.9%降低到 14.1%。贫困率（从 1981 年实际水平）降低 50%，也只能把 5 岁以下儿童死亡率的预测值从 15.6%降低到 15.3%。

在这里我们又一次看到，一些与妇女的主体地位有关的变量（在此是妇女识字率），在促进社会福利（尤其是儿童生存率）上，比起与社会的一般富足水平有关的变量，常常发挥更重要的作用。这些发现具有重要的现实意义。[21]这两类变量都可能受公共行动的影响，不过分别影响两类变量的公共干预的形式截然不同。

8.5 主体地位、解放与生育率降低

妇女的主体作用对于降低生育率也是特别重要的。高出生率的强烈负面作用包括经常强加在许多亚洲和非洲妇女身上的——通过持续不断地生育、养育子女——对实质自由的剥夺。其结果是，在妇女的**福利**与妇女在促成生育模式变化方面的**主体作用**二者之间，存在着紧密的联系。因此，毫不奇怪，出生率常常随着妇女地位和力量的提升而下降。

这些联系确实反映在印度总生育率的跨地区变化上。实际上，在默西、吉奥和德热兹的分析所包括的所有变量中，**只有**妇女识字率和妇女劳动力参与率这两个变量才对生育率有统计上显著的作用。妇女主体作用的重要性又一次在这个分析研究中有力地表现出来，特别是与那些关系到一般性经济进步的变量的微弱作用相比。

妇女识字率与生育率之间的负相关，总体而言，看来在经验事实中得到了充分反映。[22]这种联系已经在其他国家被广泛观察到，因此毫不奇怪，它们也会在印度出现。受过教育的妇女不愿意被禁锢在持续养育子女上，这一点显然将促进生育率的变化。教育也使妇女的眼界更加宽广，而且，在更实际的层次上，教育也有助于计划生育知识的传播。当然，受过教育的妇女在家庭决策中趋于拥有更大的发挥主体作用的自由，包括在生育和养育子女的问题上。

印度在社会事务方面最进步的邦即克拉拉邦的特定情况，也值得在此提出，因为它以发挥妇女主体作用为基础，非常成功地降低了生育率。虽然整个印度的总生育率仍然高于3.0，但克拉拉邦的总生育率现在已经降到低于“替代水平”（2.0左右，大体上一对夫妻生两个子女）的1.7，这也比中国的生育率1.9低不少。克拉拉邦妇女的教育水平高，对促成出生率的快速下降起了特别重要的作用。既然妇女主体作用和妇女识字对减少死亡率也是重要的，这就构成了另一个——更间接的——渠道，通过这个渠道，妇女的主体地位（包括妇女的识字）可能起到了帮助降低出生率的作用，因为一些证

据表明，死亡率——特别是儿童死亡率——的降低，趋于促进生育率的降低。克拉拉邦还有其他一些对妇女素质提升和主体地位有利的因素，包括在很大一部分有影响力的社群中对妇女的财产权有更高程度的承认。[23]在下一章还将有机会对这些关系以及其他可能的因果性联系做进一步的探讨。

8.6　妇女的政治、社会与经济作用

大量证据表明，当妇女得到那些通常专为男人保留的机会时，在运用那些多少世纪以来男人一直声称是男人专有的机构方面，她们绝非不如男人。在许多发展中国家，最高政治层次的机会仅仅在非常特殊的情况下才碰巧落到了妇女身上——多半与她们更有名望的丈夫或父亲的去世有关——但是这样的机会总是被有力地抓住了。虽然过去一段时期妇女在斯里兰卡、印度、孟加拉国、巴基斯坦、菲律宾、缅甸和印度尼西亚担任最高领导职务时所发挥的作用已经得到广泛的承认，我们仍然需要对妇女在各种不同层次的政治活动和社会创新行动上——当她们得到机会时——已能够发挥的作用给予更多的注意。[24]

对于社会生活，妇女的活动可以有同样广泛的影响。有时候这种作用是人们所熟知并充分预期到的，或者正在变成这样（妇女教育对降低生育率的影响——上文已经讨论过——就是一个很好的例子）。然而，仍然有一些其他关系需要更多的研究和分析。一个比较有趣的假定涉及男人的影响力与暴力犯罪流行之间的关系。世界上大多数暴力犯罪是男人干的这一事实是被普遍承认的，但是有一些因果性影响因素还没有得到应有的重视。

在这方面，印度有一项通过大量的跨地区对比而得出的有趣的统计结果，它显示，人口中女性对男性比率与暴力犯罪的偶发性二者之间有强烈的——而且统计上非常显著的——关系。确实，谋杀率与人口中女性—男性比率的反向关系，已经被许多研究者观察到，而且对所涉及的因果性过程有各种不同解释。[25]有些人寻求的因果性解释是，暴力犯罪率越高，导致人们对儿子的更强偏好（儿子被认为具有更好的条件去对付充满暴力的社会），而在其他一些人看来，因果关系是从妇女（她们较少地倾向于暴力）人数较多到作为其后果的较低犯罪率。[26]也可以有某种第三个因素，同时与暴力

犯罪和男性的性别比率优势有关。这里有许多问题需要考察，但是性别的重要性和妇女的主体地位相对于男人的主体地位的影响，在任何解释中都很难忽视。

如果我们现在转到经济活动，则妇女的参与也可以造成重大差别。在许多国家，妇女在日常经济活动中参与程度相对低下，其原因之一是她们相对地缺少取得经济资源的渠道。在发展中国家，土地和资本的所有权通常严重偏向于家庭中的男性成员。极其常见的是，开创一个哪怕规模不大的企业，对妇女来说也格外困难，因为缺乏可供担保的资源。

然而大量证据表明，一旦社会安排改变了标准的男性所有权的做法，妇女就能够成功地抓住商业和经济的契机。同样很清楚，妇女参与所产生的结果，并非仅仅是为妇女带来了收入，而且还因为妇女的地位和独立性得到了提高，带来了社会利益（包括上面刚刚讨论过的死亡率和生育率的降低）。因此，妇女的经济参与，本身就是一种报酬（带来了家庭决策中对妇女性别歧视的减少），同时也是一般性社会变化的一支重要影响力量。

孟加拉国的格拉敏银行的令人瞩目的成功是这方面一个很好的例子。由尤努斯（Muhammad Yunus）领导的那个富有远见的小额信贷运动，一直致力于通过努力向妇女借款者提供信贷，来排除由于农村信贷市场的歧视所造成的妇女的劣势处境。其结果是，格拉敏银行的顾客中妇女的比例非常高。这家银行的还款率也非常高（据报道接近98%），这一令人注目的记录，与妇女对于向她们提供的机会做出回应的方式，以及对确保那种安排能持续下去的期望不无关系。[27]也是在孟加拉国，由另一位富有远见的领导人阿比德（Fazle Hasan Abed）领导的孟加拉国农村促进委员会（BRAC），同样把重点放在妇女参与上。[28]孟加拉国出现的以上运动以及其他一些运动，不仅在提高妇女能够得到的“待遇”方面，而且——通过妇女更大的主体作用——在促进社会的其他重大变化方面，都已做出了很大成绩。例如，近年来孟加拉国出现的生育率急剧下降，除了计划生育措施（甚至在农村地区）的更加普及以外，看来明显与妇女在社会和经济事务上日益增多的参与有关。[29]

妇女在经济事务参与程度上存在差异的另一个领域是涉及土地所有权的农业活动。在这个领域，妇女得到的经济机会同样能够对整个经济的运作以及有关的社会安排具有决定性影响。确实——如阿加瓦尔（Bina Agarwal）所说的——“一块自己的土地”可以对妇女的主动性和参与性具有重要的影响，并对妇女与男性在经济和社会力量上的平衡具有意义深远的作用。[30]

同样的问题也存在于理解妇女在环境开发上的作用，特别是在保护自然资源（如树木）方面，这与妇女的生活和工作有特别联系。[31]

确实，妇女素质地位提升是当今世界上许多国家发展过程的中心议题之一，所涉及的因素包括妇女教育、她们的所有权模式、她们的就业机会，以及劳动市场的运作情况。[32]但是，除这些相当“古典”的变量之外，还有以下因素：就业安排的性质、家庭和一般社会对妇女经济活动的态度，以及鼓励或阻止这种态度变化的经济和社会状况。[33]卡比尔（Naial Kabeer）对孟加拉国妇女在达卡和伦敦的工作和经济参与进行了启发性的研究，正如该研究所显示，是继续还是打破过去的安排强烈地受在当地环境下运行的具体经济和社会关系的影响。[34]变化着的妇女主体地位，是经济和社会变革的主要媒介之一，而它的决定性因素及其产生的后果与发展过程的许多核心特征紧密相关。[35]

8.7　结语

聚焦于妇女的主体地位对妇女的福利有直接影响，但其作用范围远远不止于此。在这一章，我探讨了主体地位与福利的区别以及它们的相互关系，然后进一步说明了妇女主体地位的作用范围及其力量，特别是在两个特定领域：(1) 改善儿童生存率；(2) 帮助降低生育率。这两个方面对发展都具有普遍意义，超出了单单为妇女谋福利的范围，虽然——就像我们已经看到的那样——它们也直接涉及妇女的福利，而且妇女福利在促进发展的那些一般性成就上也具有至关重要的媒介作用。

以上所说也适用于经济、政治和社会行动的许多其他领域，那些活动一方面涉及农村信贷和经济行动，另一方面涉及政治鼓动和社会辩论。[36]妇女主体地位的广泛作用范围是发展研究中较为忽视的领域之一，这需要尽快纠正。可以说，在关于发展的政治经济学中，没有任何议题比恰当地承认妇女在政治、经济和社会方面的参与和领导作用更重要。这确实是“以自由看待发展”的思想中一个至关重要的方面。

【本章注释】

[1] 我在先前的一些著作中曾讨论过这个问题，这些著作包括：“Economics and the

Family," *Asian Development Review* 1(1983);"Women, Technology and Sexual Divisions," *Trade and Development* 6(1985);"Missing Women," *British Medical Journal* 304 (March 1992);"Gender and Cooperative Conflict," *Persistent Inequalities: Women and World Development*, edited by Irene Tinker(New York: Oxford University Press, 1990);"Gender Inequality and Theories of Justice," *Women, Culture and Development: A Study of Human Capabilities*, edited by Martha Nussbaum and Jonathan Glover(Oxford: Clarendon Press, 1995); (jointly with Jean Drèze) *India: Economic Development and Social Opportunity*(Delhi: Oxford University Press, 1995);"Agency and Well-Being: The Development Agenda," in *A Commitment to the Women*, edited by Noeleen Heyzer(New York: UNIFEM, 1996)。

[2] 我的论文"Well-Being, Agency and Freedom: The Dewey Lectures 1984," *Journal of Philosophy* 82 (April 1985), 探讨了一个人的"主体层面"与"福利层面"在哲学上的区别，并试图找出这一区别可以应用于许多不同领域的广泛范围的实际含义。

[3] 关于亚洲和北非许多国家妇女"过高死亡率"的程度的不同统计估计的讨论，见我的 *Resources, Values and Development* (Cambridge, Mass.: Harvard University Press, 1984); (jointly with Jean Drèze) *Hunger and Public Action* (Oxford: Clarendon Press, 1989)。See also Stephan Klasen, "'Missing Women' Reconsidered," *World Development* 22 (1994).

[4] 对此有大量的文献；我自己应用现有的证据所进行的分析可见于"Gender and Cooperative Conflict" (1990), and "More Than a Hundred Million Women Are Missing," *New York Review of Books*, (Christmas number, December 20, 1990)。

[5] 关于这些问题的讨论，见我的 *Resources, Values and Development* (1984), "Gender and Cooperative Conflict" (1990), and "More Than a Hundred Million Women Are Missing" (1990)。在这个一般性领域的一个开创性研究，见 Ester Boserup 的经典性著作，*Women's Role in Economic Development* (London: Allen & Unwin, 1971)。关于发展中国家性别不平等的最近的文献包括对不同类型的决定性变量的一些有趣的、重要的研究，例如，见 Hanna Papanek, "Family Status and Production: The 'Work' and 'Non-Work' of Women," *Signs* 4 (1979). Martha Loutfi, ed., *Rural Work: Unequal Partners in Development* (Geneva: ILO, 1980); Mark R. Rosenzweig and T. Paul Schultz, "Market Opportunities, Genetic Endowment and Intrafamily Resource Distribution," *American Economic Review* 72 (1982); Myra Buvinic, M. Lycette and W. P. McGreevy, eds., *Women and Poverty in the Third World* (Baltimore: Johns Hopkins University Press, 1983); Pranab Bardhan, *Land, Labor and Rural Poverty* (New York: Columbia University Press, 1984); Devaki Jain and Nirmala Banerjee, eds., *Tyranny of the Household: Investigative Essays in Women's Work* (New Delhi: Vikas, 1985); Gita Sen and C. Sen, "Women's Domestic Work and Economic Activity," *Economic and Political*

Weekly 20 (1985); Martha Alter Chen, *A Quiet Revolution*: *Women in Transition in Rural Bangladesh* (Dhaka: BRAC, 1986); Jere Behrman and B. L. Wolfe, "How Does Mother's Schooling Affect Family Health, Nutrition, Medical Care Usage and Household Sanitation?" *Journal of Econometrics* 36(1987); Monica Das Gupta, "Selective Discrimination against Female Children in India," *Population and Development Review* 13(1987); Gita Sen and Caren Grown, *Development*, *Crises and Alternative Visions*: *Third World Women's Perspectives* (London: Earthscan, 1987); Alaka Basu, *Culture*, *the Status of Women and Demographic Behaviour* (Oxford: Clarendon Press, 1992); Nancy Folbre, Barbara Bergmann, Bina Agarwal and Maria Flore, eds., *Women's Work in the World Economy* (London: Macmillan, 1992); United Nations ESCAP, *Integration of Women's Concerns into Development Planning in Asia and the Pacific* (New York: United Nations, 1992); Bina Agarwal, *A Field of One's Own* (Cambridge Cambridge University Press, 1995); Edith Kuiper and Jolande Sap, with Susan Feiner, Notburga Ott and Zafiris Tzannatos, *Out of the Margin*: *Feminist Perspectives on Economics* (New York: Routledge, 1995); among other contributions。

[6] 家庭内部两性利益的划分有时候可作为"谈判问题"来研究；这样的文献包括(除了其他论文以外) Marilyn Manser and Murray Brown, "Marriage and Household Decision Making: A Bargaining Analysis," *International Economic Review* 21 (1980); M. B. McElroy and M. J. Horney, "Nash Bargained Household Decisions: Toward a Generalization of Theory of Demand," *International Economic Review* 22 (1981); Shelley Lundberg and Robert Pollak, "Noncooperative Bargaining Models of Marriage," *American Economic Review* 84 (1994)。关于采用不同于"谈判问题"方法的研究，见 Sen, "Women, Technology and Sexual Divisions" (1985); Nancy Folbre, "Hearts and Spades: Paradigms of Household Economics," *World Development* 14 (1986); J. Brannen and G. Wilson, eds., *Give and Take in Families* (London: Allen & Unwin, 1987); Susan Moller Okin, *Justice*, *Gender*, *and the Family* (New York: Basic Books, 1989); Sen, "Gender and Cooperative Conflict" (1990); Marianne A. Ferber and Julie A. Nelson, eds., *Beyond Economic Man*: *Feminist Theory and Economics* (Chicago: Chicago University Press, 1993); among other contributions。有关这些问题的有用文集，也可见于 Jane Humphries, ed., *Gender and Economics* (Cheltenham, U.K.: Edward Elgar, 1995), and Nancy Folbre, ed., *The Economics of the Family* (Cheltenham, U.K.: Edward Elgar, 1996)。

[7] 对此，见 Okin, *Justice*, *Gender*, *and the Family* (1989); Drèze and Sen, *Hunger and Public Action* (1989); Sen, "Gender and Cooperative Conflict" (1990); Nussbaum and Glover, *Woman*, *Culture and Development* (1995)。亦参见以下作者的论文 Julie Nelson, Shelley Lundberg, Robert Pollak, Diana Strassman, Myra Strober and Viviana Zelizer in the 1994 Papers and Proceedings in *American Economic Review* 84 (1994)。

[8] 这个问题开始在印度得到相当重视。见 Asoke Mitra, *Implications of Declining Sex Ratios in India's Population* (Bombay: Allied Publishers, 1980); Jocelyn Kynch and Amartya Sen, "Indian Women: Well-Being and Survival," *Cambridge Journal of Economics* 7 (1983); Bardhan, *Land, Labor and Rural Poverty* (1984); Jain and Banerjee, eds., *Tyranny of the Household* (1985)。"生存问题"与更广的忽视问题有关,对此的研究,可见于 Swapna Mukhopadhyay, ed., *Women's Health, Public Policy and Community Action* (Delhi: Manohar, 1998), and Swapna Mukhopadhyay and R.Savithri, *Poverty, Gender and Reproductive Choice* (Delhi: Manohar, 1998)。

[9] 对此见 Tinker, Persistent Inequalities (1990)。在论文集 ("Gender and Coorperative Conflict") 中我自己的论文涉及影响家庭内部两性利益的划分的经济和社会因素,并讨论了为什么这种划分的差别如此巨大,不仅在不同地区之间(例如,歧视妇女在南亚、西亚、北非和中国远甚于撒哈拉以南的非洲或东南亚),而且在同一国家之内的不同地方之间(例如,达到这个水平的性别差别在印度某些邦,诸如旁遮普邦和北方邦非常强烈,但在克拉拉邦实际上不存在)。对妇女相对地位的不同影响因素之间也存在紧密的联系,例如,法制权利与基本教育之间的联系(既然对法制规定的运用关系到读写的能力);见 Salma Sobhan, *Legal Status of Women in Bangladesh* (Dhaka: Bangladesh Institute of Legal and International Affairs, 1978)。

[10] 关于对分担饥饿方面两性利益的划分的作用富有洞察力的分析,见 Megan Vaughan, *The Story of an African Famine: Hunger, Gender and Politics in Malawi* (Cambridge: Cambridge University Press, 1987); Barbara Harriss, "The Intrafamily Distribution of Hunger in South Asia," in *The Political Economy of Hunger*, edited by Jean Drèze and Amartya Sen (Oxford: Clarendon Press 1990), among others。

[11] Drèze and Sen, India: *Economic Development and Social Opportunity* (1995) 就印度的情况,以及印度之内与印度之外的比较,讨论了这些问题中的一些问题;亦见 Alaka Basu, *Culture, the Status of Women and Demographic Behaviour* (1992), and Agarwal *A Field of One's Own*, (1995)。处境劣势的不同来源,对于分析那些几乎没有经济和社会杠杆的群体(例如寡妇,特别是来自更贫困的家庭的寡妇)的特定剥夺的研究,是特别重要的。对此,见 Martha Alter Chen, ed., *Widows in India* (New Delhi: Sage, 1998), and her forthcoming book, *Perpetual Mourning: Widowhood in Rural India* (Delhi: Oxford University Press, 1999; Philadelphia, Pa.: University of Pennsylvania Press, 1999)。

[12] 关于所涉及的问题,见我的"Gender and Cooperative Conflict," in Tinker, *Persistent Inequalities* (1990)。

[13] 见 L.Beneria, ed., *Women and Development: The Sexual Division of Labor in Rural Societies* (New York: Praeger, 1982). Jain and Banerjee, *Tyranny of the Household*

(1985)；Gita Sen and Grown，*Development*，*Crises and Alternative Visions* (1987)；Haleh Afshar, ed.，*Women and Empowerment*：*Illustrations from the Third World*（London：Macmillan，1998)。

［14］在那些识别出来的关系中，对于因果关系的方向，当然一定会提出问题——例如，究竟是妇女识字影响了妇女在家庭中的状态和地位，还是妇女更高的地位导致了家庭把女孩子送去上学。就统计而言，还可能存在与上述二者都相关的第三个因素。但是近来的经验研究显示，大多数家庭——甚至在印度的社会落后的地区——看来对教育孩子，包括女孩子，都有强烈的偏好。一个大规模调查表明，认为送女孩子上学是“重要的”的父母的比例，即使在妇女识字率最低的那些邦里也非常高：拉贾斯坦邦85%，比哈尔邦88%，北方邦92%，中央邦93%。对女孩教育的主要障碍看来是附近没有方便的学校——这是高识字率的邦与低识字率的邦的一个重大差别。见 the Probe Team，*Public Report on Basic Education in lndia*（Dehli：Oxford University Press，1999)。因此，公共政策可以发挥中心作用。近来有一些公共政策创新方案，致力于识字，特别是在喜马偕尔邦，以及不久前在西孟加拉邦、中央邦以及其他一些邦。

［15］印度1991年人口普查表明，印度全国水平的0岁～4岁年龄组的每千人死亡率是男孩25.6，女孩27.5。在 Andhra Pradesh，Assam，Himachal Pradesh，Kerala，and Tamil Nadu，这个年龄组女孩的死亡率比男孩的死亡率低，但在所有其他邦，女孩的死亡率都高于男孩。女孩的劣势在 Bihar，Haryana，Madhya Pradesh，Punjab，Rajasthan and Uttar Pradesh 最严重。

［16］Murthi，Guio and Drèze，“Mortality，Fertility and Gender Bias in India”(1995).

［17］见 Jean Drèze and Mamta Murthi，“Female Literacy and Fertility：Recent Census Evidence from India，” mimeographed，Centre for History and Economics，King's College，Cambridge，U.K.，1999。

［18］显然没有足够的、恰当反映地区之间变化的数据来检验不同产权形式的影响，产权形式在印度大体上是一致的。当然，存在一个独特的案例，即克拉拉邦的 Naire 人的突出的、引起很多讨论的例子，他们长期以来实行女性遗产继承制（就现状来看，这种关系确认了而不是否认了妇女产权对一般的儿童生存率以及特别是女性儿童生存率的正面作用)。

［19］在这些统计拟合中，看来妇女加入劳动力队伍的比例与5岁以下儿童死亡率之间存在正相关，但这种相关在统计上是不显著的。

［20］重要的著作包括：J. C. Caldwell，“Routes to Low Mortality in Poor Countries，” *Population and Development Review* 12（1986)；and Behrman and Wolfe，“How Does Mother's Schooling Affect Family Health，Nutrition，Medical Care Usage and Household Sanitation？”(1987)。

［21］这些发现广泛地讨论于我和 Jean Prèze 合著的书 *India*：*Economic Development and Social Opportunity*（1995）。

[22] 这方面证据的不同来源一直受到批判性考察，毫不奇怪，不同的经验研究在这种审视中带有相当不同的倾向。特别见对这个问题从“批判的视角”的分析，Caroline H. Bledsoe，John B. Casterline，Jennifer A. Johnson-Kuhn and John G. Haaga，eds.，*Critical Perspectives on Schooling and Fertility in the Developing World*（Washington，D.C.：National Academy Press，1999）。亦参见 Susan Greenhalgh，*Situating Fertility：Anthropology and Demographic Inquiry*（Cambridge：Cambridge University Press，1995）；Robert J. Barro and Jong-Wha Lee，“International Comparisons of Educational Attainment，” paper presented at a conference on How Do National Policies Affect Long-Run Growth?，World Bank，Washington，D. C.，1993；Robert Cassen，with contributors，*Population and Development：Old Debates，New Conclusions*（Washington，D. C.：Transaction Books for Overseas Development Council，1994）。

[23] 关于这些及相关的一般性问题，见我的“Population：Delusion and Reality，” *New York Review of Books*，September 22，1994；*Population Policy：Authoritarianism versus Cooperation*（Chicago：MacArthur Foundation，1995）；and “Fertility and Coercion，” *University of Chicago Law Review* 63（summer 1996）。

[24] 见 United Nations，ESCAP，*Integration of Women's Concerns into Development Planning in Asia and the Pacific*（New York：United Nations，1992），特别是 Rehman Sobhan 的论文及那里列出的文献。这些实际问题与对于妇女在社会中地位的社会意识紧密相关，而且因此触及到女权主义研究的中心焦点。Susan Moller Okin and Jane Mansbridge，eds，*Feminism*（Cheltenham，U.K.：Edward Elgar，1994）是一本范围广泛的论文集（包括很多经典论文）。亦见 Catherine A. Mackinnon，*Feminism Unmodified*（Cambridge，Mass.：Harvard University Press，1987），and Barbara Johnson，*The Feminist Difference：Literature，Psychology，Race and Gender*（Cambridge，Mass.：Harvard University Press，1998）。

[25] 见 Philip Oldenberg，“Sex Ratio，Son Preference and Violence in India：A Research Note，” *Economic and Political Weekly*，December 5～12，1998；Jean Drèze and Reetika Khera，“Crime，Society and Gender in India：Some Clues for Homicidal Data，” mimeographed，Centre for Development Economics，Delhi School of Economics，1999。对这个有趣的发现的解释可能涉及文化因素以及经济和社会因素。虽然这里的简短讨论集中注意后者，但它显然联系到心理和赋值问题，这类问题是那些看到在道德和态度方面存在基本的性别差异的人们提出来的，最突出的是 Carol Gilligan；Carol Gilligan；*In a Different Voice*（Cambridge，Mass.：Harvard University Press，1982）。应该认为以下事实是重要的：印度最引人注目的人道主义监狱改革来自一个罕见的事物，一位女性典狱长 Kiran Bedi，她自己对那个激进变革及她遭到的反对所做的描述，见 Kiran Bedi，*It's*

Always Possible: *Transforming One of the Largest Prisons in the World* (New Delhi: Sterling, 1998)。我不在这里进一步探讨这个重要问题：对妇女在这种类型的社会变革中的领导作用的性质所做的各种不同解释的区别，因为本书的分析并不要求我们试图解决这个复杂问题。

[26] Oldenberg 论证了前一个假设;但也参见 Arup Mitra,"Sex Ratio and Violence: Spurious Results," *Economic and Political Weekly*, January 2～9, 1993. Drèze and Khera 论证了因果关系中相反方向的解释。也参见那里列出的文献，包括更早的研究，如 Baldev Raj Nayar, *Violence and Crime in India*: *A Quantitative Study* (Delhi: Macmillan, 1975); S.M. Edwards, *Crime in India* (Jaipur: Printwell Publishers, 1988); S. Venugopal Rao, ed., *Perspectives in Criminology* (Delhi: Vikas, 1988)。

[27] 另一个因素是运用小组责任来取得高还款率。对此见 Muhammad Yunus with Alan Jolis, *Banker to the Poor*: *Micro-Lending and the Battle Against World Poverty* (London: Aurum Press, 1998)。亦参见 Lutfun N. Khan Osmani, "Credit and Women's Relative Well-Being: A Case Study of the Grameen Bank, Bangladesh" (Ph.D. thesis, Queen's University of Belfast, 1998). See also Kaushik Basu, *Analytical Development Economics* (Cambridge, Mass.: MIT Press, 1997), chapters 13 and 14; Debraj Ray, *Development Economics* (Princeton: Princeton University Press, 1998), chapter 14。

[28] 参见 Catherine H. Lovell, *Breaking the Cycle of Poverty*: *The BRAC Strategy* (Hartford, Conn.: Kumarian Press, 1992)。

[29] 参见 John C. Caldwell, Barkat-e-Khuda, Bruce Caldwell, Indrani Pieries and Pat Caldwell,"The Bangladesh Fertility Decline: An Interpretation," *Population and Development Review* 25(1999)。亦参见 John Cleland, James F. Phillips, Sajeda Amin and G. M. Kamal, *The Determinants of Reproductive Change in Bangladesh*: *Success in a Challenging Environment* (Washington, D. C.: World Bank, 1996), and John Bongaarts,"The Role of Family Planning Programmes in Contemporary Fertility Transition," in *The Continuing Demographic Transition*, edited by G. W. Joneset al. (New York: Oxford University Press, 1997)。

[30] 见 Agarwal, *A Field of One's Own* (1995)。

[31] 见 Henrietta Moore and Megan Vanghan, *Cutting Down Trees*: *Gender*, *Nutrition and Agricultural Change in the Northern Province of Zambia*, 1890—1990 (Portsmouth, N.H.: Heinemann, 1994)。

[32] 妇女在劳动市场以及在社会的经济关系上需要克服的困难甚至在发达的市场经济中也一直是很多的。见 Barbara Bergmann, *The Economic Emergence of Women* (New York: Basic Books, 1986); Francine D. Blau and Marianne A. Ferber, *The Economics of Women*, *Men and Work* (Englewood Cliffs, N.J.: Prentice-Hall, 1986); Victor

R.Fuchs, *Women's Quest for Economic Equality*（Cambridge, Mass.: Harvard University press, 1988）; Claudia Goldin, *Understanding the Gender Gap: An Economic History of American Women*（New York: Oxford University Press, 1990）. 亦参见论文集，Marianne A. Ferber, *Women in the Labor Market*（Cheltenham, U.K.: Edward Elgar, 1998）。

[33] 存在一种过度简化的危险，即用过于公式化的方式看待妇女的“主体”或“自主性”问题，只关注诸如妇女识字与就业那些变量中简单的统计联系。对此见富有洞察力的人类学分析：Alaka M. Basu, *Culture, Status of Women, and Demographic Behavior*（Oxford: Clarendon Press, 1992）。亦可见以下研究：Roger Jeffery and Alaka M.Basu, eds., *Girls' Schooling, Women's Autonomy and Fertility Change in South Asia*（London: Sage, 1996）。

[34] 见 Naila Kabeer, “The Power to Choose: Bangladeshi Women and Labour Market Decisions in London and Dhaka,” mimeographed, Institute of Development Studies, University of Sussex, 1998。

[35] 自印度独立以来，妇女地位的变化（及其深远的作用），见一本论文集所刊的有趣的讨论：Bharati Ray and Aparna Basu, *From Independence towards Freedom*（Delhi: Oxford University Press, 1999）。

[36] UNDP's *Human Development Report 1995*（New York: Oxford University Press, 1995）除了报告了更传统的指标以外，还提供了在社会、政治和商界领导岗位上性别差异的跨国调查研究，亦见那里列出的文献。

第9章　人口、粮食与自由

在我们的时代，可怕的、丑恶的事并不少见，但是，在一个前所未有的丰裕世界上持续存在着严重的饥饿，无疑是最恶劣的事情之一。饥荒以令人惊恐的严酷程度降临到许多国家——“残暴犹如复仇女神，可怕犹如地狱”［借用密尔顿（John Milton）的诗句来说］。此外，大量的地区性饥饿现象在世界的许多地方造成重大痛苦——使上千万人因饥饿而身体衰弱，而且按照统计常规夺走其中相当大比例的人口的生命。使这种广泛散布的饥饿现象更加成为悲剧的，是我们的行为方式——我们接受并容忍它作为现代世界的一个构成部分，似乎它本来就是不可避免的(就像古希腊的悲剧那样)。

我已经论证，在评估饥饿、营养不足和饥荒

的性质及其严重程度时，仅仅集中注意粮食产量是错误的。然而，除了其他变量以外，粮食产量必定是能够影响饥饿现象盛行的变量之一。单说消费者为购买粮食所付的价格，就受到粮食产量高低的影响。更进一步，如果我们是在全球范围（而不是在一个国家或地区的范围）内考察粮食问题，那么显然不存在从“外部”经济体中得到粮食的机会。因为这些原因，经常听到的那种关于全世界的人均粮食产量正在下降的担忧就不能简单地不予考虑。

9.1　是否存在世界粮食危机?

但是那种担忧是否有理由？在被看做是粮食产量与人口的“赛跑”中，世界粮食产量是否正落在世界人口的后面？对危机恰恰正在发生或者即将发生的担心一直强力地缠绕着人们并经久不衰，尽管几乎没有什么证据来支持它。例如，马尔萨斯在两个世纪以前就预期，粮食生产正在那场“赛跑”中落后，而且，由此产生的“人口的自然增长与粮食的比例”的不平衡将造成可怕的灾难。他非常确信，在他所处的 18 世纪后期的世界，“人口数量超过人们生存手段的阶段已经早就到来了”。[1]然而，自从马尔萨斯在 1798 年最初发表他著名的“人口论”以来，世界人口几乎增加了 6 倍，而粮食产量和人均消费量都比马尔萨斯时代高出许多，而且这是与一般生活水平得到前所未有的提高同时发生的。

然而，马尔萨斯关于他所在时代人口过剩的诊断（当时只有不到 10 亿人口）以及关于人口增长具有可怕后果的预言是非常错误的，这一事实并不表明在任何时候关于人口增长的担忧都是同样错误的。那么，我们现在的情况又如何呢？粮食生产是否真的落后于人口增长？表 9—1 分别列出了世界总计的与一些主要地区的人均粮食产量的指数（根据联合国粮农组织的统计数据）。表中数字是三年平均数（以避免年度波动产生误差），以 1979—1981 年的平均数为基数（100）；指数值终止于 1996—1997 年（加进 1998 年数字并不改变基本的图景）。不仅世界人均粮食产量并没有真的下降（实际上正好相反），而且人均粮食产量最大的增长是发生在第三世界人口最稠密的地区（特别是中国、印度以及亚洲其他地区）。

但是，非洲的粮食产量下降了（对此我已经讨论过），而且在非洲广泛存在的贫困使非洲处于岌岌可危的境地。然而，如前文（第 7 章）所论证的，撒哈拉以南非洲的问题，主要是一次普遍性经济危机的反映（实际上那是一次包含了重大的社会、政治以及经济因素的危机）——而并不特别地是一次“粮食危机”。粮食生产的问题只是这场大灾难的一部分，必须在更广泛的意义上加以讨论。

表 9—1　　**分地区人均粮食产量指数***

地　区	1974—1976	1979—1981	1984—1986	1994—1996	1996—1997
世界	97.4	100.0	104.4	108.4	111.0
非洲	104.9	100.0	95.4	98.4	96.0
亚洲	94.7	100.0	111.6	138.7	144.3
印度	96.5	100.0	110.7	128.7	130.5
中国	90.1	100.0	120.7	177.7	192.3
欧洲	94.7	100.0	107.2	102.3	105.0
中北美洲	90.1	100.0	99.1	99.4	100.0
美国	89.9	100.0	99.3	102.5	103.9
南美洲	94.0	100.0	102.8	114.0	117.2

*　以 1979—1981 三年平均数为基数，1984—1986 年、1994—1996 年、1996—1997 年的三年平均数取自联合国（1995，1998）表 4。更早的 1974—1976 的三年平均数取自联合国（1984），表 1。两组比较数据所用的相对权数可能有微小差别，所以 1979—1981 年前后的数列不应看做是完全可比的，但由相对权数变动所造成的数值差别，如果有的话，也很可能是非常微小的。

资料来源：United Nations, *FAO Quarterly Bulletin of Statistics*, 1995 and 1998, and *FAO Monthly Bulletin of Statistics*, August 1984.

事实上，当前世界粮食生产并不存在任何显著的危机。当然，粮食生产的增长速度确实是随时间而变的（在某些气候不好的年份产量甚至会下降，在一两年内为那些危言耸听者们提供了一个借口），但是粮食产量上升的**趋势**是非常明显的。

9.2　经济激励与粮食生产

重要的是还要注意到，如表 9—2 所示，以上世界粮食生产的上升，是在按不变价格计算的世界粮食价格迅速下降的情况下取得的。该表覆盖了 1950—1952 年至 1995—1997 年这段时期——45 年以上。价格的下降意味着在世界上很多商品粮生产地区，包括北美，生产更多粮食的经济激励减少了。

表 9—2 **按 1990 年不变美元计算的粮食价格***

（1950—1952 年，1995—1997 年）

粮食	1950—1952	1995—1997	变化百分比（%）
小麦	427.6	159.3	−62.7
稻米	789.7	282.3	−64.2
高粱	328.7	110.9	−66.2
玉米	372.0	119.1	−68.0

* 表中数字的单位是每吨 1990 年不变美元价格，按 G-5 生产单位价值（MUV）指数调整。

资料来源：World Bank, *Commodity Markets and the Developing Countries*, November 1998, table A1 (Washington, D.C.); World Bank, *Price Prospects for Major Primary Commodities*, vol.2, tables A5, A10, A15, (Washington, D.C., 1993).

当然，粮食价格在短期内总是浮动的。针对 90 年代中期的价格上升，当时常常可以听到一些耸人听闻的说法，但是与 1970 年以来的大幅度价格下降相比，那只是一次很小的上涨（参见图 9—1）。事实上，存在一个明确的长期下降的趋势，而且还没有任何证据显示粮食相对价格的这个长期下降趋势已经逆转。1998 年小麦和粗粮的世界价格分别再次下降了 20% 和 14%。[2]

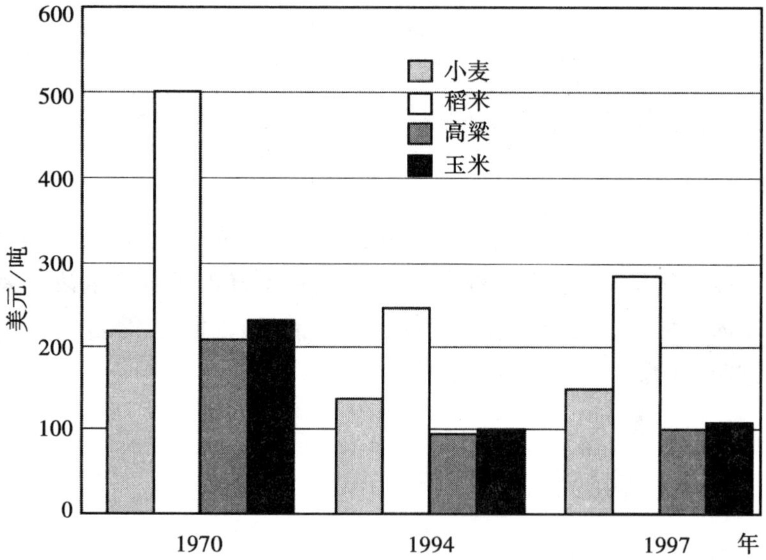

图 9—1 按 1990 年不变美元计算的粮食价格*

* 图中数字的单位是每吨 1990 年不变美元，按 G-5 生产单位价值（MUV）指数调整。

资料来源：World Bank, *Commodity Markets and the Developing Countries*, (Washington, D.C., 1998), table A1.

若针对现状进行经济分析，我们不能忽视世界粮食价格下降已经对粮食生产造成的负激励效应。尽管如此，世界粮食产量仍然持续上升，明显超过了人口的增长，这就特别令人瞩目。事实上，假如当时生产了更多的粮食（但如果使世界上大多数饥饿的人们遭受痛苦的收入短缺状况没有改善），那么售出那些粮食将会更成问题，超过粮食价格下降所反映的程度。毫不奇怪，粮食产量最大幅度的上涨，来自那些国内粮食市场与世界市场和世界粮食价格下降相对隔离开来的地区，如中国和印度。

重要的是，要看到粮食生产是人类主体行动的结果，而且要理解影响人们决策和行动的激励因素。就像其他经济活动一样，商品粮的生产要受市场和价格的影响。在现在这个时候，世界粮食生产受到需求不足和粮价下降的限制，这又反映了最需要粮食的人们的贫困。对生产更多粮食的机会所做的一些技术性研究指出，（如果当需求增加时）会有很多机会来使人均粮食产量更快地增长。事实上，每公顷产量在世界上所有地区都一直在持续提高，全世界的平均数在 1981—1993 年期间是每年每公顷上升 42.6 公斤。[3]就全世界的粮食生产而言，在 1970—1990 年期间，94％的粮食增长来自单位面积产量的提高，只有 6％来自种植面积的扩大。[4]可以预期，当粮食需求增加时，密集型种植会继续扩大，这特别是因为单位面积产量在世界不同地区的差别仍然是巨大的。

9.3　人均粮食产量趋势之外的因素

以上所说的一切，并没有消除对减缓人口增长的需要。确实，环境的挑战并非仅仅是粮食生产的挑战——还有许多其他问题与人口的增长和过度拥挤有关。但上面所说的确实表明，并没有多少理由让我们十分悲观，认为粮食产量将会很快开始落在人口增长后面。事实上，单纯关注粮食产量而忽视人们享有食品的**权益**这一倾向，有时会产生严重的负面作用。如果制定政策的人们与饥饿的真实情况——甚至饥荒的威胁——相隔绝，他们可能会被粮食产量的有利形势所误导。

例如，在 1943 年孟加拉的大饥荒中，行政官员是如此深信不存在任何粮食产量下降这个事实（在这一点上他们是对的），以至于他们没有预期到——而且在好几个月内一直拒绝承认——饥荒正以席卷之势袭击孟加拉。[5]正如在对世界粮食状况作预期时，“马尔萨斯式的悲观主义”会产生误导一样，如果行政官员固守人均粮食产量的错误视角，而忽略灾难和饥荒的早期信号，那么一种或可称做“马尔萨斯式的乐观主义”则能导致上百万人的死亡。一个错误构建的理论可以致人死命，马尔萨斯粮食与人口比例的错误视角上就沾满了鲜血。

9.4　人口增长与提倡强制

虽然马尔萨斯式的关于粮食问题的长期担忧是没有根据的，或者至少是不成熟的，我们还是有很好的理由一般性地担心世界人口的增长。毫无疑问，世界人口的增长速度在过去一个世纪一直以令人注目的步伐加快。世界人口经历了若干百万年才达到 10 亿，然后用了 123 年达到 20 亿，再用了 33 年达到 30 亿，14 年后又达到 40 亿，13 年后再达到 50 亿，而且再用 11 年就将达到 60 亿（根据联合国的预测）。[6]全球人口仅在 1980—1990 年间就增长了 9.23 亿，而这个增长量就接近于马尔萨斯时代**整个**世界的**总**人口数。到 90 年代结束时，人口的扩张将不会有任何显著的减缓。

如果整个趋势继续下去，不到 21 世纪结束，这个世界就必定是极端的过度拥挤了。然而，有许多明确的迹象表明，世界人口增长已经开始放缓。现在必须提出的问题是，造成这种速度放缓的那些因素是否会变得更强，如果是的话，它们以什么速度在增强。同样重要的是，我们必须问，是否需要通过公共政策来帮助这个速度放缓的过程。

这是一个意见高度分歧的问题，但是存在一个强大的思想流派，它赞成——哪怕只是隐含地——对这个问题采取强制解决的办法。沿着这个方向，近来也有若干实际行动——最著名的是中国自 1979 年开始实施的一系列政策。强制的做法产生了三个不同的问题：

1. 强制在这个领域是否就是可接受的？
2. 在不实行强制的条件下，人口增长是否就会快到不可接受？
3. 强制是否会是有实效的，而且是否在发挥作用时不会产生有害的副作用？

9.5　强制与生育权

对由家庭决策的事务实行强制是否可以接受是个很深刻的问题。对强制的反对，既可以来自那些要求给予家庭以优先权来决定生几个子女的人们（按这种观点，这是纯粹的家庭决策事务），也可以来自那些主张未来的母亲在这个事务上必须特别具有决定权的人们（尤其是在堕胎或者其他直接涉及妇女身体的情况下）。当然，后者通常是就堕胎（以及一般地实施节育措施）的权利而言的，但是显然存在一种对应的主张，即由妇女来决定**不**做堕胎，如果那是她们所想要的（不管政府所想要的是什么）。因此，这里涉及的是生育权利的地位和意义这一重大问题。

有关权利的言辞在当代政治辩论中无处不在。然而，在这些辩论中，是在什么意义上使用“权利”，经常是模糊不清的，特别是，所指的是由机构体制实施的权利（那是具有法制约束力量的），还是把诉求放在规范性权利的基于惯例传统的力量上（那种权利可以先于法制的规定认可）。这两种意义的区别并非绝对泾渭分明，但存在一个相当明显的议题，即权利是否可以具有自身固有的规范性意义，而不是仅仅在法制含义上具有工具性意义。

许多政治哲学家，特别是功利主义者，总是否定权利可以具有自身固有的——而且可能是先于法制的——价值。据记载，边沁曾经把自然权利（natural rights）的思想描述为“无稽之谈”，并把“自然的和不受法令约束的权利”（natural and imprescriptible rights）的概念描述为“踩在高跷上的无稽之谈”——我将此理解为通过人为地抬高而达到任意的凸显地位的那种无稽之谈。边沁完全是从工具主义的角度来看待权利，并考察权利在追求目标（包括促进总效用）上所能发挥的制度和机构作用的。

这里可以看到对权利的两种观点的鲜明对比。如果一般来说，权利包括生育的权利，应该按边沁的方式来看待，那么，强制在这一领域是否是可以接受的就将完全取决于其后果，特别是效用方面的后果，而无需认为实施或者侵犯那些权利本身就具有自身的重要意义。与此相反，如果权利应该被看做不仅是重要的，而且优先于任何对后果的计算，那么权利就必须得到无条件的接受。确实，按照自由至上主义的理论，这恰恰适用于上面谈到的权利，不管它们产生的后果是什么，这些权利都被认为是恰当的。这些权利将因此而被看做社会安排中恰当的组成部分，**无论**其后果如何。

我曾经在别处提出论证，否定了在以上两种观点中非此即彼地选择其中一个观点的必要性，并主张采用一种后果主义体系，即把权利的实现连同其他事物一起并列为目标，并给出了理由。[8]它与功利主义的共同点是，都采用了后果主义的方法（但与功利主义不同，并不是仅仅注意效用方面的后果)；它与自由至上主义体系的共同点是，都认为权利具有自身固有的重要性（但与自由至上主义不同，并不赋予权利不受后果影响的、完全的优先性)。这样的一个“目标—权利”体系具有很多吸引人的特征，以及多方面的适用性与广泛的应用范围，这些我在别处已经讨论过。[9]

我将不在这里重复说明提倡这样一个“目标—权利”体系的理由（虽然我将在下一章对这个议题再多说一点)。但是，在与功利主义相比较时，很难相信，单纯地——而且排他性地——以权利在效用上的后果为基础来解释我们对不同类型的权利（包括隐私权、自主权和自由权等权利）的支持，会是恰当的。居少数群体的人的权利，常常必须加以保护，使其免受多数人的迫害，并不顾多数人所能获得的重大效用收益。正如穆勒——他本人是一个伟大的功利主义者——所注意到的，从不同的活动中产生的那些效用之间存在“不可等价性”，例如（引用穆勒的原话来说)，“一个人对他自己观点的感觉，与另一个人因为前者持有那种观点而受到侵犯的感觉”，就缺乏等价性。[10]那种不可等价性，就我们现在讨论的问题而言，也适用于父母对于要生几个子女的决策所赋予的重要性，与其他人**包括**管理政府事务的掌权者对这个事务所赋予的意义二者之间的比较。一般来说，要否认自主权和自由权具有自身固有的重要性是不容易的，而且这种重要性与并非无稽之谈地追求效用后果极大化，很容易就会发生冲突（姑且忽略效用产生的**过程**)。[11]

因此，把后果分析局限于效用，尤其是把实现或侵犯那些关系到自由权和自主权的权利排除在外是没有道理的。但是，认为这些权利，就像在自由至上主义的框架下那样，完全是与其后果割裂开来的——不管那些后果是多么可怕——也很难令人信服。就生育的权利而言，认为这些权利具有重要意义这个事实，并不必然意味着这些权利是如此绝顶重要，以至于它们必须受到充分的保障，哪怕它们有可能会导致灾难、大规模的痛苦和饥饿。一般而言，享有和行使一个权利所造成的后果，必定最终影响到这个权利的整体可接受性。

上面已经讨论了人口增长对于粮食问题和饥饿所产生的后果，对此，并没有真正的理由在此时需要过多的担忧。但是如果人口爆炸的过程还将持续下去，则世界可能真的会陷入困难得多的境地，甚至在粮食产量方面也如此。此外，还有其他与人口的高速增长有关的问题，包括城市过度拥挤，以及当然还有在地区范围和全球范围的环境问题。[12]很重要的是，要考察我们现在能够看到的人口增长减缓的前景究竟如何，这把我们带到了上述三个问题的第二个问题。

9.6 马尔萨斯的分析

尽管马尔萨斯通常被认为首创性地提出了人口可能趋于过度增长的分析，然而事实上，法国数学家和伟大的启蒙思想家孔多塞（Condorcet）在马尔萨斯之前就提出，人口的增长可以设想会导致“幸福的持续下降”。孔多塞还首先表述了构成“马尔萨斯式”人口问题分析基础的那种场景的核心内容，即“人口数量的增长超过了他们的生存手段”，从而造成“或者是幸福和人口的持续下降的一种真正的退化运动，或者至少是在好与坏之间的某种徘徊”[13]。

马尔萨斯很喜欢孔多塞的分析，受它启发，并且在其著名的人口论文中非常赞同地引用了它。这两个人观点不一致的地方在于他们对生育行为各自所持的观点。孔多塞预见到自愿的生育率减低，并且预言基于“理性的进步”将会出现较小家庭规模的新范式。他展望了这样一个时代的到来：人们“将认识到，如果他们对未出生者承担一种责任，这个责任并不是给他们以存在，而是给他们以幸福”。孔多塞认为，这种类型的理性思维，由教育，特别是妇女教育所支撑（孔多塞是妇女教育最早的、最响亮的提倡者之一），将会导致人们生育率的降低和家庭规模的减小，而且，人们将会自愿地选择这样做，“而不是愚蠢地让世界塞满了无用的、不幸的生命”。[14]在发现和识别了这个问题后，孔多塞注意到了一种可能的解决办法。

马尔萨斯认为这一切是极其不可能的。一般来说，他看不出有任何希望可以通过人们的理性决策来解决社会问题。关于人口增长的后果，他确信人口超出粮食供给是不可避免的，而且，他认为粮食生产的极限是相对没有变动余地的。与本章主题更密切关联的一点是，他特别怀疑自愿的计划生育。虽然他确实把“道德约束”作为减少人口压力的一种替代方式（替代是指相对于痛苦和死亡率的升高的方式而言），但他看不出有多少指望这种约束会是自愿的。

马尔萨斯关于哪些事情是不可避免的观点，后来发生了一些变化，经过相当长一段时间以后，他对其早期的论断显然不是那么肯定了。在当代研究马尔萨斯的学者中有一种倾向，强调他观点中“转变”了的那些内容，而且，区分早期马尔萨斯和晚期马尔萨斯在观点上的不同确实是有道理的。但是他基本上不信任与经济强制力量相反的理性力量会使人们选择较小的家庭规模，这一点仍然没有什么改变。实际上，在其最后的著作之一——发表于1830年（他死于1834年）——他仍然坚持他的结论：

> 没有任何理由假设，除了获取足够的生活必需品的困难以外的任何东西，能使这么多的人不早早结婚，或阻止他们建立尽可能大的健康的家庭。[15]

正是出于对自愿方式的这种不信任，马尔萨斯得出了**强制性**减少人口增长率的必要性。他认为可以依靠大自然的强制。由人口增长造成的生活水平的下降，将不仅使死亡率急剧上升（马尔萨斯称此为“正面的阻挡”），而且将通过经济贫困而迫使人们缩小家庭规模。这一论证的基本线索是马尔萨斯相信——这是重点所在——不可能有“除了获取足够的生活必需品的**困难**以外的任何东西”[16]来有效地降低人口增长率。马尔萨斯之所以反对济贫法及扶助穷人，就是因为他相信贫困与人口缓慢增长之间的因果联系。

自马尔萨斯与孔多塞辩论以来，世界历史并没有给马尔萨斯的观点带来多少支持，生育率随着社会和经济发展而大幅度下降。这已经在欧洲和北美发生，而且正在亚洲很多地方以及相当程度上在拉丁美洲出现。生育率在世界上状况最差的国家——特别是撒哈拉以南的非洲国家——保持在最高水平而且相对稳定，而这些国家还没有经历多少经济和社会发展，它们仍然处于贫困境地，并且在基本教育、医疗保健和寿命期望值方面处于落后状况。[17]

对生育率的普遍下降可以作相当不同的解释。发展与生育率降低之间的正面关联，常常被总结为一句直白的口号——“发展是最好的节育手段”。虽然这一空泛无重点的思想中可能有一点正确的因素，但是发展具有多种不同的组成部分，西方国家的经历包括了所有这些组成部分，即人均收入提高、教育普及、妇女经济独立性提升、死亡率下降以及计划生育机会的普及(其中一部分可以称做社会发展)。我们必须有辨别地加以分析。

9.7 经济或社会发展

关于是什么因素造成了这种生育率的下降，有若干种理论。影响很大的一个是贝克尔（Gary Becker）的生育率决定模型。虽然贝克尔把他的理论作为马尔萨斯分析的一个“延伸”而提出，虽然他的分析与马尔萨斯的分析具有许多共同特点（包括传统的、把家庭看做是**一个整体的**决策单位而内部没有不同组成部分的看法——下面马上会再谈这一点），但实际上，贝克尔否定了马尔萨斯关于富裕将提高生育率而不是降低它的结论。在贝克尔的分析中，发挥了重要作用的是经济发展对提升子女“质量”的投资（如投资于教育）的影响。[18]

与贝克尔的方法相比，关于生育率下降的那些**社会**理论则突出了人们偏好的变化这一因素，它是社会发展——例如一般性教育的扩展，尤其是妇女教育的扩展——的结果。[19]当然，这是孔多塞所强调的那些关联之一。无论如何，我们必须区分：(1) 在偏好不变的情况下，由于成本和收益改变的影响，一个家庭想要的子女的数量所发生的变化；(2) 作为社会变化——诸如可接受的社群规范的改变、在家庭总体目标中妇女利益权重的加大——的结果，这种偏好本身所发生的变化。孔多塞聚焦于后者，贝克尔则聚焦于前者。

起作用的还有一个简单的因素，即节育设施的普及以及这一领域的知识和技术的传播。虽然早期对这个问题存在着怀疑思想，现在已经相当清楚，节育知识与人们实际承担得起的节育费用，在生育率很高但又缺乏计划生育设施的国家，确实能造成家庭生育行为的变化。[20]例如，孟加拉国生育率的急剧下降与它的计划生育运动有关，尤其是与更加普及的节育知识和设施有关。孟加拉国能够把生育率在仅仅十多年中（从 1980 到 1996 年）从 6.1 降到 3.4，实在是很显著的成绩。[21]这个成就破除了那样一种信念，即在欠发达国家中，人们不会自愿进行计划生育。然而，孟加拉国还有很长的路要走，尽管它是在沿着那个方向前进（生育率仍然在继续快速下降），但要接近单纯的替代水平的生育率（相当于总和生育率在 2.0～2.1 左右），除了普及节育设施之外，还需要做更多的事。

9.8　年轻妇女权利的增强

近年来出现的一系列深刻有力的分析（我在前面的章节中已经讨论过这些分析），赋予妇女权利的增强在家庭决策和社群规范的形成中能发挥关键性的作用。然而，就历史数据而言，给定这些变量趋于同向变动，我们不容易把经济增长的作用与社会变化的作用区分开来［即存在统计学上所谓“多重共线性”(multicollinearity) 的现象］。我即将运用截面的对比——而不是跨时期的对比——来继续讨论这种区别。但是，再清楚不过的是，“除了获取足够的生活必需品的困难以外”的某些因素已经使得人们选择了小得多的家庭规模。没有任何理由认为，通过经济与社会发展相结合的过程，高生育率的发展中国家不能遵循那些已经减少了生育率的其他国家的道路（不管发展过程中的哪一个组成因素究竟能发挥哪种作用)。

不过，我们必须更清楚地了解那些能改变生育环境的关键参数究竟是什么。现在有非常详尽的统计证据，基于不同国家和地区的比较（即人们通常所称的所谓截面研究)，显示世界上不同国家中妇女教育（包括妇女识字）与生育率降低之间的联系。[22]受考察的其他因素包括：妇女参与所谓家庭之外的有收益的活动、妇女挣得一份独立收入的机会、妇女的财产权以及妇女在社会文化中的一般身份和地位。我已经在本书中讨论过这些问题，但还需要把这些讨论综合起来。

这些关联已经在跨国家的比较中观察到，也在一个大国之内——例如印度的不同地区之间——的对比中观察到。对这种关联的最新的——同时也是最详尽的——研究，是第 8 章所讨论过的由默西、吉奥和德热兹合作的统计论文。[23]如前文已说明，统计上对生育率具有显著作用的变量**只有**（1）妇女识字率和（2）妇女劳动力参与率。妇女的主体地位的重要性在这一分析中有力地凸显出来，尤其在与那些与经济发展有关的其他变量的微弱作用相比较时。

从这一分析来看，经济发展可能远不是“最好的节育手段”，但是社会发展——特别是妇女的教育和就业——可以是非常有效的。在印度许多最富裕的地区，比如说，旁遮普邦和哈亚纳邦，生育率远远高于南部那些人均收入低得多、但是妇女识字率高得多、妇女就业机会多得多的地区。实际上，在将近 300 个印度地区的比较中，人均收入几乎对生育率变化不起作用。与此相比，妇女教育和妇女的经济独立性对生育率则有极其明显的、有效的影响。虽然默西-吉奥-德热兹最初的论文所依据的是 1981 年普查资料，但是他们得出的主要结论后来被德热兹和默西依据 1991 年普查资料再做的分析（前面已引用过）所确认。

9.9　外部因素、价值观念与交流

必须把支持上述这些统计关系的有力证据与对这些影响的社会的、文化的解释区别开来，包括前文已经提到的教育和家庭之外挣得的收入二者都增强妇女的决策自主权这一解释。事实上，存在许多不同的途径使学校教育可以增强一个年轻妇女在家庭内部的决策权：诸如通过对她的社会地位、争得独立性的能力、言语表达力、对外部世界的认识、影响集体讨论的技能等的影响。

我应该提一下，关于妇女的自主性随着学校教育而增长，而且这有助于降低生育率这种信念，文献中也出现了与之相对立的某些论证。相反的证据完全出自比较家庭之间的差异（不同于比较地区之间的差异）的某些研究。[24]尽管相比较而言，那些研究的信息覆盖面是很小的（比起默西、吉奥、德热兹的大规模的在全印度范围内的研究，实在要小得多），但是过分轻率地忽略这种相反证据也是错误的。

然而，什么是我们认可的恰当的分析单位，确实会造成结论上的差别。如果假设妇女的影响随着一个**地区的**普遍识字水平而增强（通过知情的社会讨论和价值观念的形成），那么考察**家庭之间的**对比就不能体现这种影响。默西、吉奥、德热兹所研究的**跨地区**对比，包括了对家庭而言是“外部的”、但对地区而言是“内部的”的那些关系，例如在一个地区之内不同家庭之间的交流。[25]公共讨论和交换意见的重要性是本书的重要主题之一。

9.10　强制的有效程度有多大

上述这些影响因素，相比于在中国实施的那些强制政策所能取得的成果，情况如何？自从 1979 年改革以来，在中国的广大地区实行了“独生子女”等政策。中国的总和生育率（即平均每一妇女所生子女数）现在是 1.9，显著低于印度的 3.1，也比中国和印度以外的低收入国家的加权平均数——5.0 左右——低很多。[26]

中国的例子吸引着许多一想到“人口爆炸”就惊恐不安、希望找到快速解决办法的人。在考虑这条道路是否可以接受时，重要的是，首先要认识到这种过程已经付出了某些代价，包括侵犯了某些自身具有重要性的权利。有时候，实施家庭规模限制伴随着极其严厉的惩罚。[27]

人权团体特别是妇女组织一直特别关注在这一过程中自由的丧失。[28]

其次，除了生育自由和其他自由这一根本性问题以外，评价强制性生育控制时还需要考虑另外一些后果。这种强制所导致的社会后果，包括并不甘心情愿的人们在受到强制时所做出的反应，常常会是很可怕的。例如，“独生子女家庭”的要求，可能导致对婴儿的忽视或者比这更糟糕的情况，从而增加婴儿死亡率。此外，在存在强烈的男孩偏好的国家——中国、印度和亚洲及北非的许多国家都有这个特点——只允许一个家庭有一个孩子的政策对女孩会是特别有害的，如对女童致命性的忽略。

再次，由强制造成的生育行为的任何变化未必都具有一定的稳定性。中国国家计划生育委员会的发言人今年年初对记者说：“现在中国的低生育率并不稳定。这是因为广大群众的生育观念还没有发生根本改变。”[29]

最后还不清楚中国通过这些强制方法实际上达到了多少**额外的**生育率下降。可以合理地认为，中国长期实行的许多社会的和经济的措施对生育率下降一直发挥了可贵的作用，这些政策措施包括普及（对男人以及妇女的）教育、扩展医疗保健范围、为妇女提供更多的工作机会，以及——最近以来——促进经济高速增长。这些因素自身应该趋于帮助减少出生率，而通过强制实现了多少**额外的**生育率下降则并不清楚。事实上，即使没有强制，鉴于中国在教育、医疗保健、妇女的工作机会和社会发展的其他方面都显著地取得了更大成就，我们也会预期中国的生育率要比印度的平均数低得多。

我们可以注意到印度具有比中国大得多的异质性，并特别考察在这些社会领域与中国同等先进的印度那些邦的情况。特别是，印度的克拉拉邦提供了与中国有趣的对比，因为该邦也具有高水平的基本教育、医疗保健等等，而且甚至比中国的平均水平还稍微高一点。[30]克拉拉邦在妇女权利的增强和主体地位方面也具有某些有利的特征，包括在重要而有影响力的一部分社群中，根据其法制传统更大程度地承认妇女的财产权。[31]

克拉拉邦 18‰的出生率实际上低于中国的 19‰，而且这是在没有任何政府强制的情况下取得的。在 20 世纪 90 年代中期，克拉拉邦的生育率是 1.7，中国是 1.9。这与我们所能够预期的是一致的，通过那些有助于自愿减少出生率的因素的进步，出生率得到了下降。[32]

9.11　生育率降低的副作用与速度

值得注意的还有，克拉拉邦的生育率降低是通过自愿实现的，克拉拉邦的每 1 000 个活产婴儿的死亡率（女婴 16，男婴 17），远低于中国（女婴 33，男婴 28），尽管在中国开始实行独生子女政策的 1979 年前后，两处的婴儿死亡率大体相等。[33]

还必须考察支持强制性生育控制的一个断言，即通过强制手段能够使生育率下降的速度比通过自愿方式快得多。但是这一笼统结论也没有从克拉拉邦的经验中得到支持。该邦的出生率从 20 世纪 50 年代的 44‰降到 1991 年的 18‰——这个下降速度绝不比中国慢。

然而，可以反驳说，考察这样一个相当长的时期来评价仅仅从 1979 年才开始实施的“独生子女”及其他政策的有效性是不公平的，我们应该真正比较的是自 1979 年到现在的情况。那么，现在就让我们来这么做。1979 年，当中国开始实施“独生子女”政策时，克拉拉邦的生育率**高于**中国：克拉拉邦 3.0，中国 2.8。到 1991 年，它的生育率为 1.8，**低于**中国的 2.0，其差额正好等于在 1979 年它高于中国的数值。尽管加上了独生子女和其他强制措施的“优势”，中国生育率的下降，甚至在这个时期，看来还是比克拉拉邦慢得多。

印度的另一个邦——泰米尔纳都邦——生育率下降速度一点不比克拉拉邦慢，1979 年是 3.5，到 1991 年是 2.2。泰米尔纳都邦有很活跃的然而是合作性的计划生育规划，而且在计划生育上可以利用它对全印度来说相对优越的社会成就：它是印度主要的邦中识字率最高的邦之一，那里的妇女参与有收入工作的程度高，而婴儿死亡率相对来说是低的。泰米尔纳都邦或者克拉拉邦从来不存在中国所采用的那种强制方式，但是比起中国自实施独生子女及有关措施之后的成绩，它们的生育率下降速度都要快得多。

在印度国内对比不同邦的表现，对这个问题提供了更深入的认识。当克拉拉邦和泰米尔纳都邦快速降低生育率时，其他一些在所谓的北方心脏地区的邦（例如北方邦、比哈尔邦、中央邦、拉贾斯坦邦）在教育特别是妇女教育以及一般性医疗保健领域的水平却低得多。这些邦的生育率都很高——在

4.4~5.1之间。[34]这还是在这些邦一贯采用严厉的计划生育措施包括某些强制手段的情况下达到的（这与克拉拉邦和泰米尔纳都邦采用更自愿的、合作的方式恰成对比）。[35]印度内部的地区对比强烈地显示了（除其他因素以外，以妇女活跃的、经过教育后的参与为基础的）自愿与强制相比的优点。

9.12 强制的诱惑力

虽然印度在考虑强制性节育这一选择时比中国要谨慎得多，有大量证据表明，采用强制性政策的可能性对印度的一些人口控制积极分子有非常大的吸引力。在20世纪70年代中期，英迪拉·甘地领导下的印度政府，利用她通过宣布"紧急状态"并相应地停止实施对公民和个人权利的某些通常的保护而获得的法制上的机会，在这一领域实施了很多强制性措施。如前文提到，北部的一些邦有各种各样的法规和约定来实施节育措施，特别是不可回复的绝育手术，而且通常是针对妇女的。[36]

甚至当强制并非是政府的正式政策时，政府仍强力坚持"实现计划生育目标"，以致经常导致各级官员和医疗保健工作人员采用接近强制的各种高压手段。[37]例如在某些地区广泛使用的这些高压手段包括：含糊但可怕的口头威胁，以绝育作为领取扶贫计划福利的一项条件，拒绝向有两个以上子女的母亲提供怀孕期福利，把某些特定的医疗服务只保留给做过绝育的人，禁止有两个以上子女的人参加竞选地方政府（乡村自治委员会）的公职。[38]

上述最后一项措施是几年前在北部的拉贾斯坦邦和哈亚纳邦开始实施的，曾受到一些群体的广泛赞扬，尽管剥夺参加竞选的机会涉及对一项基本民主权利的严重违反。在印度议会也曾有议案提出（但没有通过），禁止有两个以上子女的任何人担任国家或邦的公职。

有时人们争辩说，在一个穷国，对于强制的不可接受性——那是只有富国才能"负担"得起的奢侈品——过度操心是一个错误，而且穷人其实并没有真正被强制所困扰。一点都不清楚这种论断依据的证据是什么。在这些强制措施下遭受最大痛苦的人——他们被强迫做他们不愿意做的事情——常常是最贫穷、在社会上地位最低的人。那些法规及其实施方式，对妇女行使生育的自由更是极具惩罚性的。例如，在印度北部若干农村地区甚至使用了这样的野蛮行为：当实现“绝育目标”的日期接近时，通过各种各样的高压手段把贫穷妇女送进绝育营。

实际上，强制对于贫困人口是否是可以接受的，只能通过民主论争才能检验，但那恰恰是权威主义政府拒绝给予人们的机会。这样的检验在中国还没有发生，但是它确实在印度发生过，那是在 70 年代“紧急状态”时期，甘地夫人的政府在中止许多法制权利和公民自由权的同时，实施了强制性节育措施。前文已经提到，各种强制性政策，包括生育方面的强制，在随后举行的大选中惨遭否定。印度的贫困选民们显示，他们投票反对强制性侵犯政治的、公民的以及生育的权利的意愿，绝不低于投票抗议经济和社会不平等的意愿。对自由权和基本权利的关注，也能从许多其他亚洲和非洲国家的当代政治运动中看到。

事实上，人们对强制的反应还有另一种方式——用他们的脚来投票。印度的计划生育专家已经注意到，在短时期实行强制性绝育之后，印度的自愿节育计划遭到严重挫折，因为人民对整个计划生育运动变得十分怀疑。紧急状态期间在印度某些地区实行的那些强制性措施，不仅当时对生育率没有产生多少影响，实际上还导致出生率在其后一段长时期内**停滞不降**，这段时期一直到 1985 年左右才结束。[39]

9.13　结语

人口问题的严重性常常被夸大，尽管如此，还是有很好的理由去寻找能降低大多数发展中国家生育率的方式和手段。看来值得特别注意的途径涉及紧密结合以下两个方面：（1）促进男女平等与妇女自由（尤其是妇女的教育、医疗保健和就业机会）的公共政策；（2）单个家庭的责任（通过今后的父母、特别是妇女所拥有的决策权利）。[40]这一途径的有效性在于年轻妇女的福利与她们主体地位之间的紧密联系。

这个普遍情况同样适用于发展中国家，尽管它们很贫困。没有任何理由认为它不适用。常常有人提出这样的观点，非常贫困的人对于一般性的自由尤其是生育的自由并不珍视，而实际的证据——就我们现有的全部证据而言——却确定无疑地与此相反。当然人们**也**珍视——而且有理由珍视——其他事物，例如福利和生活保障，但那并不会使他们对政治的、公民的或生育的自由漠不关心。

没有多少证据表明，与通过自愿的社会变化和发展所能取得的成就相比，强制能够更快地实现想到达到的成就。强制性计划生育会造成严重的不利后果，特别是对婴儿死亡率（在普遍存在歧视女性的偏见的国家，尤其是女婴死亡率）的不利影响。为了实现可以其他美好的成就而否定生育权利的重要性，实在没有任何站得住脚的理由可以作为依据。

就政策分析而言，现在有基于跨国家对比以及一个大国之内跨地区对比的很多证据，表明妇女权利的增强（包括妇女教育、妇女就业机会和妇女财产权）以及其他社会变化（包括死亡率的降低）对于生育率下降有很强大的作用。实际上，我们很难忽视这些发展中所隐含的经验教训。这些发展，即使就其他原因（包括减少性别歧视）而言，也是非常值得向往的，因而它们应是发展分析中的中心问题。此外，社会习俗——被认可的“标准行为”规范——并非与人们对问题性质的理解和认识没有关系。公共讨论可以起到重大的作用。

降低生育率是重要的，不仅因为它对经济繁荣所产生的效果，而且因为高生育率在减少人们——特别是年轻妇女——享受他们有理由珍视的那种生活的自由方面所起的作用。事实上，生活中最受频繁地生育、养育子女之苦的人是年轻妇女，在当代世界的许多国家她们成了生产后代的机器。那种“均衡”状态之所以能维持下来，部分地是由于在家庭中年轻妇女只有很少的决策权，还因为未受检视的传统使得频繁生育成为未经批判检视即被接受的实践（即使在欧洲，直到 19 世纪晚期也还存在着这种情况）——人们看不见这里的不公平。促进妇女识字、妇女就业机会，以及自由的、公开的、知情的公共讨论，能够引起人们对公正与不公正理解的迅速变化。

“以自由看待发展”的观点，从上述那些经验关联得到支持，因为——恰如被证实的——解决人口增长问题的办法（就像解决许多其他社会和经济问题的办法一样），就在于年轻妇女的自由，即那些利益的扩展最直接受到过度频繁的生育和养育子女影响的人们的自由。人口问题的解决，要求**更多的**而不是更少的自由。

【本章注释】

[1] Thomas Robert Malthus, *Essay on the Principle of Population, As It Affects the Future Improvement of Society, with Remarks on the Speculation of Mr.Godwin*,

M. Condorcet, and Other Writers (London: J. Johnson, 1798), chapter 8; in the Penguin Classics edition, *An Essay on the Principle of Population*; and, *A Summary View of the Principle of Population*, edited by Anthony Flew (Harmondsworth: Penguin Books, 1982), p.123. 亦参见 *The Works of Thomas Robert Malthus*, edited by E.A. Wrigley and David Souden (London: William Pickering, 1986), including the illuminating editorial introduction。

[2] 见 *Commodity Market Review* 1998—1999 (Rome: Food and Agriculture Organizat ion,1999). p.xii。亦见那个报告中的具体分析，以及 *Global Commodity Markets: Comprehensive Review and Price Forecast* (Washington, D.C.: World Bank, 1999)。在 International Food Policy Research Institute(IFPRI)的一份给人深刻印象的技术性研究中，论证了在1990—2000年间世界粮食实际价格可能会进一步显著下跌。这个研究预期粮食价格进一步下降情况是，小麦15%，稻米22%，玉米23%，其他原粮25%。见 Mark W. Rosengrant, Mercedita Agcaoili-Sombilla and Nicostrato D. Perez, "Global Food Projections to 2020: Implications for Investment," International Food Policy Research Institute, Washington, D.C., 1995。

[3] 见 Tim Dyson, *Population and Food; Global Trends and Future Prospects* (London and New York: Routledge, 1996), table 4.6。

[4] Dyson, *Population and Food* (1996), table 4.5.

[5] 对此，见我的 *Poverty and Famines: An Essay on Entitlement and Deprivation* (Oxford and New York: Oxford University Press, 1981), chapter 6。

[6] 见联合国秘书长给第三届国际人口和发展会议筹备委员会的信，A/Conf. 171/PC/5, February 18, 1994, p.30。亦见 Massimo Livi Bacci, *A Concise History of World Population*, translated by Carl Ipsen (Cambridge: Cambridge University Press, 1992; 2nd edition, 1997)。

[7] 接下来的论证取自我早期关于人口问题的论文，尤其是"Fertility and Coercion," *University of Chicago Law Review* 63 (summer 1996)。

[8] 见我的"Rights and Agency," *Philosophy and Public Affairs* 11 (1982), reprinted in *Consequentialism and Its Critics*, edited by S. Scheffler (Oxford: Oxford University Press, 1988), and "Rights as Goals," in *Equality and Discrimination: Essays in Freedom and Justice*, edited by S. Guest and A. Milne (Stuttgart: Franz Steiner, 1985)。

[9] 见我的"Rights and Agency" (1982); "Rights as Goals" (1985); *On Ethics and Economics* (Oxford: Blackwell, 1987)。

[10] John Stuart Mill, *On Liberty*; in J. S. Mill, *Utilitarianism, On Liberty; Considerations on Representative Government; Remarks on Bentham's Philosophy* (London:

Dent; Rutland, Vt.: Everyman Library, 1993), p.140.

[11] 我曾经在别处论证，这种冲突是如此普遍，以至于最低程度地承认自由权优先都会与最低限度的基于效用的社会原则（即帕累托最优）发生冲突。对此见我的"The Impossibility of a Paretian Liberal," *Journal of Political Economy* 78 (January/February 1971), reprinted in my *Choice, Welfare and Measurement* (Oxford: Blackwell; Cambridge, Mass.: MIT Press, 1982; republished, Cambridge, Mass.: Harvard University Press, 1997), 除了其他文集外，亦见 *Philosophy and Economic Theory*, edited by Frank Hahn and Martin Hollis (Oxford: Oxford University Press, 1979)。See also my *Collective Choice and Social Welfare* (San Francisco: Holden-Day, 1970; republished, Amsterdam: North-Holland, 1979), "Liberty and Social Choice," *Journal of Philosophy 80* (January 1983), and "Minimal Liberty," *Economica* 57 (1992). 除了对这个问题的大量文献外，关于这个课题的研讨会，见特刊 Analyse & Kritik 18 (1996)。

[12] 见 Massimo Livi Bacci and Gustavo De Santis, eds., *Population and Poverty in the Developing World* (Oxford: Clarendon Press, 1999)。亦见 Partha Dasgupta, *An Inquiry into Well-Being and Destitution* (Oxford: Clarendon Press, 1993); Robert Cassen et al., *Population and Development: Old Debates, New Conclusions* (Washington D.C.: Transaction Books in Overseas Development Council, 1994); Kerstin Lindahl-Kiessling and Hans Landberg, eds., *Population, Economic Development, and the Environment* (Oxford: Oxford University Press, 1994), among other contributions。

[13] 马尔萨斯来自对他有关人口的论文中的引文进行了英文翻译，见 chapter 8, Penguin Classics, p.123。马尔萨斯在此用的是 1795 年的原版著作，Marie-Jean-Antoine-Nicolas de Caritat, marquis de Condorcet's *Esquisse d'untableau historique des progrès de l'esprit humain*。这册书以后的重印本，见 *Oeuvres de Condorcet*, volume 6 (Paris: Firmin Didot Frères, 1847; 最近又重印于 Stuttgart: Friedrich Frommann Verlag, 1968)。这里引用的一段出自 1968 年重印本的 256～257 页。

[14] Condorcet, *Esquisse*; in the translation by June Barraclough, *Sketch for a Historical Picture of the Progress of the Human Mind* (London: Weidenfeld & Nicolson, 1955), pp. 188～189.

[15] Malthus, *A Summary View of the Principle of Population* (London: John Murray, 1830); in the Penguin Classics edition (1982), p.243. 虽然马尔萨斯对于理性在降低生育率上的作用（与经济强制力量相对照）仍然很迟钝，他确实对粮食市场在决定不同阶层和职业群体的粮食消费上的作用提供了令人注意的开明的分析。见他的 *An Investigation of the Cause of the Present High Price of Provisions* (London: 1800), and the discussions of the lessons to be learned from Malthus's analysis in my *Poverty and Famines* (1981), appendix B, and in E.A. Wrigley, "Corn and Crisis: Malthus on the High Price of

Provisions," *Population and Development Review* 25 (1999)。

[16] Malthus, *A Summary View of the Principle of Population* (1982 edition), p.243; 强调的字系作者所加。对于家庭做出合理决策的能力的怀疑导致马尔萨斯反对公共扶贫，包括英国的济贫法 (the Poor Law)。

[17] 对此见 J. C. Caldwell, *Theory of Fertility Decline* (New York: Academic Press, 1982); R. A. Easterlin, ed., *Population and Economic Change in Developing Countries* (Chicago: Chicago University Press, 1980); T. P. Schultz, *Economics of Population* (New York: Addison-Wesley, 1981); Cassen et al., *Population and Development*: (1994)。亦参见 Anrudh K. Jain and Moni Nag, "The Importance of Female Primary Education in India," *Economic and Political Weekly* 21 (1986)。

[18] Gary S. Becker, *The Economic Approach to Human Behavior* (Chicago: University of Chicago Press, 1976), and *A Treatise on the Family* (Cambridge, Mass.: Harvard University Press, 1981). 亦参见 Robert Willis 的论文, "Economic Analysis of Fertility: Micro Foundations and Aggregate Implications," in Lindahl-Kiessling and Landberg, *Population, Economic Development, and the Environment* (1994)。

[19] 对此，见 Nancy Birdsall, "Government, Population, and Poverty: A 'Win-Win' Tale," in Lindahl-Kiessling and Landberg, *Population, Economic Development, and the Environment* (1994)。"Economic Approaches to Population Growth," in *The Handbook of Development Economics*, volume 1, edited by H. B. Chenery and T. N. Srinivasan (Amsterdam: North-Holland, 1988)。

[20] 对此，见 John Bongaarts, "The Role of Family Planning Programmes in Contemporary Fertility Transitions," in *The Continuing Demographic Transition*, edited by Gavin W. Jones et al. (New York: Oxford University Press, 1997); "Trends in Unwanted Childbearing in the Developing World," *Studies in Family Planning* 28 (December 1997); 还可见那里所引述的文献。亦见 Geoffrey McNicoll and Mead Cain, eds., *Rural Development and Population: Institutions and Policy* (New York: Oxford University Press, 1990)。

[21] 见 World Bank, *World Development Report* 1998—1999 (Washington, D.C.: World Bank, 1998), table 7, p.202。亦见 World Bank and Population Reference Bureau, *Success in a Challenging Environment: Fertility Decline in Bangladesh* (Washington, D.C.: World Bank, 1993)。

[22] 例如，见 R. A. Easterlin, ed., *Population and Economic Change in Developing Countries* (Chicago: University of Chicago Press, 1980); T. P. Schultz, *Economics of Population* (New York: Addison-Wesley, 1981); J. C. Caldwell, *Theory of Fertility Decline* (1982); Nancy Birdsall, "Economic Approaches to Population Growth," in *The Handbook of Development Economics*, volume 1, edited by H. B. Chenery and T. N.

Srinivasan（Amsterdam：North-Holland，1988）；Robert J. Barro and Jong-Wha Lee，"International Comparisons of Educational Attainment，" paper presented at a conference on "How Do National Policies Affect Long-Run Growth?" World Bank，Washington，D.C.，1993；Partha Dasgupta，*An Inquiry into Well-Being and Destitution*（1993）；Robert Cassen et al.，*Population and Devel opment*（1994）；Gita Sen，Adrienne Germain and Lincoln Chen，eds.，*Population Policies Reconsidered：Health，Empowerment，and Rights*（Harvard Center for Population and Development/International Women's Health Coalition，1994）。还可参见 Nancy Birdsall and Robert Willis 的论文，in Lindahl-Kiessling and Landberg，*Population，Economic Development，and the Environment*（1994）。

［23］Mamta Murthi，Anne-Catherine Guio and Jean Drèze，"Mortality，Fertility，and Gender Bias in India：A District Level Analysis，" *Population and Development Review* 21（December 1995），and Jean Drèze and Mamta Murthi， "Female Literacy and Fertility：Recent Census Evidence from India，" mimeographed，Centre for History and Economics，King's College，Cambridge，1999.

［24］尤其参见一本重要的文集，Roger Jeffery and Alaka Malwade Basu，*Girls' Schooling，Women's Autonomy and Fertility Change in South Asia*（New Delhi：Sage，1997）。

［25］一个识字的社区可以实现那种一个识字的家庭在其他（不识字的）家庭包围中不可能实现的价值变化。在统计分析所选用的"单位"这个问题是极端重要的，在这种情况下，更大的群体（例如大区域地区）比小单位（例如家庭）更好。

［26］见 World Bank，*World Development Report* 1997 and *World Development Report* 1998—1999。

［27］Patrick E. Tyler， "Birth Control in China：Coercion and Evasion，" *New York Times*，June 25，1995.

［28］关于生育自由及其与人口问题的关系这一议题，参见 Gita Sen，Adrienne Germain，and Lincoln Chen，*Population Policies Reconsidered*（1994）；亦可参见 Gita Sen and Carmen Barroso，"After Cairo：*Perspectives for Development for Beijing and Beyond*"，edited by Noeleen Heyzer（New York：UNIFEM，1995）。

［29］*International Herald Tribune*，February 15，1995，p.4.

［30］当然克拉拉邦不是一个国家，只是一个国家内的一个邦，然而，它的人口有2 900万，就像我前面说过的，如果它是一个国家，它会是世界上的一个大国——远大于加拿大。所以它的经验不应被忽视。

［31］关于这些和相关的一般性问题，见我的"Population：Delusion and Reality，" *New York Review of Books*，September 22，1994. See also Robin Jeffrey，*Politics，Women，and Well-Being：How Kerala Became a "Model"*（Cambridge：Cambridge University Press，

1992), and V. K. Ramachandran, "Kerala's Development Achievements," in *Indian Development: Selected Regional Perspectives*, edited by Jean Drèze and Amartya Sen (Delhi: Oxford University Press, 1996)。

[32] 克拉拉邦的成年妇女识字率——86%——高于中国(68%)。事实上，克拉拉邦的妇女识字率高于中国的任何一个省。此外，与中国的男性和女性的出生时期望寿命数字68岁和71岁相比，1991年克拉拉邦的数字分别是69岁和74岁。关于克拉拉邦生育率降低的因果性影响因素的分析，见T. N. Krishhan, "Demographic Transition in Kerala: Facts and Factors," *Economic and Political Weekly* 11 (1976), and P. N. Mari Bhat and S. L. Rajan, "Demographic Transition in Kerala Revisited," *Economic and Political Weekly* 25 (1990)。

[33] 关于这些数据的来源和一些进一步的分析，见 Drèze and Sen, *India: Economic Development and Social Opportunity* (1995)。

[34] 在这些北方的邦也可以看到生育率的降低，但比南方的邦要慢得多。在他们的论文"Intensified Gender Bias in India: A Consequence of Fertility Decline" (Working Paper 95.02, Harvard Center for Population and Development, 1995), Monica Das Gupta and P. N. Mari Bhat 中注意到生育率降低的另一个层面，即就特定性别的堕胎或者由于忽略而造成的儿童死亡而言，它趋于强化在性别选择中的性别偏向(在中国广泛观察到这些现象)。在印度，这种现象看来在北方比南方严重得多，而且确实可以合理地论证，通过强制手段降低生育率使得这些现象更容易发生(就像对比中国和克拉拉邦的情况时已经讨论过的那样)。

[35] 对此见 Drèze and Sen, *India: Economic Development and Social Opportunity* (1995), and the literature cited there。

[36] 除了紧迫需要反对强制方式以外，也很重要的是促进非强制的计划生育方式的质量和多样化。印度的现状是，计划生育方式中占支配地位的是女性绝育手术，甚至在南方的邦也是这样。举例说明：在南方的邦，13岁～49岁的已婚妇女中几乎40%做了绝育手术，但这些妇女中却只有14%曾经使用过任何非绝育的、现代避孕方式。在印度，甚至非绝育的现代避孕方式的知识也是极端不普及的。例如，13岁～49岁的已婚妇女中看来只有一半人知道避孕套或避孕药。对此见 Drèze and Sen, *India: Economic Development and Social Opportunity* (1995)。

[37] 对此，见 Drèze and Sen 在下文中引述的参考文献，*India: Economic Development and Social Opportunity* (1995)。亦可见 Gita Sen and Carmen Barroso, "After Cairo: Challenges to Women's Organizations"。

[38] 对此见 Drèze and Sen, *India: Economic Development and Social Oppor tunity* (1995), pp.168～171。

[39] 对此，见 Drèze and Sen 在下文中引用的人口学和社会学文献，*India:*

Economic Development and Social Opportunity (1995).

[40] 对此见我的"Population and Reasoned Agency: Food, Fertility and Economic Development," in Lindahl-Kiessling and Landberg, *Population, Economic Development, and the Environment* (1994); "Population, Delusion, and Reality," *New York Review of Books*, September 22, 1994: and "Fertility and Coercion" (1996)。

第 10 章　文化与人权

人权的思想近年来已极大地扩展了其阵地，而且已经在国际对话中取得了某种官方地位。一些重量级的委员会定期开会，讨论世界上不同国家中实施和侵犯人权的状况。毫无疑问，比起过去的任何时候，人权的言辞在今天被更加广泛地接受了——而且更被经常地援引使用了。与甚至几十年前还流行的对话风格相比，至少现在国内和国际交流所用的语言看上去反映了优先主次和强调重点上的一种转变。人权也已经成为发展文献的一个重要部分。

然而，与人权思想和应用的这种明显胜利并存的是，在一些要求相当严格的圈子中，对这种人权观点的深度和连贯性所持有的某种真实的怀疑。他们怀疑的是，支撑人权言论的整个概念结构有点过分简单浅陋之嫌。

10.1 三种批评

那么，问题在哪儿呢？我认为，批评者对于人权的理性建构一般有三个相当不同的考虑因素。首先是担心，人权混淆了法制系统所产生的结果（它们向人们提供明确定义的权利），和先于法律的原则（它们并不能真正向一个人提供依法审判的权利）。这是关于人权要求的正当性的问题：除了通过国家作为最终的法制权威所核准的权益，人权怎么能具有任何现实的地位？人类在自然状态下生而俱来的人权，按照这种观点，无异于生而俱来的衣服；权利必须通过立法取得，正如衣服必须通过缝制取得。没有不经缝制而得的衣服；也没有先于立法的权利。我将其称为“正当性批评”（legitimacy critique）。

第二条攻击路线关注人权的伦理和政治所采用的**形式**。按这种观点，各种权利都是资格，它们要求有对应的责任。如果一个人 A 拥有对某事物 x 的权利，那么必须有某个机构，比如说机构 B，负有责任向 A 提供 x。如果这样的责任并没有得到承认，那么，按这种观点看来，这样声称的权利就只能是空洞的。这一观点被认为是对于人权是否真的可作为权利这一点本身提出了极大的难题。其论证是，说每一个人都享有对于食物和医药的权利也许很好，但只要没有指定特定的主体去履行这一机构的责任，这些权利就不可能真的具有多少“意义”。按这种理解，人权给人以温暖心怀的感觉，但严格说来在逻辑上是并不连贯的。由此看来，关于人权的宣示最好不被看作是权利，而只是动人的情感表达。我将其称为“逻辑连贯性批评”（coherence critique）。

怀疑主义的第三条路线并不以上述那种涉及法律的和体制的形式出现，而是把人权看做是属于社会伦理的领域。按这种观点，人权的道德权威依赖于可接受的伦理的性质。但是，这种伦理真的普适吗？如果拿权利与其他更具吸引力的美德和善行相比时，某些文化并不把权利看做是特别宝贵的呢？对人权适用范围的争论经常来自这样的文化批判；也许最著名的是以所谓的亚洲价值观为基础而怀疑人权的那些思想。这种批评声称，顾名思义，人类权利要求普适性，但这样的普适价值并不存在。我将其称为“文化性批评”

(cultural critique)。

10.2　正当性批评

正当性批评有悠久的历史。许多论者曾经以不同的方式表达了对用基于权利的逻辑来谈论伦理议题的诸多怀疑。这种批评的不同版本之间既有有趣的差异，也有其共同点。一方面，有马克思所坚持的观点，即权利不可能真的**先于**政权体制（而不是随政权体制而定）。这是在他强有力的论战性小册子《论犹太人问题》中阐述的。另一方面，有边沁所提供的理由，即把“自然权利”（如前文所提到的）描述为“无稽之谈”，并把“自然的和不可分离的权利”称为“踩在高跷上的无稽之谈”。但是这些——以及许多其他的——批评的共同点是，坚持必须把权利看做是“后于”体制的工具，而不是一种“先定”的伦理权益。这就从根本上动摇了普适人权的基本思想。

确实，“先于”法制的道德性要求（moral claims），在作为令人向往的法律范畴看待时，几乎不可能被看成是提供了在法庭或其他执法机构面前具有法制依据的权利。但是，以此为理由拒绝人权是不得要领的。对于合法性的要求无非是一种“要求”，并无更多的意味，其正当性可以建立在承认“某些权利是所有人类应有的恰当资格”的伦理重要性上。在这个意义上，人权可以代表由伦理判断所支持的要求、权力和豁免（或者与权利相联系的其他形式的保障），伦理判断赋予这些保障以自身固有的重要性。

事实上，人权还可以超越**潜在的**——相对于**实际的**——法律权利的范围。甚至在通过**法律**来执行看来是极其不恰当的场合，仍然可以有效地援引一种人权。妻子作为平等的一员参与重大家庭决策的道德权利——不管丈夫是多么沙文主义——可能被许多人承认，然而他们却并不愿意将这一要求定成法律并由警察来执行。另一个例子是“受人尊重的权利”，如把它定成法律并加以实施则会造成问题，甚至困惑。

确实，最好把人权看做是一组伦理要求（ethical claims），并一定不要把它们混同于由立法制定的法律权利。但是，这样的规范性解释并不意味着在最经常援引人权思想的那些场合，援引人权思想是毫无用处的。与特定的权利相联系的自由可以成为辩论的合适焦点。我们必须判断把人权作为一个伦理的理性思考体系和作为政治要求的基础的合理性。

10.3 逻辑连贯性批评

我现在谈第二种批评：我们是否能够逻辑上连贯地谈论权利而无需确定谁负有责任来确保这些权利的实现。关于权利，确实存在一种主流观点，它认为权利只有与相关的责任结合起来才能合理地建构起来。因此，一个人对某事物的权利，必须与另一个主体负有向第一个人提供那个事物的责任对应起来。坚持这种对偶联系的人们，对于在“人类权利”中援引“权利”一词但并不严格规定谁为负有实现这些权利的责任的主体，通常持强烈批评的态度。对人权的要求，按这种观点看来，只不过是空话。

一个促发这种怀疑主义的问题是：除非有与权利相对应的责任，否则我们怎能确保权利的实现？事实上，除非有康德所说的与权利相对应的“完善的责任”（perfect obligation）——即一个特定主体对该权利的实现负有明确的责任，否则有些人就不认为权利有任何意义。[1]

然而，有可能拒绝这样的断言，即认为除非权利有与其相对应的那种完善的责任，任何对“权利”的使用都缺乏说服力。这种断言在很多有关法制的场合可能确实有道理，但是在规范性讨论中，权利经常作为权益或权力或豁免——人们能拥有它们是好事——而得到支持。人权被看做是所有的人——不论其国籍——所共享的权利，这些权利的好处是每个人都**应该**得到的。虽然确保一个人权利的实现并不是任何给定个人的特定责任，这种要求可以普遍地向一切能够提供帮助的人们提出。实际上，康德自己曾经把这种要求概括为“欠完善的责任”（imperfect obligation），并进而讨论这种责任对社会生活的意义。这种要求一般地向任何能提供帮助的人提出，尽管没有任何特定个人或机构负有使这些权利得到实现的责任。

当然可能会出现这样建构出来的权利最终没有得到实现的情况。但我们当然应该能够区分一个人享有的、但是还没有能够实现的权利，与一个人并不享有的权利。说到底，对一种权利的伦理主张，只是在以下程度上超出了与其相对应的自由的价值，即它向其他人提出了某种给予尽力帮助的要求。虽然我们也许用“自由”的语言就够了，而不必用“权利”的语言（实际上，我在本书主要使用的是“自由”的语言），但是有时候还是可以有很好的理由来建议——或者要求——其他人去帮助一个人实现所涉及的自由。“权利”的语言可以补充“自由”的语言。

10.4　“文化性批评”与亚洲价值观

第三条批评也许更有意思，而且当然也已受到更多注意。人权思想真的具有如此的普适性吗？难道不存在其他一些伦理，例如在儒家文化世界中的伦理，它们通常更加注重的是服从而不是自由、是忠诚而不是权益吗？既然人权包括对于政治自由和公民权利的要求，一些理论家，特别是一些亚洲理论家，就在这里发现了所谓的文化冲突。

亚洲价值观的性质近年来经常被提出来，为亚洲的一些权威主义政治安排提供正当性依据。对权威主义的这种正当性论证，一般并非来自独立的历史学家，而是来自这些政权自身（例如政府官员或者其发言人），或者那些接近权势人物的人。他们的观点显然能对治理国家以及影响不同国家之间的关系产生后果。

亚洲价值观是否反对——或者漠视——基本的政治权利？常常有人做出这样的概括，但这种概括真的站得住脚吗？事实是，对亚洲做概括是不容易的，因为它太大了。亚洲是世界上 60%左右的人口居住的地方。我们怎么才能确定如此广大而多样化的地区的价值观？适用于这个巨大而异质的人群的某种纯粹价值观并不存在，更不存在把他们作为一个类别而与世界上其他地区的人们分割开来的价值观。

有时“亚洲价值观”的提倡者主要注重东亚，以它作为“亚洲价值观”特定的适用区域。对比西方与亚洲而做出的概括经常集中于泰国以东的地区，尽管也有更宏大的断言，说亚洲的其他地区也是很“相似的”。例如，李光耀概述了“西方与东亚关于社会和政府的概念的基本区别”，他这样解释说：“当我说东亚时，指的是朝鲜、日本、中国、越南，不包括东南亚，东南亚是中国和印度文化的混合，虽然印度文化本身强调相似的价值观。”[2]

然而，事实上，甚至东亚自身也是多样化程度很高的，在日本、中国、朝鲜和东亚其他地方之间存在许多不同点。来自这个区域内部和外部的多种文化影响，在历史上一直对生活在这片非常辽阔的疆域内的人们发生了影响。今天，这些影响仍然以不同的方式存在。举一个例子：我手头的侯顿·米福林（Houghton Mifflin）《国际年鉴》这样描述 1.24 亿日本人口中的宗教信仰——1.12 亿神道教徒，0.93 亿佛教徒。[3]不同的文化影响仍然为现代日本人的身份认同涂上了色彩，而且同一个人可以既是神道教徒，又是佛教徒。

在东亚那样的地区，或者甚至在日本或中国和朝鲜等国家的一国之内，多种文化和传统相互重叠，试图从中概括出“亚洲价值观”（这对该地区的拥有多种信仰、信念和承诺的人民大众会具有强力的而且常常是残暴的后果）就只能是极端的粗制滥造。甚至新加坡的280万人民中也有区别极大的文化和传统。事实上，新加坡在促进社群之间和平与友好共存方面的记录是令人赞赏的。

10.5　当代西方与独特性

亚洲的——以及更广义地说，非西方社会中的——权威主义路线的思维经常得到西方思想模式的间接支持。在美国和欧洲有一种明显的倾向，就是——哪怕只是隐含地——假定，政治自由和民主所具有的首要地位是西方文化中一种基本的和古老的特征——那是不容易在亚洲找到的。再比如说儒家思想中所隐含的权威主义，与深深扎根于西方自由文化中的对个人自由和自主性的尊重，两者之间存在着一种对比。在非西方世界里促进个人自由和政治自由的西方推动者，经常认为这是把西方价值观带到亚洲和非洲。全世界被邀请加入“西方民主”的俱乐部，赞赏并认可“西方价值观”。

所有这些都包含一种严重的从当今“向后”推理到古代的趋向。由于欧洲启蒙运动和其他相对较晚的思想发展而成为常识、并得到广泛传播的那些价值观念，并不能真正地看做是古老的西方遗产——数千年以来实际存在于西方的文化——的一部分。[4]在特定的西方经典作家（例如亚里士多德）的著作中，我们确实能找到的是对构成现代政治思想完整概念的某些组成部分的支持。但是对于这些组成部分的支持，也可以在亚洲传统中找到。

为了说明这一点，试考察这一思想：所有的人都享有个人自由对一个良好的社会是重要的。这个论断可以看做是包含了两个不同的组成部分，即（1）**个人自由的价值**：个人自由是重要的，在良好的社会中应该确保每一个“算数”的人都享有它；（2）**自由的平等享有**：每一个人都“算数”，向一个人提供的自由必须向所有人提供。这两点合起来确定了个人自由应该在共享的基础上向所有人提供。亚里士多德写了很多话来支持第一个命题，但由于把妇女和奴隶排除在外，他在捍卫第二个命题上几乎没有说什么。事实上，以这种形式来提倡平等是相当晚才出现的。即使在按阶级和等级分层的社会中，自由仍然可以看做只对于享有特权的少数人（例如达官贵人或者婆罗门）具有极大的价值，就像在古希腊关于良好社会的相应概念中，自由只是对于非奴隶的人们而言是有价值的。

另一个有帮助的区别是：（1）**宽容的价值**：对不同人的多样化的信仰、承诺和行动，必须宽容；（2）**宽容的平等应用**：对某些人提供的宽容，必须合理地对所有的人提供（除非对某些人的宽容会导致对其他人的不宽容）。同样，在早期西方著作中可以看到很多关于某些宽容的论证，但却没有关于宽容的平等应用的补充说明。可以找到的是就**建构性**要素而言的现代民主与自由思想的根源，而不是其完整形态。

在从事比较性检视时，必须提出的一个问题是，能否在亚洲著作中，就像在西方思想中一样，看到这些建构性要素。绝不要把存在这些要素，混淆于不存在与之对立的思想，即显然**不**强调自由和宽容的信条。在西方古典著作中也可以找到提倡秩序和纪律的论述。事实上，我一点也看不出，孔子在这方面比（比如说）柏拉图或圣奥古斯丁更加提倡权威主义。真正的问题不在于亚洲传统中是否**存在**非自由的观点，而在于是否**不存在**倾向自由的观点。

正是在这里，亚洲价值体系的多样性——包容但又超越了地区多样性——成为一个非常中心的议题。一个明显的例子是佛教作为一种思想所发挥的作用。在佛教传统中，极其重视自由，而且，印度更早期的理论的一部分（佛教思想与它有关），就给个人意志和自由选择以充裕的空间。高贵的行为必须在自由中实现，甚至关于解脱的那些思想（例如 moksha*）也具有这一特点。佛教思想中存在这些要素，并不否定儒家强调秩序井然的规则在亚洲的重要性，但认为儒家是亚洲，甚至是中国惟一的传统，则肯定是一个错误。既然对亚洲价值观的当代权威主义的解释是如此集中于儒家思想，这种多样性就特别值得强调。

10.6　对孔子的解释

事实上，现在成为亚洲价值观的权威主义倡导者们对儒家思想的标准解

---

* moksha：梵文“解放”。在印度教义中，意为从灵魂转世和感性世界的扭曲幻像中解脱（据《Microsoft Encarta Encyclopedia》）。——译者注

读，对孔子本人教导中的多样性也是不公平的。[5]孔子没有提倡盲目地服从国家。[6]当子路问孔子“如何为君主服务”时，孔子说：“告诉他真实情况，即使这会冒犯他。”①[7]孔子并不反对实践中的谨慎小心或策略行为，但他没有放弃教导人们反对坏的政府。“当国家正道通行时，勇敢地说话，勇敢地行动。当国家不通行正道时，勇敢地行动，温和地说话。”②[8]

实际上，孔子清楚地指出这样的事实，想像中的亚洲价值观大厦的两根大柱，即忠于家庭和服从国家，有可能相互间发生严重的冲突。许多“亚洲价值观”力量的倡导者把国家的作用看做是家庭作用的延伸，但是正如孔子所指出的，这两者之间可以存在冲突。叶公对孔子说：“我们那里有一个非常正直的人，他父亲偷了羊，他向官府告发。”孔子对此回答说：“我们那里正直的人以不同的方式行事：父亲为儿子隐瞒，儿子为父亲隐瞒。正直就在这里了。”③[9]

10.7　阿育王和考底利耶

孔子的思想比起经常归于他名下而倡导的格言要复杂和精致得多。还存在一种倾向，即忽视中国文化中的其他论者，以及忽视亚洲的其他文化。如果我们转向印度传统，我们实际上可以发现对自由、宽容和平等的多种多样的观点。在许多方面最令人感兴趣的关于在平等基础上要求宽容的思想，可以在阿育王（Ashoka）的著作中找到，他在公元前3世纪统治着印度历史上最大的王国（大于马嘎尔王国，甚至英属印度，如果不算英国也不曾干预过的土邦的话）。在他自己战胜羯陵伽（Kalinga）王国（即现在的奥里萨）的战争中发生的大屠杀使阿育王深感震惊，从此他大幅度地把注意力转向公共伦理和启蒙政治。他皈依佛教，不仅向东方和西方派送大量使徒，去传达佛教教义从而促使佛教成为世界性的宗教，而且在印度全国广树石碑，以碑文描述良好生活和良好政府的形式。

这些碑文强调对多样性宽容的重要性。例如，在艾瑞噶迪的敕令碑文中

① 原文见《论语·宪问》：子路问事君。子曰：“勿欺也，而犯之。”——译者注

② 原文见《论语·宪问》：邦有道，危言危行。邦无道，危行言孙。——译者注

③ 原文见《论语·子路》：叶公语孔子曰：“吾党有直躬者，其父攘羊，而子证之。”孔子曰：“吾党之直者异于是：父为子隐，子为父隐。直在其中矣。”——译者注

（现在编号为十二）这样阐述：

> ……人一定不能毫无理由地尊重自己的部族或者藐视他人的部族。仅仅在有特定的理由时才可以轻视别人，因为其他人的部族全都有这样或那样的理由得到尊重。
>
> 一个人如此行事，就提升了他自己的部族，同时又给其他人的部族带来好处。一个人相反地行事，就伤害了他自己的部族，同时又给其他人的部族带来坏处。一个尊重自己的部族、同时完全从对自己部族的依恋出发而藐视其他人的部族的人，意在增强自己部族的荣耀，实际上通过这样的行为造成对他自己部族最严重的伤害。[10]

这些公元前 3 世纪的敕令强调宽容的重要性，既为政府的公共政策，也为人们相互对待的行为提供教导。

对于宽容的对象和范围，阿育王是个普适主义者，他要求把宽容给予所有的人，包括他所说的“森林人”，即生活在前农业经济状态下的部落。阿育王提倡平等主义和普遍宽容，对某些论者来说可能像是“非”亚洲的，但他的观点却深深扎根于在此之前若干世纪在印度知识分子群体中就已经非常流行的分析。

然而，考察在这个领域的另一个印度论者是很有意思的，他关于治理国家和政治经济的论著也具有广泛的影响和重要性。我指的是考底利耶，其著作的标题“Arthashastra”可以译成“经济科学”，虽然这本书对实用政治的关切至少等同于对经济学的关切。考底利耶与亚里士多德同时代，在公元前 4 世纪，曾担任旃陀罗笈多王（阿育王的祖父）的重臣，旃陀罗笈多王建立了横跨印度次大陆的广大帝国。

考底利耶的著作常常被引用来证明，在印度古典传统中自由和宽容是不受重视的。可以在《经济科学》中看到的关于经济学和政治学的极其详细的内容中，有两个方面可能常常导致对考底利耶作上述判断。首先，考底利耶是相当狭隘的后果主义者。虽然他以促进臣民的幸福和王国的秩序为目标，并以具体详尽的政策建议来大力支持这个目标。但君主被看成是仁慈的专制者，其权力——自然认为是用来行善的——应该通过良好的组织而达到最大化。这样，《经济科学》一方面对诸如防止饥荒和实现行政效率这些实际问题提供了深邃的思想和建议，直到今日（在两千多年之后）仍然还有活力[11]，但是另一方面，其作者又毫不犹豫地为君主提供取胜之道，如果需要，不惜剥夺其对手和敌人的自由。

其次，看来考底利耶认为政治或经济的平等无关紧要，他心目中的良好社会是按照阶级和种姓界限严格分层的。尽管促进幸福的目标——这一目标在价值等级系统中居于最高位置——适用于所有的人，但其他的目标在形式和内容上都显然不是平等主义的。君主有责任为社会中比较不幸的人们提供所需要的扶助，使他们得以逃脱痛苦并享受生活。考底利耶特别指出，“向孤儿、老弱病残者以及孤苦无助者提供生活必需品”，以及“为无助的怀孕妇女及其所产婴儿提供生活所需”是君主的责任。[12]但是这种扶助责任远远不同于珍视这些人们决定自己如何生活的自由——即对异端的宽容。

那么，我们从这里可以得出什么结论？考底利耶肯定不是一个民主主义者，或平等主义者，或对每个人自由的普遍倡导者。但是，当他在概括最受优待的人们——上等阶级——应该得到的东西的，则自由就具有了非常突出的地位。否定上等阶级——称做阿亚（Arya）——的个人自由被认为是不可接受的。事实上，对于迫使这一等级的成人或儿童沦为奴隶的行为，法律规定了各种处罚，有些还是很严厉的，但对于已经是奴隶的人的奴隶地位，则认为是完全可以接受的。[13]当然，我们在考底利耶著作中找不到任何像亚里士多德所说的自由发挥可行能力那样的明晰论述。但是，在考底利耶著作中，只要所论的是上等阶级，对其自由的关注是十分明了的。这与政府对下等阶级的责任恰成对比，那是一种家长式的公共关注和国家扶助，以避免严重的剥夺和苦难。然而，如果考底利耶在其著作中形成了一种关于良好生活的观点的话，则它与一个以自由价值取向的伦理体系，是完全相容的。其关注对象的面，当然只限于社会的上层群体，这与古希腊思想中关切对象只是自由男性而非奴隶或妇女没有大的区别。在观点的适用面上，考底利耶与普适主义的阿育王相异，但与非普适主义的亚里士多德却并非完全不同。

10.8　伊斯兰的宽容

我已经比较详细地讨论了分别在公元前 4 世纪和公元前 3 世纪的印度出现的对政治思想和实用理念的两种有力但截然不同的表述，因为他们的思想影响了后来的印度著作。但是我们还可以考察许多其他的论者。在有力地表述并实践了对多样性宽容的印度人中间，当数伟大的莫卧儿皇帝阿克巴，他于 1556—1605 年间在位。我们所谈的仍然不是一个民主主义者，而是一个强有力的君主，他强调多种形式的社会和宗教行为都是可以接受的，而且他接受了不少不同类型的人权，包括信仰与宗教实践的自由，而这在阿克巴时代的欧洲各地，是不容易得到宽容的。

例如，在 1591—1592 年，当穆斯林日历的第 1000 年降临时，在德里和阿格拉都出现了激动欢庆的场面（这与目前基督教日历的第 2000 年来临的情况并无不同）。阿克巴颁布了许多敕令，除了谈到其他事务以外，集中阐述宗教宽容，其中包括以下内容：

> 人不应该在宗教事务上受到干预，每个人都应该被允许选择自己所中意的宗教。
>
> 如果一个印度教徒，不管是在童年还是成年时，被违反意愿转化成穆斯林，他应该被允许回到他先辈的信仰，如果他愿意这样做。[14]

尽管这种宽容对宗教是中立的，其适用范围在另外一些领域却又不是普遍的，那些领域包括性别平等、或者青年与老年人的平等。阿克巴的诏令在下文中又论述了，在一个印度教年轻妇女为了追求一个穆斯林情人而放弃印度教的情况下，应该把她强行遣返回她父亲家。面对在这对年轻情人和女孩的父亲之间选择，年老的阿克巴的同情心完全是在印度教父亲这一边。在一个水平上的宽容与平等与在另一个水平上的不宽容与不平等结合在一起，但是对信仰和宗教实践的普遍性宽容还是很引人注目的。在这方面，特别是联系到一些人对“西方自由主义”的强力推销，注意到以下事实并非无关紧要：当阿克巴发布那些敕令的时候，宗教法庭正在欧洲盛行。

由于当代的政治斗争——特别是在中东的斗争——的经历，伊斯兰文明常常被描绘成对个人自由基本上是不宽容和敌视的。但是，一种传统之内存在多样性和差异，这同样也适用于伊斯兰文明。在印度，阿克巴和大多数其他莫卧尔皇帝为政治和宗教宽容提供了理论和实践上的良好范例。在其他地方的伊斯兰文化中也可以看到类似的例子。土耳其的君主们比欧洲同时代的君主们更宽容。在开罗和巴格达也可以找到大量的这种例子。事实上，甚至伟大的犹太学者麦莫尼德斯（Maimonides），在 12 世纪，不得不逃脱不宽容的欧洲（他的出身地）以及那里对犹太人的迫害，投奔到宽容的都市开罗并得到萨拉丁苏丹（Sultan Saladin）的庇护。

类似地，伊朗数学家阿巴儒尼（Alberuni）曾在 11 世纪早期写了第一本关于印度的一般性著作（此外还把印度的数学著作翻译成阿拉伯文），他还是世界上最早的人类学理论家之一。他注意到——而且抗议——以下事实，即“歧视外国人是所有国家相互交往中的常态”。他一生中很多时间致力于促进他所在的11世纪世界的相互理解和宽容。

很容易再列举更多的例子。这里的要点是，权威主义的“亚洲价值观”观点的当代倡导者立足于非常任意的解释，以及对论者和传统的极端狭隘的选取。对自由的珍视并非只局限于一种文化，而西方传统也不是使我们得以掌握以自由为基础来理解社会的方法的仅有的一种文化。

10.9 全球化：经济、文化和权利

民主问题还与另一个文化方面的问题紧密联系，它近来受到某些应有的注意。这涉及西方文化和生活方式在削弱破坏传统生活方式和社会道德上的压倒性力量。对任何一个关注传统价值和本土文化模式的人，这确实是一个严重的威胁。

当代世界由西方支配，而且尽管昔日世界统治者的帝国式权威已经下降，西方的支配地位仍然强大如故——在某些方面，特别是在文化事务上，甚至比以前更加强大。在可口可乐和MTV的帝国，太阳永不落。

当今全球化的世界对本土文化的威胁，在相当大程度上，是不可避免的。一个不现实的解决办法是停止贸易和经济的全球化，因为在一个由广泛的技术进步——它赋予现代技术以经济竞争优势——所推动的竞争世界中，经济交换和劳动分工的力量是很难抵抗的。

这确实是一个难题，但又并非仅仅是一个难题，因为全球贸易和商业可以如亚当·斯密所预见的那样为每一个国家带来更大的经济繁荣。但是也可能会既有输家，又有赢家，即使合计的净值是增加的而不是减少的。就经济不平等而言，恰当的回应方法必须包括协同的努力，使全球化的形式对就业和传统生活产生较少的破坏，并实现渐进的变迁。为了变迁过程的平稳，除了要为在全球化变化中利益——至少在短期内——受到损害的人，提供社会安全网（通过社会保障和其他扶助性安排的形式），还必须提供再培训和学习新技术的机会（给那些不然就会失去工作的人）。

这种类型的回应方法在某种程度上也将适用于文化事务。使用计算机的技能以及从因特网及类似设施上获取的好处，不仅改变了经济可能性，也转

变了受这些技术变化影响的人们的生活。同样，这并不一定是令人遗憾的。不过，仍然存在两个难题——一个难题是与经济的世界共享的，另一个难题的性质则很不一样。[15]

首先，当代世界的交往和交换要求基本的教育和训练。世界上某些穷国在这个领域取得了极好的进步（东亚和东南亚的一些国家是很好的例子），但其他国家（例如南亚和非洲国家）却趋于落在后面。文化机会的公平，与经济机会的公平一样，可以在一个全球化的世界中具有深远意义。这是经济世界和文化世界所共同面临的挑战。

第二个难题具有迥然不同的性质，而且它使文化问题与经济困扰拉开很大距离。当出现一种经济上的调整时，人们不会为废弃的生产方法和淘汰的技术而落泪。人们对某些专门的、高雅的东西（例如一台古老的蒸汽机，或一架老式时钟），可能会有一些怀旧情绪，但一般来说没有人会特别想要老式的、淘汰的机械。然而，在文化事务方面，消失的传统却可能令人百般怀念。放弃古老的生活方式会导致极度的痛苦和深深的失落感。这有点像古老动物种属的灭绝。古老物种的灭绝，由“更加能够”生存和发展的“适者”取代，会引起遗憾，而且，新物种在达尔文体系的比较中是“更好的”这一事实，并不一定给人以足够的安慰。[16]

这是具有一定严肃性的问题，但是应该由那个社会来决定它是否要采取行动、采取什么行动来保存旧的生活方式，或许甚至为此付出相当大的经济代价。生活方式是可以保存下来的，如果一个社会决定要那样做的话，问题在于要在为这种保存而付出的代价，与这个社会对所保存对象和生活方式所赋予的价值，二者之间保持平衡。当然，对这种成本—收益分析并没有现成的公式，但是，为了对这样的选择做出理性评价，最重要的是，人们要能够参加对这个问题的公共讨论。我们又一次回到关于可行能力的视角上：社会上不同群体的人们（而不仅仅是有社会特权的人们）都应该能够积极地参与制定应该保存什么、放弃什么的决策。并不存在强制性的理由，一定要保存——即使代价极大——正在消逝中的生活方式的每一个方面，但确实存在真正的需要——为了社会正义——让人民能够参加这样的社会决策，如果他们选择要参与这种决策。[17]这就给出了进一步的理由，要重视下述基本的可行能力要素：阅读和写作（通过基本教育），得到充分的信息和通报（通过自由的传播媒体），拥有现实的自由参与机会（通过选举、公决以及公民权利的普遍实施）。从最广义的意义讲，人权也涉及这种实践。

10.10 文化交流与无处不在的相互依赖

在上述基本认识的基础之上，还有必要指出以下事实：跨文化的交往与鉴赏并非一定是羞耻和屈辱的。我们确实有能力去欣赏在别处产生的东西，而文化的民族主义和沙文主义作为一种生活方式却会严重削弱生命力。出生于孟加拉的伟大诗人泰戈尔对这个问题写下这样优美有力的评论：

> 人类的产品，不管它们是从那儿创造出来的，我们从中理解和享受到的一切，无论其内容是什么，立刻就成为我们自己的了。当我能够欣赏别国的诗人和艺术家，就像本国的一样，我为我的人性而骄傲。让我感受那种纯粹的欢乐——人类一切伟大的光荣都是我的。[18]

尽管忽视文化的独特性有一定危险，但假定到处存在文化孤岛也可能使人上当。

确实，有可能论证，世界的相互关联性和跨文化影响远远高于那些警惕文化屈从前景的人们所一般承认的程度。[19]在文化上忧心忡忡的人常常认为各个文化都是脆弱的，而且，通常低估我们从别处学习而并不为这种经历所征服的能力。事实上，“民族传统”的话语可以帮助隐藏不同传统所受外来影响的历史。例如，辣椒是我们所理解的印度食品的一个核心成分（有些人甚至把它看成是印度食品的“独特风味”），但事实是印度人原来并不知道辣椒，直到仅仅几个世纪以前葡萄牙人把它带到印度——印度古代烹调艺术使用胡椒，而不是辣椒。今天的印度咖哩食品，并没有因为这个原因而减少了“印度原味”。

英国旅游局——由于印度食品在当代英国广为流行——把咖哩称做真正的“英国风味”，这样做，倒也并没有什么特别不正当的地方。几年前的一个夏天，我在伦敦还听到对一位人士的不可救药的“英国式”的绝妙描述：我们被告知，她“就像水仙花或 chicken tikka masala（注：一种源自印度的食品）一样地英国式”。

在文化事务上的地区性自足形象是严重误导的，而且这样一种价值观——维护传统的价值纯粹性并且不受污染——是难以维持下去的。有时候，外来的知识影响可能是非常迂回的、多方位的。例如，印度的一些沙文主义者曾抱怨学校教材中，例如在现代数学教材中，使用“西方的”术语。但是数学世界的相互关联性使人无法分辨什么是“西方”的、什么不是“西方”的。举一个例子，三角中使用的“正弦”（sine）这个术语，是直接从英国来到印度的，但它的身世中含有显著的印度成分。印度 5 世纪的伟大数学家阿拉亚巴塔（Aryabhata）在他的著作中讨论了“正弦”的概念，并用梵文称它“jya-ardha”（半弦）。这个术语从这里开始了有趣的旅行，如伊夫斯（Howard Eves）所描述：

> 阿拉亚巴塔把它称做“ardha-jya”（半弦）和“jya-ardha”（弦半），然后简称为“jya”（弦）。阿拉伯人把“jya”音译为“jiba”，然后，根据阿拉伯语省略元音的惯例，把它写成“jb”。但是，尽管有其技术上的重要性，“jiba”在阿拉伯语中却是一个无意义的词。后来的学者碰到作为毫无意义的词“jiba”简称的“jb”，就把它替换为“jaib”，它包含同样的字母，而且在阿拉伯语中是一个好词，意为“海湾”。再后来，格瑞莫纳的杰拉尔朵（Gherardo）（约在 1150 年）翻译阿拉伯文献时，把阿拉伯语的“jaib”换成拉丁语的同义词“sinus”（意为海湾），从这里产生出我们现在的“sine”。[20]

我的论点完全不是反对每一文化的独特意义，而是呼吁需要精细地理解跨文化的影响，需要有欣赏其他文化和其他国家产物的基本能力。我们一定不要在热情提倡保存传统和纯粹性的时候，丧失互相理解并欣赏不同国家文化产物的能力。

10.11　普适性前提

在结束本章之前，给定本书的一般性视角，我必须还要考察与文化分离主义有关的另一个课题。读者不会不注意到，本书到处体现了这样一种信念，即来自不同文化的不同人们能够分享许多共同的价值观并赞同某些共同的承诺。确实，自由的压倒一切的价值，作为贯穿本书的原则，有一个特点，即以强烈的普适主义为前提。

本章前文已经批评了声称“亚洲价值观”对自由尤其漠视，或者对自由的重视纯粹是一种“西方”价值观的那些观点。然而，有时候有人提出这样的观点：在宗教事务方面对异端的宽容，在历史上特别地是一种“西方”的现象。当我在一本美国杂志发表一篇文章［《人权与亚洲价值观》，载于《新共和》（The New Republic），1997 年 7 月 14 日和 7 月 21 日］，对“亚洲价值观”的权威主义解释提出争议后，我得到的回应通常包括对我对所谓的“亚洲价值观”的特殊性（即一般的权威主义）的批评表达某种支持，但是接着评论者争辩说，在另一方面，西方真的是非常特殊的——在宽容方面。

他们声称，对**宗教领域**的怀疑论和异端的宽容，是一种特定的“西方”美德。一位评论者进而简述了他的理解，即“西方传统”绝对是独特的，“它充分接受了宗教上的宽容，以至于连无神论这样一种对信仰原则上的拒绝，也得到允许”。这位评论者说宗教宽容，包括容忍怀疑论和无神论，是社会自由的一个中心部分（如穆勒也曾令人信服地解释的那样）[21]，这当然是正确的。这位争论者接着评论道：“人们要问，在亚洲历史的什么地方，阿马蒂亚·森可以找到与这种令人注目的怀疑论、无神论和自由思想同等的东西?”[22]

这确实是一个很好的问题，但答案并不难找。事实上，使人为难的是史料太丰富，以至于难以决定集中于亚洲历史的哪一部分，因为答案可以来自亚洲历史的许多不同部分。例如，特别就印度而言，可以指出卡瓦卡（Carvaka）和罗卡亚塔（Lokayata）无神论学派的地位，它们都诞生于基督教时代之前，而且产生了经久的、有影响力的大量无神论文献。[23]除了论证无神论的知识分子文献以外，异端的观点也可以在很多正统文献中找到。事实上，经常被印度政治活动家作为关于大神罗摩（Rama）生平的圣书来引用的史诗《罗摩衍那》（Ramayana），就包含尖锐对立的观点。例如，《罗摩衍那》记载了这样的场合：一个世界著名的贤者迦瓦利（Javali）给罗摩讲述宗教信仰的谬误：“啊，罗摩，要明智一些，这个世界以外无物存在，这是肯定的！享受你现时所拥有的，把令人不快的事务抛在身后。”[24]

与此有关，还可以思考这样的事实，即世界性宗教中惟一持有坚定的不可知论的是佛教，它诞生在亚洲。事实上，它在公元前6世纪诞生于印度，当时卡瓦卡和罗卡亚塔学派的无神论著作特别流行。甚至在《奥义书》（Upanishads）（印度典籍中更早一点出现的重要部分，我已经从中引用过玛翠伊的提问）中，就以明显的尊重态度讨论过这样的观点，即思想和智力是身体里物质条件的产物，“当它们毁灭时”，也就是说，“死亡之后”，“智力也就不存在了”。[25]怀疑论的学派在印度知识分子群体中维持了上千年，甚至到了14世纪，阿卡瑞亚（Madhava Acarya）[他本人是一个很好的瓦施纳维特（Vaishnavite）派印度教徒]，还在他的经典著作《所有哲学家全集》（Sarvadarsanasamgraha）中，用第一章的全部篇幅严肃地表述了印度无神论学派的论述。宗教的怀疑论及宽容作为一种现象，不是西方特有的。

上文中已经提到亚洲文化中的一般性宽容（例如在阿拉伯、中国和印度）。如那些例子所说明，宗教宽容是其中的一部分。违反——常常是**极端**严重地违反——宽容的例子，不难在任何文化中找到（在西方，从中世纪的宗教法庭到现代的集中营，在东方，从宗教屠杀到塔利班对反对派的压制），但是在不同的、相距甚远的文化中，也从来就不断有提倡自由——不同形式的自由——的声音。如果本书的普适性前提，特别是关于珍视自由的重要性，应该被驳回，则驳回的理由必定来自别处。

10.12　结语

支持基本自由以及与此关联的关于权利的阐述的**理由**在于：

（1）它们**自身固有**的重要性；

（2）它们在提供实现经济保障的政治激励因素上的**后果性**作用；

（3）它们在价值观和优先主次的产生、形成上的**建设性**作用。

以上所列理由，对亚洲和任何其他地方没有任何区别，以亚洲价值观的特殊性质为理由拒绝以上论断，没有能通过批判性检视。[26]

实际情况是，认为亚洲价值观是纯粹权威主义的那种观点，在亚洲，通常几乎完全来自掌权者的发言人（有时候，对此起补充和加强作用的是，那些要求人们赞同被看做是特定的“西方自由价值”的西方言论）。但是，外交部长们、或政府官员们、或宗教领袖们，对于解释本地文化和价值观，并无垄断权。重要的是倾听每一个社会的执异见者。[27]对于解释缅甸人民的要求，昂山素季所拥有的正当性不比那些军事统治者少——事实上显然比他们多。她在被军事统治集团投入监狱之前，在公开选举中击败了他们的候选人。

在当代世界，极其重要的是，承认在不同文化内部的多样性。[28]对于“西方文明”、“亚洲价值观”、“非洲文化”等等做出过度简化的概括，喋喋不休地加以宣扬，常常削弱破坏了我们对实际存在的多样性的理解。对历史和文明的许多这样的解读，不仅在知识方面是浅薄的，而且增强了我们所生活的世界的分裂。事实是，在任何文化之内，人们似乎总是喜欢互相争论，而且常常确实这么做——只要他们有机会。不同意见的存在，使得对于一种地区性价值观的“真正性质”采取一种确定而毫无歧义的解释，大成问题。事实上，持异见者在每一个社会都存在——其数量常常很多——而且他们经常在自身安全方面宁愿承担极其巨大的风险。实际上，如果持异见者不是如此强烈坚韧，权威主义政体在实践中也就没有必要实行如此严厉的镇压性措施，以维持其不宽容的信念。持异见者的存在**诱发**了权威主义统治集团提出关于本地文化是压制性文化的观点，但同时这种存在自身又**瓦解**了把本地观念视为同质性思想来加以单一解释的理性基础。[29]

西方关于非西方社会的讨论，常常过分尊重权威机构——政府首脑、部长、军事统治者以及宗教领袖。这种“权威偏向”受到以下事实的支持：西方国家自己在国际场合通常是由政府官员和发言人所代表，这些人自然寻求其他国家的对应人物的观点。关于发展的恰当视角，不能真的如此以掌权者为中心。范围必须扩大，对广泛参与的要求绝不仅仅是貌似神圣的废话。实际上，发展的思想不能离开广泛的参与。

就权威主义声称的“亚洲价值观”而言，必须承认，过去在亚洲国家——在东亚以及亚洲其他地方——得到捍卫的那些价值观，包含了极其丰富的多样性。[30]实际上，它们与在西方思想史上也经常见到的大量多样化思想，在很多方面是很相似的。按照权威主义价值观的狭隘框架来观察亚洲历史，对亚洲知识界传统中丰富的多样化思想，完全有失公允。可疑的历史并不能为可疑的政治辩护。

【本章注释】

[1] Immanuel Kant，*Critique of Practical Reason*（1788），translated by L. W. Beck（New York：Bobbs-Merrill，1956）.

[2] “Culture Is Destiny：A Conversation with Lee Kuan Yew，” by Fareed Zakaria，*Foreign Affairs* 73（March/April 1994），p.113. 也可参见一位支持民主的亚洲领导人金大中对这一立场的反驳，他现在是韩国的总统，“Is Culture Destiny? The Myth of Asia's Anti-Democratic Values—A Response to Lee Kuan Yew，” *Foreign Affairs* 73（1994）。

[3] *Information Please Almanac* 1993（Boston：Houghton Mifflin，1993），p.213.

[4] 对此见 Isaiah Berlin，*Four Essays on Liberty*（Oxford：Oxford University Press，1969），p.xl. 在 *Freedom*，volume I：*Freedom in the Making of Western Culture*（New York：Basic Books，1991）中，Orlando Patterson 反驳了这一论断。他的论证确实引证了西方古典思想中的政治自由（特别是在古希腊和罗马），但是类似的成分可以在亚洲经典中发现，而 Patterson 对此没有给予多少注意。对此见我的 Morgenthau Memorial

Lecture, "Human Rights and Asian Values" （New York: Carnegie Council on Ethics and International Affairs, 1997), published in a shortened form in *The New Republic*, July 14 & 21, 1997。

[5] 见 *The Analects of Confucius*, translated by Simon Leys (New York: Norton, 1997), and E. Bruce Brooks and A. Taeko Brooks, *The Original Analects: Sayings of Confucius and His Successors* (New York: Columbia University Press, 1998)。

[6] 见 Brooks and Brooks 的评论, *The Original Analects* (1998)。亦见 Wm. Theodore de Bary, *Asian Values and Human Rights: A Confucian Communitarian Perspective* (Cambridge, Mass.: Harvard University Press, 1998)。

[7] Leys, *The Analects of Confucius* 14.22, p.70.

[8] Leys, *The Analects of Confucius* 14.3, p.66.

[9] Leys, *The Analects of Confucius* 13.18, p.63.

[10] 译自 Vincent A. Smith, *Asoka (Delhi: S. Chand, 1964)*, pp.170～171。

[11] 对此见 Jean Drèze and Amartya Sen, *Hunger and Public Action* (Oxford: Clarendon Press, 1989), pp.3～4, 123。

[12] *Kautilya's Arthashastra*, translated by R. Shama Sastry, 8th edition (Mysore: Mysore Printing and Publishing House, 1967), p.47.

[13] 见 R. P. Kangle, *The Kautilya Arthashastra* (Bombay: University of Bombay, 1972), part 2, chapter 13, section 65, pp.235～239。

[14] 译自 Vincent A. Smith, *Akbar: The Great Mogul* (Oxford: Clarendon Press, 1917), p.257。

[15] 在此分析中，我采用了我为联合国教科文组织（UNESCO）所写的一篇论文，"Culture and Development: Global Perspectives and Construc- tive Scepticism," mimeographed, 1997。

[16] 对达尔文关于进步概念的审视，见我的"On the Darwinian View of Progress," *London Review of Books* 14 (November 5, 1992); republished in *Population and Development Review* (1993)。

[17] 如果甚至在人们有机会考虑他们的选择之后，那些僵硬的卫道士对于 MTV 或肯德基炸鸡的流行仍然感到恼火，那么我们对这些拒绝者并不能提供多少安慰。考虑与选择的机会是每一个公民都应该享有的、很具有中心意义的权利。

[18] 见 Rabindranath Tagore, *Letters to a Friend* (London: Allen & Unwin, 1928)。

[19] 对此见我的"Our Culture, Their Culture," *New Republic*, April 1, 1996。

[20] Howard Eves, *An Introduction to the History of Mathematics*, 6th edition (New York: Saunders College Publishing House, 1990), p.237.

[21] John Stuart Mill, *On Liberty* (1859; republished, Harmondsworth: Penguin

Books, 1974).

[22] 见 Edward Jayne 在 *The New Republic* 上的信，September 8 & 15，1997；my reply appeared on October 13，1997。

[23] 关于这一文献的简短介绍，可见 *A Sourcebook in Indian Philosophy*，edited by S. Radhakrishnan and C. A. Moore (Princeton：Princeton University Press，1973)，in the section "The Heterodox Systems," pp.227～346。

[24] 译自 H. P. Shastri，*The Ramayana of Valmiki* (London：Shanti Sadan，1952)，p.389。

[25] *Brihadaranyaka Upanishad* 2.4，12.

[26] 亦见 Chris Patten，*East and West* (London：Macmillan，1998)。

[27] 见 Stephen Shute and Susan Hurley，eds.，*On Human Rights：The Oxford Amnesty Lectures* 1993 (New York：Basic Books，1993)；Henry Steiner and Philip Alston，*International Human Rights in Context；Law，Politics and Morals* (Oxford：Clarendon Press，1996)；Peter Van Ness，ed.，*Debating Human Rights* (London：Routledge，1999)。

[28] 见 Irene Bloom，J. Paul Martin and Wayne L. Proudfoot，eds.，*Religious Diversity and Human Rights* (New York：Columbia University Press，1996)。

[29] 见 Martha Nussbaum and Amartya Sen，"Internal Criticism and Indian Rationalist Tradition，"in *Relativism：Interpretation and Confrontation* (South Bend，Ind.：University of Notre Dame Press，1989)，and Martha Nussbaum，*Cultivating Humanity* (Cambridge，Mass：Harvard University Press，1997)。

[30] Joanne R. Bauer and Daniel A. Bell，eds，*The East Asian Challenge for Human Rights* (Cambridge：Cambridge University Press，1999).

第 11 章　社会选择与个人行为

运用理性来鉴别并促进更好的、更可接受的社会的想法，从过去到今天，一直有力地激励着人们。亚里士多德同意阿噶桑（Agathon）所说，上帝也不能改变过去。但他还认为，未来由我们塑造。这可以通过把我们的选择建立在理性的基础上来实现。[1]为此，我们需要有恰当的评价框架；我们也需要有机构和制度来为促进我们的目标和对价值判断的承诺而工作；此外，我们还需要有行为规范和理性思考来使我们得以实现我们努力争取的目标。

在沿这条思路继续往下走之前，我必须先来讨论文献中存在的某些怀疑以理性求进度的可能性的理由。如果这些理由有说服力，它们对本书所追求的目标就会是灾难性的。在流沙上建立一个雄伟的建筑是愚蠢的。

有三种需要特别注意的怀疑论思路，我想加以区别。第一条，人们有时候提出这样的观点：给定不同人们所持偏好和价值观的异质性，即使在一个特定的社会，也不可能有一个逻辑上一致的框架去进行理性的社会判断。按这个观点，根本不可能存在理性的而又逻辑上一致的社会评价。在这方面，人们有时候引用肯尼斯·阿罗著名的“不可能定理”来增强其说服力。[2]对那个杰出定理的典型解释是，它证明了从个人偏好出发来理性地导出社会选择是不可能的，而且，它一直被看做是一个强烈的悲观主义结论。这里必须考察这个定理的分析性内容，以及对它的实质性解释。第3章已经探讨过的“信息基础”概念将在这一考察中成为关键。

第二条批评思路采取了一种特定的方法论形式，而且依据这样一种论证：它怀疑我们有获得我们**意图**争取的成果的能力，并认为，“非意图的后果”支配了实际的历史。亚当·斯密、门格尔(Carl Menger)、哈耶克，以及其他论者，曾经以不同的方式强调了非意图后果的重要性。[3]如果历史上发生的大多数重要事件都不是有意造成的(而且不是通过抱有目标的行动而取得的)，那么追求我们想要达到的结果的理性努力就像是枉费心机。我们必须考察由亚当·斯密开创的这个领域的研究工作所提供的洞见的准确含义。

第三类疑问则与很多人都持有的、对于人类价值观和行为规范的可能的**作用范围**的怀疑有关。我们的行为模式是否真的能够超越那种狭隘定义的自利？如果不能，那么就有这样的论证：尽管市场机制还可以运作（因为它被认为只需要依靠人们的自利动机而无需任何其他东西），但是任何要求具有更多“社会性”、“道德性”、“承诺性”因素的社会安排就都是不可能的了。按这种观点，依靠理性来争取社会变化，不可能超越市场机制运作的结果(即使市场机制导致无效率、不平等或者贫困)。从这个视角来看，想得到更多东西，简直是毫无指望的乌托邦。

本章的主要内容是考察价值观和理性在扩展自由和实现发展上的重要性。我将依次讨论这三种观点。

11.1 不可能定理与信息基础

阿罗定理事实上并没有表明那些流行的解释常常认为它所证明的东西。

它所确认的，实际上，不是理性社会选择的不可能，而是试图以有限的一组信息作为社会选择的基础所造成的不可能。让我冒着过度简化的危险，简略地考察看待阿罗定理的一种方式。

先来看一个例子，即古老的“投票悖论”，它引起18世纪法国数学家孔多塞和德博达（Jean-Charles de Borda）的很大兴趣。如果甲认为备选事物 x 比备选事物 y 好，y 比 z 好；乙认为 y 比 z 好，z 比 x 好；丙认为 z 比 x 好，x 比 y 好，那么，我们知道多数原则一定导致不一致的结果。特别地，x 根据多数票是优于 y 的，y 根据多数票是优于 z 的，而 z 根据多数票又是优于 x 的。除了它提供的其他洞见以外，阿罗定理证明了以下结果：不仅多数原则，而且依赖于同样的信息基础（即仅仅知道个人对所涉备选事物的排序）的**所有**决策机制，都会产生某种不一致或谬误，除非我们直接采用对这个问题的独裁解法，即让某一个人的偏好排序来决定一切。

这是一个给人以异常强烈印象的精致的定理——社会科学领域最优美的分析结果之一。但是它并没有排除那些运用比投票规则所用的更广的——或者不相同的——信息基础的决策机制。在进行有关经济事务的社会决策时，我们很自然会考虑其他类型的信息。

实际上，多数原则——不管是否具有一致性——不是解决经济事务的首选机制。试考察三个人，分别（不是很有想像力地）称作甲、乙、丙，分一块饼的情况，并假定每个人投票的目的是使自己分到的份额最大化（这个假定使这个例子简化，但是基本结论并不依赖这个假定，而且它可以用其他类型的偏好来代替）。首先以任意方式把饼分给三个人。然后，我们总是可以进行这样的“多数改进”：取任意一个人（设此人为甲）所得份额的一部分，把它在另外两个人（即乙和丙）中平分。给定社会评价是根据多数原则进行的，这样来“改进”社会成果的方式是行得通的——即使这个过程的牺牲者（即甲）碰巧是三个人中最穷的。实际上，我们可以继续从最穷的那个人所得的份额中一次又一次地强抢一部分，把它分给两个更富一些的人——每次都造成“多数改进”。这个“改进”过程可以一直进行，直到那个最穷的人不再有任何饼可以拿来再分配了。从多数原则的角度看，这是多么美妙的社会改善连锁行动！

这种类型的规则建立在只包括个人偏好排序的信息基础之上，不涉及某个人比另一个人更穷，收入转移中谁受益（以及谁受损），受益或受损多少，以及任何其他信息（比如每个人各自是如何挣得那一特定份额的）。因此，以多数原则为突出代表的这样一组规则的信息基础，是极端有限的，显然不适合对福利经济学问题做出知情的判断。这主要不是因为它导致不一致性(如阿罗定理所推广证明的)，而是因为我们实在不能根据这么一点信息来做出社会判断。

11.2 社会正义与更丰富的信息

可接受的社会规则一般会采用一系列其他的相关事实来判断分饼问题：谁比谁更穷，按照福利或者生活基本要素来计量谁受益了、受了多少益，饼是如何“挣得的”或“抢劫来的”，等等。坚持说不需要其他信息（而且，即使可以获得其他信息的话，也不能影响所要做出的决策），就使得这些规则对制定经济决策没有多少意义。承认了这一点，通过投票来分饼的程序**还**会产生不一致性这个事实，就可以被看做是并非那么严重的问题，相反，它使我们得以从那些冷酷的、信息上迟钝的决策规则的僵硬一致性中解脱出来。

就第3章开头讨论的那个例子而言，雇用迪努或毕山诺或若季妮的理由，没有一条会被阿罗的信息基础所采用。雇用迪努的理由是他最穷，雇用毕山诺的理由是他最不快乐，雇用若季妮的理由是她健康最差——这些都是在关于这三个人偏好排序的信息基础之外（给定阿罗的假定）的外在要素。事实上，在进行经济判断时我们一般采用的信息，比起那些与阿罗框架相容的决策机制所允许采用的信息，要广泛得多。

我相信,“不可能”的精神确实不是解读阿罗“不可能定理”的正确方式。[4]阿罗提供了考察在个人条件的基础上进行社会决策的一般性方法,他的定理——以及建立在他的开创性工作上的一系列其他结果——表明:什么是可能的、什么是不可能的,关键取决于在进行社会决策时实际采用哪些信息。确实,通过**扩大**信息基础,就有可能得到社会和经济评价的连贯的和一致的决策标准。阿罗的先驱性工作所开创的关于“社会选择”(这一分析性探索领域的名称)的文献,既是一个关于有条件的不可能性的世界,也是一个关于可能性的世界。[5]

11.3 社会交往与局部共识

需要注意与此有关的另外一个问题，即达成社会共识的政治要求：不仅要按照**给定的**个人偏好行事，而且，社会决策还要对个人偏好和规范的**发展**具有敏感性。在这方面，必须特别重视公共讨论和相互交流在形成共享的价值观和承诺的过程中所发挥的作用。[6]我们关于什么是正义的、什么不是正义的种种想法，会根据公共讨论中所提出的种种论证作出反应，常见的是，我们在回应相互之间的各种观点时，有时做出妥协，甚至是相互让步的交易，有时却绝不松动、顽固坚持。偏好通过社会交往而形成，这是本书主要兴趣所在的一个课题，在本章后面和下一章将进一步讨论。

重要的是，还要认识到，被认可的社会安排和适当的公共政策，并不要求有一个惟一的、对所有可供选择的社会可能状态完整地排出高低的“社会排序”。根据局部的共识也能够筛选出可以接受的方案（以及剔除不可接受的方案），可行的解决办法可以建立在有条件地接受特定行动的基础之上，而不需要完整的社会共识。[7]

还应该注意，对“社会正义”的判断并不真的要求精细的微调式的准确性：例如声称税率为 39.0% 是正义的，39.5% 就不是正义的（或者甚至声称前者比后者“更加正义”）。相反，所需要的是对于那些可以识别的、严重的非正义或不公正的基本事实，有一种运作上的一致意见。

实际上，坚持要求完整地评价每一个可能选择的正义性，不仅是实际社会行动的敌人，还可能反映了对正义本身性质的某种误解。举一个极端的例子，当我们同意一个本来可以防止的重大饥荒的发生是社会非正义的时候，我们并不声称有能力确定食品在所有公民中哪一种**精确的**分配是“最正义”的。承认可防止的剥夺——例如广泛存在的饥饿、可以避免的疾病、过早死亡、极端贫困、歧视女性儿童、虐待妇女，以及类似的现象——是明显的非正义，并不需要等到对所有涉及某些细微区别和微小不幸的选择方案作出某种完整的排序之后。确实，过度使用正义概念，在我们把这个思想应用到我们生活在其中的、充满可怕的剥夺和不平等的世界时，会削弱它的力量。正义是一门大炮，它不应该用来打一只蚊子（就像一个古老的孟加拉谚语所说的）。

11.4　有意追求的变化与无意造成的后果

我现在转到上述对依靠理性争取进步持怀疑态度的第二个理由，即所谓

“无意造成”的后果的支配地位，以及与此有关的对于理性的、有意追求的进步的怀疑。人类行动所无意造成的后果是世界上很多巨大变化的原因，这个观点并不难领会。事物发展经常并非如我们所计划。有时候我们有极好的理由对此表示感谢，无论是我们考虑到青霉素是从吃剩下来的菜肴中发现的(那并非是为了这个目的才留下来的)，还是由于希特勒在军事上的过分自信，导致了——但并不是有意地——纳粹的失败。只有一个具有非常狭隘的历史观的人，才会指望后果符合预期是一个一般性规律。

这丝毫无损作为本书基础的理性主义视角。这种视角所需要的，并非是一种根本就不该有无意造成的后果的一般性要求；它所需要的只是：试图运用理性去造成社会变化，在适当的情况下，应该能帮助我们得到更好的结果。在目的明确的规划指导下取得社会和经济改革成功的例子很多，不胜枚举。当认真努力地试图实现普及识字的目标时，一般都能取得成功，就像在欧洲、北美、日本和东亚其他地方发生的那样。天花和许多其他疾病已经被消灭或者大为减少。欧洲国家建立的全国保健服务计划使得绝大多数公民以前所未有的方式享受医疗保健服务。十分常见的是，事物恰恰如其所显现的那样，而且确实当人们努力工作而达到目标时，或多或少地就是它们原来所显现的那个样子。尽管这些成功故事的后面必定有失败或挫折的事例，但是从错误中可以取得教训，以便下一次干得更好。边干边学（learning by doing)，是理性主义改革者的好帮手。

那么，我们如何对待据说是由亚当·斯密首创的，而且确实是由门格尔和哈耶克提倡的理论，即许多——也许大多数——实际发生的好事通常是人类行动无意造成的后果？支撑对无意造成的后果的崇拜的那种“一般性哲学”，值得认真检视。我先从亚当·斯密谈起，不仅因为据说他是这个理论的首创者，而且因为本书确实具有鲜明的“斯密主义”特征。

我们必须首先注意到亚当·斯密对富人的道德水平抱有深切的怀疑。没有任何一个其他论者(甚至连马克思也没有)如此强烈地批评享有经济优势的人们,在事关穷人的利益时,所持有的动机。斯密在1759年(即《国富论》出版之前17年）出版的《道德情操论》中写到，许多富有的资产者“出于天生的自私和贪婪”，追求的仅仅是“他们虚荣的、永不满足的欲望”。[8]然而，在很多情况下，其他人可以从这些富人的行动中获得利益，因为不同的人们可以有生产性互补的关系。斯密并没有赞扬富人有意识地为别人做任何好事。无意造成的后果的理论是斯密对富人怀疑的延伸。斯密论述，那种自私和贪婪被“一只看不见的手”引导，“去促进社会的利益”，富人在这样做的时候“并非有意为之，甚至并不知道这种后果”。就是由于这些话——加上门格尔和哈耶克的一点帮助——“无意造成的后果的理论”就诞生了。

也是在这一一般性背景下，斯密勾画出他被后人广为引用的论述——本书前面已经引用过——即在《国富论》中谈到的经济交换的好处：

> 我们不指望靠肉商、酿酒商或面包商的仁慈，而是靠他们的自利考虑，得到我们的晚餐。我们不向他们说普利天下的话，而是说他们自身利益的话。[9]

肉商卖牛肉给顾客，不是因为他有意促进顾客的福利，而是因为他想赚钱。同样，酿酒商或面包商追求其自身利益，但是结果是帮助了别人。另一方面，顾客并不试图促进肉商、酿酒商或面包商的利益，他们为了自己的利益去买牛肉、酒或面包。然而，肉商、酿酒商或面包商从顾客的自利行动得到利益。这些人在斯密看来，“受到一只看不见的手的指导，去促进一个并非他本意想要达到的目的”。[10]

对“无意造成的后果”的提倡赞扬就是从这样一个相当平凡的起点开始的。特别地，门格尔论述了这是经济学的一个中心论题（虽然他认为斯密的表述并非完全正确），后来，哈耶克进一步发展了这个理论，把它描述成“对所有社会科学对象的深刻洞见”。[11]

这个理论有怎样的显著意义？哈耶克沉湎在重要后果常常是无意造成的这个浅显事实里。这个事实本身实在不能令人惊奇。每一个行动都有很多后果，而只有一部分是行动者所意图实现的。早晨我出门去寄一封信。你看见我。引起你看见我并不是我的意图（我只是去寄信），但它是我出门寄信的一个结果。它是我的行动无意造成的后果。再举一个例子：许多人聚在一间房间里造成室内温度升高，而这对一间正在举行舞会、已经过热的房间可以是很重要的。没有一个人有意为房间加温，但大家一起产生了这样的后果。

认识到所有这些就是伟大的智慧吗？我要争辩说，恐怕未必。实际上，很难想像这样一个一般结论——许多后果是完全无意造成的——会有多么深奥。[12]尽管我很尊崇哈耶克和他的思想（对于我们对宪政、权利的意义、社会过程的重要性以及许多其他的社会和经济学核心概念的理解，他做出了也许比任何其他人都更大的贡献），我不得不说，这一普通的认识实在不能看做是杰出的思想。如果它如哈耶克所说，是“深刻洞见”，那么这种深刻性有些问题。

但是还有另外一种方法来看待这同一个问题，也许那才是哈耶克想要强调的。它并不只是说某些后果是无意造成的，而是说因果分析可以使无意造成的后果被合理地**预期**到。确实，肉商会预期以牛肉换钱不仅对自己有利，对顾客（买牛肉的人）也有利，所以可以指望这种关系对双方都带来好处，从而是可以维持下去的。同样，酿酒商、面包商和顾客也会指望这些经济关系维持下去。一个**无意造成的后果**并非一定是**不可预期**的，而许多事情依赖于这个事实。实际上，交易各方对这样的市场关系能继续下去的信心，特别依赖于做出这种预期或隐含的假定。

如果这是理解无意造成的后果思想的正确方法（对于重要的、然而是无意造成的后果的**预期**），那么这个思想与理性主义改革就完全不是敌对的。事实上，正好相反。经济和社会的理性思考可以注意那些并非有意造成的、但由于体制性安排而引起的后果，而且特定的体制安排可以因为注意到各种可能产生的、无意造成的后果而获得更准确的评价。

11.5 来自中国的一些例子

有时候，实际出现的后果不仅不是有意造成的，而且是没有预期到的。这种例子不仅表明强调人类期望是有缺陷的重要性，而且提供了制定未来政策的经验教训。也许中国最近历史中的几个例子可以帮助说明这些论点。

自从 1979 年经济改革开始以来，关于经济改革对一些重要社会目标的明显的负面影响，其中包括对农村医疗保健安排运作方式的影响，已经有很多讨论。改革者并未有意造成这些负面影响，但是它们看来是发生了。例如，20 世纪 70 年代后期在中国农业中推行的“责任制”，取代了早先的合作制（而且推动了若干年中前所未有的农业发展），但也使得农村医疗保健经费的筹措比以前困难得多。过去，农村医疗保健体系在很大程度上是通过合作体制在非自愿基础上承担费用的。事实证明，用一个由农村人口自愿加入的医疗保险体制来代替旧的方式是非常困难的。这可能确实使得在改革之后的那几年更难维持公共医疗保健的改进。这些后果看起来显然对改革者是一种意外。如果确实是这样，那么可以指出，在更充分研究中国和其他地方如何为医疗保健提供资金的基础上，这种后果本来是可以更好地预期到的。

再举一个不同类型的例子。中国为了减少人口出生率，在 1979 年开始实行了一些强制性计划生育措施（包括“独生子女”政策），这些措施看来对婴儿（特别是女婴）死亡率的下降产生了不利影响（如在第 9 章中所讨论过的）。事实上，歧视女婴的现象和女婴死亡率都有某种程度的恶化，而且肯定有很多性别选择性堕胎。因为家庭要服从政府对出生孩子总数的规定，而又不放弃他们对男孩的偏好。这些社会改革与计划生育政策的设计师们并非有意地对婴儿的总体死亡率或特别地对女婴死亡率造成负面影响；他们也没有有意鼓励性别选择性堕胎。他们只是有意减少生育率。但是这些负面后果确实发生了，而且应该受到重视并改进。

因此，核心问题是,这些负面影响——尽管并非是有意造成的——是否是可以被预期到的,而且是应该被**预见**到的。中国的经济和社会改革的性质本来可以得益于具有更好预测能力的因果分析——包括对并非有意造成的后果的分析。这些负面影响是**并非有意造成**的这个事实并不意味它们就完全不可以被预见到。对这些后果的更清楚的理解,本来可以使人们对拟议中的改革所可能涉及到的方面有更好的概念,甚至可能引导人们制定防范性或纠正性的政策。

中国近来经验中的这些例子涉及从社会观点来看是不利的那些无意造成的后果。这些无意造成的后果不同于亚当·斯密、门格尔和哈耶克所主要考察的那些无意造成的后果，后者一般是**有利**的。然而，这两类情况的发生具有基本的相似性，尽管无意造成的后果的性质在一种情况下是有利的，在另一种情况下是不利的。

事实上，无意造成的**有利**后果（斯密-门格尔-哈耶克类型的后果）同样在中国的经济计划领域发生过，只是对那种情况我们必须考察中国当代历史的另外一段时期。随着东亚和东南亚经济的高速经济进步得到更充分的分析，人们越来越清楚地认识到，并非仅仅是经济开放——以及更大程度地依赖国内和国际贸易——导致了这些经济经历如此快速的经济转变。积极的社会变革——包括土地改革、教育和识字的普及、更好的医疗保健服务——也为发展奠定了基础。我们在这里观察的，不是经济改革的社会后果，而是社会改革的经济后果。市场经济在这样的社会发展基础上繁荣起来。就像印度最近认识到的那样，缺乏社会发展会严重阻碍经济发展。

中国的这种社会变革是在什么时候、如何发生的？这些社会变革的高潮是在改革前，即在 1979 年之前——实际上很多是发生在毛泽东政策的活跃时期。毛泽东是**有意识地**为市场经济和资本主义的扩展建立基础的吗（他事实上成功地做到了这一点）？这个假设是很难接受的。但是毛泽东的土地改革、普及识字、扩大公共医疗保健等等政策，对改革后的经济增长起了非常有益的作用。改革后的中国受益于改革前中国所取得的成果的程度，应该得到更多的承认。[14]在这里，无意造成的正面后果是重要的。

由于毛泽东没有认真考虑过在中国出现繁荣的市场经济的可能性，毫不奇怪，他也没有考虑到在他的领导下引起的社会变革会有这样一种特定的效果。然而，这里存在一种普遍性的联系，它与本书所关注的可行能力非常接近。这里考察的社会变革（普及识字、基本的医疗保健和土地改革），确实能增强人们享受有价值和更有保障的生活的人类可行能力。但是，这些能力也与所涉及的人们的生产力和就业素质的改善有关（即扩展他们的所谓“人力资本”）。应该认为，一般的人类可行能力和特定的人力资本的相互依赖性，是可以被合理预期到的。尽管毛泽东的意图丝毫不包括使中国以市场为基础的经济扩展变得更容易一点，一个社会分析家却应该不难——甚至在当时——预期到这种关系。对这样的社会关联和因果联系的预期，能帮助我们对社会组织、社会变革和进步的可能路线，进行合理的理性思考。

因此，对无意造成的后果的预期，是组织改革和社会变革方面理性主义方法的一个部分，而不是与它相对立。斯密、门格尔和哈耶克提出的洞见，使我们注意到研究无意造成的后果（就像他们分别做的那样）的重要性，但是，认为无意造成的后果的重要性否定了需要理性地评价所有后果——包括无意造成的和有意造成的——却是完全错误的。这里没有任何理由去否定努力预期各种政策所有可能的后果的重要性，或者放弃以理性评价各种可能性作为制定政策的基础。

11.6 社会价值观与公共利益

我现在转到第三个反对意见。如何对待这样的断言：人类是坚定的自利者？我们如何回应对更广博的社会价值观的可能性存在的深深怀疑？是不是人们永远会以一种自我中心的方式来行使他们拥有的每一种自由，以至于对于理性社会进步和公共行动的预期完全是异想天开？

我要指出，这样的怀疑主义非常缺乏依据。自利当然是一个极端重要的动机，而且许多经济和社会工作由于对这个基本动机的重视不足而受挫。但是我们每日每时都看到，人们的一些行动反映了明显具有社会成分的价值观，那些价值观使我们远远超出纯粹自私行为的狭隘界限。社会规范的出现，可以由交往式理性思考和进化性行为模式选择来解释。迄今在这个领域已经有大量的文献，我将不在此多加讨论。[15]

运用带有社会责任感的理性思考以及关于正义的思想，与个人自由的中心地位紧密相关。这并不是断言，人们总是唤起他们的正义意识，或者运用他们带有社会责任感的理性思考的能力，来决定如何行使他们的自由。但是正义意识是那些**能够**、而且常常**确实**激发人们的动机因素之一。社会价值观对确保多种形式的社会组织的成功，可以发挥——而且一直发挥——重要作用，这些社会组织包括市场机制、民主政治、基本公民权利和政治权利、基本公共物品的提供，以及为公共行动和抗议而设的机构与制度。

不同的人们会以不同的方式去解释伦理思想，包括社会正义的思想，人们可能甚至会很不清楚如何梳理他们在这方面的思想。但是，关于正义的那些基本思想对于社会性生物的人类绝不陌生，人们关切自身利益，但也能够想到家庭成员、邻居、同胞以及世界上其他人们。亚当·斯密完美分析过的关于“不偏不倚的旁观者”的思想实验（从提出以下有力的问题开始：一个“不偏不倚的旁观者”会如何去想?），把我们绝大多数人都知道的一个非正式的——而且普遍流行的——思想，加以规范化的表述。并不需要在人类意识中——通过道德说教或伦理训斥——人为地创造出一个空间来存放正义或公平的思想。那个空间已经存在，问题在于如何系统地、令人信服地、有效地运用人们确实具有的普遍关注。

11.7　价值观在资本主义中的作用

虽然资本主义常常被看做只是在每个人贪欲的基础上运行的一种安排，事实上，资本主义经济的高效率运行依赖于强有力的价值观和规范系统。确实，把资本主义看做仅仅是一个基于贪欲行为的综合体系统，实在是严重低估了资本主义的伦理——它对资本主义的辉煌成就做出了丰富的贡献。

运用正规的经济模型来理解市场机制的运行，就像经济学理论研究中的标准方法那样，在某种程度上是一把双刃剑。模型可以提供对现实世界运行方式的洞见。[16]另一方面，模型的结构有时会掩盖了某些暗含的假定，这些假定产生出这些模型赖以建立的常规关系。成功的市场之所以能以其运行的方式来运行，并非只是以交换“被允许”为基础，它还依赖于机构和制度（例如有效支持契约所规定的权利的法制体系）与行为规范（它使达成的契约有效、而无需不停地求助于诉讼来保障契约履行）的坚实基础。形成并运用人们对相互之间言词和许诺的诚信，是确保市场成功的一个非常重要的因素。

当然，对资本主义的早期捍卫者来说，很清楚，资本主义的出现和发展涉及释放人们的贪欲之外的其他某种东西。曼彻斯特的自由派人士并非只是为了贪欲和自爱的胜利而战。他们的人性概念包容了更广阔的价值观领域。虽然对于人类（在不受干预地行动时）能够——而且将会——做些什么，他们可能是过度乐观了，但是他们正确地看到了人们具有某种自发的相互之间的感情，而且相信人们会对开展互利行为的需要有一种开明的理解（而无需国家不停地督促）。

亚当·斯密也是这样，他考察了涉及经济、社会和政治关系的多种多样的价值观。甚至那些早期的论者，例如孟德斯鸠（Montesquieu）和斯图亚特（James Stuart），在把资本主义看做是某种用“利益”取代“激情”的体制时，一般也注意到这样的事实，即以一种智力的、理性的方式追求利益，比起由激情、欲望和暴虐倾向驱使，是巨大的道德进步。斯图亚特认为，“利益”是控制“专制的蠢行”的“最有效的约束”。如赫契曼（Albert Hirschman）精美的分析所指出的，资本主义的早期倡导者从资本主义伦理的出现中看到一种巨大的动机改善：“它激发了某些温和的人类天性，以取代凶恶的倾向。”[17]

虽然资本主义伦理很有成效，事实上在某些方面它也具有深刻的局限性，特别是在处理经济不平等、环境保护，以及需要在市场之外开展诸多合作等等问题上。但是在它的作用范围之内，资本主义通过一个伦理体系——它为成功地使用市场机制及有关机构提供了所需要的眼界和信用——而得以有效地运行。

11.8　商业伦理、诚信与契约

一个交换经济的成功运行依赖于相互信任以及——公开的或隐含的——规范的使用。[18]当这些行为模式随处可见的时候，很容易忽视它们的作用。

但是在必须从无到有地把它们培育起来的时候，这种欠缺可以成为经济成功的一个主要障碍。前资本主义经济体由于资本主义的美德尚未发展起来而面临困难的例子俯拾皆是。资本主义需要比单纯的利润最大化更加复杂的动机体系，这一点已经以不同的形式，经过很长的一段时期，被许多重要的社会科学家，如马克思、韦伯、托尼（Tawney）和其他人所认识到。[19]非利润动机在资本主义的成功中发挥了其作用，这并不是一个新论点，只不过这方面的丰富的历史证据以及按这个方向展开的概念论证在当代专业的经济学中经常被忽视了。[20]

良好的商业行为基本准则有点像氧气：只有当缺少氧气时我们才对它感兴趣。亚当·斯密在他的《天文学史》中有一段有趣的评论，其中他提到这样一种普遍的现象：

> 一件事物，当我们很熟悉而且天天看到它时，虽然它是那么伟大而美丽，但它只给我们留下一个很不强烈的印象；因为既无惊奇，亦无意外之处，来支持我们对它的赞赏。[21]

在苏黎世、伦敦或巴黎或许不会引起惊奇或意外的事物，在开罗、孟买、或拉各斯（或莫斯科），在那里的人们为建立有效运作的市场经济的规范和制度而进行着充满挑战的斗争却可能是大成问题的。甚至意大利的政治和经济腐败问题，它们近年来受到很多讨论（而且曾经导致意大利政治均衡的许多剧烈变化），也在很大程度上与意大利经济的某种二元性质有关，即一方面，在经济的某些部分保存着“欠发展”因素，而另一方面，在同一经济的其他部分则能观察到最具活力的资本主义。

在前苏联和东欧国家经历的经济困难中，缺少那些对资本主义的成功运行具有中心意义的体制结构和行为准则，尤其重要。需要发展出另外一套具有其自身逻辑和忠诚观念的新体制和规则系统，它们在发展成熟了的资本主义中可能是相当标准的事，但却很难作为“计划的资本主义”的一部分一下子设置起来。这些变化会花费相当一段时期才能实现并起作用——这是现在从苏联和部分东欧国家的经历中学到的一个相当惨痛的教训。在第一波热情拥抱所谓的自动的市场过程的奇迹时，制度和行为实践的重要性被忽视了。

对体制性发展的需要，相当明确地与行为准则的作用有关，因为建立在人际安排与共享的理解之上的机构和制度，其运行是以共同的行为模式、相互信任以及对对方道德标准的信心为基础的。对行为准则的依赖通常是隐含的、不公开的——实际上是高度隐含的，以至于在这种信心不成问题的情况下，其重要性很容易被忽视。但是一旦这种信心**确实**有问题，忽视对它的需要就可以是灾难性的。在前苏联出现的黑手党式的运作近来受到某些注意，但是为了处理这个问题，我们必须考察其行为起因，包括亚当·斯密所分析的“已成惯例的行为准则”的深远的作用。

11.9　市场经济中规范与制度的差异

行为准则甚至在发达的资本主义经济中也有差异，它们促进经济成就的成效也不一样。虽然资本主义非常成功地在现代世界极大地增加了产出、提高了生产率，但是各个国家的经验仍然是相当多样化的。东亚经济的成功(最近几十年来)，以及其中最突出的日本经济的成功（更早很多年)，对传统经济理论中描述的资本主义的模型提出了重要的问题。把资本主义看做一个以个人拥有的资本为基础纯粹追求利润最大化的体系，遗漏了使这个系统在提高产出和创造收入上如此成功的很多因素。

日本常常被看做是成功的资本主义最突出的例子，而且尽管它经历了最近漫长的衰退和金融风波，这个结论可能不会完全被推翻。然而，日本商业中占统治地位的动机模式，比纯粹的利润最大化，具有更丰富的内容。不同的评论者曾经强调日本的不同的动机特征。莫里西玛（Michio Morishima）把“日本精神气质”的特点概述为源自日本历史的特点及其对基于规则的行为模式的倾向。[22]杜尔（Ronald Dore）和韦德（Robert Wade）找出了“儒家伦理”的影响。[23]奥基（Masahiko Aoki）看到了合作与更加趋于战略性思考的行为规则。[24]苏阻莫拉（Kotaro Suzumura）强调承诺与竞争环境及理性公共政策两方面的结合。[25]伊凯加米（Eiko Ikegami）则注重武士道文化的影响。[26]还有其他一些以行为为基础的解释。

确实，《华尔街日报》所作的显然令人困惑的断言，即日本是“惟一成功运行的共产主义国家”，甚至也多少含有一点正确的因素[27]。这个不合常理的评论点出了支撑日本许多经济和商业活动的非利润动机。我们必须理解并解释这个奇怪的事实，世界上最成功的资本主义国家之一的经济繁荣，建立在一个在某些重要领域不同于简单追求自利的动机体系之上，而追求自利——我们一直听到这样的教导——是资本主义的基石。

日本绝不是特殊的商业伦理促进资本主义成功的惟一例子。在世界上许多国家，无私工作、为企业作奉献以提高生产率等品德，也同样起到了促进这些国家经济成就的重要作用，而且甚至在最发达的工业国家，也有很多不同版本的这样的行为准则在起作用。

11.10　制度、行为规范与黑手党

在结束我们关于价值观对资本主义的成功所发挥的作用的不同层面的讨论时，我们必须看到，为资本主义奠基的伦理体系，涉及远比尊崇贪欲和膜拜金钱财富更多的因素。资本主义在全世界成功地提高了经济繁荣的一般水平，得益于使得市场交易既经济又有实效的道德和行为准则。要利用市场机制所提供的机会并更好地运用贸易和交换，发展中国家必须不仅要重视审慎行为的优良品德，还要重视那些补充性价值观的作用，例如，建立并维持诚信、避免严重腐败的诱惑、用允诺作为惩罚性执法的行之有效的替代物。在资本主义的历史中，资本主义的基本行为准则一直存在显著的差异，导致不同的成就和经验，其中也有不少东西是可以学习的。

在当代世界，资本主义所面临的那些重大挑战，包括不平等问题（特别是在前所未有的丰裕世界中都存在着那种摧残人的贫困），以及“公共物品”问题（即人们共同享受的物品，例如环境）。对这些问题的解决办法几乎肯定会需要超越资本主义市场经济的机构和制度。但是，在许多方面，资本主义市场经济的作用范围本身，也可以通过适当地培育起对上述问题敏感的伦理观念来加以扩展。市场机制与多种多样价值观的相容性，是一个很重要的问题，我们必须正视它，并同时探求拓展体制性安排以超越纯粹的市场机制的局限性。

在最近的研讨中受到最多注意的与行为准则有关的问题，包括经济腐败及其与有组织犯罪的联系。在意大利对这个问题的公共讨论中，常常谈到被人们称做“道德义务准则”的作用。运用那些关于荣誉和责任的行为准则来防止非法的、不公平的程序影响公共政策，这种可能性受到了很多注意，而且这种做法甚至被考虑作为减少黑手党对政府运作控制的一个方法。[28]

某些像黑手党那样的组织，在经济相对原始的地方，能够在支持互利的交易方面，发挥一些社会功能。这样的组织所能发挥的功能作用，极大地取决于在合法的、公开的经济中存在的实际行为模式。举一个例子，扎马格尼

(Stefano Zamagni）和其他人曾经讨论过，这种组织可以被用来保障契约和交易的实施。[29]市场体系要求有实施契约的安排，以制止契约的一方违约而使其他方受损。这种执行机制可以或者来自法律及其实施，或者——作为一种替代方式——是以相互信任和一种隐含的责任感为基础。[30]既然政府在这一领域的有效作用可能是有限和缓慢的，很多商业交易就在诚信和名誉的基础上进行。

然而，当市场伦理的标准还没有建立起来，而且对商业诚信的感情还没有充分培育起来的时候，契约可能很难加以维持和实施。在这种情况下，市场以外的组织就可以弥补这个空缺，并提供“强制执行”这种有社会价值的服务。在前资本主义经济被迅速卷入资本主义交易时，像黑手党这样的组织在这方面可以发挥一种功能性作用，并得到正面评价。取决于所涉及的相互关系的性质，这种类型的执行最终可能对有关各方是有益的，而很多当事人对腐败和犯罪行为也毫无兴趣。契约各方也许只是简单地需要一种“担保”，即其他各方的经济主体也和自己一样在做恰当的事。[31]

强制执行组织发挥这种“担保”作用，是因为缺少那些行为准则，这些行为准则本来可以减少对外部强制执行的需要的。法律机关之外的组织的强制执行功能，随着诚信以及由诚信产生的行为的增长而缩小。因此，行为规范和体制改革，确实可以有很强的互补性。[32]在对待黑手党式的组织——特别是在某些落后经济中——的控制时，这是一个需要考虑的很有普遍性的问题。

尽管黑手党是一个令人憎恶的组织，我们必须理解其影响的经济基础。除了承认枪支和炸弹的力量外，我们还需要对一些经济活动有所认识，正是这些经济活动使得黑手党成为在经济体中发挥一定功能的组成部分。由法制来保障契约的执行，以及人们的行为遵循相互信任的规范和伦理准则，这两方面的因素结合起来就会使得黑手党的作用成为多余，伴随着这个进程，其功能的吸引力也将消失。因此，商业规范的发育不充分，与有组织犯罪在这样的经济中盛行，二者之间存在一种普遍的联系。

11.11　环境、法规与价值观

关于环境保护问题，近来有很多的关于需要超越市场规则的讨论。已经做出了一些安排——还有很多提案——来建立政府法规，以及通过税收和补助来提供适当的激励。但是仍然存在一个伦理行为的议题，它与善待环境的规范有关。这个问题正好属于亚当·斯密在《道德情操论》中所详细讨论过的那些考虑因素，虽然环境保护在那个时代并不是具有突出意义的特殊问题（也不是斯密曾给予很多直接注意的问题）。

环境保护问题也与早先（在第 5 章）讨论过的，即斯密对“挥霍浪费者或投机者”的活动所造成的浪费的深切担忧有关。他曾经提议通过控制利息率来减少浪费性投资的影响，因为他担心浪费性投资者有更大的能力以高利率借款，却没有能力对这个星球上人们的生活做多少好事。[33]斯密把他对政府干预的支持与控制高利贷的需要联系起来——为此他遭到边沁的驳斥。[34]

现代的“挥霍浪费者或投机者”涉及对空气和水源的污染，斯密的普遍分析对于理解这个问题及其所造成的困难，以及可能存在的不同方式的纠正办法，都有很大的现实意义。法规和行为约束二者各自的作用，是这个领域需要讨论的重要课题。环境方面的挑战，是一个涉及“公共物品”（即人们共同享用，而不是一个消费者单独享用的物品）的资源配置的更一般问题的一部分。为了高效地提供公共物品，我们不仅不得不考虑国家行动和社会提供的可能性，我们还必须考察培育社会价值观和责任感可以发挥的作用，它们会减少对强力的国家行动的需要。例如，环境伦理的发展能够起到人们通常建议由强制性法规来起的作用。

11.12　审慎、同情与承诺

在某些经济学和政治学文献中（但在哲学文献中较少），“理性选择”这个术语被用来以令人吃惊的简单方式表示这样一个准则：排他性地在个人利益的基础上做出系统的选择。如果个人利益是狭隘地定义的，那么这种类型的“理性”模型将使得人们很难指望伦理、正义、后代的利益等等考虑，可以在我们的选择和行动中发挥什么作用。

是否应该如此狭隘地理解理性这个概念？如果理性行为包括谨慎地实现我们的目标，那么就没有理由不能把谨慎地发扬同情、谨慎地促进正义，同样看做是理性选择的表现。在背离狭隘的自利行为模式时，可以方便地区分两种不同的前进路线，即“同情”和“承诺”。[35]首先，我们的自利概念可能包括我们对别人的关切，因此，同情可以融合到一个人自己的（广义定义的）福利概念中。其次，超越我们广义定义的福利或自利，我们可能愿意做出牺牲以追求其他价值，例如社会正义、民族主义、社群福利（甚至付出个人代价）。这种背离涉及**承诺**（而不只是**同情**），所遵循的价值观超越了个人福利或自利（包括在促进我们所同情的人们的利益时所涉及的自利）。

可以用一个例子来说明这种区别。如果你帮助一个穷人，因为他的贫困使你不幸福，这是一个基于同情的行动。然而，如果贫困的存在并不使你特别地不幸福，但确实使你充满决心去改变那个你认为是不正义的制度（或者更一般地，你的决心不能由贫困所产生的不幸福来充分解释），那么这就是一个以承诺为基础的行动。

在依据同情采取行动时，并不涉及（在一种很重要的意义上）牺牲个人利益或福利。如果你为一个穷人的痛苦而痛苦，那么帮助他可以使你的状态改善。承诺行为则可能涉及自我牺牲，因为你试图提供帮助的理由是你的正义意识，而不是你减轻自己的由同情产生的痛苦的愿望。然而，在追求一个人的承诺时仍然涉及这个人的“自我”的一个成分，因为这些承诺是这个人自己的。更重要的是，尽管承诺行为可能并不能促进个人的利益（或福利），这样的追求并不构成对这个人的理性意志的任何否定。[36]

亚当·斯密讨论过对这两种背离的需要。他指出，“那些最具人性的行动所要求的，并非自我否定，并非自我控制，并非努力实施一种恰当性意识”，因为这些行动是我们的“同情心自发自愿促使我们去做的”。[37]“但是另一方面是一种慷慨。”确实，这正符合更广义的价值，例如正义，它要求一个人约束自己的私利，“让一个不偏不倚的旁观者进入他的行为准则”，它还可能会召唤“更多地实施公共精神”。[38]

斯密关于“人性和正义的恰当性”的观点的关键，是“主体的感情与旁观者的感情的同一和谐”。[39]斯密的理性人概念把一个人牢固地放在周边人群之中——放在他所属的社会之中。一个人的价值判断和行动都顾及别人的存在，个人并不是与“公众”隔离的。

就此而言，重要的是纠正常见的描述，即亚当·斯密——现代经济学之父——是一心一意传播自利概念的先知。在经济学（而且确实也在一般的公共讨论）中存在相当根深蒂固的传统，把斯密说成在理性世界中只看到自利（而且对于据说是他所看到的这种情况，他感到满意）。其做法是，从他的大量著作中，抽选出几段论述——而且常常只是一段论述（即前面引用过的关于肉商—酿酒商—面包商的阐述）。这使得亚当·斯密被严重歪曲了的形象得以流行，就像施蒂格勒（George Stigler）——除此以外他是一个很好的作者和经济学家——所总结的："自利支配了大多数人。"[49]

斯密在那一段被难以置信地经常引用（有时在很大程度上是脱离了上下文）的段落中，确实论述了，我们不需要运用"仁慈"来解释为什么肉商、酿酒商、面包商**想要**出售其产品给我们，以及我们为什么**想要**买他们的产品。[41]这些都是对的。斯密显然曾正确地指出，互利交换的**动机**并不需要他所说的"自爱"之外的任何东西，而注意到这一点具有决定性的意义，因为交换在经济分析中具有如此重要的地位。但是，在对待其他问题——诸如分配、公平、遵循规则以提高生产效率等等问题——的时候，斯密强调更广义的动机。在这些更广阔的领域，虽然审慎仍然是"对个人自身最有帮助的品质"，斯密也解释了为什么"仁心、慷慨和公共精神，是对其他人最有帮助的品质"。[42]事实上，我们有理由接纳的动机的多样性，在斯密对人类行为所做的令人瞩目的丰富分析中具有中心意义。这和施蒂格勒所述的亚当·斯密是迥然不同的，和那种把斯密描画成自利的伟大导师的歪曲了的形象也相距万里。我们可以套用莎士比亚的说法，有的人生而渺小，有的人后天变得渺小，亚当·斯密则是被强行地变渺小了。[43]

这里所讨论的是，我们当代的伟大哲学家罗尔斯所说的大家共享的"道德力量"，即"具有一种关于正义的意识和关于'好'的概念的能力。"罗尔斯认为，关于这些共享力量的前提假定，和"理性的力量（与这些力量相关联的判断、思维和推理）"，在"民主思想的传统"中具有中心地位。[44]事实上，价值标准对人类行为的作用是广泛的，否定这一点不仅等于背离民主思想的传统，而且等于限制我们的理性。正是理性的力量，使我们能够考虑我们的义务和理想，以及我们的利益和优势。否定这种思想自由，就等于对我们理性的作用范围施加严重的限制。

11.13　动机选择与进化生存

在评估理性行为的要求时也很重要的是，不仅考察人们对各种互不关联的目的做出直接选择，而且进一步考虑各种目的是通过其实效性和生存力而形成并维系下去的情况。近来关于偏好形成以及进化在偏好形成中的作用的研究，已经在很大程度上扩大了理性选择理论的深度和范围。[45]即使**最终**没有一个人有直接的理由去关切正义和伦理，正义和伦理因素还是可能对经济成功具有工具性意义，并且可以通过这种优势，比它们的对手更好地在社会行为规则中生存下来。

这种类型的“衍生性”推理，可以与一个人，通过对“应该”如何行动进行伦理考察，深思熟虑地选定他的行为规则，这一情况相比（例如，如康德和亚当·斯密曾经对此做过著名探讨的那样）。[46]人们“直接”地——而不是“衍生”地——关切正义和利他主义的伦理原因，在当代伦理学文献中也有不同形式的探讨。实践中的行为伦理融合了多种因素，既有单纯的道德考虑，也有各种形式的社会和心理性质的影响因素，其中包括一些相当复杂的规范和习俗。[47]

不管是出于“直接”的还是“衍生”的原因，我们都可以对各种正义考虑进行审视，而不必把那两个原因看成是“相互替代”的。即使行为的规范和关切点是建立在伦理的、社会的或心理的基础上的，它们能否长期生存下来，也几乎不可能独立于它们所导致的后果，以及可能起作用的进化过程。另一方面，在一个广阔的框架下研究进化选择时，也并不需要把非自私行为的产生**仅仅**局限于进化选择，而不给理性思考以任何独立的作用。可以把通过深思熟虑与通过进化来选择人们的承诺性行为的观点，统一到一个综合的框架之内。[48]

对我们发挥影响的价值标准可以由多种多样的方式产生。首先，它们可能来自**内省和分析**。内省的内容可能直接地与我们的关注因素和责任有关（康德和亚当·斯密都强调这一点），或者间接地与良好行为的后果有关（例如，具有良好声誉和提倡诚信所造成的优势）。

其次，它们可能来自我们自愿地**服从惯例**，而且按照历史上形成的风俗习惯所倡导的方式去思想和行动。[49]这种“协同行为”能够把推理的作用范围延伸，以至于超越一个人自己的批判性评估的限制，因为我们可以模仿其他人，做他们已经认为有理由做的事。[50]

再次，**公共讨论**可以强烈影响价值标准的形成。如一位伟大的芝加哥派经济学家奈特（Frank Knight）所说，价值标准“通过讨论而被建立、检验并得到承认，而讨论直接是一种社会的、智力的和创造性的活动”。[51]在公共选择领域，布坎南（James Buchanan）曾指出：“把民主定义为‘通过讨论来治理国家'意味着个人价值标准能够而且确实在决策过程中改变。"[52]

最后，**进化选择**可能发挥一种关键的作用。行为模式可以由于其后果性作用而生存下来并流行普及。上述这些选择行为的每一种范畴（内省选择、协同行为、公共讨论以及进化选择）都需要重视，在把握人类行为的概念时，有理由单独考虑每一个范畴，也有理由把它们结合起来考虑。价值标准在社会行为中的作用符合于这个广阔的框架。

11.14　伦理价值标准与政策制定

我现在从一般性地讨论人的伦理和规范，转到讨论与制定公共政策有关的价值标准上来。政策制定者有两组不同的、但是相互联系的理由，去关切社会正义的价值标准。第一个——而且更直接的——理由是，在鉴别公共政策的目的和目标，以及为实现所选定的目标确定适当工具的时候，正义是一个中心概念。正义的概念，尤其是特定的正义视角所用的信息基础（在第 3 章讨论过），对于公共政策的恰当性和作用范围，可以是特别关键的因素。

第二个——而且比较间接的——理由是，所有的公共政策都依赖于社会中个人和群体的行为。这些行为都受到人们对社会伦理要求的理解和解释（以及其他的因素）的影响。为了制定公共政策，重要的是，不仅要在选择公共政策的目标和优先主次时判断正义所提出的要求以及价值标准的作用范围，而且要理解普通民众的价值观，包括他们的正义感。

既然后一个（更间接的）涉及法规概念的作用也许是更复杂的（而且肯定是研究较少的），现在来对规范和正义思想在决定人们的行为和品行上所能发挥的作用，以及它们如何能影响公共政策的方向做一些说明，应该是有帮助的。前面（在第 8 章和第 9 章）讨论规范对生育行为的影响时，已经说明了这种联系，现在我来考察另一个更重要的例子：腐败的盛行。

11.15　腐败、激励因素与商业伦理

腐败的盛行自然被看做是通向成功的经济进步道路上的主要障碍之一，许多亚洲和非洲国家的情况反映了这一点。腐败的猖獗造成公共政策失效，

而且把投资和经济活动从生产性用途转到追求巨额报偿的欺诈活动上。它还会导致——如早先已讨论过的——例如黑手党那样的暴力组织的滋生。

然而，腐败并不是一个新现象，对付腐败的各种方案也不是新事物。古代文明提供了曾经广泛盛行的非法活动和腐败的证据。有些文明还产生了关于如何减少腐败、特别是减少高级官员腐败的大量文献。实际上，我们可以从历史文献中学到在今天防止腐败的一些方法。

那么，什么**是**“腐败”行为？腐败涉及违反已经确立的关于个人收益和利润的规则。显然，把人们导向**更加**注重个人利益不能杜绝腐败。为了减少腐败而简单地要求人们一般地**减少**自利动机也行不通——牺牲个人利益总要有特定的理由。

有可能在某种程度上通过机构改革来改变腐败行为的得失平衡。第一，审查与惩处系统自古以来一直是人们提出的防止腐败的规则中的重要项目。例如，公元前4世纪印度政治分析家考底利耶仔细地分辨了导致官员贪污的40种方式，并描述了现场抽查和奖惩系统如何能够防止这种行为。[53]明晰的规则和惩罚，加上有力的实施，可以使行为模式大不一样。

第二，某些政府管制体制赋予官员以相机处理的权力，使得他们能够给其他人——特别是商界人士——提供优惠，而这些优惠能给商界人士带来大笔金钱。这样的安排实际上鼓励了腐败。就像南亚的经验所特别表明的那样，过度管制的经济（在印度这种体制被称做“颁发许可证的官府”）是腐败的理想温床。即使这种体制在其他方面并不产生负面作用（实际上它们常常起负面作用），腐败的社会成本已经构成足够的理由去避免这样的安排。

第三，在官员掌握很大的权力，但他们自己相对来说并没有多少钱的时候，腐败的诱惑是最强的。在许多过度管制的经济中的低级官员正是处于这种情况，这也解释了为什么腐败在这些官僚机构中从上到下普遍发生，从大官僚直到小官吏概不能免。部分出于这个原因，在古代中国给很多官员发“防止腐败津贴”（称作“养廉”），为保持清廉守法提供激励因素。[54]

这些诱因以及其他诱因可以有所成效，但腐败的盛行很难完全依靠金钱激励来扭转。实际上，上述三方面的反腐败措施各自有其局限。首先，既然监督和审查总有疏忽遗漏之处，抓盗系统有时就不能发挥作用。此外还有向抓盗者提供合适的激励（以使他们不被收买）的复杂问题。其次，任何政府体制都不能不赋予官员某些对其他人具有一定价值的权力，这些人就会试图提供贿赂而导致腐败。当然可以减少这样的权力的作用范围，但任何重要的行政权力都可以潜在地被滥用。再次，即使已经很富的官员也常常尽力使自己变得更富有，而且他们甘愿冒一定的风险来这样做，如果收益足够高，风险就值得冒。近年来在不同国家有很多这样的例子。

这些局限性不应该阻止我们去做所能做的一切，来使组织机构改革有所成效，但是单纯依赖于对个人利益的激励不能完全消除腐败。实际上，在那些极少见到这种标准腐败行为的社会中，它们所依赖的，在很大程度上，是对行为准则的遵从，而不是对不腐败提供金钱激励。这促使我们重视在不同的社会流行的规范和行为模式。

柏拉图在《法律篇》中建议，强烈的责任感有助于防止腐败。但他也明智地注意到这绝不是一项“容易的任务”。这里的问题不是一般的责任感，而是对于规则以及遵守规则所持的特定态度，那是直接关系到腐败的。这些都属于亚当·斯密称做“正当性”的一般范畴。首先遵循诚实和正直的行为规则，肯定属于受人们尊重的价值标准。在很多社会，对这些规则的尊重，是防止腐败的防护墙。实际上，以规则为基础的行为，在当代世界不同文化中表现出最突出的差异性，不管我们是比较西欧与南亚、东南亚的商业模式，还是比较（同属西欧的）瑞士与意大利某些地区的商业模式。

然而，行为模式并非一成不变。人们如何举止常常取决于他们如何看待——并观察到——其他人的行为。因此，事情在很大程度上取决于对流行的行为准则的解读。对行为可以起重要影响的是一种相对于对照组人们（特别是地位相近的人们）的“相对正义”感。确实，在 1993 年意大利议会对腐败与黑手党之间的联系的调查中，“别人也是这么干的”，是被引用最多的腐败行为的“理由”之一。[55]

模仿——以及遵循已成惯例的“传统”——的重要性，是那些觉得有必要研究“道德情操”在社会、政治和经济生活中的影响的论者所一直强调的。亚当·斯密写到：

> 很多人行为非常体面，而且在他们的一生中避免任何微小过失，但他们也许从来没有过那种意识，其正当性使我们对其行为予以赞许，而**只是按照他们所理解的已成惯例的行为规则办事**。[56]

在解读“已成惯例的行为规则”时，人们也许会特别重视处于掌权和权威位置的人们的行为。这使高级官员的行为对建立行为规范成为特别重要。确实，中国公元前 122 年《淮南子》的作者们这样写到：

> 如果准线是直的，则木头也会直，并非由于一个人做出了特别的努

力，而是因为所‘依据’的准线是直的。同样，如果君主诚信正直，则正直的官员将在政府中服务，奸佞小人将藏匿起来，但是如果君主不正，则奸佞小人行其道，而忠臣将退隐。①[57]

我相信，这种古代智慧是有道理的。在“高位”上发生的腐败，其作用可以远远超出那种行为的直接后果，坚持从上层做起确实有其道理。

我并不是在此提出消除腐败的一种“算法程序”。如前文已经讨论过的，有理由特别注意通过组织机构改革来改变腐败的得失平衡的可能性。但是也有空间来强调规范和行为模式的氛围，在这方面，模仿和一种“相对正义”的意识可以发挥重要作用。诚然，盗贼中的正义，对其他人来说，可能完全不像是“正义”（就像“盗贼中的荣誉”也许看来并非特别光彩），但它对盗贼一伙来说肯定具有正义的外表。

为了更充分理解腐败的挑战，我们必须放弃那种假定，即认为人们仅仅被个人利益所驱使，而价值标准和规范简直就不起作用。它们确实起作用，正如不同社会间的行为模式的差异所充分说明的那样。变化的可能性是存在的，一些变化可以积累下去，并得到传播。正如腐败行为的出现会鼓励其他腐败行为，腐败势力被削弱可以进一步削减腐败。在试图改变行为模式的时候，记住这样一个事实是鼓舞人心的：每一个恶性循环都可以变成良性循环，如果调转其方向的话。

11.16 结语

本章一开始先审视了对于依靠理性争取社会进步——这个思想在本书所阐述的视角中具有非常中心的地位——持怀疑主义的某些理由。怀疑主义的一个观点论证特别引用了阿罗著名的“不可能定理”，对理性的社会选择的可能性提出疑问。然而，我们发现，问题不在于理性社会选择的可能性，而在于运用恰当的信息基础来进行社会判断和决策。这是一个重要的理解，但是它不是悲观的理解。确实，信息基础的关键作用也曾经在前面几章（特别是第3章）讨论过，也需要根据那些讨论来全面评价信息基础的恰当性问题。

① 原文见《淮南子·主术》篇：是故绳正于上，木直于下，非有事焉，所缘以修者然也。故人主诚正，则直士任事，而奸人伏匿矣。人主不正，则邪人得志，忠者隐蔽矣。——译者注

第二种观点对于有意识地追求一定成果的想法表示怀疑，并反过来强调“并非有意争取的后果”的压倒性重要性。从这种怀疑主义中也可以学到某些东西。但主要的教训并不是理性评估社会选择是无用的，而是需要预期那些**非意图但是可以预测到**的后果。问题在于，不要一心只想到意图的力量，也不要忽视所谓的副作用。实际例子——若干例子来自中国的经验——表明，失败并非由于因果性控制上的困难，而是由于固守一种片面的眼界所造成。合理的理性思维必须考虑更多因素。

第三种观点与对动机的理解有关。它采取了这样一种论证方式：人类毫无例外总是以自我为中心而且追求自利的，给定这个前提，人们有时下结论说，惟一能有效运行的体制是资本主义市场经济。然而，对人类动机的这种观点，并没有得到经验视察的支持。同样，以下结论也是不正确的：资本主义作为一个经济体制的成功仅仅依赖于自利行为，而不是依赖于一个复杂而精致的价值体系——它具有很多其他因素，包括可靠性、诚信以及商业信誉(在面临相反的诱惑时)。每一种经济体制都需要一定的行为伦理，资本主义也不例外。价值观确实具有影响个人行为的非常重大的作用。

在强调价值观和规范对个人行为的可能作用时，我的意图不是想论证，多数人更多地是从他们的正义感中受激发、而不是由审慎和物质考虑所激励。远非如此。在做出行为预测时——不管涉及的是个人工作、私人企业还是公共服务——重要的是，避免错误地假定人们是极其高尚、完全由正义感引导的。确实，过去很多意图良好的计划实践最后归于失败，就是由于过分依赖个人的无私行为。在承认更博大的价值观的作用时，我们不能失察明智的自利追求，以及粗鄙的物欲和贪婪所发挥的广泛作用。

问题是要在我们的行为假定中保持一种平衡。我们一定不能落入“高尚情操”假设的谬误，认为每个人都是非常道德的而且被价值观所驱使。我们也不能在放弃这个不现实的假设时，代之以同样不现实、但却是相反的——可以称做是“低级情操”的——假设。这个假设——一些经济学家看来赞同它——采取了这样一种假定，即我们完全不受价值观的影响（仅仅受关于个人利益的初级考虑的影响)。[58]不管我们考察的是“工作伦理”、“商业道德”、“腐败”、“公共责任”、“环境价值”、“性别平等”，还是“恰当的家庭规模”的概念，我们一定要注意，存在多种多样的优先顺序和规范，而且优先顺序和规范是可以改变的。在分析效率与公平问题，或者消除贫困与压迫问题的时候，各种价值观所起的作用不能不是关键因素。

对腐败（以及前文对生育行为）的经验讨论的目的，不仅在于考察那些本身就很重要的议题，而且在于说明规范和价值标准的显著意义——它们可以是制定公共政策的关键因素。这些例证还显示了公共交往沟通在价值标准和正义观念的形成上的作用。在制定公共政策时，“公众”的主体地位必须从不同的视角加以考察。这些经验联系不仅表明在什么范围内人们具有的正义和道德观念会发挥作用，而且指出在何等程度上价值观形成是一个涉及公共交往沟通的社会过程。

很显然，我们有很好的理由特别注意为更知情的理解和更开明的公共讨论创造条件。这具有强烈的政策涵义；例如，这些条件关系到年轻妇女的思想自由和行动自由，特别是通过扩大识字和学校教育，以及通过扩展妇女的就业、挣取收入的能力与经济地位的提升，来实现这些自由（如第 8 章和第 9 章所讨论的）。这里还涉及言论自由和传播媒体自由的重大作用，媒体能够在广泛的基础上报道和讨论重要的议题。

公共讨论的关键作用有时候只得到局部的认可。在中国，虽然传播媒体在其他方面受到控制，对家庭规模问题则有广泛的讨论，而且政府领导人积极追求在家庭规模上出现一种不同的规范。然而，同样的考虑也适用于许多其他领域的经济和社会变化，在那里公共讨论也可能会是大有帮助的。在中国，被允许（而且得到鼓励）的公共讨论的界限反映了政府政策的优先主次。事实上，这里存在一个仍然有待解决的冲突。不是通过强制、而是通过更广泛地接受两性平等的正义观念（包括妇女摆脱例如过度生育和抚育重担的自由，以及其他自由）来达到生育率的下降，会大大减少上述内在冲突。

公共政策的作用不仅在于实施那些从社会价值标准和认同中产生的优先顺序，而且在于推广和保障更充分的公共讨论。有多种多样的公共政策可以帮助促进公共讨论的范围和质量，诸如新闻自由和传播媒体的独立（包括废除审查制度）、扩展基本教育（包括妇女教育）、增强经济独立（特别是通过就业，包括妇女就业），以及有助于个人成为参与性公民的其他社会和经济变革。我们的视角的核心是这样的思想：公众是变革的能动的参与者，不是指令或资助配给的被动的、顺从的接受者。

【本章注释】

[1] 在亚里士多德的 *Nicomachean Ethics* 和 *Politics* 两本著作中，都考察了可以合理运用那种类型的理性思考。

[2] Kenneth Arrow, *Individual Values and Social Choice* (New York: Wiley, 1951; 2nd edition, 1963).

[3] 特别参见 Friedrich Hayek, *Studies in Philosophy, Politics, and Economics* (Chicago: University of Chicago Press, 1967), pp.96～105，以及那里所引用的参考著作。

[4] 这一思路的推理更充分的阐述见我的 *Collective Choice and Social Welfare* (San Francisco: Holden-Day, 1970; republished, Amsterdam: North-Holland, 1979), and *Choice, Welfare and Measurement* (Oxford: Blackwell, 1982; Cambridge, Mass.: MIT Press, 1982; republished, Cambridge, Mass.: Harvard University Press, 1997)，那里考察了如何解读的问题，以及建设性的、实际存在的可能性。亦见 "Social Choice Theory," in K. J. Arrow and M. Intriligator, *Handbook of Mathematical Economics* (Amsterdam: North-Holland, 1986) 中对文献的批评性综述，以及那里列出的文献。

[5] 我在诺贝尔获奖演说 "The Possibility of Social Choice," *American Economic Review* 89 (1999) 中进一步阐述了这一论点。

[6] 这些联系在我的美国经济学会会长演说 "Rationality and Social Choice," *American Economic Review* 85 (1995) 中得到了考察。James Buchnan 的著作 "Social Choice, Democracy and Free Markets," *Journal of Political Economy* 62 (1954), and "Individual Choice in Voting and the Market," *Journal of Political Economy* 62 (1954) 对这个领域给予开创性的注意。亦见 Cass Sunstein, *Legal Reasoning and Political Conflict* (Oxford: Clarendon Press, 1996)。

[7] 确实，从技术上说，甚至"最大化"也并不要求完全的排序，因为局部排序允许我们分离出替代方案的一个"最大"集，它不比任何可能的选择更差。关于最大化的分析，见我的 "Maximization and the Act of Choice," *Econometrica* 65 (July 1997)。

[8] Adam Smith, *The Theory of Moral Sentiments* (1759; revised edition, 1790), republished, edited by D. D. Raphael and A. L. Macfie (Oxford: Clarendon Press, 1976), p.184.

[9] Adam Smith, *An Inquiry into the Nature and Causes of the Wealth of Nations* (1776), republished, edited by R. H. Campbell and A. S. Skinner (Oxford: Clarendon Press, 1976), pp.26～27.

[10] Smith, *Wealth of Nations* (in the 1976 edition), pp. 453～471. 关于"看不见的手"的解释及其在斯密推理中的作用，见 Emma Rothschild, "Adam Smith and the Invisible Hand," *American Economic Review* 84, Papers and Proceedings (May 1994)。

[11] 见 Hayek, *Studies in Philosophy, Politics, and Economics* (1967), pp. 96～105。

[12] 我在别处阐述了，Albert Hirschman 在指出有意追求的、但是没有实现的后果

的重要性时可能是更有洞察力的。见我为他的 *The Passions and the interests: Political Arguments for Capitalism before lts Triumph* 二十周年版所写的前言（Princeton：Princeton University Press，1977；twentieth-anniversary edition，1997）。亦见 Judith Tendler，*Good Government in the Tropics*（Baltimore：Johns Hopkins University Press，1997）。

[13] 对此见我与 Jean Drèze 合著的，*India：Economic Development and Social Opportunity*（Delhi：Oxford University Press，1995）.

[14] 对此见 Drèze and Sen，*India：Economic Development and Social Opportunity*，chapter 4。

[15] 我曾在下列论文中广泛地讨论过这些问题：*Choice*，*Welfare and Measurement*（1982；1997）；*On Ethics and Economics*（Oxford：Blackwell，1987）；and "Maximization and the Act of Choice"（1977）.

[16] Kenneth Arrow，Gerard Debreu and Lionel McKenzie 对于竞争性市场的经典概括，虽然其结构性假定是简略的，但它提供了深刻的洞见。见 Kenneth J. Arrow，"An Extension of the Basic Theorems of Classical Welfare Economics，" in *Proceedings of the Second Berkeley Symposium of Mathematical Statistics*，edited by J. Neyman（Berkeley：University of California Press，1951）；Gerard Debreu，*Theory of Value*（New York：Wiley，1959）；Lionel McKenzie，"On the Existence of General Equilibrium for a Competitive Market，" *Econometrica* 27（1959）。

[17] 见 Hirschman，*The Passions and the Interests*（1977；twentieth-anniversary edition 1997）。亦见 Samuel Brittan，*Capitalism with a Human Face*（Aldershot：Elgar，1995）。

[18] 这些联系在我的论文"Economic Wealth and Moral Sentiments"（Zurich：Bank Hoffman，1994）中得到考察。亦见 Samuel Brittan and Alan Hamlin，eds.，*Market Capitalism and Moral Values*（Cheltenham，U.K.：Edward Elgar，1995），and *International Business Ethics*，edited by Georges Enderle（South Bend，Ind.：University of Notre Dame Press，1998）。

[19] Karl Marx（with Friedrich Engels），*The German Ideology*（1846；English translation，New York：International Publishers，1947）；Richard Henry Tawney，*Religion and the Rise of Capitalism*（London：Murray，1926）；Max Weber，*The Protestant Ethic and the Spirit of Capitalism*（London：Allen & Unwin，1930）.

[20] 一个中心问题是 Bruno Frey 所说的"内在动机"：*tertium dater* 的重要性。见"Tertium Dater：Pricing，Regulating and Intrinsic Motivation，" *Kyklos* 45（1992）。

[21] Adam Smith，"History of Astronomy，" in his *Essays on Philosophical Subjects*（London：Cadell & Davies，1795）；republished，edited by W. P. D. Wightman and J. C. Bryce（Oxford：Clarendon Press，1980），p.34.

[22] Michio Morishima, *Why Has Japan 'Succeeded'? Western Technology and the Japanese Ethos* (Cambridge: Cambridge University Press, 1982).

[23] Ronald Dore, "Goodwill and the Spirit of Market Capitalism," *British Journal of Sociology* 36 (1983), and *Taking Japan Seriously: A Confucian Perspective on Leading Economic Issues* (Stanford: Stanford University Press, 1987). See also Robert Wade, *Governing the Market* (Princeton: Princeton University Press, 1990).

[24] Masahiko Aoki, *Information, Incentives, and Bargaining in the Japanese Economy* (Cambridge: Cambridge University Press, 1989).

[25] Kotaro Suzumura, *Competition, Commitment, and Welfare* (Oxford and New York: Clarendon Press, 1995).

[26] Eiko Ikegami, *The Taming of the Samurai: Honorific Individualism and the Making of Modern Japan* (Cambridge, Mass.: Harvard University Press, 1995).

[27] *Wall Street Journal*, January 30, 1989, p.1.

[28] 见 the proceedings of the conference on "Economics and Criminality" in Rome in May 1993, organized by the Italian Parliament's Anti-Mafia Commission, chaired by Luciano Violante, *Economica e criminalità* (Roma: Camera dei deputati, 1993)。我提交的论文"On Corruption and Organized Crime"中特别针对意大利的情况分析了这里简略触及的问题。

[29] 见 Stefano Zamagni, ed., *Mercati illegali e Mafie* (Bologna: Il Mulino, 1993)。亦见 Stefano Zamagni, ed., *The Economics of Altruism* (Aldershot: Elgar, 1995), especially his introduction to the volume; Daniel Hausman and Michael S. McPherson, *Economic Analysis and Moral Philosophy* (Cambridge: Cambridge University Press, 1996); Avner Ben-Ner and Louis Putterman, eds., *Economics, Values and Organization* (Cambridge: Cambridge University Press, 1998)。

[30] 关于诚信作用的一般性分析，见收录了 Diego Gambetta, ed., *Trust and Agency* (Oxford: Blackwell, 1987) 的论文。

[31] 对此，见我的"Isolation, Assurance and the Social Rate of Discount," *Quarterly Journal of Economics* 81 (1967), reprinted in *Resources, Values and Development* (Cambridge, Mass.: Harvard University Press, 1984; reprinted 1997); and *On Ethics and Economics* (Oxford: Blackwell, 1987)。

[32] 关于这一相互联系的一般性质和意见，见 Alan Hamlin, *Ethics, Economics and the State* (Brighton: Wheatsheaf Books, 1986)。

[33] *Wealth of Nations*, volume 1, book 2, chapter 4.

[34] Jeremy Bentham, *Defense of Usury. To Which Is Added a Letter to Adam Smith, Esq., LL.D.* (London: Payne, 1970).

[35] 我曾在“Rational Fools: A Critique of the Behavioural Foundations of Economic Theory,” *Philosophy and Public Affairs* 6 (summer 1977) 中更充分地讨论了其区别; reprinted in *Philosophy and Economic Theory*, edited by Frank Hahn and Martin Hollis (Oxford: Oxford University Press, 1979); 在我的 *Choice*, *Welfare and Measurement* (1982), and in *Beyond Self-Interest*, edited by Jane Mansbridge (Chicago: Chicago University Press, 1990)。亦见我的“Goals, Commitment and Identity,” *Journal of Law, Economics and Organization* 1 (fall 1985); and *On Ethics and Economics* (1987)。

[36] 在贝克尔重要的、很有影响的《对人类行为的经济学分析》(*The Economic Approach to Human Behavior*, Chicago: Chicago University Press, 1976)中,为同情(而不是承诺)提供了适当的空间。理性人所追求的最大化目标可以包括对别人的关切;对于那种标准的、关于自我中心的个人的新古典假定,这是明显重大的拓宽。(对行为分析框架的某些进一步拓宽,可以在 Becker 后来的著作 *Accounting for tastes* [Cambridge, Mass.: Harvard University Press, 1996] 中找到)。但是这种最大化目标在 Becker 的框架中还是被看作是反映了一个人的自利;这是同情——但不是承诺——的一个特征。然而,有可能保留这种最大化框架,而且仍然完全在这种最大化的学理之内容纳追求自利之外的价值(通过把目标函数拓宽到超越自利的概念);对此以及有关的问题,见我的“Maximization and the Act of Choice”(1997)。

[37] Smith, *The Theory of Moral Sentiments* (revised edition, 1790; republished, 1975), p.191.

[38] Smith, *The Theory of Moral Sentiments*, p.191.

[39] Smith, *The Theory of Moral Sentiments*, p.190.

[40] George J. Stigler, “Smith's Travel on the Ship of the State,” in *Essays on Adam Smith*, edited by A.S.Skinner and T. Wilson (Oxford: Clarendon Press, 1975).

[41] Smith, *Wealth of Nations* (1776; republished 1976), pp.26~27.

[42] Smith, *The Theory of Moral Sentiments*, p.189.

[43] 见我的“Adam Smith's Prudence,” in *Theory and Reality in Development*, edited by Sanjay Lal and Francis Stewart (London: Macmillan, 1986)。关于对 Adam Smith 误读的历史,见 Emma Rothschild, “Adam Smith and Conservative Economics,” *Economic History Review* 45 (February 1992)。

[44] John Rawls, *Political Liberalism* (New York: Columbia University press, 1993), pp.18~19.

[45] 关于不同类型的出于理性的关联,见 Drew Fudenberg and Jean Tirole, *Game Theory* (Cambridge, Mass.: MIT Press, 1992); Ken Binmore, *Playing Fair* (Cambridge, Mass.: MIT Press, 1994); Jorgen Weibull, *Evolutionary Game Theory* (Cambridge, Mass.: MIT Press, 1995)。See also Becker, *Accounting for Tastes* (1996); and Avner Ben-Ner and Louis

Putterman, eds., *Economics, Values, and Organization* (Cambridge: Cambridge University press,1998).

[46] Immanuel Kant, *Critique of Practical Reason* (1788), translated by L.W. Beck (New York: Bobbs-Merrill, 1956); Smith, *The Theory of Moral Sentiments* and *Wealth of Nations* (1776; republished, 1976).

[47] 见 Thomas Nagel, *The Possibility of Altruism* (Oxford: Clarendon Press, 1970); John Rawls, *A Theory of Justice* (Cambridge, Mass.: Harvard University Press, 1971); John C. Harsanyi, *Essays in Ethics, Social Behaviour, and Scientific Explanation* (Dordrecht: Reidel, 1976); Mark Granovetter, "Economic Action and Social Structure: The Problem of Embeddedness," *American Journal of Sociology* 91 (1985); Amartya Sen, *On Ethics and Economics* (1987); Robert Frank, *Passions within Reason* (New York: Norton, 1988); Vivian Walsh, *Rationality, Allocation, and Reproduction* (Oxford: Clarendon Press, 1996), among other contributions。亦见 Hahn and Hollis 的文集, *Philosophy and Economic Theory* (1979); Jon Elster, *Rational Choice* (Oxford: Blackwell, 1986); Mansbridge, *Beyond Self-Interest* (1990); Mark Granovetter and Richard Swedberg, eds., *The Sociology of Economic Life* (Boulder, Colo.: Westview Press, 1992); Zamagni, *The Economics of Altruism* (1995)。关于这一课题的心理学文献的丰富历史，特别参见 Shira Lewin, "Economics and Psychology: Lessons for Our Own Day from the Early Twentieth Century," *Journal of Economic Literature* 34 (1996)。

[48] 对此见我的 *On Ethics and Economics* (1987), and my foreword to Ben-Ner and Putterman, eds., *Economics, Values and Organization* (1998)。

[49] 对此，见 Smith, *The Theory of Moral Sentiments*, p.162。

[50] 然而，我们也可能被"群体行为"导入迷途，对此见 Abhijit Banerjee,"A Simple Model of Herd Behaviour,"*Quarterly Journal of Economics* 107(1992)。

[51] Frank H. Knight, *Freedom and Reform: Essays in Economic and Social Philosophy* (New York: Harper & Brothers, 1947; republished, Indianapolis: Liberty, 1982), p.280。

[52] Buchanan, "Social Choice, Democracy and Free Markets" (1954), p.120. 亦可参见他的 *Liberty, Market, and the State* (Brighton: Wheatsheaf Books, 1986)。

[53] Kautilya, *Arthashastra*, part 2, chapter 8; English translation, R. P. Kangle, *The Kautilya Arthashastra* (Bombay: University of Bombay, 1972), part 2, pp.86～88。

[54] 见 Syed Hussein Alatas, *The Sociology of Corruption* (Singapore: Times Books, 1980); 亦见 Robert Klitgaard, *Controlling Corruption* (Berkeley: University of California Press, 1988), p.7。这种类型的支付体系，通过它的"收入效应"，能够有助于减少腐败：官员们会较少地需要赚一笔外快。但是也有一种"替代效应"：官员们会知道腐败

行为可能涉及失去高薪职务的严重损失，如果“情况不好”的话（就是说，如果情况变好了）。

[55] 见 *Economica e criminalità*，the report of the Italian Parliament's Anti-Mafia Commission，chaired by Luciano Violante。

[56] Smith，*The Theory of Moral Sentiments*，p.162；强调为作者所加。熟练运用社会规范是诉求于承诺行为的非营利机构的重要助手。这可以用孟加拉国活跃的非政府组织（NGO）来说明，如 Muhammed Yunus's Grameen Bank，Fazle Hasan Abed's BRAC and Zafurullah Chowdhury's Gonoshashthaya Kendra（Center for People's Health）。也见对拉丁美洲政府效率的分析，Judith Tendler，*Good Government in the Tropics*（1997）。

[57] 英文翻译自 Alatas，*The Sociology of Corruption*（1980）；亦见 Klitgaard，*Controlling Corruption*（1988）。

[58] 我曾在一系列论文中讨论过这些多样的问题，它们收录于论文集 *Resources, Values and Development*（1984；1997）中。

第 12 章　个人自由与社会承诺

伯纳德·罗素是一个坚定的无神论者，他曾被问到，如果他死后最终还是见到上帝，他会做什么。据说罗素的回答是："我将问他：万能的主啊，为什么你给了那么少的证据表明你是存在的？"[1]我们生活于其中的悲惨世界，至少在表面上看来，确实并不像是有一个全能而仁慈的神在掌管。很难理解，在一个富于同情心的世界秩序中，怎么会有这么多人在经受深重的苦难和长期的饥饿，过着受剥夺而绝望的生活，而且为什么每年有数以百万计的无辜儿童死于缺乏食品、医疗或社会关怀。

当然，这并不是新问题，它曾经是神学家所讨论的一个主题。有一种观点认为，神有理由要我们来处理我们自己的事。这一观点得到了相当多的知识界的支持。我不是一个宗教徒，因此没有资格来判断这一论点在神学上的是非曲直。但我能够领会这一断言的力量：人们自己必须承担起发展和改变他们生活于其中的世界的责任。一个人，不管他信教与否，都应该能够接受这一事实。当人们——在广义上——生活在一起的时候，我们不可能逃避这样的想法：我们所看到的发生在我们周围的可怕的事情，本质上是我们的问题。它们是我们的责任——不管它们是否也是别人的责任。

作为能力健全的人，我们不能逃避对现状进行判断，以及决定应该采取什么行动这一任务。作为反思性的生灵，我们有能力去体察别人的生活。我们的责任感并非只适用于我们自己的行为所造成的痛苦(虽然那也是非常重要的)，而且还可能一般地适用于我们所看到的、发生在我们周围的、并且我们有能力帮助减轻的痛苦。当然，这种责任感并不是我们惟一需要注意的，但是，否定上述一般性论断的有效性，就迷失了对我们的社会性具有中心意义的要素。这里，更主要的是承认我们所共享的人性在决定我们面临的选择上的意义，而不是确定一些严格的规则以准确地规定我们应该如何行事。[2]

12.1　自由与责任之间的相互依赖

关于责任的问题提出了另一个问题。一个人难道不应该完全为自己的处境负责吗？为什么别人要承担责任来影响那个人的生活？这种思想，以这样或那样的形式，看来折服了许多政治评论者，而且，自助的想法是很符合当前潮流的。更进一步，有些人争辩说，依赖他人不仅在伦理上成问题，在实践中也是失败的，因为它破坏了个人的主动性和努力，甚至个人的自尊。谁不觉得最好是依赖自己来照看自己的利益和问题呢？

使这条线索的推理具有说服力的那些考虑因素，可以说确实是非常重要的。把照看一个人利益的负担加诸于另一个人，这样的责任划分，会在很多重要方面造成问题：动机、参与，以及自我知识——一个人自己也许处于一种独一无二的位置拥有这种知识。用社会责任来**取代**个人责任的任何正面行动，不可避免地会在不同程度上产生负面作用。个人责任没有替代品。

排他性地依赖个人责任的问题——其作用范围的局限性及其是否合理，只有在首先承认个人责任的核心基础作用之后，才能最好地讨论。

另一方面，我们分别享有的、使我们得以履行我们责任的实质自由，极大地取决于个人的、社会的和环境的具体情况。在童年失去了基本教育机会的孩子，不仅作为年幼者被剥夺，而且在其一生中都会能力不全（成为一个没有能力去做那些需要读写和算术计算的技能的基本事情的人）。一个因身患疾病而受苦、但又没有支付手段来得到治疗的成年人，不仅是可以防治的疾病和可能避免的死亡的受害者，而且也被剥夺了——为自己或者为别人——做各种事情的自由，而作为一个负责任的人，他本来可能是希望做这些事的。生来就处于半奴隶地位的人身依附性劳工，在压制性社会的束缚管制下的女孩子，没有土地、没有办法挣得收入的无助的劳工，都是被剥夺者，不仅在福利方面，而且在过一种负责任的生活的能力方面，后者是需要拥有一定的基本自由的。责任以自由为**条件**。

赞成以社会扶持来扩大人们的自由的理由，因此，可以看作是**赞成**个人责任的理由，而不是反对个人责任的理由。自由与责任的联系是双向的。没有实质自由和可行能力去做某一件事，一个人就不能为做那件事负责。但是，实际上有实质自由与可行能力去做某一件事，也就向一个人施加了义务去考虑是否做那件事，而这就确实涉及个人责任。在这个意义上，自由对责任既是必要的，也是充分的。

可取代排他性地依赖个人责任的体制，并非像人们有时所假定的那样，就是所谓的保姆国家。“照管”个人的选择，与为个人创造更多的选择和实质性决策的机会、从而使个人能够在此基础上负责地行动，这两者之间是有区别的。当然，对个人自由的社会承诺，并非只能通过国家来实施，而是必须涉及其他机构：政治和社会组织、以社区为基础的安排、各种非政府机构、传播媒体和其他的公共理解与交往的媒介，以及保障市场和契约关系发挥功用的机构。对个人责任的武断的狭隘观点——就像一个人站在想像出来的孤岛上，既无人帮助也无人阻碍——必须加以拓宽，不仅要承认国家的作用，还必须承认其他组织和主体的功能。

12.2　正义、自由与责任

我们在当代世界面临的挑战的核心是我们关于一个可以接受的社会的想法。为什么某些社会安排很难令人满意？我们可以做些什么来使一个社会更加令人可以忍受？构成这些想法的基础是某些评价理论，甚至——常常是隐含地——是对社会正义的某种基本理解。当然，这里并非详细研究正义理论的场合，我已在别处尝试这样做了。[3]然而，我也已经在本书运用了某些一般性的评价思想（在第1章至第3章中简略地讨论过），其中涉及正义观念及其对信息的要求。现在来考察那些思想与后来的章节所讨论的问题之间的联系，应该是有帮助的。

第一，我曾经论证了在判断个人处境、评价社会成就和失败时，实质自由的首要地位。自由的视角所关注的并非仅仅是程序（虽然过程与其他要素一起，在评价事物时确实起作用）。我已经说明，基本的考虑因素是我们所拥有的、享受我们有理由珍视的那种生活的可行能力。[4]这一视角可以提供一种非常不同的发展观，不同于常见的集中注意国民生产总值，或技术进步，或工业化的观点——所有这些都在一定条件下具有重要意义，但它们不是发展的决定性特征。[5]

第二，自由取向的视角，在它的一般性分析方法之内，可以容纳相当多的变化。自由不可避免地包括许多种类，特别是前文已经讨论过，存在着"机会层面"的自由和"过程层面"的自由二者之间的重要区别（对此可参阅第1章的讨论）。虽然自由的这些不同组成部分通常共同起作用，但有时却并非如此，在这样的情况下，事情就取决于对不同要素所赋予的权重。[6]

自由取向的视角，还可以容纳分别强调效率和公平的相对重要性的不同主张。可以有下述两种相互冲突的主张：(1) 要求享有自由的不平等程度比较小，(2) 要求所有人的自由尽可能地多，而不管不平等程度如何。上述共容的视角使得我们能够把具有相同的一般性取向的、不同的正义理论归并为一组。当然，公平取向的考虑和效率取向的考虑之间的冲突，并非自由的视角所特有的问题。不管我们集中注意的是自由，还是某些其他评价个人处境的方法（例如，按照幸福或者"效用"，或者人们分别拥有的"资源"或"基本物品"，来评价个人处境），这种冲突总是存在。那些标准的正义理论在处理这一冲突时，提出了非常特定的公式，例如，功利主义要求使效用的总和达到最大，而不管效用的分配，罗尔斯的差别原则要求使处境最差的人的利益达到最大，而不管这会如何影响所有其他人的利益。[7]

与此相比，我并没有提倡一个特定的公式来"完满解决"这个问题，相反，我一直集中注意承认总量和分配两方面考虑的说服力和正当性。这种承认本身，加上认真注意二者中每一方面考虑的需要，强有力地把我们的注意力引向公共政策的某些基本的、但是被忽略的问题，即**从自由的视角**所看到的贫困、不平等和社会运作业绩。在评价发展的过程时，总量和分配两方面的评价都是在所必需，这对理解发展的挑战具有中心意义。但是这并不要求我们去评价所有的发展实例，以得出一个线性排序。相反，至关重要的是，要恰当地理解评值的信息基础——即为了判断现状是什么样的以及哪些问题被严重忽视了，我们所需要考察的特定类型的信息。

事实上，就像在第 3 章(以及其他地方[8])所讨论的，在关于正义的纯理论层次上，过早地对互相冲突的某些考虑因素确定一个特定的"加权"体系而不得改变，是一个错误，它会严重地限制对权数赋值这个极端重要的问题(以及对更广泛的"社会选择"问题，包括与民众参与有关的各种程序)进行民主决策的空间。基础性的正义思想可以鉴别出对"正义社会"有不可或缺的关联性的某些基本要素，但我已论述过，那些思想完全不可能最终产生出一个关于相对权数的高度清晰的公式的排他性选择，作为"正义社会"的惟一蓝图。[9]

例如，一个社会在可以防止饥荒的时候允许饥荒发生，就以一种明显的、显著的方式表明，它是不正义的，但是这样的诊断并非一定要依赖于以下信念，即食品或者收入或者权益，在这个国家的全体人民中，按某种惟一的方式分配，将会是最正义的，而其他精确的分配将次之（即对所有可能的分配有一个完整的排序）。正义思想的最重要的意义，在于用来识别**明显的非正义**——对此是可能理性地达成一致意见的——而不是用来推导出现成的公式，说明世界应该如何精确地管理。

第三，甚至就明显的非正义而言，不管从基本伦理原则来看它是如何明白无误，在实践中，要使大家就此达成共识，还是会依赖公开地讨论所涉及的议题、以及改进的可行性。在种族、性别和等级方面的极端的不平等，常常是因为对它们有一种隐含的理解，即——借用一句出撒切尔在不同的但有某种联系的场合使用而变得流行的话来说——"别无选择"。例如，在妇女歧视盛行而且被视做当然的社会，要理解这种歧视状况并非是不可避免的，就会需要经验性知识和分析性论证，在很多情况下，这会是一个很费力而且很具挑战性的过程。[10]对传统观念从实践性和价值观两方面进行公开辩论，其作用对于使公众承认非正义的存在，具有中心意义。

给定公共辩论和讨论在形成和利用我们的社会价值观（这涉及不同原则和标准所提出的相互冲突的主张）方面所必定起到的作用，则基本的公民权利和政治自由对社会价值观的形成就是不可缺少的了。事实上，参与至关重要的评价和价值标准形成的自由，属于社会存在的最紧要的自由。社会价值标准的选择，不能仅仅由控制政府权力杠杆的当权者通过宣布来做出。如前文所讨论过的（见导论和第1章），我们必须把在发展文献中经常提出的一个问题，即民主和基本的政治与公民权利是否有助于促进发展的进程，看做在根本方向上是完全错误的。相反，这些权利的产生和巩固应该看做发展过程本身的**建构性**要素。

这一点与民主和基本政治权利能为易受伤害的人们提供安全和保障的**工具性**作用，在很大程度上是分开的。这些权利的实施，确实有助于使国家对易受伤害的人们的苦难更为敏感，从而对防止例如饥荒那样的经济灾难起作用。但是，政治和公民权利的普遍性扩展则超越这种作用，而对发展过程自身具有中心意义。这里所说的自由，包括这样的自由权，即成为一个起作用、说话有分量的公民，而不是像一个吃得饱、穿得暖，得到足够照料的仆人那样生活着。民主和人权的工具性作用，尽管无疑是重要的，但必须与其建构性作用区分开来。

第四，一个集中注意实质自由的、关于正义和发展的视角，必定不可避免地聚焦于个人的主体地位及其判断；不能把人们看做仅仅是发展过程所带来的利益的接受者。负责的成年人必须承担自己的福利；应该由他们来决定如何使用他们的可行能力。但是，一个人实际上确实拥有的（而不是仅仅在理论上拥有的）可行能力取决于社会安排的性质，这对个人自由可以是至关重要的。国家和社会不能逃避责任。

例如，废除在任何地方存在的人身依附性劳工制度，让那些人身依附性劳工有自由到其他地方就业，应该是一个社会共同承担的责任。另外，实行旨在提供广泛就业机会的经济政策，也是一个社会应该负起的责任，人们的经济和社会生存严重地依赖于这些就业机会。但是，决定如何运用这种就业机会以及选择哪一种工作，是个人的责任。类似地，拒绝为一个孩子提供基本教育的机会，或者拒绝为一个病人提供基本的医疗保健，是社会的失责，但是，具体如何运用其学识和健康条件，则只能是一个人自己决定的事务。

同样地，通过提供就业机会、教育安排、财产权等等来增强妇女的权利，可以使妇女有更多的自由来影响一系列事务，诸如医疗保健、食品和其他商品在家庭内部的分配，以及家务工作的安排和生育率，等等。但是实际如何行使这种扩大了的自由则最终是个人自己决定的事。对于人们会如何运用这种自由，经常可以做出合理的统计预测（例如，预测扩大妇女在教育和就业方面的机会，将减少生育率和怀孕频率），但这并否定以下事实，即我们所期望的，是妇女将运用其扩大了的自由。

12.3　自由造成的区别何在

本书注重的焦点是自由的视角，绝对不能将其看做是对现有的关于社会变化的大量文献持敌视的态度，这些文献丰富了我们对几个世纪以来的发展进程的理解。虽然一部分近期的发展文献通常集中注意发展的某些有限的指标，例如人均国民生产总值的增长，但对这种自设樊篱做法的反对却由来已久。确实存在着许多视野更广阔的观点，包括亚里士多德的观点，后者当然是本书的分析所汲取的思想源泉之一（亚里士多德在《伦理学》中做出了明确的诊断："财富显然不是我们所追求的东西，因为它只是有用，而且是因为其他事物而有用。"[11]）。这也适用于"现代"经济学的那些先驱，如《政治算术》（1691 年）的作者威廉·配第，他对远为广阔的问题做了启发性的讨论，作为对他发明的国民收入核算的补充。[12]

确实，扩展自由最终来说是判断经济与社会变化的一个重要的动因，这种信念完全不是新鲜的。亚当·斯密明确表达了对重要的人类自由的关注。[13]马克思在他的许多著作中，例如，在他强调"确立个人对偶然性和关系的统治，以之代替关系和偶然性对个人的统治"①的重要性的时候，也这样做了。[14]约翰·穆勒对保障并扩大自由的论述，以及特别对否定妇女的实质自由的愤怒抗议，极大地补充了他的功利主义视角。[15]哈耶克一直强调把经济进步放在关于自由权和自由的一个非常一般性的框架之内，他论证说，"经济考虑只是我们用来调和与调整我们的不同目标的因素，这些目标，最终来说，没有一个是经济的（除非他是个守财奴，或把赚钱本身作为目的的人）。"[16]

若干发展经济学家也一直强调把选择的自由作为发展的一个重要标准。例如，彼德·鲍尔（Peter Bauer），他在发展经济学领域有"异见者"的长期记录[包括一本很有洞察力的、题为《对发展的异见》(Dissent on Development)

① 此处译文取自《德意志意识形态》，《马克思恩格斯全集》，1 版，第 3 卷，515 页，北京，人民出版社，1960。——译者注

的著作]，曾经这样有力地概括发展：

> 我把扩大选择的范围，即扩大可供人们选择的、实际有效的备选事物的范围，看做是经济发展的主要目标和标准；而且，我判断一项政策措施时，主要是根据它对于可供人们选择的备选事物的范围所可能发挥的作用。[17]

刘易斯（W.A. Lewis）在其著名的著作《经济增长理论》中也陈述，发展的目标是增大“人类选择的范围”。然而，在说明这一动机之后，刘易斯最终决定把他的分析简单地集中于“人均产出的增长”，其理由是这“为人提供了他对环境的更大控制，因而增加了他的自由”。[18]当然，在其他条件相同的情况下，产出和收入的增长会扩展人类选择的范围——特别是在所购买的商品方面。但是，如上文已经讨论过的，对有价值的事物的实质选择范围还取决于许多其他因素。

12.4　为什么有这样的区别

在这里，重要的是提出这样的问题：聚焦于（如刘易斯和另外许多人所选择的）“人均产出的增长”（例如人均国民生产总值的增长）的发展分析，与更基础性的、集中注意人类自由的扩展的发展分析，其间是否有实质性的区别？既然二者是相关的（如刘易斯所正确地指出的那样），对发展的这两种分析方法——它们不可避免地联系在一起——为什么并不是实质上重合的？把焦点对准自由会造成什么样的区别？

区别由两个相当不同的原因产生，分别与自由的“过程层面”和“机会层面”有关。首先，既然自由既涉及**决策的过程**，也涉及**实现有价值成果的机会**，我们关注的领域就不能仅仅局限在成果，不管是促进高额产出和收入，还是产生高额消费（或者与经济增长的概念相联系的其他变量）。诸如参与政治决策和社会选择等等的过程，不能被看做是——至多只是——发展的**手段**，而必须被理解为其自身就是发展**目的**的建构性组成部分。

造成“以自由看待发展”的视角与更传统的发展视角之间区别的第二个原因，与**机会层面**自身范围之内的对比有关，而不涉及过程层面。按照以自由看待发展的观点，我们必须考察——除了涉及政治、社会和经济过程的自由以外——在多大程度上人们享有机会以实现他们所珍视的，并且有理由珍视的成果。人们拥有的实际收入水平，对于为人们提供相应的机会去购买物品和劳务，并享受由这种购买所带来的生活标准，是重要的。但是，正如本书前文已经提供的某些经验研究所显示，对诸如这样一些重要的事——活得长久一些的自由，逃脱可以避免的疾病的能力，获得有适当报酬的就业机会，在和平的、无犯罪的社区生活——收入水平常常可能并不是恰当的指标。上述的非收入变量都指向人们有极好的理由珍视的机会，而这些机会并不是与经济繁荣严格地联系在一起的。

因此，自由的**过程**层面和**机会**层面都要求我们超越把发展定义为“人均产出的增长”的传统观点。这两种视角的另外一个基本区别在于，**仅仅**是因为对自由的实际使用而给自由赋予价值，还是**超越**那些实际使用而给自由赋予价值。哈耶克在坚持“我们有自由去做一件特定的事，与我们或者我们中间的大多数人是否会真的运用那一可能性的问题，没有任何关系”这一观点的时候[19]，可能有一点夸大了（就像他常常有点夸大一样）。但是，我认为他把（1）自由的**衍生的**重要性（仅仅依赖于其实际运用），与（2）自由的**自身固有的**重要性（使我们有自由去选择我们实际上可能选择、也可能不选择的某一事物）这二者区分开来，则是完全正确的。

确实，有时候一个人可能有很强的理由要拥有对一个备选事物的选择权，恰恰是为了拒绝它。例如，当甘地为了在政治上反对英国殖民当局而**绝食**时，他不仅仅是在挨饿，他是在拒绝“进食”那一个选择（这正是绝食的含义）。为了能够绝食，甘地必须首先有“进食”的选择（恰恰是为了能够拒绝它）；一个在饥荒中挨饿的人就不可能以同样方式在政治上表达其要求。[20]

虽然我不想沿着哈耶克所选择的最纯粹的路线（把自由与自由的实际应用完全分割开来）往下走，我要强调，自由具有许多层面。除了自由的**机会**层面以外，必须考察自由的**过程**层面，而且机会层面自身又必须按其**自身固有的**重要性以及**衍生的**重要性来看待。更进一步，自由参与政治讨论和社会互动，也可以在价值标准和伦理的形成中具有**建设性**作用。聚焦于自由确实可以造成区别。

12.5　人力资本与人类可行能力

我必须还要简略地讨论另一个需要评论的问题，即关于“人力资本”的文献与本书所集中考虑的、作为自由的表现形式的“人类可行能力”之间的关系。当代经济分析中，重点在相当大程度上已经从主要以实物形态看待资本积累，转移到把它看成是结合了人的生产性素质于其中的一个过程。例如，通过教育、学习以及技能的提高，人们可以逐渐变得更具生产力，而这对经济扩展的过程能做出极大的贡献。[21]近来的经济增长研究（常常受到对日本、东亚其他地区，以及欧洲和北美的历史所做的经验研究的影响）较之不久前的情况，要更加强调“人力资本”。

这种转变与本书提出的发展观——以自由看待发展——有什么样的关系？我们可以更具体地问：“人力资本”的取向，与对“人类可行能力”的强调——这是本书的主要考虑因素——二者之间有什么联系？二者看来都把人的因素置于注意力的中心，但它们是否既有区别，也有重合之处呢？冒着过分简化的危险，可以这么说：关于人力资本的文献趋于集中注意在扩大生产可能性方面的人类主体作用。而关于人类可行能力的视角则聚焦于人们去过他们有理由珍视的那种生活，以及去扩展他们所拥有的真实选择的能力，也即实质自由。既然这两种视角都关注人的地位作用，特别是人们所实现和取得的实际能力，它们不能不联系在一起。但是用于评估的衡量尺度却集中在不同的成就上。

给定一个人的个人特征、社会背景、经济状况等等，一个人就有一定的能力去做自己有理由赋予价值的一定的事情（或者实现自己有理由赋予价值的一定的状态）。赋值的理由，可以是**直接的**（所涉及的功能性活动会直接改善这个人的生活，例如使他有充分的营养或良好的健康状况），或者是**间接的**（所涉及的功能性活动能对扩展生产或把握市场价格做出贡献）。人力资本的视角——在原则上——可以很广义地定义，从而覆盖以上两种赋值理由，但是它通常——依照惯例——主要按照间接的价值而定义：可以在**生产**中作为“资本”来运用的人类素质（就像运用实物资本一样）。在这个意义上，人力资本分析方法这一狭窄的视角可被包含在人类可行能力分析方法这一更广阔的视角之内，人类可行能力视角可以同时涵盖人的能力的直接与间接后果两个方面。

现在来看一个例子。如果教育使一个人在商品生产中效率更高，那么，这显然是人力资本的增长。这可以增加这个经济体所生产的价值，以及受过教育的这个人的收入。但是即使收入水平不变，一个人还是可以从教育中得益——在阅读、交流、辩论方面，在以更知情的方式做出选择方面，在得到别人更认真的对待方面，等等。因此，教育带来的好处超出了在商品生产中的人力资本。关于人类可行能力的更广阔的视角也会注意到这些另外的作用——而且给它们赋予价值。这两种视角既密切相关，又有所区别。

最近一些年来出现了显著的转变，即对“人力资本”的作用给予了更大的承认，这有助于理解可行能力视角的意义。如果通过更好的教育、更好的医疗保健等等，一个人可以在生产商品方面变得更具生产力，那么，预期这个人通过同样的方式可以在自己生活中直接取得——而且有自由取得——更大的成就，就是自然的了。

可行能力视角在某种程度上，是对亚当·斯密（在《国富论》和《道德情操论》两本书中）所特别倡导的对经济和社会发展采用一种综合性视角的回归。在分析决定生产可能性的因素时，斯密强调了教育以及劳动分工、边干边学和技能形成的作用。但是，发展人类可行能力使人们享受一种有价值的生活（以及具有更高的生产力），在斯密的“国民财富”分析中具有相当中心的地位。

确实，斯密对教育和学习的力量具有特别强的信念。在一直持续到今天的关于“天生的”与“后天培养的”作用的争论中，斯密是一个毫不妥协——甚至是教条主义的——“后天培养”论者。确实，这很符合他对人类可行能力的可改善性的坚定信心：

> 不同的人所具有的天生才能上的差别，在现实中，比我们所意识到的要小得多；而那些非常不同的才能，在发展到成熟期的时候，看起来把不同专业的人们区分开来，但是，才能在许多场合与其说是原因，倒不如说是劳动分工的结果。从事最不相似的职业的人们，例如，一个哲学家与一个普通的街头看门人，其间的差别，似乎更多来自习性、惯例和教育，而不是天生。当他们出生到这个世界上，在生命最初的六到八年，他们可能是非常相似的，他们的父母和游戏伙伴都不会意识到有任何显著的区别。[22]

我在这里的目的并不是审视斯密所强调的后天培养论的观点是否正确，但是，会有帮助的是，注意他是如何把**生产性**能力和**生活方式**与教育和训练紧密地联系起来的，并假定二者都是可以改善的。[23]这种联系对可行能力视角的有效范围具有中心意义。[24]

聚焦于人力资本与集中注意人类可行能力二者之间，事实上，存在价值评定方面的一个重要区别——这个区别在一定程度上与手段和目标的区别相关。承认人类素质在促进和保持经济增长上的作用——尽管那是极其重要的——对于**为什么**一开始要追求经济增长，并没有提供任何说明。相反，如果把焦点最终放在扩展人类自由上以使人们享受他们有理由珍视的那种生活，那么，就必须使经济增长在扩展这些机会上的作用融入对发展过程的更基础性的理解中去，即扩展人类自由以享受更有意义和更自由的生活。[25]

这个区别对公共政策有重要的实践意义。经济繁荣帮助人们拥有更多的选择、享受更令人满足的生活，但是，更多的教育、更好的卫生保健、更充分的医疗照顾，以及对人们实际享有的有效自由具有因果性影响的其他因素，也能发挥这样的作用。这样的“社会发展”必须看做直接地“关系到发展的”，因为它们帮助我们活得更长久、更自由而且更加满足，这要添加到它们在促进生产力、经济增长或个人收入方面所起的作用**之上**。[26]使用“人力资本”的概念只集中注意到了整个画面的一个部分（虽然是一个重要的部分，涉及到拓宽对“生产性资源”的核算）。虽然它无疑是一个进步，但是它确实需要补充。这是因为，人不仅是生产的手段，而且是其目的。

实际上，在与休谟辩论时，亚当·斯密曾强调，仅仅在生产性使用的意义上看待人类，是贬低人性：

> 以下这些看来都是不对的：把对高尚的品质的赞扬，等同于对一座使用方便、设计良好的大楼的肯定，或者，我们没有比赞美一个衣柜更多的理由，来赞美一个人。[27]

人力资本是一个有用的概念，但是重要的是从更广阔的视角来看待人类（打破人与“衣柜”的等同性）。在承认“人力资本”的重要性和有效范围之后，我们必须**超越**“人力资本”概念。这里所需要的拓宽，是添加性、包容性的，而不是在任何意义上去**取代**“人力资本”的视角。

重要的是，还要注意到可行能力扩展在导致**社会**变化（远远超出**经济**变化的范围）方面的工具性作用。实际上，即使只考虑人作为导致变化的工具所发挥的作用，其范围也远远超出经济生产（这是“人力资本”视角所考虑的范围），而包括社会和政治发展。例如，就像上文已经讨论过的那样，扩大妇女教育会减少家庭内部分配的性别不平等，有助于减少生育率和儿童死亡率。扩展基本教育还会改善公共评论的质量。这些工具性成就最终来说可以是十分重要的——使我们超越按照惯例定义的商品生产范围。

为了对人类可行能力的作用达成更充分的理解，我们必须注意：

（1）对于人们的福利和自由来说，它们的**直接**关联性；

（2）通过影响**社会**变化，它们的**间接**作用；

（3）通过影响**经济**生产，它们的**间接**作用。

可行能力视角的意义在于同时包括以上三种贡献。与此相比，标准文献中的人力资本主要是按以上三种作用的第三项来看待的。显然，这里存在涵盖范围的重叠，而且这是一种重要的重叠。但是，为了以自由看待发展，我们很需要超越人力资本这一相当狭隘和局限的视角。

12.6　最终的结语

我已经尽了我的努力在这本书中对关于发展的一个特定视角，即把发展看做是扩展人们享有的实质自由的过程，做出阐述、分析和辩护。自由的视角既被用在评估变化结果的评价性分析中，也被用在把自由作为产生快速变化的一种动因性的、富有实效的因素看待的描述性和预测性分析中。

我也讨论了这一视角对公共政策的分析,以及对理解一般的经济、政治和社会联系的意义。各种各样的社会机构和制度——分别与市场运行、行政管理、立法、政党、非政府组织、司法、传播媒体以及一般的社群有关——正是通过它们对扩展和维持个人自由所起的作用,对发展过程做出贡献。对发展的分析,要求对这些不同的机构和制度各自的作用,以及它们相互间的作用,有一综合的理解。价值观念的形成、社会伦理的产生和进化,与市场及其他机构和制度的运行一样,也是发展过程需要注意的一部分。这项研究试图理解和分析这样一种互相关联的结构,并且从这一宽广视角去总结发展的经验教训。

自由的一个特征是，它具有很多不同的层面，分别与各种各样的活动以及机构和制度有关。从自由出发，并不能产生出那样一种发展观念——它可以直接转化为某些简单的“公式”，诸如资本积累，或开放市场，或实施高效率的经济计划（虽然上述各项都可以融入发展的更广阔的画面）。把所有不同的要素放入一个整合的总体框架之内的组建原则，正是对扩展个人自由的过程以及帮助实现那个目标的社会承诺的贯穿全局的关切。这种整体性是重要的，但同时我们也不能忽略这一事实：自由是一个具有内在多样性的概念。如上文已经详细讨论过的，它涉及过程层面以及实质性机会层面的多种考虑因素。

然而这种多样性并不令人遗憾。如威廉·考珀（William Cowper）所说：

自由有千种风采可以展示，

奴隶们，无论多么满足，却从来无从知晓。

发展确实是对自由的各种可能性的一种重要承诺。

【本章注释】

［1］我从 Isaiah Berlin 那里听到这个说法。在我做了这些演讲之后，Berlin 去世了，我借此机会对他表示纪念，并回忆这些年来，从他对我关于自由及其含义的初步想法所做的温厚批评中，我得到的巨大收获。

［2］关于这一课题，也可参见我的“The Right Not to Be Hungry，”in *Contemporary Philosophy* 2，edited by G. Floistad（The Hague：Martinus Nijhoff，1982）；“Well-Being，Agency and Freedom：The Dewey Lectures 1984，”*Journal of Philosophy* 82（April 1985）；“Individual Freedom as a Social Commitment，” *New York Review of Books*，June 16，1990。

［3］见我的“Equality of What?，”in *Tanner Lectures on Human Values*，Volume 1，edited by S. McMurrin（Cambridge：Cambridge University Press，1980），reprinted in my *Choice，Welfare and Measurement*（Oxford：Blackwell；Cambridge，Mass.：MIT Press，1982；republished，Cambridge，Mass.：Harvard University Press，1997）；“Well-Being，Agency and Freedom”（1985）；“Justice：Means versus Freedoms，” *Philosophy and Public Affairs* 19（1990）；*Inequality Reexamined*（Oxford：Clarendon Press；Cambridge，Mass.：Harvard University Press，1992）。

［4］关于概括并评价自由的主要问题——包括技术性问题——的讨论，见我的 Kenneth Arrow Lectures，included in *Freedom，Social Choice and Responsibility：Arrow Lectures and Other Essays*（Oxford：Clarendon Press，forthcoming）。

［5］在此，发展被看作是对实质自由现状与能够潜在达到的水平之间差距的排除。虽然这提供了一个一般性的视角——足以广义地概括发展的性质——但存在若干引起争论的问题，它们导致了这个判断标准的一组多少有所不同的阐述。对此见我的 *Commodities and Capabilities*（Amsterdam：North-Holland，1985）；*Inequality Reexamined*（1992）；以及 *Freedom，Rationality and Social Choice*（forthcoming）。集中注意排除在某些层面的差距已经用于 Mahbub ul Haq 开创的 UNDP（联合国发展计划）每年出版的 *Human Development Report*。亦见 Ian Hacking 在他 *Inequality Reexamined* 的评论文章“In pursuit of Fairness，” *New York Review of Books*，September 19，1996 中提出的意义深远的问题。亦见 Charles Tilly，Durable Inequality（Berkeley，Calif.：University of California Press，1998）。

［6］对此见我的 *Commodities and Capabilities*（1985）；*Inequality Reexamined*（1992）；and“Capability and Well-Being，”in *The Quality of Life*，edited by Martha

Nussbaum and Amartya Sen (Oxford: Clarendon Press, 1993)。

[7] 见 John Rawls, *A Theory of Justice* (Cambridge, Mass.: Harvard University press, 1971); John Harsanyi, *Essays in Ethics, Social Behaviour and Scientific Explanation* (Dordrecht: Reidel, 1976); and Ronald Dworkin, "What Is Equality? Part 2: Equality of Resources," *Philosophy and Public Affairs* 10 (1981)。亦见 John Roemer, *Theories of Distributive Justice* (Cambridge, Mass.: Harvard University Press, 1996)。

[8] 这在我的 *Inequality Reexamined* (Oxford: Clarendon Press, 1992; Cambridge, Mass.: Harvard University Press, 1992) 得到讨论，对其更充分的讨论在我的 "Justice and Assertive Incompleteness," mimeographed, Harvard University, 1997, 这是我于 1998 年 9 月在西北大学法学院所作的 Rosenthal 讲座的一部分。

[9] 这里有一个相似的问题，与在我们的偏好和优先主次不一致的情况下评价个人处境的相互竞争的方式有关，而且还存在一个不可回避的"社会选择问题"，它要求一个共识的解（第 11 章已经讨论过）。

[10] 对此见我的文章 "Gender Inequality and Theories of Justice," in *Women, Culture and Development: A Study of Human Capabilities*, edited by Martha Nussbaum and Jonathan Glover (Oxford: Clarendon press, 1995)。在 Nussbaum-Glover 文集中有其他一些针对这一问题的文章。

[11] Aristotle, *The Nicomachean Ethics*, translated by D. Ross (Oxford: Oxford University press, revised edition 1980), book 1, section 6, p.7.

[12] 关于在先驱政治经济学家著作中自由的重要性，见我的 *The Standard of Living*, edited by Geoffrey Hawthorn (Cambridge: Cambridge University Press, 1998)。

[13] 这点适用于 *Wealth of Nations* (1976) 以及 *Theory of Moral Sentiments* (revised edition, 1970)。

[14] 这一特定论述摘自与 Friedrich Engels (1846) 合著的 *The German Ideology*, 英语译本在 D. McLellan, *Karl Marx: Selected Writings* (Oxford: Oxford University Press, 1977), p.190。亦见 Marx's *The Economic and Philosophical Manuscript of 1844* (1844) and *Critique of the Gotha Programme* (1875)。

[15] John Stuart Mill, *On Liberty* (1859; republished: Harmondsworth: Penguin Books, 1974); *The Subjection of Women* (1869).

[16] Friedrich Hayek, *The Constitution of Liberty* (London: Routledge and Kegan Paul, 1960), p.35.

[17] Peter Bauer, *Economic Analysis and Policy in Underdeveloped Countries* (Durham, N.C.: Duke University Press, 1957), pp.113 ~ 114. See also *Dissent on Development* (London: Weidenfeld & Nicolson, 1971).

[18] W. Arthur Lewis, *The Theory of Economic Growth* (London: Allen & Unwin,

1955)，pp.9～10，420～421.

［19］Hayek，*The Constitution of Liberty*（1960），p.31.

［20］关于“自由的进化”的这些问题以及相关问题的讨论，见我的 Kenneth Arrow Lectures included in *Freedom*，*Rationality and Social Choice*（forthcoming）。那里所讨论的问题之一是以自由为一方，偏好与选择为另一方，二者之间的关系。

［21］对此和相关问题，见 Robert J. Barro and Jong-Wha Lee，“Losers and Winners in Economic Growth，” Working Paper 4341，National Bureau of Economic Research（1993）；Xavier Sala-i-Martin，“Regional Cohesion：Evidence and Theories of Regional Growth and Convergence，” Discussion Paper 1075，CEPR，London，1994；Robert J. Barro and Xavier Sala-i-Martin，*Economic Growth*（New York：McGraw-Hill，1995）Robert J. Barro，*Getting It Right*：*Markets and Choices in a Free Society*（Cambridge，Mass.：MIT Press，1996）。

［22］Adam Smith，*An Inquiry into the Nature and Causes of the Wealth of Nations*（1776），republished，edited by R.H.Campbell and A.S. Skinner（Oxford：Clarendon Press，1976），pp.28～29.

［23］见 Emma Rothschild，“Condorcet and Adam Smith on Education and Instruction，” in *Philosophers on Education*，edited by Amélie O. Rorty（London：Routledge，1998）。

［24］例如，见 Felton Earls and Maya Carlson，“Toward Sustainable Development for the American Family，” *Daedalus* 122（1993），and “Promoting Human Capability as an Alternative to Early Crime，” Harvard School of Public Health and Harvard Medical School，1996.

［25］我曾试图在下面的文章中讨论这一问题，“Development：Which Way Now?” *Economic Journal* 93（*1983*），reprinted in *Resources*，*Values and Development*（Cambridge，Mass.：Harvard Universty Press，1984；1997），and also in *Commodities and Capabilities*（1985）。

［26］自 1990 年以来联合国发展署每年出版的《人类发展报告》（*Human Development Report*），在很大程度上，是由于需要这种更广阔的视野而促发起来的。我的朋友 Mahbub ul Haq（他在去年逝世）在此事上发挥了主要的领导作用，我和他的其他朋友都为此感到十分骄傲。

［27］Smith，*The Theory of Moral Sentiments*（1759；revised edition，1790），republished，edited by D.D. Raphael and A.L. Macfie（Oxford：Charendon Press，1976），book 4，chapter 24，p.188.

附　录

附 1　人名索引

附 2　条目索引

当代世界学术名著·第一批书目

心灵与世界	[美]约翰·麦克道威尔
科学与文化	[美]约瑟夫·阿伽西
从逻辑的观点看	[美]W.V.O.蒯因
自然科学的哲学	[美]卡尔·G·亨普尔
单一的现代性	[美] F.R.詹姆逊
本然的观点	[美]托马斯·内格尔
宗教的意义与终结	[加]威尔弗雷德·坎特韦尔·史密斯
帝国与传播	[加]哈罗德·伊尼斯
传播的偏向	[加]哈罗德·伊尼斯
世界大战中的宣传技巧	[美]哈罗德·D·拉斯韦尔
一个自由而负责的新闻界	[美]新闻自由委员会
机器新娘——工业人的民俗	[加]马歇尔·麦克卢汉
报纸的良知——新闻事业的原则和问题案例讲义	[美]利昂·纳尔逊·弗林特
传播与社会影响	[法]加布里埃尔·塔尔德
模仿律	[法]加布里埃尔·塔尔德
传媒的四种理论	[美]威尔伯·施拉姆 等
传播学简史	[法]阿芒·马特拉 等
受众分析	丹尼斯·麦奎尔
写作的零度	[法]罗兰·巴尔特
符号学原理	[法]罗兰·巴尔特
符号学历险	[法]罗兰·巴尔特
人的自我寻求	[美]罗洛·梅
存在——精神病学和心理学的新方向	[美]罗洛·梅
存在心理学——一种整合的临床观	[美]罗洛·梅
个人形成论——我的心理治疗观	[美]卡尔·R·罗杰斯
当事人中心治疗——实践、运用和理论	[美]卡尔·R·罗杰斯

万物简史	[美]肯・威尔伯
动机与人格(第三版)	[美]亚伯拉罕・马斯洛
历史与意志:毛泽东思想的哲学透视	[美]魏斐德
中国的共产主义与毛泽东的崛起	[美]本杰明・I・史华慈
毛泽东的思想	[美]斯图尔特・R・施拉姆
仪式过程——结构与反结构	维克多・特纳
人类学、发展与后现代挑战	凯蒂・加德纳,大卫・刘易斯
结构人类学	[法]克洛德・列维-斯特劳斯
野性的思维	[法]克洛德・列维-斯特劳斯
面具之道	[法]克洛德・列维-斯特劳斯
嫉妒的制陶女	[法]克洛德・列维-斯特劳斯
社会科学方法论	[德]马克斯・韦伯
无快乐的经济——人类获得满足的心理学	[美]提勃尔・西托夫斯基
不确定状况下的判断:启发式和偏差	[美]丹尼尔・卡尼曼 等
话语和社会心理学——超越态度与行为	[英]乔纳森・波特 等
社会网络分析发展史——一项科学社会学的研究	[美]林顿・C・弗里曼
自由之声——19 世纪法国公共知识界大观	[法]米歇尔・维诺克
官僚制内幕	[美]安东尼・唐斯
公共行政的语言——官僚制、现代性和后现代性	[美]戴维・约翰・法默尔
公共行政的精神	[美]乔治・弗雷德里克森
公共行政的合法性——一种话语分析	[美]O.C.麦克斯怀特
后现代公共行政——话语指向	[美]查尔斯・J・福克斯 等
政策悖论:政治决策中的艺术(修订版)	[美]德博拉・斯通
行政法的范围	[新西]迈克尔・塔格特
法国行政法(第五版)	[英]L・赖维乐・布朗,约翰・S・贝尔

宪法解释:文本含义,原初意图与司法审查	[美]基思·E·惠廷顿
英国与美国的公法与民主	[英]保罗·P·克雷格
行政法学的结构性变革	[日]大桥洋一
权利革命之后:重塑规制国	[美]凯斯·R·桑斯坦
规制:法律形式与经济学理论	[英]安东尼·奥格斯
阿蒂亚论事故、赔偿及法律(第六版)	[澳]波得·凯恩
意大利刑法学原理	[意]杜里奥·帕多瓦尼
刑法概说(总论、各论)(第三版)	[日]大塚仁
英国刑事诉讼程序	[英]约翰·斯普莱克
刑法总论、刑法各论(新版第2版)	[日]大谷实
日本刑法总论、日本刑法各论(第三版)	[日]西田典之
美国刑事法院诉讼程序	[美]爱伦·豪切斯泰勒·斯黛丽,南希·弗兰克
现代条约法与实践	[英]安托尼·奥斯特
刑事责任论	[英]维克托·塔德洛斯
刑罚、责任和正义——相关批判	[英]阿伦·洛雷
政治经济学:对经济政策的解释	T.佩尔森,G.塔贝里尼
共同价值拍卖与赢者灾难	约翰·H·凯格尔,丹·莱文
以自由看待发展	阿马蒂亚·森
美国的知识生产与分配	弗里茨·马克卢普
经济学中的经验建模——设定与评价	[英]克莱夫·W·J·格兰杰
产业组织经济学(第五版)	[美]威廉·G·谢泼德,乔安娜·M·谢泼德
经济政策的制定:交易成本政治学的视角	阿维纳什·K·迪克西特
博弈论经典	[美]哈罗德·W·库恩
行为博弈——对策略互动的实验研究	[美]科林·凯莫勒
博弈学习理论	[美]朱·弗登伯格,戴维·K·莱文
利益集团与贸易政策	G.M.格罗斯曼,E.赫尔普曼
市场波动	罗伯特·希勒
世界贸易体系经济学	[美]科依勒·贝格威尔,罗伯特·W·思泰格尔

税收经济学	伯纳德·萨拉尼
经济学是如何忘记历史的：社会科学中的历史特性问题	杰弗里·M·霍奇逊
通货膨胀、失业与货币政策	罗伯特·M·索洛 等
经济增长的决定因素：跨国经验研究	[美]罗伯特·J·巴罗
全球经济中的创新与增长	[美]G.M.格罗斯曼，E.赫尔普曼
美国产业结构（第十版）	[美]沃尔特·亚当斯，詹姆斯·W·布罗克
制度与行为经济学	[美]阿兰·斯密德
企业文化——企业生活中的礼仪与仪式	特伦斯·E·迪尔 等
组织学习（第二版）	[美]克里斯·阿吉里斯
企业文化与经营业绩	[美]约翰·P·科特 等
系统思考——适于管理者的创造性整体论	[英]迈克尔·C·杰克逊
组织学习、绩效与变革——战略人力资源开发导论	杰里·W·吉雷 等
组织文化诊断与变革	金·S·卡梅隆 等
社会网络与组织	马汀·奇达夫 等
美国会计史	加里·约翰·普雷维茨 等
新企业文化——重获工作场所的活力	特伦斯·E·迪尔 等
文化与组织（第二版）	霍尔特·霍夫斯泰德 等
组织理论：理性、自然和开放的系统	理查德·斯科特 等
管理思想史（第五版）	丹尼尔·A·雷恩
后《萨班斯—奥克斯利法》时代的公司治理	扎比霍拉哈·瑞扎伊
实证会计理论	罗斯·瓦茨 等
财务呈报：会计革命	威廉·比弗
当代会计研究：综述与评论	科塔里 等
管理会计研究	克里斯托弗·查普曼 等
会计和审计中的判断与决策	罗伯特·阿斯顿 等
会计经济学	约翰·B·坎宁

图书在版编目（CIP）数据

以自由看待发展
森著；任赜，于真译.
北京：中国人民大学出版社，2009
（当代世界学术名著）
ISBN 978-7-300-04042-4

Ⅰ. 以…
Ⅱ. ①森…②任…③王…
Ⅲ. ①经济发展-研究-世界②社会发展-研究-世界
Ⅳ. F11　D569

中国版本图书馆 CIP 数据核字（2008）第 170928 号

This translation published by arrangement with Alfred A. Knopr, a division of Random House, Inc.

当代世界学术名著
以自由看待发展
阿马蒂亚·森　著
任　赜　于　真　译
刘民权　刘　柳　校

出版发行	中国人民大学出版社		
社　　址	北京中关村大街 31 号	**邮政编码**	100080
电　　话	010－62511242（总编室）		010－62511398（质管部）
	010－82501766（邮购部）		010－62514148（门市部）
	010－62515195（发行公司）		010－62515275（盗版举报）
网　　址	http://www.crup.com.cn		
	http://www.ttrnet.com(人大教研网)		
经　　销	新华书店		
印　　刷	河北涿州星河印刷有限公司		
规　　格	155 mm×235 mm　16 开本	**版　　次**	2002 年 7 月第 1 版
印　　张	22 插页 2	**印　　次**	2009 年 1 月第 3 次印刷
字　　数	343 000	**定　　价**	44.00 元